Annual Report
on the Experimental Base of
Chinese Public Cultural
Policy Research
（2020-2021）

中国公共文化政策研究实验基地观察报告

（2020-2021）

武汉大学国家文化和旅游财政政策研究基地

主编　傅才武　陈庚

WUHAN UNIVERSITY PRESS
武汉大学出版社

图书在版编目(CIP)数据

中国公共文化政策研究实验基地观察报告.2020-2021/傅才武,陈庚主编.—武汉：武汉大学出版社,2021.3
ISBN 978-7-307-22159-8

Ⅰ.中… Ⅱ.①傅… ②陈… Ⅲ.文化事业—方针政策—研究报告—中国—2020-2021 Ⅳ.G120

中国版本图书馆 CIP 数据核字(2021)第 038056 号

责任编辑:詹　蜜　　责任校对:李孟潇　　版式设计:马　佳

出版发行：**武汉大学出版社**　(430072　武昌　珞珈山)
(电子邮箱：cbs22@ whu.edu.cn　网址：www.wdp. com.cn)
印刷:武汉中科兴业印务有限公司
开本:787×1092　1/16　印张:19.25　字数:468 千字　插页:2
版次:2021 年 3 月第 1 版　2021 年 3 月第 1 次印刷
ISBN 978-7-307-22159-8　定价:58.00 元

《中国公共文化政策研究实验基地观察报告(2020—2021)》

编　委　会

序

进入 21 世纪以来，随着国家文化行业改革发展的不断提速，一系列作用于公共文化领域、文化产业领域、对外文化交流领域的文化政策密集出台，在保障公民文化权利、推动文化改革与发展、建设社会主义文化强国的过程中发挥了显著作用。在获得文化政策红利的同时，相关文化决策机构及研究机构也面临着不断检视政策效应、观测政策执行效果、完善健全政策体系的历史性任务。但如何检视政策效应，谁来评价，采取何种手段和方式评价，这一系列问题在不同程度上成为文化行业部门和研究机构在文化政策研究和制定过程中的困惑。党的十七届六中全会《中共中央关于深化文化体制改革推动社会主义文化大发展大繁荣若干重大问题的决定》提出，“整合哲学社会科学研究力量，建设一批社会科学研究基地和国家重点实验室，建设一批具有专业优势的思想库，加强哲学社会科学信息化建设”，为文化决策部门和高校研究机构完善相应的专门性研究机构指明了实施路径。

2012 年，在文化部财务司和财政部教科文司的直接支持和领导下，武汉大学国家文化财政政策研究基地启动了“国家公共文化政策研究实验基地”(以下简称“实验基地”)建设，拟在东中西部地区选择 100 家文化政策观察点，覆盖省、市、县、乡镇四级文化机构。该项目通过在全国范围内遴选一批代表性的文化事业单位和文化企业作为国家公共文化政策研究实验基地，构成我国公共文化事业领域与文化产业领域的实证观察研究网络。实验基地建设采用“政策研究+基层实践+效用评价”的模式，提供一种自下而上的观察国家文化政策绩效的视角。相关部门和高校下大力气进行实验基地的建设，旨在从学术和实证研究的双重角度检视和优化国家文化政策的设计与执行过程，为国家财政文化主管部门提供政策决策的理论依据，推动文化政策在实验基地先试先行，同时为文化行业部门对接基层需求、凝练重大问题、解决实际问题提供一种研究和观察通道。

在当前中国经济社会发展大转型和国家经济文明、政治文明、文化文明、社会文明与生态文明建设“五位一体”的社会环境下，文化作为一种战略性力量引领经济社会发展的独特价值逐步显现。特别是进入新时代，对文化政策的设计和执行提出了更高的要求，它要求公共政策产生更高的政策效用。实验基地的设立，对于观察当前我国文化改革发展的微观过程具有重要的意义。

第一，建立了中央财政文化部门与基层文化机构的信息沟通渠道。通过创新政府、高校、基层文化机构的合作机制，形成公共文化政策研究的信息体系，可以疏通理论联系实际的信息传播与反馈渠道，便于政府和研究机构直接从实践一线了解和获取当前文化体制改革、文化政策实施、公共文化服务体系建设的最新动态，及时掌握我国文化建设领域的新变化，为公共文化政策的制定与修订提供理论和实践依据，以理论创新推动文化行业的改革发展。

第二，有望成为国家文化政策先试先行的试验田。实验基地设计的一个重要职能是能够承担文化政策试验的责任。一项文化政策从制定到执行要有一个较长的周期，同时，政策的执行也要经过实践的检验。利用实验基地的先行试验功能，为国家政策的出台提供先期经验，有利于减少文化政策制定过程中的不确定性，也有利于在实践的基础上进行政策效应的评估，建立政策制定、执行与修正的快速反应机制，这样不仅有利于提高政策制定的科学性，也将会极大地提高文化政策执行的效果。

第三，有利于建立一条基层文化机构表达文化政策诉求的“通路”。在中国，文化机构设置复杂、体系庞大，尽管基层文化机构规模大、影响面广，但由于存在因层级而产生的信息传达功能性障碍，广大的基层文化单位在文化领域的话语权仍较为微弱，他们的诉求难以得到完整和对称性地传达。实验基地的设立，以及基于实验基地年度数据的《中国公共文化政策研究实验基地观察报告》的编辑出版，为基层文化机构提供了向相关决策层面传达信息、表达政策需求的平台。

第四，代表了当前人文社会领域研究模式的创新。从研究层面说，设立实验基地并由此连通政府、研究机构和基层文化单位，可使理论研究和行动研究融合，这种模式是新形势下建设国家专业型新型智库的基础，也是 2012 年教育部关于在全国高校设立“2011 协同创新中心”的本意。实验基地的设计布局，涵盖了我国各类文化事业机构与文化企业，可形成供高校和政府有关部门进行长期观察的公共文化政策研究网络；同时以高校科研机构为桥梁，连接了政府主管部门与基层文化单位，有利于形成文化领域理论研究对接实践需求的有效通道，是高校积极参与决策咨询，主动开展前瞻性、对策性研究，充分发挥思想库、智囊团作用的一种路径创新。

截至 2017 年，武汉大学国家公共文化政策研究实验基地已发展到 100 家，涵盖图书馆、博物馆、文化馆(群艺馆)、文化站、剧团、非遗中心、文化企业和艺术研究机构等不同类型的文化机构。为发挥这些实验基地在文化政策制定、执行和优化中的作用，武汉大学国家文化财政政策研究基地以这 100 家实验基地为研究对象，同时关照行业发展态势，结集各类文章汇编成《中国公共文化政策研究实验基地观察报告》，从行业观察、理论探讨、案例研究的层面进行系统的梳理和分析，展现当前国家文化政策主导下公共文化行业及基层文化机构的生存与发展现状、改革创新成就和基层文化工作者对公共文化机构发展的理论思考。《中国公共文化政策研究实验基地观察报告》以年度系列的方式出版，以期建立政府相关行业部门、高校及其他研究机构观察中国基层文化单位改革与发展过程的一个“微观窗口”。

是为序。

编者

目　录

总　报　告

绩　效　篇

专　题　篇

区　域　篇

案　例　篇

总 报 告

2019—2020 年国家公共文化政策研究实验基地观察报告

傅才武　魏　冀　杜　方

摘要： 2020 年是我国“十三五”规划的收官之年，也是总结“十三五”、谋划“十四五”的关键年份。“十三五”时期，我国现代公共文化服务体系建设实现了从顶层设计方案形成到具体举措落地的进阶，国家公共文化服务体系建设取得了长足的进展，特别是在公共文化法治化、公共文化服务均等化和标准化、公共文化数字化建设以及乡村文化振兴等方面，进步明显，奠定了“十四五”时期公共文化服务体系进一步发展的良好基础。但通过对实验基地政策实施情况的检视发现，公共文化服务领域还存在服务标准化与均等化水平不高，文化服务供需对接不畅以及监督评价机制不足等问题。面对“十四五”时期现代公共文化服务体系发展的新目标和新任务，我国公共文化服务体系建设需要确立以满足人民对美好文化生活需求为根本目标，重新进行规划定位，进一步优化财政保障机制，加快推进公共文化数字化建设，继续鼓励社会力量参与，提高公共文化服务供给的适用性，强化监督管理和效能评价，以此全面提升我国公共文化服务的效率、效益和效能。

关键词： 公共文化政策　公共文化服务　“十四五”时期　实验基地

2020 年是我国“十三五”规划的收官之年，也是国家启动和确定“十四五”总体规划的实施之年。“十三五”时期，我国公共文化服务体系建设在公共文化法治化进程、公共文化服务均等化和标准化、文化治理能力提升、公共文化数字化建设以及乡村文明振兴等层面均已取得了长足进展，为接下来“十四五”时期公共文化服务体系建设打下了良好的基础。进入新时代后，我国公共文化服务体系的构建将着眼于当下的社会主要矛盾，以满足人民美好生活需要为旨归，切实推进现代公共文化服务体系内涵和质量的提升。

一、“十三五”时期我国公共文化政策演进

“十三五”时期，我国公共文化服务体系建设逐步向提质增效的内涵发展阶段演进。在 2015 年《关于加快构建现代公共文化服务体系的意见》和 2016 年《中华人民共和国公共文化服务保障法》的总体框架下，“十三五”时期的公共文化政策体系不断完善，相继出台了国家和文化部门“十三五”规划，并陆续出台其他相应配套政策文件，重点推进公共文化领域的法律和政策制度治理、公共文化服务数字化、政府购买等体系的建设。

（一）建立健全公共文化服务的法律体系，为公共文化服务体系的完善提供有力法律保障

“十三五”时期，一系列公共文化法规的制定出台，完善了中国特色社会主义文化法律制度体系，有力地保障了人民群众基本文化权益，助力国家公共文化服务体系建设。2016 年《中华人民共和国公共文化服务保障法》的出台确立了“政府主导、社会力量参与”的公共文化服务建设原则，对公共文化设施建设，公共文化服务的内容、方式和质量，公共文化服务的管理运行和保障机制等做出了明确规定。这一法律的颁布，使我国公共文化服务体系建设进入了有法可依的法治化阶段。此后，我国公共文化服务领域的第一部行业法律《中华人民共和国图书馆法》于 2017 年 11 月颁布，该法明确了我国公共图书馆“保障公民基本文化权益，提高公民科学文化素质和社会文明程度，传承人类文明，坚定文化自信”的宗旨，从法律角度确立公共图书馆的定位、功能和价值，并对其运行发展、服务提供等内容予以明确。《公共图书馆法》的出台将改革开放以来我国各级各类图书馆在实践中产生的创新成果和成功经验法定化，为图书馆服务创新和可持续发展提供了权威的制度和法律支撑。

（二）完善现代公共文化服务体系的政策支撑体系，推动文化事业体系的现代治理转型

“十三五”时期，围绕现代公共文化服务体系的建设目标，国家出台了多种五年发展规划，为传统文化事业体系的现代治理转型提供了持续的发展动能。在宏观层面，我国于 2017 年发布了《文化部“十三五”时期文化发展改革规划》，系统地阐明了“十三五”时期现代公共文化服务体系建设的总体要求、目标方向、主要任务、重要举措等内容。同年 5 月，国务院颁布了《国家“十三五”时期文化发展改革规划纲要》，描绘了“十三五”时期我国文化发展改革蓝图，提出要加快现代公共文化服务体系建设，构建普惠性、保基本、均等化、可持续的现代公共文化服务体系。在行业部门层面，各部门和行业五年规划的陆续出台也为公共文化建设提供了制度支撑。如，原文化部于 2017 年 4—5 月先后发布了《“十三五”时期繁荣群众文艺发展规划》《文化部“十三五”时期文化科技创新规划》以及《“十三五”时期全国公共图书馆事业发展规划》等，分别确立了群众文艺事业、文化科技支撑、国家公共数字文化建设和公共图书馆建设的五年目标和发展路径。其中所蕴含的改革目标、改革思路和政策系统，为文化事业体系的现代治理转型提供了基础支持。

（三）公共文化服务的标准化和均等化建设成为重点政策支持方向

在公共文化服务的标准化、均等化建设方面，自 2015 年《关于加快构建现代公共文化服务体系的意见》颁布以来，公共文化服务的标准化和均等化建设得到重视，2015 年《国家基本公共文化服务指导标准》颁布。随后各地纷纷出台了地方性指导性标准，大力推进公共文化服务的标准化建设。在均等化建设方面，国家重点推进贫困地区、农村地区的公共文化服务体系建设，着力补强贫困地区的短板，缩小城乡差距。2015 年《“十三五”时期贫困地区公共文化服务体系建设规划纲要》中提出，要下大力气扭转发展差距扩大趋势，到 2020 年使贫困地区基本公共文化服务主要指标接近全国平均水平，将推动群众脱贫致富作为贫困地区公共文化建设的一项重要任务。2017 年 5 月，文化部发布《"十三五"时期文化扶贫工作实施方案》，推动贫困地区公共文化服务体系建设，实施贫困地区民族自治县、边境县村综合文化服务中心覆盖工程。此外，2018 年中共中央国务院颁布的《中共中央国务院关于实施乡村振兴战略的意见》，对农村公共文化服务体系建设提出了新的战略要求，力图通过乡村文化振兴、文化和旅游融合助推村庄发展，以缩小城乡差距，推进我国国家现代化进程的均衡发展。

（四）公共文化治理能力建设提上日程，助力公共文化服务效能增长

我国在"十三五"期间，落实国家公共文化服务体系建设目标，着力提升公共文化领域的治理能力，重点推进文化管理部门的机构重组、文化领域财政事权与支出责任划分、公共文化机构法人治理结构改革等内容。

在我国文化领域机构改革重组层面，2018 年 3 月，文化部与国家旅游局合并组建文化和旅游部。在此次机构改革重组中，文化和旅游部将原文化部公共文化司合并重组为新的公共服务司，承担全国公共文化服务和旅游公共服务的指导、协调和推动工作。与中央层面的机构调整相呼应，地方政府也纷纷在 2018 年上半年完成相关机构改革工作，各省(市、自治区)逐步成立文化和旅游厅，地市和县级层面成立了文化和旅游局。机构的合并重组，对文旅行业格局带来了重要影响，也为公共文化服务体系建设带来新的发展机遇。

明确中央和地方事权与支出责任划分是落实公共文化建设的主体责任，完善财政保障机制的重要举措。2016 年 8 月，国务院印发了《关于推进中央与地方财政事权和支出责任划分改革的指导意见》，对推进中央与地方财政事权和支出责任划分改革做出总体部署。2020 年 6 月，国务院办公厅正式印发《公共文化领域中央与地方财政事权和支出责任划分改革方案》，该方案明确了基本公共文化服务的事权主体，相关经费的分担机制和保障方式。

在公共文化机构内部治理层面，大力推进法人治理结构改革。2017 年颁布的《关于深入推进公共文化机构法人治理结构改革的实施方案》提出，要推进公共文化机构法人治理结构改革试点工作，以健全文化机构决策、执行和监督机制，明确相关方权责。此外，文化和旅游部于 2019 年颁布《国有文艺院团社会效益评价考核试行办法》，旨在推动国有文艺院团把社会效益放在首位、实现社会效益和经济效益相统一，引导国有文艺院团治理能力的提升。

（五）公共文化服务数字化进程加快，政策扶持的方向进一步明确

在互联网、云计算、大数据智能的时代背景下，人们的生产生活方式早已随着网络数字化的普及而不断变化，传统的公共文化服务已无法满足数字时代大众精神文化需求，政府公共文化服务数字化建设已成为当今时代发展不可抗拒的潮流。"十三五"时期，我国公共文化服务数字化发展取得了明显进展，得到了国家和地方政府的大力支持。2017 年 7 月，《"十三五"时期公共数字文化建设规划》发布，为全国文化领域和社会文化机构的数字文化建设提出了明确发展方向、政策路径和措施。2019 年 4 月，文化和旅游部发布《公共数字文化工程融合创新发展实施方案》，旨在加强现代科技应用，充分挖掘数字文化服务发展潜力，推动公共数字文化工程全面融合发展。2019 年 5 月，国务院办公厅发布《数

字乡村发展战略纲要》，提出要利用互联网宣传中国特色社会主义文化和社会主义思想道德，建设互联网助推乡村文化振兴建设示范基地，推进乡村优秀文化资源的数字化，以“互联网+中华文明”行动计划为抓手，推进文物数字资源进乡村。在2020年疫情中，公共文化服务机构通过微信公众号、网络以及其他数字渠道，在疫情期间为民众提供了丰富多彩的文化产品和服务，发挥了重要的公共文化服务功能，对社会发展了精神慰藉的独特作用。

(六)完善相关政策和举措，鼓励社会力量参与公共文化服务体系建设

“十三五”规划期间，我国公共文化服务体系建设的一大创新在于提出鼓励社会力量参与公共文化建设，探索出推动文化管理体系向文化治理体系转型的政策通道。2015年，国务院办公厅转发文化部、财政部等《关于做好政府向社会力量购买公共文化服务工作的意见》，就引导和鼓励社会力量参与公共文化服务的供给制定了专门规范。该《意见》就购买主体和承接主体，购买方式和内容，以及相关监督管理和保障措施，进行了详细的规定，并设立了操作性强的管理流程。随后，这一政策相继在各地推开。在2017年颁布的《公共文化服务体系保障法》中，将鼓励社会力量参与公共文化建设上升到法律层面。2018年11月，文化和旅游部、财政部联合印发了《关于在文化领域推广政府和社会资本合作模式的指导意见》，此项政策为社会资本特别是民营企业进入文化领域提供了制度渠道，旨在形成多元化、可持续的投入机制，以弥补文化建设中政府投入的不足。政府向社会力量购买公共文化服务，既是深入推进依法行政、转变政府职能、建设服务型政府的重要环节，也是规范和引导社会组织健康发展、推动公共文化服务社会化发展的重要途径，对于进一步深化文化体制改革，丰富公共文化服务供给，提高公共文化服务效能，满足人民群众精神文化需求具有重要意义。

二、“十三五”时期国家公共文化政策效果检视与评价①

截至2019年7月，在国家文化和旅游部、财政部的支持下，武汉大学国家公共文化政策研究实验基地共有98家，涵盖我国东部、中部、西部、东北9个省份的图书馆、博物馆、文化馆(群艺馆)、演出团体、文化站、非物质文化遗产中心等各类文化主体，覆盖了省级、地市、县、乡镇各级各类公共文化机构。本报告主要以“十三五”时期(2016—2019年)公共文化实验基地图书馆、博物馆、文化馆、文化站四类公共文化服务机构作为重点观察对象进行政策效果分析。

公共图书馆方面，实验基地中共有公共图书馆22家。其中，省级场馆6家，市级场馆6家，县级场馆10家。通过对实际回收的数据进行分析发现，从投入层面来看，2016—2019年，省、市、县各级图书馆财政拨款显著增加，增幅分别为6.9%、30.3%和56.8%，其中县级图书馆财政拨款增长最为显著；除县级场馆从业人员数增加8.5%外，省、市级图书馆从业人员数分别下降3.7%和6.4%，变化较小；藏书量指标上来看，省

① 数据来源：2016—2019年武汉大学公共文化政策研究实验基地统计数据及年度工作总结报告。

级图书馆增长 13.1%，市级下降略 5.2%①，县级图书馆藏量增幅达到一倍多。从产出层面来看，省级、市级和县级图书馆总流通人次均增加，增幅为 5.8%、9.9%和 80.9%。从整体投入产出来看，“十三五”时期省级图书馆发展较为平稳，县级图书馆投入与产出均有所增长。观察表明，实验基地 2018 年市级图书馆和 2019 年县级图书馆的产出增长较明显，这一数据说明，“十三五”以来的“资源下沉”、强化基层的倾向性政策达到了一个较明显的效果。具体年际变化见表 1 和图 1。

表 1　2016—2019 年实验基地各级公共图书馆投入产出指标均值

级别	统计指标		2016	2017	2018	2019	总增幅(%)
省级	投入指标	财政拨款(万元)	1173.4	962.6	1183.1	1254.0	6.9
		从业人员数(人)	291.8	305.4	285.0	281.0	-3.7
		藏书量(万册)	707.3	627.8	714.5	800.3	13.1
	产出指标	总流通人次(万)	243.2	235.7	248.7	257.5	5.8
市级	投入指标	财政拨款(万元)	778.9	886.5	1085.4	1014.6	30.3
		从业人员数(人)	34.6	34.0	32.4	32.4	-6.4
		藏书量(万册)	53.7	58.8	61.7	50.9	-5.2
	产出指标	总流通人次(万人次)	46.2	50.8	51.8	50.81	9.9
县级	投入指标	财政拨款(万元)	225.7	226.1	196.3	353.4	56.8
		从业人员数(人)	14.0	14.2	12.6	15.7	12.1
		藏书量(万册)	21.0	22.7	24.3	59.7	184.3
	产出指标	总流通人次(万人次)	8.4	12.0	12.5	15.2	80.9

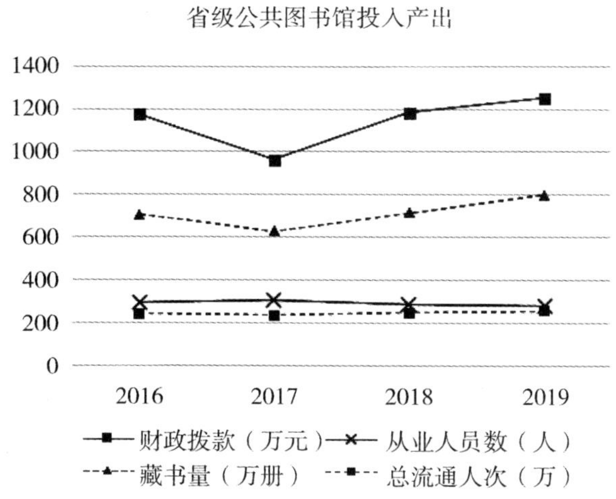

① 市级图书馆中，常州市图书馆因更换馆址，40 万余册藏书留在老馆未计入总数，导致总体数量有所降低。

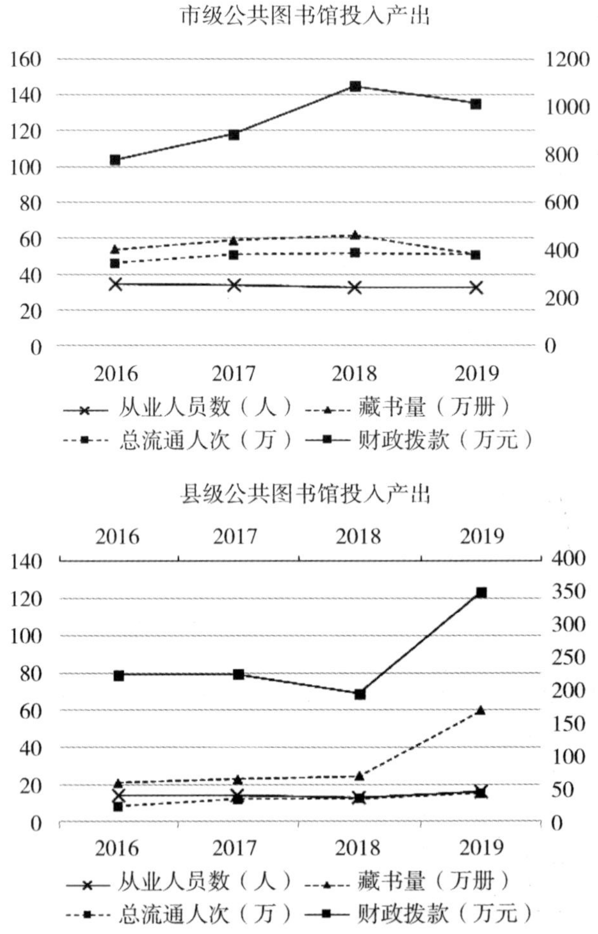

图 1　2016—2019 年实验基地各级公共图书馆投入产出折线图

博物馆方面，截至 2019 年年底共回收 15 家实验基地博物馆数据，其中省级馆 2 家，市级馆 9 家，县级馆 3 家。从投入指标来看，“十三五”期间各级博物馆财政拨款均有上升；藏品数量也均有提升，其中县级博物馆增幅明显达到 103.4%，市级博物馆藏品数几乎未发生变化，县级博物馆略上涨 13.6%(藏品基数较小)。在产出指标上，省级博物馆举办展览次数的涨幅为 16.5%，参观人次有所上升，市级博物馆展览举办次数上升 5.1%，参观人次上升 8.4%；县级场馆举办展览次数和参观人次均上升明显，增速分别为 11.1%和 7.9%。从整体投入产出来看，省级、市级博物馆发展较平稳，县级的投入产出成正比，变化幅度较为明显。从年际变化趋势来看，省级博物馆财政拨款变化平稳，县级博物馆近年来财政投入显著增长，省市县级博物馆参观人次逐年平稳增加。具体年际变化见表 2 和图 2。

表 2 2016—2019 年实验基地各级博物馆投入产出指标均值

级别	统计指标		2016	2017	2018	2019	总体增幅(%)
省级	投入指标	财政拨款(万元)	9474.6	11599.5	10621.1	10533.0	11.0
		从业人员数(人)	191	190	194	192	0.5
		藏品数(万件/套)	12.8	13.5	20.7	26.1	103.4
	产出指标	举办展览次数(次)	13.3	15.1	16.3	15.5	16.5
		参观人次(万人次)	154.5	209.5	212.5	283.8	8.3
市级	投入指标	财政拨款(万元)	1226.2	1535.6	1144.2	1439.3	17.0
		从业人员数(人)	52.1	53.4	53.3	54.1	3.8
		藏品数(万件/套)	4.2	4.2	4.23	4.23	0
	产出指标	举办展览次数(次)	7.9	8.7	9.1	8.3	5.1
		参观人次(万人次)	37.7	35.8	39.2	40.9	8.4
县级	投入指标	财政拨款(万元)	210.4	239.2	170.2	480.9	129.0
		从业人员数(人)	16.0	16.5	21.0	21.0	31.3
		藏品数(万件/套)	0.22	0.25	0.25	0.25	13.6
	产出指标	举办展览次数(次)	4.5	2.3	3.0	5.0	11.1
		参观人次(万人次)	12.9	16.4	15.3	13.9	7.9

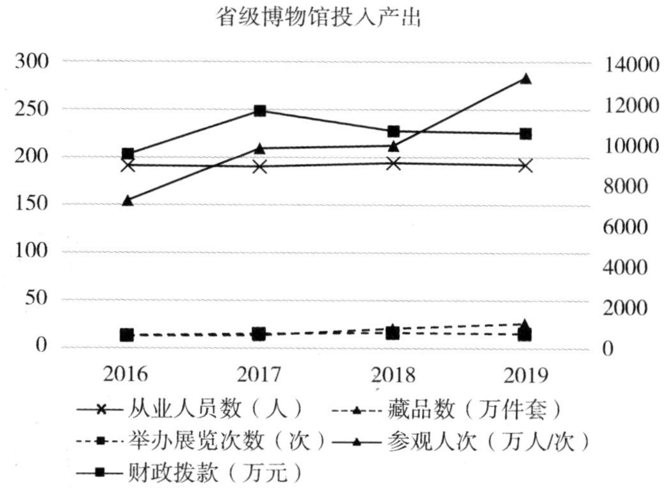

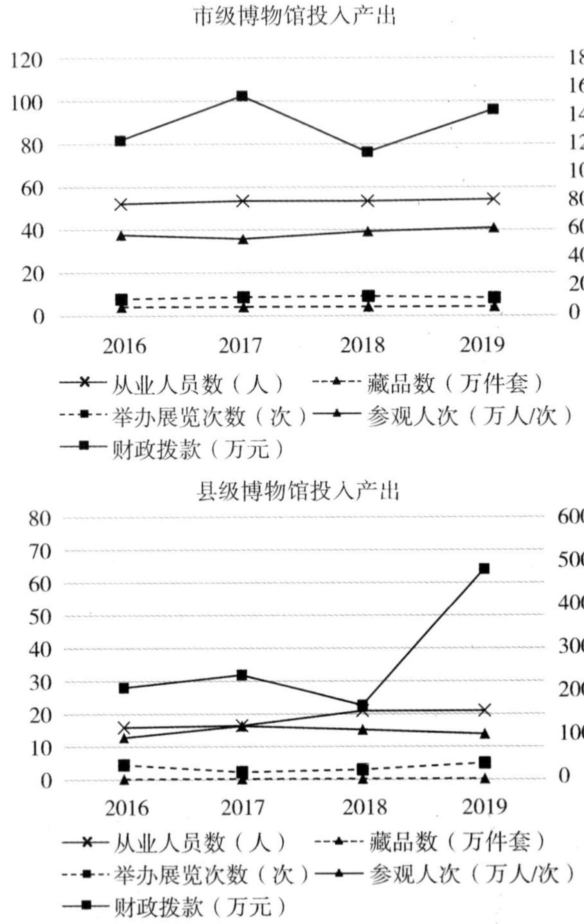

图 2　2016—2019 年实验基地各级博物馆投入产出折线图

文化馆方面，截至 2019 年年底实验基地中共有回收文化馆 18 家数据，其中省级场馆 5 家，市级场馆 8 家，县级场馆 3 家。数据显示，近四年来，省级、市级、县级文化馆财政拨款均增长，分别为 24.5%、25.4%和 48.4%；省、县级文化馆从业人员上升，市级文化馆从业人员数略有下降①。从产出指标上来看，省市县三级文化馆提供服务次数(数量)有明显增加，其中省级增长 62.9%，市级增长 8.4%，县级文化馆服务次数增长 22.2%。同时，省级、市级和县级文化馆文化服务人次均有明显增加，增幅分别为 16.9%、20.3%、66.6%。整体上看，省市县三级文化馆投入与产业成正比，文化服务效益水平有所提升。具体年际变化见表 3 和图 3。

① 市级文化馆从业人员数降低主要原因是：实验基地单位中曲阜市文化馆退休离职人数较多，未补充合适数量的工作人员，因此数据变化较大，影响整体水平。

表3 2016—2019年实验基地文化馆投入产出指标均值

级别	统计指标		2016	2017	2018	2019	增幅(%)
省级	投入指标	财政拨款(万元)	2170.2	2158.5	2338.3	2703.5	24.5
		从业人员数(人)	72.0	71.5	67.4	74.4	3.3
	产出指标	文化服务次数(次)	232.0	221.8	366.0	378	62.9
		文化服务人次(万人次)	10.6	13.8	15.3	12.4	16.9
市级	投入指标	财政拨款(万元)	1042.8	1071.8	1378.7	1307.4	25.4
		从业人员数(人)	54.8	54.6	53.2	51.2	-6.6
	产出指标	文化服务次数(次)	224.6	228.4	224.0	233.0	8.4
		文化服务人次(万人次)	6.9	7.3	7.9	8.3	20.3
县级	投入指标	财政拨款(万元)	293.8	258.2	342.8	436.0	48.4
		从业人员数(人)	24.6	25.0	24.2	26.4	7.3
	产出指标	文化服务次数(次)	185.5	181.7	241.0	226.7	22.2
		文化服务人次(万人次)	1.2	0.4	1.8	2.0	66.6

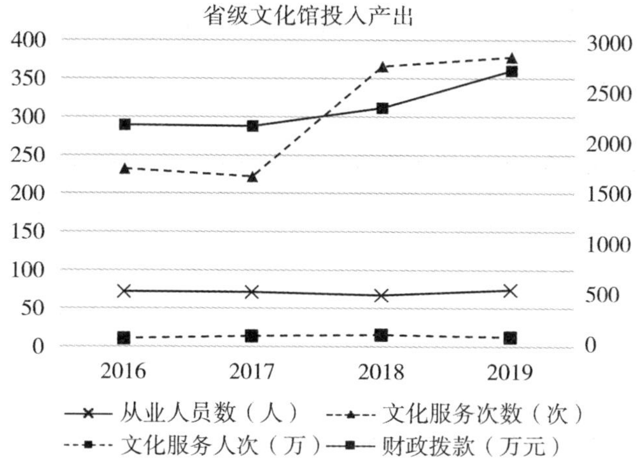

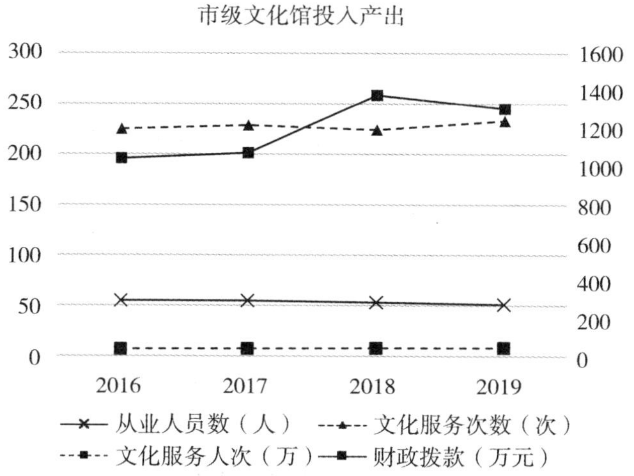

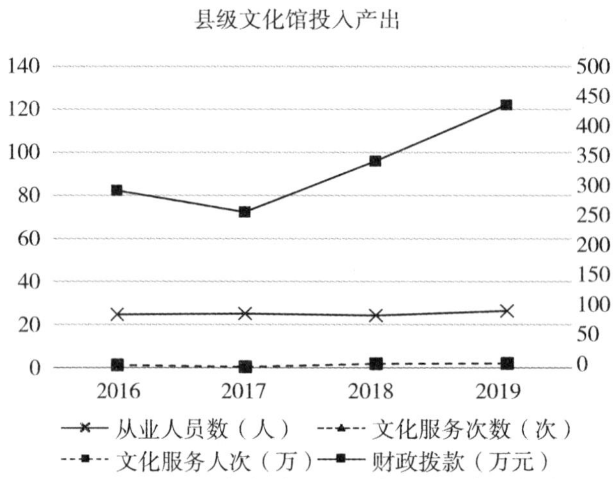

图 3　2016—2019 年实验基地文化馆投入产出折线图

乡镇综合文化站方面，截至 2019 年实验基地中共有文化站 15 家。根据实际提交的文化服务数据进行分析得出：与 2016 年相比，至 2019 年实验基地文化站在从业人员数基本稳定，财政拨款增加幅度一倍有余。在产出上，文化服务次数①上升 87.1%，文化服务人次增长一倍。总体上，基地文化站随着投入在增加，产出效率整体上升。具体年际变化见表 4 和图 4。

表 4　2016—2019 年实验基地文化站投入产出指标均值

项目	统计指标	2016	2017	2018	2019	增幅(%)
投入指标	财政拨款(万元)	14.2	12.7	28.4	30.8	116.9
	从业人员数(人)	5.1	5.4	6.0	5.7	11.8
产出指标	文化服务次数(次)	30.7	43.0	47.1	57.4	87.1
	文化服务人次(万人/次)	3.5	4.7	6.5	7	100.0

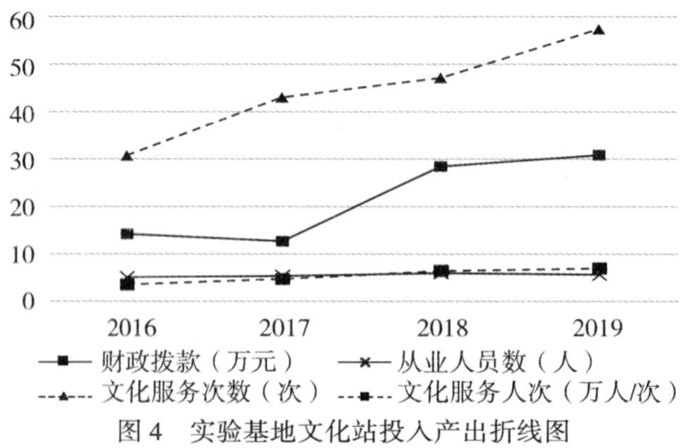

图 4　实验基地文化站投入产出折线图

① 服务次数标准是：举办展览、组织文艺活动、组织训练班培训三项。

通过总结回顾“十三五”时期的国家公共文化实验基地各级文化机构文化投入与产出指标的年际数据变化，并结合实验基地各文化机构的年度工作实际，可以得出以下几个结论：

(1)持续稳定的财政支持保障为公共文化机构的持续稳定发展提供了基本保证。“十三五”时期，在财政投入持续增长的情况下，实验基地大部分公共文化机构服务供给能力持续提升，公共文化服务的发展环境得到进一步优化，公共文化机构的服务水平得到稳步提升。例如“十三五”时期，实验基地县级图书馆投入与产出成正比，且于近两年文化产出指标增幅明显；省市县三级文化馆提供服务次数有明显增加等。

(2)从财政拨款投入力度变化来看，“十三五”时期我国的文化投入向基层倾斜明显，实验基地基层文化机构获得的扶持力度增加最为明显。近年来，随着政策的支持和引导，国家公共文化服务均等化水平不断提升，从低水平均等提升到高水平均等，尤其表现在向基层文化机构的投入力度不断加大。例如，实验基地县级图书馆、博物馆、文化馆和基层文化站的年度财政拨款均呈上升趋势，有明显增加。

(3)公共文化机构发展存在较为明显的区域性、层级性差异，均等化水平有待进一步提高。实验基地各层级和不同省域的公共文化机构依旧存在发展参差不齐的现象。例如，经济发达地区文化机构的资金情况与业务发展情况相对良好，有着广阔的发展空间；而对一些经济欠发达地区的文化机构而言，长期存在缺乏专业人才和资金，发展空间受到局限。

三、“十四五”时期公共文化服务体系发展趋向与应对策略

2020年11月，《中共中央关于制定国民经济和社会发展第十四个五年规划和2035年远景目标的建议》(下文简称《建议》)明确提出，到2035年“建成文化强国、教育强国、人才强国、体育强国、健康中国，国民素质和社会文明程度达到新高度，国家文化软实力显著增强”，“统筹推进经济建设、政治建设、文化建设、社会建设、生态文明建设的总体布局”。在发展目标的六大方面中单列文化建设目标“社会文明程度得到新提高”，提出“繁荣发展文化事业和文化产业，提高国家文化软实力”，将文化建设上升至引领全局的重要地位。

(一)“十四五”时期公共文化服务体系建设的发展趋势研判

1. 公共文化建设成为坚定文化自信的核心资源，在国家现代化建设中的重要性越来越显现

改革开放40多年，中国的现代化经历了从农业社会到工业社会、从计划经济到市场经济、从工业社会到信息社会三重叠加转型的复杂过程。在这一转型过程中，我国迎面撞上了国内文化现代转型、民族精神家园重建与国际文化交流中“西强东弱”、西方文化霸权之间的结构性不对称，这种结构性不对称导致了国家文化现代化进程中民族文化自信不足、文化认同障碍。习近平总书记强调，“如果我们的人民不能坚持在我国大地上形成和

发展起来的道德价值，而不加区分、盲目地成为西方道德价值的应声虫，那就真正要提出我们的国家和民族会不会失去自己的精神独立性的问题了。如果没有精神独立性，那政治、思想、文化、制度等方面的独立性就会被釜底抽薪”。因此，“十四五”规划及2035远景规划仍将高度重视公共文化建设，旨在通过现代公共文化服务体系建设进一步增强民族凝聚力，建设中华民族的精神家园，为实现中华民族伟大复兴的中国梦提供思想保证、精神力量、价值支撑。从这一意义上说，“十四五”及未来公共文化服务体系建设只能加强，不能削弱。

2. 高质量和高水平公共文化服务供给与居民文化消费需求的匹配，成为“十四五”公共文化发展的基本方向

十九大报告指出，“我国社会主要矛盾已经转化为人民日益增长的美好生活需要和不平衡不充分的发展之间的矛盾”，在此背景下如何向人民群众提供更高质量的文化服务，为实现中华民族伟大复兴提供强大的文化力量，是公共文化建设的历史使命。国家战略和时代大势赋予了我国公共文化服务体系建设新的时代内涵和发展目标。在数字信息技术环境下，传统的公共文化服务体系导致文化服务效率低下，文化供给与需求存在错位现象，需要提升公共文化供给与需求相匹配。而数字信息技术不断加强交互性，不仅能够通过用户的人群画像、消费行为分析，定位个体消费的需求，而且还能够吸引消费者参与到文化生产的过程中，能够精准地满足更广泛用户的多元化诉求。如说算法和数字技术的应用降低了短视频的创作门槛，用户可以自由地进行内容的生产、创作和消费。因此必须利用数字信息技术，高质量和高水平匹配文化供给与文化消费，以数字化、网络化、智能化和人工智能为技术基点，重构数字技术平台上的现代公共文化服务体系。“十四五”公共文化服务体系将逐步从低水平均等化过渡至高水平的均等，公共文化服务的标准化也将从基本标准过渡到优质标准。

3. 数字化公共文化服务日益成为公共文化服务的主要形态，公共文化的结构将被重构

2020年新冠疫情期间，由于实体空间公共文化服务的停摆，公共数字文化服务获得极大发展，如基于互联网的公益性在线文艺演出、在线电影、电子阅读资源等，各个公共文化机构的线上业务得到了极大的提升，也显示出数字化公共文化服务发展的基本趋势。2020年11月16日，第十六届中国(深圳)国际文化产业博览交易会将首次在“云上”开幕，云开幕、云展厅、云招商、云签约、云大数据等数字化展览方式，拓展了数字化时代的公共文化服务内涵。5G、大数据、云计算、人工智能、虚拟现实等数字技术不仅深度进入文化生产过程，重塑了文创产品的生产和传播方式，而且拓展了文化消费的场景，催生了文化消费的新模式，将对文化事业、文化产业和旅游产业的业态和整体格局产生深远的影响。“十四五”期间，数字信息技术的应用激发了公共文化建设的新动能，所有的文化遗产在数字化技术平台上可以得到更好的保护和留存，借助数字技术可以对优秀传统文化资源进行二次开发和分配，可以使传统文化内容可视化呈现、互动化传播，为居民提供全新的文化体验。可以预见，随着我国社会数字化程度的不断加深，普及程度的不断拓展，公

共数字文化服务将会在未来获得极大的发展空间，成为群众公共文化参与的重要形式，也成为现代公共文化服务体系实现创新发展的主要路径。

4. 社会力量参与度不断提升，成为政府供给主体的重要补充，政府主导、社会参与的公共文化服务供给格局逐步形成

社会力量参与是国家治理体系和治理能力现代化的重要体现，也是现代公共文化服务体系构建过程中的重要参与力量。随着文化与其他行业融合发展的程度不断深化，多种力量组合、多行业融合发展成为必然要求，公共文化服务体系必然要通过与其他行业领域的融合发展以获得新的发展动力。以“文化+”理念推进公共文化服务多维融合创新，成为未来我国公共文化服务体系建设发展的重要方向。

（二）“十四五”时期公共文化服务体系建设的策略

“十四五”时期，我国现代公共文化服务体系建设必须紧跟时代趋势、技术创新和国家战略目标的要求，科学评估现阶段公共文化服务均等化、标准化的进展，以及公共文化服务的整体效能，规划定位公共文化服务体系建设的新目标和新路径。

1. 促进高水平和高质量的公共文化供给与文化消费的平衡，助推“十四五”国家文化治理体系和治理能力的现代化

“十四五”时期，我国公共文化服务体系建设应当根据新时代社会主要矛盾的变化，围绕“满足人民日益增长的美好生活需要”这一目标进行新的谋划和布局。在“十三五”提出“保基本、广覆盖”的基础上，切实推进公共文化服务的高水平和高质量的均等化与标准化，进一步完善基层和边远地区公共文化服务体系，保障不同群体相对均等地享受到相应的公共文化服务；大力推进“文化+其他行业”的融合发展，增强公共文化服务效能；以高质量高水平公共文化服务体系建设带动文化体制改革，实现公共文化治理体系和治理能力的现代化。

2. 把握互联网数字化发展趋势，全面推进公共数字文化建设，建立完善公共文化数字服务体系

“十四五”时期，需要进一步推进公共数字文化建设，完善数字文化服务体系。建议继续加强对公共数字文化建设的投入力度，重点强化对基层农村、贫困地区、少数民族地区的投入。进一步整合数字文化发展专项资金，加强各个工程项目之间的统筹，推动各类公共数字文化服务平台互联互通；结合国家主导实施的文化领域的基础性数字建设工程，建立完善一体化的公共数字文化参与的终端平台，集成数字文化活动观演、广播收听、在线电影点播、在线演出、数字阅读、在线体育竞技等内容服务；支持文化企事业单位联合高校、研究机构申报国家现代服务业工程研究中心、国家重点实验室和企业技术中心，促进高校、研究机构参与公共文化数字平台建设。结合国家文化大数据工程建设要求，以公共图书馆、博物馆、文化馆、美术馆、艺术院团和艺术科研院所等机构的数据资源为基础，加强文化大数据采集、清洗、分析、共享、可视化的研发，提升大数据技术服务能力

和应用开发水平，集中力量支持大数据核心技术集成攻关、产业链构建、应用示范和公共平台建设；加快制定数字文化服务的技术、管理、开放、安全等标准，推进文化资源统一标识、核心元数据、分类编码、数据采集、指标口径、数据质量、数据交易、技术产品、安全保密等共性关键标准的制定和实施。此外，还要强化公共数字文化建设的监督管理和绩效评价，提高公共数字文化服务效能。

3. 继续加大财政投入力度，完善财政保障机制，确保公共文化服务体系建设的有序推进

科学合理的财政保障体系是公共文化服务体系建设完善和服务效能提升的根本保障。在“十三五”加快构建现代公共文化服务体系的国家战略目标下，到“十三五”末全国六级基本公共文化服务体系大体建成。“十四五”要在“提升国家文化软实力”的国家战略目标下，建设高质量的现代公共文化服务体系。

第一，要继续加大财政投入力度。根据“十四五”时期公共文化服务体系建设的新的目标和任务，测算投入总量，建立稳步增长的投入机制，确保公共文化服务体系建设的稳步推进。

第二，要进一步完善财政投入体制和机制。近年来的研究表明，传统的财政供给侧保障方式在增强文化单位公共产品生产能力的同时也导致了低效率问题，主要表现为行业利益固化导致行业封闭和行业“软收缩”、资源体制内循环导致“机构空转”和供给侧低效等。“十四五”新时期，在继续强化财政保障力度的同时，还要进一步深化文化体制改革，提高财政资金的使用效益。特别是要根据《公共文化领域中央与地方财政事权和支出责任划分改革方案》，进一步建立健全科学的中央和地方文化支出责任分担机制，通过不断调整“事权、财权和财力”的组合方式，完成“中央与地方政府文化事权与支出责任划分”“事权、财权与财力的匹配”和“中央对地方的转移支付”等制度设计，逐步建立起权责清晰、财力协调、标准合理、保障有力的基本公共服务制度体系和保障机制。

第三，借助于数字信息技术的平台功能，推动政策基准从“国家-文化单位”的供给侧公共投入保障模式转到“国家-个人”的消费侧激励保障模式，以文化消费侧的政策创新引导供给侧的绩效提升，并由此重建公共文化政策的合法性。

4. 强化监督管理和绩效评价，提升综合服务效能

综合效能不高是当前我国的公共文化服务体系建设中存在的一个重要问题。“十四五”要想提升综合服务效能，政府必须更加重视健全监督管理和效能评价机制，建立以效能为导向的公共文化服务监督评价机制。

一方面，要建立“政府监督”和“社会监督”相辅相成的双重监管渠道，强化政府与社会的监管互动，增强公共文化服务效能监督的公开性与透明性，建立健全公共文化服务监管机制。另一方面，公共效能评价应由“政府评价”逐步过渡到“第三方组织”为主、多种主体共同参与的公共文化服务效能评价机制，依据国家公共文化服务标准，制定科学的效能评价体系，引入第三方评价机构，关注实际公共文化服务效果，完善以“公共服务获得感”为基础的效能评价制度，同时要将综合效能评价结果作为财政保障的重要指标。

同时，要利用现代信息技术手段，通过搭建数字化公共文化服务互动平台与线下联动建立有效需求表达反馈机制，更好地汇集民意，第一时间为文化服务的更新发展提供反馈意见，提供更为有效和更精准的公共文化服务。

5. 继续深化文化体制改革，建立健全消费侧政策创新引导供给侧改革的新模式

“十四五”要突破供给侧(文化行业系统)改革的困局，必须转变单纯从文化领域供给侧改革的思路，以消费侧的制度创新来突破改革“瓶颈”。以引导和扩大居民文化旅游消费为改革切入口，借助数字技术工具，将“增量资源”集中投向需求侧，并赋予城乡居民“用脚投票”的权力，以此来连接文化事业与文化市场两端、打破文化事业与文化产业的壁垒，在扩大城乡居民文化旅游消费的同时，改善政府供给侧投入模式下公共文化项目的绩效不高的状况，进而实现通过扩大消费的制度创新来引导供给侧改革的设计目标。

2020 年 10 月，为贯彻《国务院办公厅关于进一步激发文化和旅游消费潜力的意见》，文化和旅游部、国家发展改革委、财政部决定自 2020 年起，在全国范围内分批次确定若干试点城市，在此基础上，综合考虑不同规模和类型城市的示范性，择优确定示范城市。到 2022 年，建设 100 个试点城市、30 个示范城市。这一政策措施既顺应了文旅融合趋势，具有引导文化进入经济发展主战场的社会发展价值，又顺应了消费侧引导供给侧改革的大方向，具有重要的改革方法论价值，建议在选择实施消费示范城市的过程中，还要进一步打通文化事业和文化产业、文化行业与旅游业之间的“区隔”，进一步深化 2016—2018 年拉动居民文化消费试点的经验，重建“十四五”时期建设公共文化服务体系新的政策架构。

绩　效　篇

公共文化服务发展指数报告(2017—2018年)

彭雷霆　欧阳样　黄　凤①

摘要：构建公共文化服务发展指数是国家文化发展战略的客观需要，亦是我国公共文化服务体系实践进入“提质增效”阶段的必然要求。为科学量化测度我国公共文化服务发展水平，课题组从公共文化服务资源供给水平、成果享有水平、效率水平、外部支撑水平和均等化水平五个维度构建了公共文化服务发展指数的“钻石模型”，综合分析了2017—2018年全国31省公共文化服务发展指数。分析显示，2017—2018年我国公共文化服务整体发展水平有所下降，东、中、西部水平与其经济社会发展水平基本一致，但“中部塌陷”情况日益明显，区域、省域之间及其内部发展仍不平衡且短板各异。

关键词：发展指数　钻石模型　公共文化服务

一、公共文化服务发展指数的指标框架

(一)公共文化服务发展指数指标体系

1. 公共文化服务发展指数“钻石模型”

公共文化服务的资源供给水平、成果享有水平、效率水平、外部支撑水平及均等化水平，五者构成了公共文化服务发展水平测度的五维综合模型(“钻石模型”)，即公共文化服务发展指数评价模型。具体见图1。

(1)维度一：资源供给水平

公共文化服务供给的文化产品和服务属于公共产品，具有公共产品的公共性、非排他性和非竞争性等特性，公共产品的供给由政府主导以避免“市场失灵”造成的公共事业领域的缺位与混乱，保证公民的基本权利。公共文化资源供给即公共文化资源的投入，是公共文化服务供给的根本保障，是公共文化服务体系建构的基石，是公共文化服务产出的前提，没有投入就没有产出。因此，公共文化资源的供给水平是政府文化事业投入的直观体现，是文化治理在政府治理中重要性的表现，是政府治理能力的基本评价指标。本报告从人力、物力和财力三个方面来度量政府的公共文化资源供给水平。

---

① 彭雷霆，武汉大学国家文化发展研究院副院长、副教授；欧阳样，华中师范大学数学和统计学院硕士研究生；黄凤，武汉大学国家文化发展研究院科研助理。

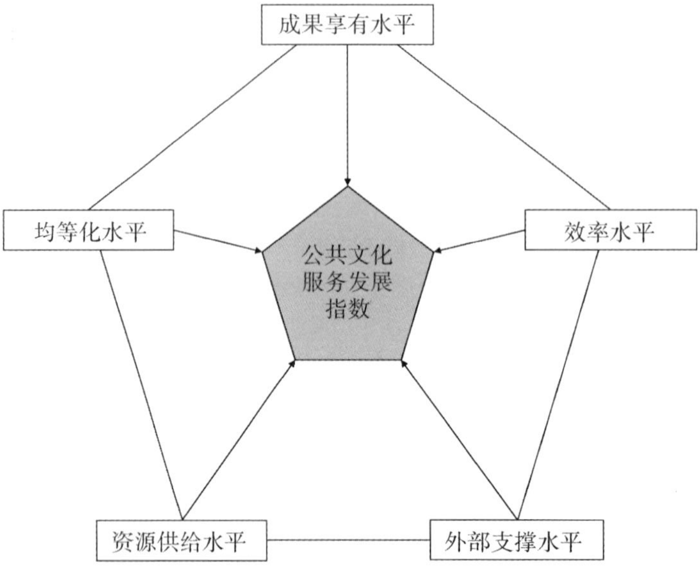

图1 公共文化服务发展指数“钻石模型”

(2)维度二：成果享有水平

文化成果拥有权作为文化权益的重要组成部分，保障公民的文化权益应当要实现公民享有相关文化发展成果，文化成果的享有作为一种基本的文化权利得到了世界人权宪章的确定。文化成果享有水平体现了公民对公共文化供给的参与水平，体现了公民的整体文化素养、教育程度，是公共文化服务体系构建的最直接的成效和评估指标。本报告从“文化参与”“广播电视服务”“体育服务”“优秀作品”和“群众满意度”五个方面对公民的文化成果享有水平进行评测。

(3)维度三：效率水平

公共文化服务的绩效评估是衡量政府治理能力和运作效率的核心问题。绩效是公共文化服务评估的一个重要方面，是衡量公共文化服务是否落实以及普及程度、公众满意度的重要指标。公共文化服务的效率评估既要评测公共文化资源“投入-产出”的经济效益，又要将公共文化服务产生的社会效益和规模效益作为重要标准纳入评估指标体系。本报告从中央和各级地方政府对公共文化服务的人力、物力和财力的投入以及公共文化服务在“文化参与”“广播电视服务”“体育服务”“优秀作品”和“群众满意度”六个方面的产出对公共文化服务的效率水平进行评估。

(4)维度四：外部支撑水平

由于群众文化服务需求随社会经济文化发展而动态变化，而服务供给资源条件相对静态且资源有限，造成有限的静态资源无法满足人民群众动态的无限服务需求这一矛盾。公共文化服务的供给和需求双方实现最优均衡是公共文化服务体系建设的核心目标。因此，要做好各地公共文化服务发展水平的评测工作，明确公共文化服务发展前行的方向和目标，提前规划、设计和优化公共文化服务，才能缓解公共文化服务供求错位矛盾。本报告引入“公共文化服务外部支撑水平”的概念，意指公共文化服务发展的外部影响条件综合水平，从“环境支撑”“资源支撑”“创新支撑”和“产业支撑”四个方面对外部支撑水平进行综合评估。

(5)维度五：均等化水平

文化权益具有普遍性和机会均等性，即所有公民都有均等机会享受基本的公共文化产品和支配基本的公共文化服务体系，因而公共文化服务均等化是保障公民基本文化权益的内在需求。公共文化服务均等化保障的是公民最基本、最底线的文化权益，一个地区公共文化服务的均等化水平决定了该地区社会文化的整体发展水平。因此，衡量一个地区公共文化服务体系的首要维度是该地区公共文化服务的均等化程度，即公共文化服务体系在多大程度上保障了公民最基本的文化权益，满足了所有公民的基本文化需求。本报告对公共文化服务均等化水平的评估采用了的“基尼系数”的概念，从文化服务人才、文化财政投入、文化服务设施、文化服务产品的人均占有情况进行评测。

2. 具体指标(见表 1)

表 1　公共文化服务发展指数一级、二级指标架构

一级指标	二级指标
公共文化服务资源供给水平	人力资源
	物力资源
	财政资金
公共文化服务成果享有水平	文化参与
	广播电视服务
	体育服务
	优秀作品
	群众满意度
公共文化服务效率水平	投入指标(“文化资源供给水平”)
	产出指标(“文化成果享有水平”)
公共文化服务外部支撑水平	环境支撑
	资源支撑
	创新支撑
	产业支撑
公共文化服务均等化水平	公共文化服务人才
	公共文化财政投入
	公共文化服务设施
	公共文化服务产品

“公共文化服务资源供给”是指政府等供给主体为了满足社会的公共文化需求，在一定时期将资金投入到公共文化事业，向广大社会公众无偿提供的公共文化产品，其指标体系主要反映的是公共文化服务投入情况，包括中央和各级地方政府对公共文化服务的投入。

“公共文化服务成果享有”指的是在我国现行公共文化服务体系背景下，居民享受到的由公共文化服务带来的相关福利成果，其指标体系包括“文化参与”“广播电视服务”“体育服务”“优秀作品”和“群众满意度”5个二级指标。

“公共文化服务效率”主要反映的是公共文化服务投入和产出之间的关系，本研究中公共文化服务的投入指标和产出指标即分别为前文中的“公共文化服务资源供给水平”指标和“公共文化服务成果享有水平”指标。

“公共文化服务外部支撑水平”指公共文化服务发展的外部影响条件综合水平，本指标体系由公共文化服务环境支撑、公共文化服务资源支撑、公共文化服务创新支撑和公共文化服务产业支撑四个方面组成。

“公共文化服务均等化水平”是以各地区居民享有各类公共文化资源的均等情况来刻画基本公共文化服务均等化程度，其指标体系包含：公共文化服务人才、公共文化财政投入、公共文化服务设施、公共文化服务产品。

(二)数据来源

本次评价的数据来源主要包括：

(1)国家统计年鉴数据。主要是指《中国统计年鉴》《中国财政统计年鉴》《中国文化文物统计年鉴》《中国文化及相关产业统计年鉴》《中国科技统计年鉴》等。

(2)官方公布数据。主要是指财政部、文化和旅游部、统计局、文物局、新闻广电出版总局和国家体育总局等机构的业务数据。

(3)调研数据。主要是指武汉大学国家文化财政政策研究基地每年组织的“文化第一线”调研数据，该调研是针对全国31个省的公共文化情况在公共图书馆、博物馆、美术馆、群众艺术馆(文化馆)、文化站等公共文化场所进行群众满意度的问卷调查。

(三)评价方法

本报告研究的公共文化服务发展指数是对文化资源供给水平、文化成果享有水平、文化服务效率水平、外部支撑水平这四个分维度水平得分进行加权平均，并以均等化水平得分作为调节系数。即：

公共文化服务发展指数=文化服务均等化水平 * ($w1$ * 文化资源供给水平+$w2$ * 文化成果享有水平+ $w1$ * 文化服务效率水平+$w2$ * 外部支撑水平)/($w1$+$w2$+$w3$+$w4$)

其中$w1$、$w2$、$w3$、$w4$分别为对应维度的权重，公式中的文化资源供给水平、文化成果享有水平、文化服务效率水平、外部支撑水平进行加权平均时需先进行标准化处理，方式为最大化标准化法。均等化水平得分作为调节系数时需将其投影到0~1。

将均等化水平得分作为调节系数出于以下几点考虑：

第一，根据测算结果可知，基尼系数的变化范围较小，因而均等化水平值较为集中，不同省份之间差距不大，而其余各维度水平值离散程度相对较大，若直接加权求和也势必弱化了其作用。

第二，一方面将均等化水平值作为调节系数，用以约束政府保障公共文化服务供给的公平性，另一方面均等化实现是相当困难的，其可视为难度系数，反映了公共文化服务发展的困难所在，也响应国家推进基本公共文化服务均等化的政策目标。

本研究中各个指标测算所采用的具体方法如下：

公共文化资源供给水平得分以及文化成果享有水平得分是首先通过专家打分法赋予各指标权重，然后运用综合评分法加权求和计算得出。

公共文化服务效率得分是通过以公共文化资源供给水平作为公共文化服务投入水平，文化成果享有水平作为公共文化服务产出水平，然后计算产出投入比而得出。

公共文化服务外部支撑水平得分是通过专家打分法赋予各指标权重，然后运用综合评分法计算得出。

基本公共文化服务均等化水平得分是先通过专家打分法获取指标的权重，通过权重对各项指标进行加权求和获取各类“公共文化资源指数”反映各地区各类公共文化资源的占有水平，然后引入反映贫富差距的基尼系数来计算各类公共文化资源的基尼系数以反映各类公共文化资源的非均等程度，再通过“100×(1-基尼系数)”的技术手段用百分制来反映各类公共文化资源的均等化水平，最后对各类公共文化资源的均等化水平得分加权求和而得出。

二、2017—2018年31省公共文化服务发展指数分析

《中国公共文化服务发展指数报告2019》指出，我国公共文化服务发展水平存在较大的区域差距，整体上有较大的提升空间。从测算结果来看，2017年和2018年全国31省公共文化服务发展指数平均值分别为52.41和51.32，比2016年和2015年均略有下降，表明我国公共文化服务整体水平仍有待提升。

(一)省域比较分析

1. 发展指数比较

2017年、2018年，31省公共文化服务发展指数排名前列的多数为东部经济社会发达省份，排名靠后的多为西部经济社会发展相对落后的省份，这一分布特征延续了2014—2016年的趋势。从发展指数的排名来看，2017年发展指数排名在前五位的省份依次为浙江、上海、江苏、北京、山东，得分依次为69.38、66.99、66.26、64.87、57.77。排名前五位的省份与2016年一致，仅在位次上略有变化。排名靠后的5位分别是海南、新疆、天津、辽宁和甘肃，得分依次为40.58、41.49、44.13、46.55和47.05；2018年发展指数排名在前五位的省份依次为浙江，上海，北京，江苏，宁夏，得分依次为73.98、67.77、64.28、60.84、59.23。排名前四位的省份与2017年一致，仅在位次上略有变化，

排名第五的宁夏排名上升幅度较大。排名靠后的5位分别是甘肃、湖北、广西、海南、新疆，得分依次为44.51、43.56、43.02、38.07和37.49。

从年度变化来看，相比2016年，2017年和2018年多数省份公共文化服务发展指数得分有所降低，截至2018年，除北京、天津、内蒙古、吉林、浙江、福建、贵州、西藏、陕西、青海、宁夏等11省区略有上升外，其余省份公共文化服务发展指数较2016年有不同程度下降。从各省的排名变动来看，2015—2018年，发展指数排名下降的有15个省份，其中河南、重庆和辽宁发展指数排名下降幅度较大，分别下降了10位、10位、9位。发展指数排名上升的有10个省份，其中内蒙古、宁夏、贵州排名上升较为明显，分别上升了17位、13位、11位。具体见表2。

表2 31省公共文化服务发展指数(2015—2018年)

区域	2018	排名	2017	排名	2016	排名	2015	排名	18/15位次差
北京	64.28	3	64.87	4	61.85	4	61.81	4	1
天津	45.87	24	44.13	29	44.31	29	44.23	31	7
河北	49.87	15	49.32	21	50.24	20	50.2	21	6
山西	49.72	16	52.47	13	53.71	10	53.87	10	−6
内蒙古	55.46	7	53.45	12	52.16	16	49.3	24	17
辽宁	44.88	26	46.55	28	48.15	23	51.26	17	−9
吉林	48.35	20	52.37	14	48.01	24	50.66	20	0
黑龙江	51.00	14	53.46	11	53.7	11	51.31	16	2
上海	67.77	2	66.99	2	70.38	2	69.28	2	0
江苏	60.84	4	66.26	3	65.86	3	68.26	3	−1
浙江	73.98	1	69.38	1	71.14	1	70.52	1	0
安徽	45.63	25	47.52	25	47.01	27	46.85	26	1
福建	55.23	8	53.64	10	53.03	13	56.95	7	−1
江西	52.07	13	54.57	8	54.24	9	55.19	8	−5
山东	54.40	10	57.77	5	58.61	5	58.25	5	−5
河南	48.00	22	51.79	15	53.54	12	53.6	12	−10
湖北	43.56	28	48.11	24	51.26	18	49.88	23	−5
湖南	48.07	21	51.26	18	52.84	14	50.66	19	−2
广东	52.55	12	48.73	23	54.54	8	52.79	13	1

续表

区域	2018	排名	2017	排名	2016	排名	2015	排名	18/15位次差
广西	43.02	29	47.06	26	45.83	28	46.68	27	-2
海南	38.07	30	40.58	31	41.6	31	45.15	29	-1
重庆	48.69	19	53.78	9	56.52	6	54.43	9	-10
四川	48.71	18	51.46	17	50.3	19	52.34	14	-4
贵州	48.76	17	49.08	22	47.42	26	45.23	28	11
云南	46.71	23	50.01	20	47.68	25	48.56	25	2
西藏	55.14	9	51.61	16	52.76	15	51.95	15	6
陕西	56.55	6	54.8	6	56.29	7	57.57	6	0
甘肃	44.51	27	47.05	27	48.19	22	49.94	22	-5
青海	52.57	11	50.42	19	51.67	17	53.72	11	0
宁夏	59.23	5	54.63	7	48.21	21	51.21	18	13
新疆	37.49	31	41.49	30	42.1	30	44.36	30	-1
全国均值	51.32		52.41		52.68		53.1		

重庆市公共文化服务发展指数较2015年排名下降10位，一方面是由于重庆市基本公共文化服务均等化得分的排名下降引起，另一方面是由于重庆市公共文化服务投入产出效率得分的排名下降导致。相比2015年，重庆基本公共文化服务均等化得分排名由第19位下降至第28位，降低了9位。重庆公共文化服务效率得分排名下降了8位(由第2位下降到第10位)。从投入产出来看，2018年广东公共文化服务的投入和产出排名均有小幅度下降，投入下降了1位(由第20位降至第21位)，但产出下降了4位(由第10位降至第14位)，产出减少的水平高于投入减少的水平，因而导致其效率得分排名下降，最终引起发展指数排名降低；河南省公共文化服务发展指数较2015年排名下降10位，主要是由其外部支撑水平得分下降引起。与2015年相比，2018年，河南公共文化服务的资源供给水平、成果享有水平和效率水平得分的排名有小幅度下降，均等化水平得分的排名没有变化，但外部支撑水平得分的排名下降了12位(由第11位降至第23位)。由此可见，经济增长下行、人口流出严重等文化发展的外部环境持续恶化，导致河南公共文化服务发展水平降低；辽宁省公共文化服务发展指数较2015年排名下降9位，主要是由其外部支撑水平得分下降引起。与2015年相比，2018年，辽宁公共文化服务的资源供给水平、成果享有水平和外部支撑水平的得分排名均有小幅度下降，效率水平得分排名有所上升，但均等化水平得分的排名下降了9位(由第14位降至第23位)。

内蒙古自治区公共文化服务发展指数较2015年排名上升了17位，主要是由于该区公共文化服务投入产出效率得分排名上升导致，相比2015年，内蒙古公共文化服务效率得分排名上升了24位(由第26位上升到第2位)。从投入产出来看，2018年内蒙公共文化服务得投入排名下降了2位而产出上升了6位，产出水平的增加明显超过投入水平，因而导致其效率得分排名上升，最终引起发展指数排名上升；宁夏回族自治区公共文化服务发展指数较2015年排名上升了13位，跻身第5位，主要是由于该区各维度水平得分的排名浮动共同造成所引起。与2015年相比，2018年，宁夏公共文化服务的资源供给水平的得分排名下降3位(由第8位降至第11位)，成果享有水平得分的排名上升了13位(由第7位升至第4位)，因此效率水平得分的排名上升了18位(由第24位升至第6位)；除此之外，宁夏公共文化服务的外部支撑水平得分的排名也上升了10位(由第24位升至第14位)；值得一提的是，2015年宁夏公共文化服务均等化得分排名第18位，2018年上升至第7名，排名上升11位；在均等化的各项指标中，基本公共文化服务财政投入的均等化得分排名有明显上升是引起宁夏公共文化服务均等化得分排名上升的主要原因；贵州省公共文化服务发展指数较2015年排名上升了11位，主要是由于贵州基本公共文化服务均等化得分的排名上升所引起。2015年宁夏公共文化服务均等化得分排名第23位，2018年上升至6名，排名上升17位。在均等化的各项指标中，基本公共文化服务财政投入和文化服务产品的均等化得分排名有明显上升是引起贵州公共文化服务均等化得分排名上升的主要原因。

2. 各维度比较

2017年，全国31省公共文化服务的资源供给水平得分、成果享有水平得分、效率水平得分、外部支撑水平得分和均等化水平得分的均值依次为49.22、59.09、1.24、36.06和75.62，相比2016年，资源供给水平得分和均等化得分有所下降，成果享有水平得分、效率水平得分、外部支撑水平得分有所增加。

从2017年测算结果来看，资源供给水平得分排名前列的既有东部经济发达省份，也有西部人少地多的省份。排名在前五位的省份依次为西藏、北京、浙江、上海、青海，得分依次为84.56、82.73、65.31、63.72、60.07。排名靠后的5位均为中西部省份，它们分别是广西、云南、江西、黑龙江、河北，得分依次为36.96、38.3、39.52、39.52和40.33；成果享有水平得分排名前列的多数为东部经济发达省份，也有个别西部省份。排名在前五位的省份依次为浙江、江苏、内蒙古、上海、北京，得分依次为79.3、73.71、73.22、66.89、63.55。排名靠后的5位均为中西部省份，他们分别是河北、广西、贵州、河南、海南，得分依次为48.82、52.31、52.55、53.12和54.16；效率水平得分排名在前五位的省份依次为江苏(1.503)、云南(1.50)、黑龙江(1.499)、江西(1.47)、广西(1.42)，排名靠后的5位均为中西部省份，他们分别是西藏(0.64)、北京(0.77)、青海(1.01)、上海(1.05)、陕西(1.07)。效率得分的排名分布区域特征并不太明显；外部支撑水平得分排名前列的均为东部经济发达省份，排名在前五位的省份依次为江苏(58.54)、北京(52.22)、广东(51.41)、浙江(50.03)、山东(48.66)，排名靠后的既有经济下行明显、人口流出严重的东北地区省份，也有西部欠发达省份，排名靠后的5位分别是黑龙江(23.14)、辽宁(26.61)、云南(27.23)、甘肃(27.38)、贵州

(28.01)。均等化得分排名没有明显区域分布特征，排名在前五位的省份依次为上海(89.44)、北京(81.49)、黑龙江(81.24)、浙江(81.17)、宁夏(79.62)，排名靠后的5位分别是新疆(64.83)、海南(64.86)、天津(67.24)、广东(67.98)、安徽(70.7)。具体见表 3。

表 3　31 省公共文化服务发展指数五个维度(2017 年)

区域	资源供给水平	排名	成果享有水平	排名	效率水平	排名	外部支撑水平	排名	均等化水平	排名
北京	82.73	2	63.55	5	0.77	30	52.22	2	81.49	2
天津	46.79	15	55.28	21	1.18	24	34.52	16	67.24	29
河北	40.33	27	48.82	31	1.21	19	34.99	15	79.41	6
山西	47.62	13	58.84	13	1.24	17	32.28	17	78.13	12
内蒙古	54.28	6	73.22	3	1.35	10	30.01	21	71.25	25
辽宁	45.57	19	54.63	23	1.20	20	26.61	30	74.48	21
吉林	47.02	14	58.92	11	1.25	15	30.49	19	78.59	10
黑龙江	39.52	28	59.25	10	1.50	3	23.14	31	81.24	3
上海	63.72	4	66.89	4	1.05	28	40.63	9	89.44	1
江苏	49.03	10	73.71	2	1.50	1	58.54	1	76.84	14
浙江	65.31	3	79.30	1	1.21	18	50.03	4	81.17	4
安徽	42.16	22	58.90	12	1.40	7	29.79	23	70.70	27
福建	46.15	17	62.72	7	1.36	9	42.16	6	72.97	23
江西	39.52	29	58.01	16	1.47	4	35.36	14	78.81	7
山东	42.01	23	58.79	14	1.40	6	48.66	5	78.17	11
河南	41.08	25	53.12	28	1.29	14	39.55	11	77.60	13
湖北	42.89	20	56.33	19	1.31	11	35.58	13	71.51	24
湖南	45.66	18	54.34	25	1.19	22	40.06	10	76.41	15
广东	46.37	16	55.25	22	1.19	21	51.41	3	67.98	28
广西	36.96	31	52.31	30	1.42	5	29.21	24	74.11	22
海南	48.32	12	54.16	27	1.12	26	28.37	26	64.86	30
重庆	42.50	21	58.37	15	1.37	8	40.64	8	76.15	17
四川	41.63	24	54.27	26	1.30	12	39.26	12	76.40	16

续表

区域	资源供给水平	排名	成果享有水平	排名	效率水平	排名	外部支撑水平	排名	均等化水平	排名
贵州	40.47	26	52.55	29	1.30	13	28.01	27	78.73	9
云南	38.30	30	57.44	18	1.50	2	27.23	29	75.43	19
西藏	84.56	1	54.41	24	0.64	31	31.31	18	76.14	18
陕西	54.14	7	57.95	17	1.07	27	41.62	7	78.76	8
甘肃	48.66	11	60.38	9	1.24	16	27.38	28	70.93	26
青海	60.07	5	60.87	8	1.01	29	30.09	20	74.81	20
宁夏	53.06	8	63.05	6	1.19	23	29.81	22	79.62	5
新疆	49.49	9	56.19	20	1.14	25	28.80	25	64.83	31
全国	49.22		59.09		1.24		36.06		75.62	

2018 年，全国 31 省公共文化服务的资源供给水平得分、成果享有水平得分、效率水平得分、外部支撑水平得分和均等化水平得分的均值依次为 46.37、53.18、1.18、34.51、75.24，相比 2017 年，资源供给水平得分、成果享有水平得分、效率水平得分、外部支撑水平和均等化水平得分都有所下降。

从 2018 年测算结果来看，资源供给水平得分排名前列的既有东部经济发达省份，也有个别中部和西部省份。排名在前五位的省份依次为北京、西藏、上海、浙江、湖南，得分依次为 83.98、78.52、59.98、55.22、51.15。排名靠后的 5 位均为中西部省份，它们分别是广西、黑龙江、河南、贵州、河北，得分依次为 35.5、36.8、38.08、38.14 和 38.48；成果享有水平得分排名前列的多数为东部经济发达省份，也有西部人少地多的省份。排名在前五位的省份依次为浙江、内蒙古、上海、宁夏、江苏，得分依次为 72.9、67.24、63.97、63.30、61.58。排名靠后的 5 位均为中西部省份，它们分别是河南、新疆、广西、贵州、河北，得分依次为 46.46、45.86、45.61、45.45 和 43.49；效率水平得分排名在前五位的省份依次为江西(1.430)、内蒙古(1.402)、山东(1.382)、江苏(1.363)、福建(1.356)，排名靠后的 5 位分别是北京(0.687)、西藏(0.693)、湖南(0.924)、海南(1.012)上海(1.066)。效率得分的排名分布区域特征并不太明显；外部支撑水平得分排名前列的多数为东部经济发达省份，也有个别中部地区，排名在前五位的省份依次为北京(55.93)、浙江(53.07)、江苏(47.13)、重庆(45.71)、广东(44.61)，排名靠后的既有经济下行明显、人口流出严重的东北地区省份，也有西部欠发达省份，排名靠后的 5 位分别是黑龙江(23.38)、广西(23.99)、新疆(24.21)、吉林(24.92)、甘肃(25.74)。均等化得分排名没有明显区域分布特征，排名在前五位的省份依次为上海(88.97)、浙江(84.86)、陕西(82.02)河北(81.93)、黑龙江(81.89)，排名靠后的 5 位均为中西部地区，分别是海南(60.78)、新疆(64.03)、湖北(67.77)、重庆(67.79)、安徽(68. 17)。具体见表 4。

表 4　31 省公共文化服务发展指数五个维度(2018 年)

区域	资源供给水平	排名	成果享有水平	排名	效率水平	排名	外部支撑水平	排名	均等化水平	排名
北京	83. 98	1	57. 75	8	0. 69	31	55. 93	1	78. 88	8
天津	46. 26	12	50. 53	19	1. 09	24	38. 61	8	68. 42	26
河北	38. 48	27	43. 49	31	1. 13	21	33. 74	16	81. 93	4
山西	47. 53	10	51. 01	16	1. 07	26	33. 78	15	75. 92	15
内蒙古	47. 97	9	67. 24	2	1. 40	2	30. 59	21	73. 10	22
辽宁	39. 35	24	47. 25	26	1. 20	14	27. 69	24	73. 02	23
吉林	45. 38	14	51. 65	15	1. 14	20	24. 92	28	76. 95	12
黑龙江	36. 80	30	49. 42	23	1. 34	7	23. 38	31	81. 89	5
上海	59. 98	3	63. 97	3	1. 07	27	39. 62	7	88. 97	1
江苏	45. 16	15	61. 58	5	1. 36	4	47. 13	3	77. 52	10
浙江	55. 22	4	72. 90	1	1. 32	8	53. 07	2	84. 86	2
安徽	39. 95	22	52. 45	13	1. 31	9	31. 69	19	68. 17	27
福建	43. 44	16	58. 95	6	1. 36	5	40. 52	6	74. 22	20
江西	38. 60	26	55. 11	9	1. 43	1	31. 90	18	74. 88	19
山东	39. 38	23	54. 44	11	1. 38	3	37. 04	11	76. 97	11
河南	38. 08	29	46. 46	27	1. 22	13	28. 09	23	78. 35	9
湖北	41. 51	19	49. 63	22	1. 20	15	31. 36	20	67. 77	29
湖南	51. 15	5	47. 27	25	0. 92	29	35. 29	13	75. 92	14
广东	42. 97	17	50. 36	20	1. 17	17	44. 61	5	75. 57	17
广西	35. 50	31	45. 61	29	1. 28	12	23. 99	30	72. 03	25
海南	49. 92	7	50. 55	18	1. 01	28	27. 34	25	60. 78	31
重庆	39. 97	21	52. 01	14	1. 30	10	45. 71	4	67. 79	28
四川	40. 39	20	47. 33	24	1. 17	18	35. 44	12	75. 87	16
贵州	38. 14	28	45. 45	30	1. 19	16	29. 85	22	79. 84	6
云南	39. 11	25	50. 56	17	1. 29	11	25. 86	26	73. 60	21
西藏	78. 52	2	54. 46	10	0. 69	30	38. 41	9	76. 49	13
陕西	49. 10	8	53. 82	12	1. 10	23	37. 97	10	82. 02	3
甘肃	45. 42	13	49. 83	21	1. 10	22	25. 74	27	72. 04	24

续表

区域	资源供给水平	排名	成果享有水平	排名	效率水平	排名	外部支撑水平	排名	均等化水平	排名
青海	50. 84	6	58. 41	7	1. 15	19	32. 26	17	75. 19	18
宁夏	46. 90	11	63. 30	4	1. 35	6	34. 00	14	79. 50	7
新疆	42. 58	18	45. 86	28	1. 08	25	24. 21	29	64. 03	30
全国	46. 37		53. 18		1. 18		34. 51		75. 24	

(二)区域比较分析

公共文化服务发展水平在区域间存在差异。测算结果显示，2017 年和 2018 年我国公共文化发展水平在东部、中部和西部之间表现出明显的区域差距，总体而言，呈现东高部、中西部低的态势，这一趋势延续了 2015—2016 年的区域差距。图 2 的数据显示，2018 年东部、中部和西部地区公共文化服务发展指数依次为 57. 75、47. 43 和 49. 93，2017 年依次为 57. 59、50. 15 和 50. 4，2016 年依次为 58. 65、50. 62 和 49. 93，2015 年依次为 59. 26、50. 74 和 50. 44。东部地区公共文化发展指数明显高于中部和西部地区，甚至远高于全国平均水平。中西部地区公共文化发展指数低于全国平均水平。值得注意的是，虽然中西部地区公共文化发展指数差距较小，但 2015 年和 2016 年是中部地区略高于西部地区，2017 年西部地区开始赶超中部地区，2018 年开始明显高于中部地区。在 2017 年 31 省公共文化发展指数的排名中，排名前十位的省份中有 6 个属于东部地区，排名后十

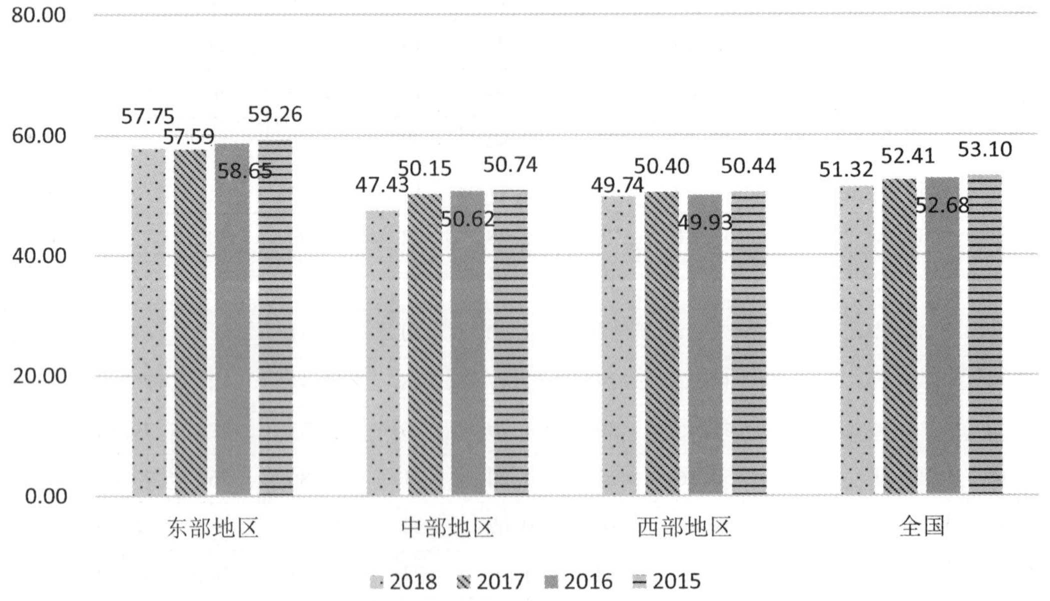

图 2　2015—2018 年东中西区域间公共文化服务发展指数比较

位的省份中有7个属于中部和西部地区；2018年的排名中，排名前十位的省份中有6个属于东部地区，而排名后十位的省份中有8个属于中部和西部地区，从侧面反映了东部地区与中西部地区之间的区域差距明显。

除发展指数表现出明显的区域差距外，资源供给水平得分、成果共享水平得分、外部支撑水平得分也表现出不同程度的区域差异。

如图3所示，2017年公共文化服务资源供给水平得分在东、中、西各区域间的平均值依次为54.18、43.41和50.34，东部地区明显高于中西部地区，中部地区与西部地区也有较大差距，呈东部高于西部高于中部的格局。公共文化服务成果享有水平得分在东、中、西各区域间的平均值依次为63.35、56.07和58.42，表现出非常明显的区域差距，且依然呈现东部高于西部高于中部的形势。公共文化服务外部支撑水平得分在东、中、西各区域间的平均值依次为44.98、32.96和31.99，东部地区远高于中西部地区，西部地区低于中部地区。公共文化服务均等化水平得分的区域差距较小，东部地区与中部地区近乎持平，西部地区比东中部地区略低。

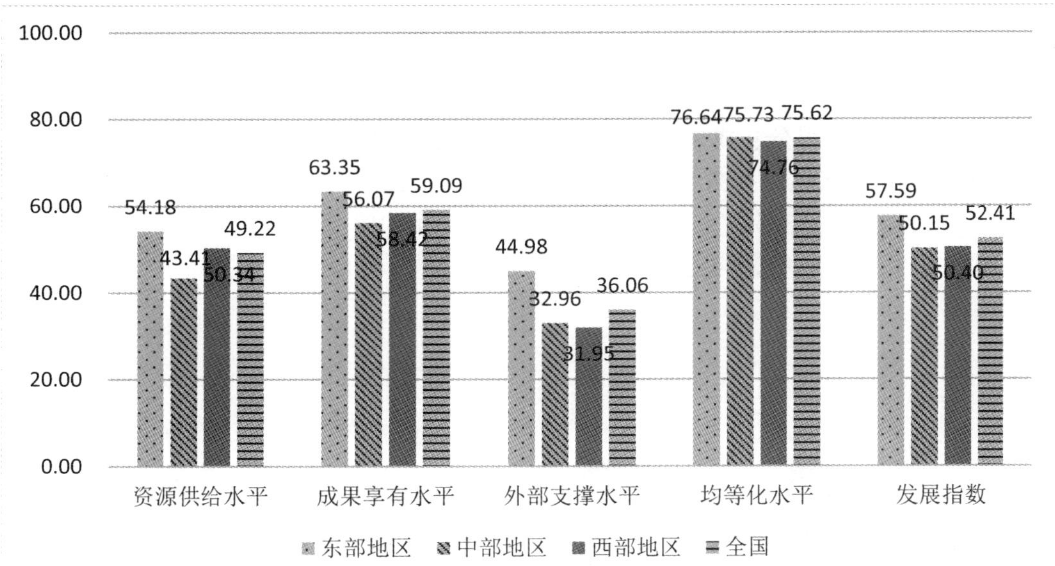

图3　2017年东中西区域间公共文化服务各维度得分比较

如图4所示，2018年公共文化服务资源供给水平得分在东、中、西各区域间的平均值依次为50.64、42.74和46.20，东部地区明显高于中西部地区，中部地区与西部地区也有较大差距，呈东部高于西部高于中部的格局。公共文化服务成果享有水平得分在东、中、西各区域间的平均值依次为57.52、49.70和52.83，表现出非常明显的区域差距，且依然呈现东部高于西部高于中部的形势。公共文化服务外部支撑水平得分在东、中、西各区域间的平均值依次为42.69、30.15和32.00，东部地区远高于中西部地区，西部地区略高于中部地区。公共文化服务均等化水平得分的区域差距较小，西部地区与中部地区近乎持平，东部地区比中西部地区略高。

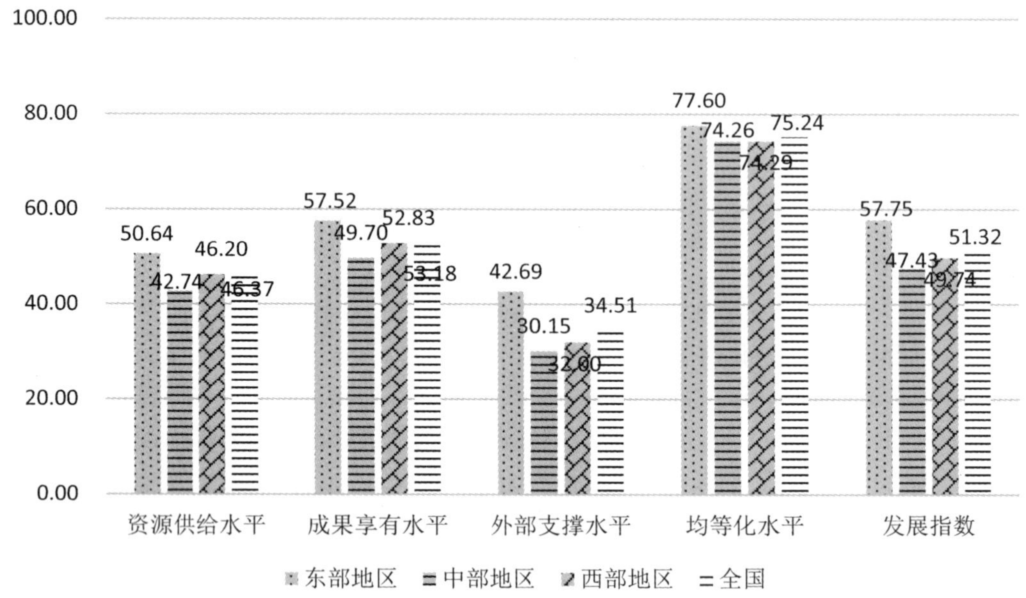

图4　2018年东中西区域间公共文化服务各维度得分比较

与资源供给水平得分、成果共享水平得分和外部支撑水平得分呈现出的区域差异不同的是，2017年公共文化服务效率水平得分在东、中、西各区域间的平均值依次为1.23、1.26和1.21，表现为中部高、东部西略低的态势；而2018年公共文化服务效率水平得分在东、中、西各区域间的平均值依次为1.182、1.178和1.176，呈现出东中西部地区相对持平的态势，如图5所示。

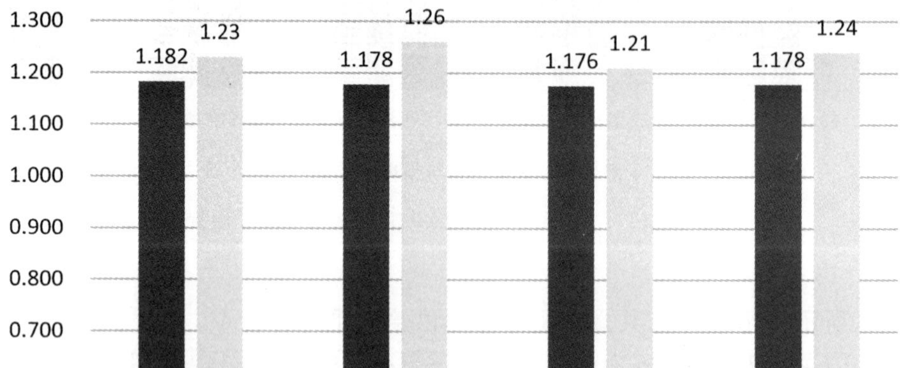

图5　2017年东中西区域间公共文化服务效率得分比较

三、我国公共文化服务发展指数特征及政策建议

(一)基本特征

1. 我国公共文化服务发展水平整体呈现出与经济社会发展水平趋同的态势，依然表现出东部高，中、西部低的区域格局

从《中国公共文化服务发展指数报告 2019》的分析可知，2014—2016 年我国公共文化服务发展指数得分东部地区明显领先于于中西部地区。到 2018 年，公共文化服务发展指数得分呈现出与经济社会发展水平趋同的这一趋势稍有变化但未得到扭转，2017 年和 2018 年全国 31 省公共文化服务发展指数得分的均值已变成了东部高于西部高于中部，但整体仍然是东部地区远高于中西部地区，2017 年发展指数得分排名前五位的均为东部经济社会发达省份(浙江、上海、江苏、北京、山东)，而排名后十位的省份中有 7 个属于中部和西部地区；2018 年发展指数得分排名前五位的有 4 个属于东部经济社会发达省份(浙江、上海、北京、江苏)，而排名后十位的省份中有 7 个属于中部和西部地区。

五大维度中，2014—2016 年，东部地区在资源供给水平、成果享有水平及外部支撑水平上的得分较中西部地区有较大优势。2017 年和 2018 年，东部地区继续延续了这一优势，在资源供给水平、成果享有水平及外部支撑水平上的得分仍然明显高于中部和西部地区。

2. 我国公共文化服务整体水平有待提升，文化发展的外部环境存在较大的改善空间

近年来，随着公共文化服务体系建设的逐步推进、财政投入力度的不断加大、基础设施建设的持续改善，我国公共文化建设取得一定成就，公共文化服务发展达到一定水平，但未来仍有较大的提升空间，公共文化服务发展的不平衡、不充分仍是目前存在的主要问题。经测算，与 2014—2016 年类似，2017 年、2018 年东部地区既有超过 60%的省份公共文化发展指数得分排名全国前十位，也有天津这样的排名在末尾的省份；同样地，在东北三省公共文化发展指数中，2017 年黑龙江排名第 11 位，辽宁排到了第 28 位，到了 2018 年，黑龙江排名第 14 位，辽宁排到了第 26 位，差距较大；中、西部地区虽然绝大多数省份排名靠后路，但是西部的宁夏、陕西、内蒙古、西藏却排名较高，这说明我国公共文化服务不仅区域发展水平差异大，区域内部更省份之间发展也不均衡。

同时，从研究结果来看，公共文化资源供给水平、文化成果享有水平、公共文化服务外部支撑水平和基本公共文化服务均等化水平在东、中、西区域之间以及在 31 省(市、自治区)之间仍存在不同程度的差距，整体呈现东部高、中西部低的区域特征，公共文化发展的区域不均衡、省域不均的问题明显。此外，一些省区公共文化服务发展的内部结构表现出明显的不协调性。2017 年、2018 年多数省区公共文化服务在分维度上同样存在“跛脚”现象，影响了自身公共文化服务发展的整体水平，例如北京、上海公共文化服务

效率水平相比其他维度排名过低，天津公共文化服务均等化水严重拉低了其整体排名，西藏、青海主要依靠公共文化资源投入拉动当地公共文化服务整体水平。

2014—2016 年以及 2017 年、2018 年的测算结果均显示，在公共文化发服务发展的五大维度中，外部支撑水平的得分始终处于一个较低水平。2017 年的外部支撑水平得分 31 省均值为 36.06，分别比资源供给水平和成果享有水平低了 13.16 和 23.03；2018 年的外部支撑水平得分 31 省均值为 34.51，分别比资源供给水平和成果享有水平低了 11.87 和 18.68。除少数发达省份外，外部环境的支撑水平成为绝大多数省份公共文化服务发展的制约因素，必须立足全局，持续改善公共文化发展的外部环境。

（二）相关政策建议

进入文化旅游融合发展的新时代后，国家战略和公众期待对公共文化服务发展给予新的要求，公共文化服务建构进入新阶段。根据《国家“十三五”时期文化发展改革规划纲要》《中华人民共和国公共文化服务保障法》《关于加快构建现代公共文化服务体系的意见》及促进文化和旅游融合发展的相关政策的精神，针对本报告前述的公共文化服务发展指数分析结果提出建议。

1. 中央政策优惠向中西部地区倾斜，地方应因地制宜，依托本地优势提升公共文化服务发展水平

研究发现不同省份和区域公共文化服务发展水平存在较大差异和差距，集中表现为公共文化服务发展水平东部地区高、中西部地区低。为促进全国 31 省区公共文化服务均等化发展，不断提高中西部地区公共文化发展能力，中央的文化政策和优惠举措应向中西部贫困地区倾斜，加大对落后地区公共文化基础设施、人才队伍建设、财政资金和体制改革方面的投入。同时，要实现公共文化服务发展水平全面提升，还应实施放开格式化管理，结合不同省份和区域情况，因地制宜地依托本地优势采取非均衡化、非格式化的发展策略。

第一，准确把握公共文化服务发展的客观规律，深刻认识各省、各地区公共文化服务发展阶段和现实条件的差异性，进一步采用非均衡、非格式化的公共文化服务发展策略。文化的形成和发展通常要经历一个漫长的沉淀和交融的过程，公共文化服务的发展是伴随经济发展和社会进步的积累过程，促进文化发展是快不得、急不来的。由于地域、历史及社会经济发展水平不同等原因，我国各省份及各个区域之间公共文化服务水平有较大差异，且公共服务发展资源供给水平、成果享有水平、效率水平、外部支撑水平及均等化水平发展也各有差异性。因而必须在尊重公共文化发展的客观规律之基础上，采用具有针对性的非均衡化、非格式化的发展策略，各地区公共文化发展的独特性决定了相关政策举措的制定不可盲目效仿和复制发达地区的经验模式。

第二，公共文化服务发展要结合本地实际，充分发挥优势，采取措施补足短板，从实践中探索出具有本地特色的公共文化服务发展道路。我国 31 个省（市、自治区）公共文化资源、历史基础、经济环境等优势劣势各不相同，各地区文化发展有着鲜明的特点。例如，北京、上海、江苏、浙江、广东等经济发达地区，技术水平领先、公共文化设施完

善；山东、陕西等地历史文化资源丰富，宁夏、新疆、西藏等少数民族地区政策支持力度大、民族文化底蕴深厚。因此，要因地制宜地制定非格式化的公共文化服务管理政策和发展策略，凸显当地的公共文化服务发展特色。

2. 深入推进文化旅游融合，为公共文化服务发展注入新动力

促进文化和旅游融合发展(以下简称文旅融合发展)是党和国家重要建设方针。推进文旅深度融合，是为了在发展地域优势特色文化的基础上，最大限度地利用好、保护好旅游资源，从而推动文化事业、文化产业和旅游产业的融合发展。促进文旅融合有助于增强文化自信。一方面，文化融入旅游，提升服务品质，有助于中华优秀文化广泛传播；另一方面，旅游融入文化，丰富内容供给，满足人民群众日益增长的对美好生活的新期待，有助于提升群众幸福感、获得感和文化认同感。

中央有关部委先后出台多项政策推动文旅融合发展。2018年10月由国家发展改革委、文化和旅游部等中央13个部委联合印发的《促进乡村旅游发展提质升级行动方案(2018—2020)》，聚焦乡村旅游道路和停车设施建设短板、农村公共厕所建设等公共服务问题，并要求以文化等资源禀赋为依据，加强乡村传统文化的传承、保护与利用，防止千村一面，因地制宜推进乡村旅游特色发展—2019年8月由国务院办公厅发布的《关于进一步激发文化和旅游消费潜力的意见》，推出文化和旅游消费惠民措施、发展假日和夜间经济等多项激励性政策举措。在今后一段时间里，推进文旅融合发展将成为助推公共文化服务发展的新动能。

公共文化服务机构要在文旅融合的浪潮中有所作为，从而实现自身发展和助力公共文化服务发展的双重目标，就必须通过融入旅游要素，加快自身服务功能的转型。具体地，从服务方式上来说，公共文化机构可以在保持原有服务基础上实现拓展延伸，探索与旅游相结合的场景式、体验式的服务。比如，将文化设施空间打造为旅游目的地，研发适合旅游需求的文创产品，拓展旅游信息咨询服务；从服务目标上来说，公共文化机构可以借助游客群体，更好地传播自身拥有的优秀文化资源，强化地方特色文化的外部影响力。

3. 营造良好的外部环境，全面提升公共文化服务发展水平

文化发展并不是孤立地存在于社会生活中，而是与经济、政治、生态、社会、科技等方面有着千丝万缕的联系。正如本报告的研究结果所示，我国社会文明程度较高、科技发展水平较高的东部经济发达省区，公共文化服务发展拥有较好的外部环境，公共文化服务发展水平高于中西部地区。可见，进入新的历史发展时期，公共文化服务发展必须与社会其他方面协调共生，尤其是发展较为落后的广大中西部地区，必须要打造良好的外部发展环境，营造优良的文化生态，激发公共文化服务发展的内生动力。

文化发展的外部环境是一个地区社会各方面的总体情况的反映。我国31省区社会各方面的发展程度差距较大，决定了各地文化发展的外部环境不同。贫困落后地区社会全面发展、外部环境全面改善的需求紧迫、难度较大、过程漫长，在继续保持经济社会快速发展的同时，关键还要利用社会经济发展为文化资源赋值。一要优化文化资源开发利用的客观环境。利用好扶贫开发的契机加强基础设施建设，完善交通设施、网络设施、文化基础

设施、旅游设施等关键要素。加强基层文化人才队伍建设，重点培育本地传统文化传承人，引进文化专业人才和文化科技人才，建立区域文化人才交流学习机制和跨级的人才帮扶机制；二要提升文化资源开发利用的现实能力。做好非物质文化遗产资源、民间文化艺术资源、历史文化名镇名村的研究、挖掘、整理、申报和注册工作。引进社会力量进行资源开发，善于利用市场化手段将文化资源进行产业化开发，培育和引进文化创意企业、文化旅游企业，打造区域文化旅游品牌；三要增强文化资源传承保护的财政支撑。积极开展文化资源传承保护工作，主动申报中央各级各类扶持项目，争取中央文化财政扶持。地方财政对本地文化资源传承保护给予投入，采用以奖代补的形式鼓励当地传统文化的传承人开展相关工作。地方政府在引进企业开展文化资源产业化开发过程中，可对企业做出规定，要求其经营利润中拿出一定比例作为文化资源传承保护基金，在开发利用的同时为文化资源的传承保护贡献力量。

◎参考文献

[1]文化蓝皮书：中国公共文化服务发展指数报告(2019)[R]. 傅才武，彭雷霆. 社会科学文献出版社，2019-07-01.

[2]规划与纲要　国家“十三五”时期文化发展改革规划纲要[M]//孟凡驰主编. 中国企业文化年鉴，北京师范大学出版集团北京师范大学出版社，2017-2018：513-521.

[3]中华人民共和国公共文化服务保障法[N]. 人民日报，2017-02-03(14).

[4]关于加快构建现代公共文化服务体系的意见[N]. 人民日报，2015-01-15(09).

博物馆公共文化服务效率评价研究(2014—2018)

皮彦芳①

摘要：公共文化服务体系建设是国家“文化强国”战略的重要举措之一。公共文化机构服务的效率问题对于公共文化服务体系建设“提质增效”具有重要意义，也是当前我国公共文化体系建设的重中之重。博物馆是我国社会主义科学文化事业的重要组成部分②，也是我国公共文化服务体系的重要组成部分。本报告运用描述统计、DEA、变异系数等定量分析方法对我国31省(直辖市、自治区)博物馆的投入产出效率水平进行综合、逐层分析评估，发现其效率普遍较低且非均等，尤其是技术效率问题突出，且大多未实现规模报酬，在此基础上提出提升我国博物馆公共文化服务效率的对策建议。

关键词：博物馆　公共文化服务　DEA 效率

一、博物馆公共文化服务现状

(一)投入情况

1. 全国整体情况

以机构数、从业人员、藏品数、财政补助、实际使用房屋建筑面积为判断标准，2014—2018年，我国博物馆各项投入均呈现出逐年增长的趋势(如表1所示)。其中，博物馆机构数从3658个增长到4918个，年均增长7.68%；从业人员数量从83 970人增长为107 506人，年均增长6.37%；藏品数从29 299 673件/套增长为36 623 080件/套，年均增长6.39%；财政补助从15 846 683千元增长为24 505 482千元，年均增长11.51%；实际使用房屋建筑面积从1933.12万平方米上升到2790.95万平方米，年均增长9.62%。各项投入中，财政投入增幅最大，实际使用房屋建筑面积与机构数次之，藏品数和从业人员数量相对稳定。

---

① 皮彦芳，武汉大学国家文化发展研究院2019届硕士，湖南涉外经济学院专职教师。

② 王宏钧. 中国博物馆学基础. [M]. 上海：上海古籍出版社，2006：37-38.

表 1 2014—2018 年全国博物馆投入整体情况

年份	机构数（个）	从业人员（人）	藏品数（件/套）	财政补助（千元）	实际使用房屋建筑面积（万平方米）
2014	3658	83 970	29 299 673	15 846 683	1933. 12
2015	3852	89 133	30 441 422	17 284 589	2033. 75
2016	4109	93 431	33 293 561	19 020 416	2185. 48
2017	4721	105 079	36 623 080	25 686 493	2668. 44
2018	4918	107 506	37 540 740	24 505 482	2790. 95

2. 分区域情况

从 2014 年的情况来看，东中西部地区博物馆各项投入指标存在一定差距。其中，东部地区和中部地区的机构数和从业人员数量接近，分别为 1234 个机构、27 885 人和 1290 个机构、27 688 人。而西部地区机构数与从业人员数量则与东部地区和中部地区有一定差距，仅有 1130 个机构和 25 367 名从业人员。而藏品数量上，东部地区博物馆藏品数量为 10 595 842 件/套，高于西部地区的 8 691 935 件/套，高于中部地区的 6 851 106 件/套。财政补助上，东部地区优势明显，达 6 802 764 千元，西部地区以 3 941 389 千元略高于中部地区的 3 814 900 千元，但与东部地区仍有较大差距，都未达到东部地区的 60%。实际使用房屋建筑面积上看，东部地区仍有明显优势，达 775. 53 万平方米；西部地区以 584. 08 万平方米次之；中部地区以 522. 17 万平方米相对落后。综上，2014 年，东部地区博物馆虽机构数量略低于中部地区，但其余各项投入均在东中西部地区中领先；中部地区博物馆机构数量最高，然而藏品数、财政补助、实际使用房屋建筑面积都在三大地区中居于末位；西部地区则虽在机构数和从业人员数量上相对落后，但藏品数、财政补助、实际使用房屋建筑面积略优于中部地区。

2014—2018 年，东中西部地区博物馆各项投入指标整体上都呈上升趋势。其中，东中西部地区机构数年均增速分别为 10%、5. 58%和 7. 43%，到 2018 年时，东部地区博物馆数量达 1807 个，明显高于中部地区（1603 个）和西部地区（1505 个）。东中西部地区从业人员数年均增速分别为 8. 01%、5. 07%和 7. 12%，到 2018 年时，东部地区从业人员数达 37 954 人，优势更加明显，而西部地区从业人员数量（33 403）则逐渐与中部地区（33747）接近。东中西部地区藏品数年均增速分别为 6. 72%、4. 26%和 9. 28%，西部地区增长最为显著，到 2018 年达 12 397 702 件/套，与东部地区（13 744 515 件/套）差距缩小；中部地区增速最为缓慢，到 2018 年时也仅为 8 094 822 件/套，与东西部地区差距进一步扩大。东中西部地区财政补助金额年均增速分别为 10. 76%、12. 36%和 13. 93%，中西部地区增速较快，但由于基础较差，2018 年分别以 6 081 203 千元和 6 639 436 千元，仍与东部地区的 10 236 885 千元有显著差距；东中西部地区实际使用房屋建筑面积年均增速分别为 10. 38%、13. 80%和 5. 21%，中部地区增速最快，到 2018 年达 875. 61 万平方米，与东部地区的差距有变小的趋势；而西部地区增速最缓，劣势则更为明显。

综上，东部地区各项投入指标整体增长较快，其中财政补助金额、实际使用房屋建筑面积、机构数增势最为明显，2018 年时各项投入指标皆处于绝对的优势地位，但财政补贴金额在 2018 年有所回落。中部地区机构数、从业人员数、藏品数增速较缓，其中机构数从首位掉至第二位且与东部地区差距呈增势；从业人员数始终居于第二位且与东部地区差距呈增势；藏品数始终居于末尾且与东西部地区差距逐渐扩大。但中部地区实际使用房屋建筑面积和财政补助增势较为突出，实际使用房屋建筑面积在 2017 年激增，超越西部地区居于第二，且与东部地区差距有变小的趋势；财政补助虽增速较快，但因基础较差，始终居于末位且差距较大。西部地区财政补助和藏品数增速较快，但财政补助金额因基础较差且 2018 年有所回落，仍与东部地区有较大差距；藏品数则与东部地区差距逐渐缩小。西部地区机构数和从业人员人员数量也保持较为稳定的增长，而实际使用房屋建筑面积则增速较缓，与东、中部地区差距越来越明显。具体见表 2。

表 2　2014—2018 年全国博物馆投入分区域情况

地区	年份	机构数（个）	从业人员（人）	藏品数（件/套）	财政补助（千元）	实际使用房屋建筑面积（万平方米）
东部地区	2014	1234	27 885	10 595 842	6 802 764	775. 53
	2015	1348	29 805	10 542 217	7 224 889	832. 55
	2016	1487	31 721	12 491 582	7 538 734	948. 4
	2017	1718	36 508	13 692 593	10 750 090	1104. 57
	2018	1807	37 954	13 744 515	10 236 885	1151. 28
中部地区	2014	1290	27 688	6 851 106	3 814 900	522. 17
	2015	1303	28 755	6 637 393	4 344 279	576. 53
	2016	1364	29 885	7 143 987	4 891 470	582. 85
	2017	1557	32 698	7 699 376	5 721 742	813. 31
	2018	1603	33 747	8 094 822	6 081 203	875. 61
西部地区	2014	1130	25 367	8 691 935	3 941 389	584. 08
	2015	1197	27 538	9 991 500	4 399 419	574. 44
	2016	1255	29 237	10 358 188	5 388 103	605. 78
	2017	1443	32 978	11 971 456	7 832 691	702. 11
	2018	1505	33 403	12 397 702	6 639 436	715. 59

(二)产出情况

1. 全国整体情况

以基本陈列数、举办展览数和参观人次为判断标准，2014—2018 年，我国博物馆各项产出均呈现出逐年增长的趋势(见表3)。其中，基本陈列数从9036个增长至12 723个，年均增长8.93%；举办展览数从10 529个增至13 623个，年均增长6.65%；参观人次从71 773.81万人次增至104 400.58万人次，年均增长9.81%。综上，各项产出均呈增势，其中参观人次增长最快，基本陈列数次之，举办展览数增势较为稳定。

表3 2014—2018年全国博物馆产出整体情况

年份	基本陈列(个)	举办展览(个)	参观人次(万人次)
2014	9 036	10 529	71 773.81
2015	9 977	11 177	78 111.69
2016	11 321	11 788	85 061.03
2017	12 189	12 422	97 172.15
2018	12 723	13 623	104 400.58

2. 分区域情况

从2014年的情况来看，东中西部地区博物馆各项产出数据都按照东部地区、中部地区、西部地区的顺序呈梯次递减。具体而言，东部地区基本陈列数为3603个，高出中部地区(2848个)26.51%、西部地区(2541个)41.79%；东部地区举办展览5245个，高出中部地区(3052个)71.85%、西部地区(2090个)150.96%；东部地区参观人次26 855.31万人次，高出中部地区(22 484.52万人次)19.44%、西部地区(19 842.13万人次)35.34%。可见东中西部地区举办展览数的差异最为显著，基本陈列数差异次之，参观人次差异相对较小。

2014—2018年，东中西部地区博物馆各项产出都逐年稳步上升。其中，东中西部地区基本陈列年均增速分别为10.45%、6.03%和10.16%。到2018年，东部地区基本陈列达5362个，高出中部地区(3599个)48.99%、西部地区(3742个)43.29%。东部地区优势更为明显，西部地区则以较高的增速反超中部地区。东中西部地区举办展览数年均增速分别为6.17%、5.78%、9.58%。到2018年，东部地区举办展览6665个，高出中部地区(3821个)74.43%、西部地区(3022个)120.55%。2018年，东部地区与中部地区相比优势更为突出，而西部地区则以较高的增速逐渐缩短与其他两个地区的差距。东中西部地区参观人次年均增速分别为11.19%、8.68%和10.28%。到2018年，东部地区参观人次达41 046.53万人次，高出中部地区(31 371.14万人次)30.84%、西部地区(29 344.51万人次)39.88%。东部地区优势更为明显，而西部地区则以较高的增速逐渐缩小与中部地区的差距。具体见表4。

综上，东部地区基本陈列和参观人次始终领先，且增速也快于西部地区和中部地区，故其优势越发显著。而东部地区举办展览数的增速虽低于西部地区，但由于基础较好，也始终居于领先地位。中部地区各项产出指标增速皆处于末位，因此西部地区与之差距逐渐缩小，甚至基本陈列数赶超中部地区。西部地区各项产出指标增速均较快，尤其举办展览数的增速位列首位，劣势逐渐得到弥补。

表 4　2014—2018 年全国博物馆产出分区域情况

地区	年份	基本陈列(个)	举办展览(个)	参观人次(万人次)
东部地区	2014	3603	5245	26 855.31
	2015	4099	5610	28 894.96
	2016	5054	5965	32 846.88
	2017	5168	6109	37 323.69
	2018	5362	6665	41 046.53
中部地区	2014	2848	3052	22 484.52
	2015	2921	3107	25 028.09
	2016	3103	3180	26 040
	2017	3423	3430	30 007.87
	2018	3599	3821	31 371.14
西部地区	2014	2541	2096	19 842.13
	2015	2913	2320	21 931.61
	2016	3129	2569	23 799.55
	2017	3572	2753	27 342.14
	2018	3742	3022	29 344.51

二、博物馆投入产出效率评价

(一)评价方法与模型

1. DEA 评价方法的选定

“效率”在传统劳动生产领域，指消耗的劳动量与所获得的劳动效果的比率，或一种机械在工作时的输出能量和输入能量的比值①。而在学术研究和社会实践过程中，“效率”一词也逐渐进入管理学领域，成为以提升机关或组织工作结果与既定预算投入之间比例为目标的重要研究范畴。

当前主要的效率评价方法有比率分析法、基于修正的最小二乘法的回归分析法、随机前沿分析法（SFA）和数据包络分析法（DEA）等。其中比率分析法适用于单投入、单产出情况下的效率分析问题；而基于修正的最小二乘法的回归分析在实际应用中需要假设特定的函数形式，且是平均意义上的效率比较；SFA 同样需要假设特定的函数形式，并且要

① 夏征农，陈至立. 辞海[M]. 上海：上海辞书出版社，2009：2525.

给定非效率因子的分布，假定太强且缺乏灵活性；DEA 评价方法适用于多投入、多产出效率分析，无须考虑量纲差异，且注重单个决策单元的效率分析，同时，无须提前设定函数形式和假设前提，是典型非参数估计方法。

首先，博物馆的投入与产出情况较为复杂，难以选用单一指标全面反映博物馆投入、产出情况，且各指标间单位难以量化统一。其次，模型设定容易受固化主观认识的影响而产生误差。同时，仅得出整体的效率评价结果不利于针对单个决策单元提出有效效率改进意见，缺乏现实指导意义。因此，选用 DEA 评价方法与博物馆投入产出实际更为契合、操作简便易行、可避免模型设定误差且方便基于比较分析指导现实。同时，DEA 方法最初就是被用于处理非营利部门多投入、多产出的效率评价问题，与博物馆的基本情况具有一致性。

2. DEA 评价模型的概述

DEA 即数据包络分析（Data Envelopment Analysis）方法由 Charnes 和 Cooper 等人于 1978 年开始创建，是以相对效率概念为基础而发展起来的一种面板数据的非参数效率评价方法，主要是利用线性规划构建有效率的凸性生产前沿，通过与此前沿相比较来识别效率的相对高低，评价具有多个输出和多个输入的多个决策单元间的相对有效性问题。

DEA 模型可以分为输入型、输出型两种不同形式，其一表示在给定产出的条件下，使投入尽可能地压缩；其二表示在给定投入的条件下，使产出尽可能地扩张。两者并无本质区别，本文统一使用输入型模型。

假设对于 n 个决策单位（DMU）有 p 个投入指标以及 q 个产出指标，$x_j=(x_{1j},\ x_{2j},\ \cdots,\ x_{pj})^{\mathrm{T}}$，$y_j=(y_{1j},\ y_{2j},\ \cdots,\ y_{qj})^{\mathrm{T}}$，其中 x_j 表示第 j 个生产单元的投入向量。y_j 表示第 j 个生产单元的产出向量，则输入型 CCR 模型为

$$\begin{cases}\min\theta \\ s.\ t.\ \ \sum_{j=1}^{n} x_j\lambda_j \leqslant \theta x_{jo} \\ \sum_{j=1}^{n} y_j\lambda_j \geqslant y_{jo} \\ \lambda_j \geqslant 0,\ j=1,\ 2\cdots n \\ \theta\ \text{无限制}\end{cases}$$

其中 θ 与 λ_j 为模型的未知数，记模型的最优解为 θ_0、λ_{0j}，$j=1,\ 2,\ \cdots,\ n$，则有 $\theta_0 \leqslant 1$，θ_0 表示相对效率得分，该效率称为综合技术效率，可用于生产单元是否同时技术有效和规模有效。若 $\theta_0=1$，则称第 j_0 个生产单元达到弱 DEA 有效；若对于任意的最优解 θ_0、λ_{0j}，还满足 $\sum_{j=1}^{n} x_j\lambda_j^0=\theta_0 x_j^0$，$\sum_{j=1}^{n} y_j\lambda_j^0=\theta_0 y_j^0$，则称达到 DEA 有效。若 $\theta_0<1$，则称第 j_0 个生产单元不为弱 DEA 有效，表明在保证产出不减少的情况下，投入可以削减到原投入的 θ_0 倍。θ_0 越小，则表示生产单元的效率越低。

综合技术效率可以分解为纯技术效率与规模效率的乘积。其中纯技术效率通过 BCC 模型得出，即在 CCR 模型中增加约束条件 $\sum_{j=1}^{n}\lambda_j=1$，是基于规模收益可变情形，单纯用

来评价“技术有效性”，主要由生产单元的管理和技术等决定。而规模效率则可通过测算综合技术效率与纯技术效率的比值得出，主要由生产单元的投入规模决定。纯技术效率与规模效率的评判标准与综合技术效率类似，即效率值等于 1 时表示有效，效率值小于 1 时表示未达到有效。

本文主要基于多投入、多产出，投入角度的假定，运用 DEA 的 CCR 模型来核算博物馆的综合技术效率得分，运用 DEA 的 BCC 模型来核算博物馆的纯技术效率得分，并通过计算两者比值核算博物馆规模效率得分。此外，由于规模收益状况分析的对象是位于生产前沿面上的生产单元，而对于未达到技术有效的单元，则应在保证投入规模不变的情况下，将其在生产前沿面上做投影，通过其投影单元的规模收益状况来反映其规模收益，因此在分析规模收益时使用产出型 BCC 模型。

(二)评价指标体系与数据来源

1. 评价指标体系构建

评价指标的选取应满足科学性、代表性、全面性、相互独立性、可操作性等原则。此外，Cooper 等指出在 DEA 模型中评价单元个数 n 与投入指标数 p 及产出指标数 q 之间应满足：$n \geqslant \{\max p \times q, 3(p+q)\}$ ①，且评价结果可信度与评价单元个数呈正相关关系，与投入产出指标个数呈负相关关系。因此，在使用 DEA 方法时，投入、产出指标不宜过多。同时投入指标与产出指标之间应该满足同向性原则，即投入的增加会带来产出的增加。

基于以上考虑，本文拟从人、财、物三个角度出发，选取从业人员数量、财政补助金额、实际使用房屋建筑面积、藏品数量为投入指标；考虑博物馆公共文化服务的主要内容、方式以及实际观众反响选取基本陈列数、举办展览数、参观人次为产出指标。具体如表 5②。

表 5 博物馆效率评价指标体系

指标体系名称	指标类型	指标名称	单位
博物馆效率评价指标体系	投入指标	从业人员数量	人
		财政补助金额	千元
		实际使用房屋建筑面积	万平方米
		藏品数量	件/套
	产出指标	基本陈列数	个
		举办展览数	个
		参观人次	万人次

① Cooper W W, et al. Introduction to data envelopment analysis and its uses: with DEA-solver software and references[M]. New York: Springer Science & Business Media, 2006: 283-284.

② 经检验，投入指标和产出指标两两之间的正相关性均在置信度 0.01 时达到显著，可见该指标体系符合投入产出指标同向性原则。

2. 数据来源

本文应用数据包络分析软件 DEA-Solver Pro5.0 对我国 31 个省(直辖市、自治区)的博物馆 2014—2018 年的各项投入产出数据进行分析，使用的基本数据来源于《文化文物统计年鉴》(2015—2019)。

(三)评价结果及分析

1. 我国博物馆服务效率总体情况

本文对 2014—2018 年全国博物馆服务的综合技术效率均值、纯技术效率均值、规模效率均值分别进行了测算，并制作了如图 1 所示的折线图，以揭示对应时段全国博物馆投入产出效率的变化趋势。

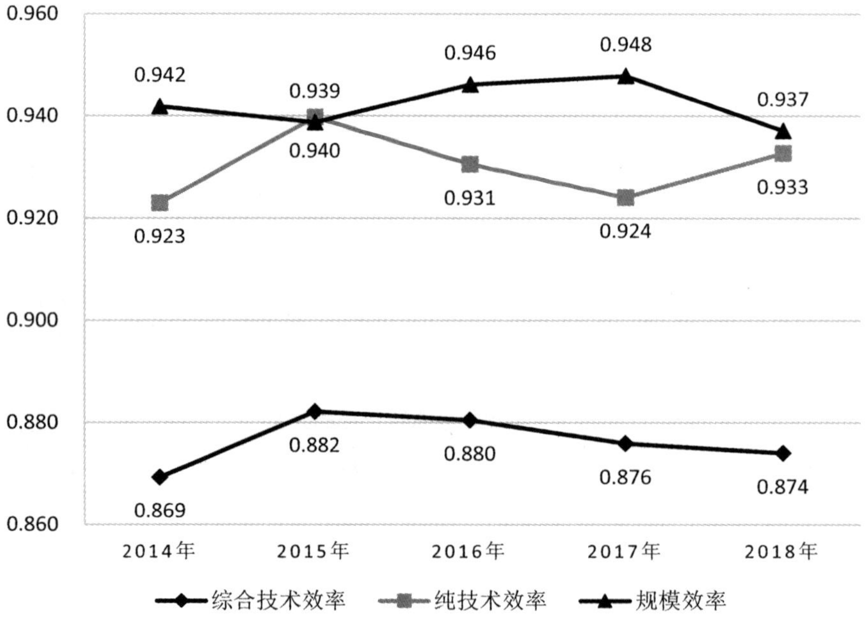

图 1　2014—2018 年全国博物馆服务效率均值

整体而言，我国博物馆的综合技术效率在 2014—2015 年显著增长，但在 2015—2018 年逐年下降，最终仅以 0.874 略高于 2014 年时的 0.869。与此同时，我国博物馆的规模效率始终处于较高水平，但近年来却呈现出下降趋势，从 2017 年的 0.948 下降到 2018 年的 0.937，可见调整投入规模是当前提升我国博物馆服务效率不容忽视的重要举措；我国博物馆的纯技术效率始终较低，成为影响我国博物馆综合技术效率的主要因素，也是改善我国博物馆服务效率的关键，好在近年来各部门对于技术、管理等的重视程度逐渐提升，纯技术效率也在 2017—2018 年从 0.924 上升到 0.933。

2014—2015 年，我国博物馆服务效率有所提升，从 0.869 上升至 0.882，这主要得益于纯技术效率的提高。2015—2017 年，我国博物馆服务效率开始呈现出下降趋势，两年内从 0.882 下降至 0.876。在这期间，纯技术效率降幅较大，从 0.940 下降到 0.924；而规模效率则有小幅爬升，从 0.939 上升至 0.948。可见在这一阶段纯技术效率是制约综合技术效率提升的主要原因。2017—2018 年，我国博物馆服务效率仍有所下降，但下降速率有所放缓，从 0.876 下降至 0.874。这主要得益于这一时期纯技术效率从 0.924 到 0.933 的显著提升。但由于同期规模效率从 0.948 大幅下降至 0.937，导致仍未能逆转博物馆服务效率逐年下降的局面。

可见只有在改善管理和技术水平的同时，保持适当的投入规模，才能有效促进博物馆服务效率的改善。

此外，鉴于当前我国“人民日益增长的美好生活需要和不平衡不充分的发展之间的矛盾”这一社会主要矛盾，以及公共文化领域均等化实践的重要现实意义，本文对 2014—2018 年各省(直辖市、自治区)博物馆服务效率的变异系数进行了测算，测算结果如图 2。可见近年来我国博物馆服务效率变异系数波动起伏，说明博物馆服务效率的地区不均衡状况改善不明显。其中纯技术效率变异系数在大多数时期明显高于规模效率变异系数，可见管理和技术水平的非均等化是当前导致我国博物馆服务效率差异的主因，也是当前促进我国博物馆服务效率均等化的关键着眼点。

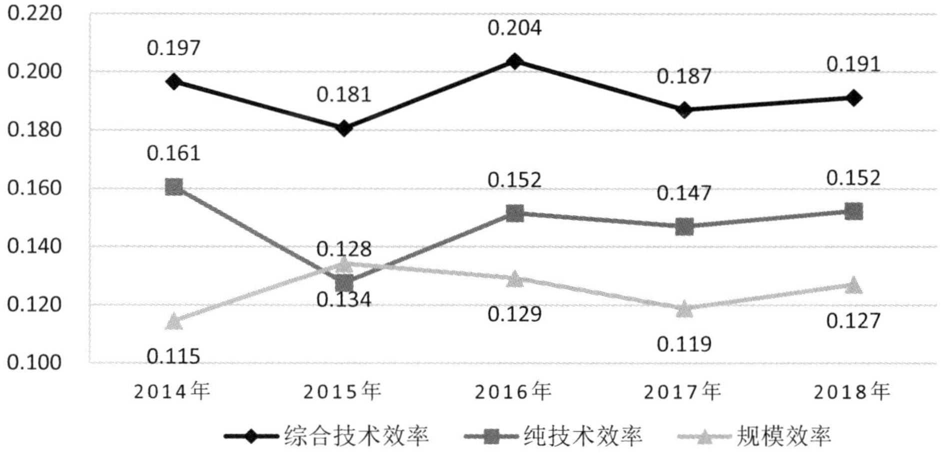

图 2　2014—2018 年全国博物馆服务效率变异系数

2. 我国博物馆服务效率分区域情况

本文对于东、中、西部区域的划分为北京、天津、辽宁、上海、江苏、浙江、福建、山东和广东 9 省划归东部地区；河北、山西、吉林、黑龙江、安徽、江西、河南、湖北、湖南和海南 10 省划归中部地区；西部地区则包括内蒙古、广西、重庆、四川、贵州、云南、西藏、陕西、甘肃、青海、宁夏和新疆共 12 省。

经测算，2014—2018 年我国东、中、西部地区博物馆服务效率分别如图 3、图 5 所示。

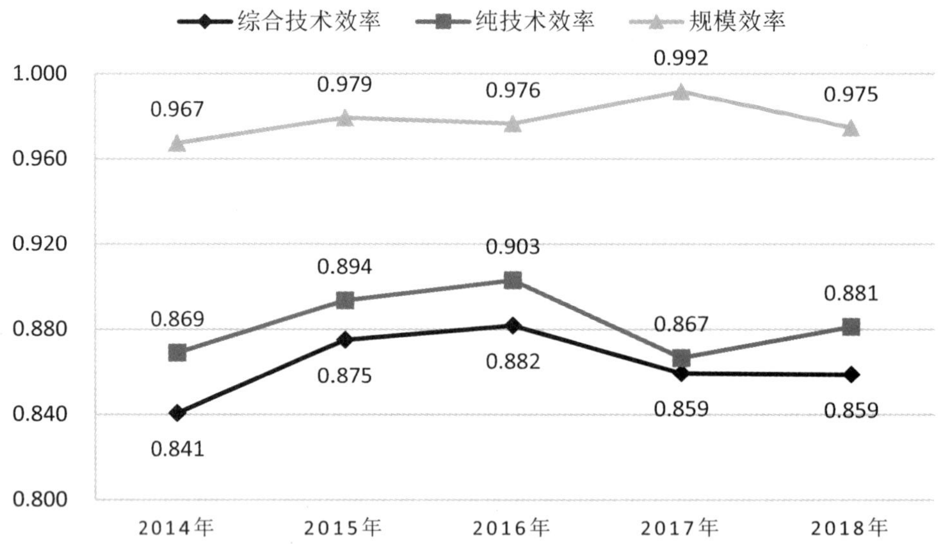

图 3　2014—2018 年东部地区博物馆服务效率均值

东部地区博物馆服务综合技术效率在 2014—2016 年呈上升趋势，但近两年却逐渐下降，2018 年为 0. 859。其规模效率较高，2014—2017 年波动上涨，且始终维持在 0. 967 ~ 0. 992，但在 2017—2018 年有较明显回落，仅为 0. 975。而其纯技术效率则与综合技术效率变化趋势十分接近，且明显低于规模效率，2014—2016 年逐年上升，从 0. 869 涨至 0. 903，但在 2017 年跌破近年来最低值，仅为 0. 867，2018 年回升至 0. 881。可见东部地区博物馆服务效率的提升应重点关注其管理和技术水平的提升，同时保持其在规模效率上的优势。

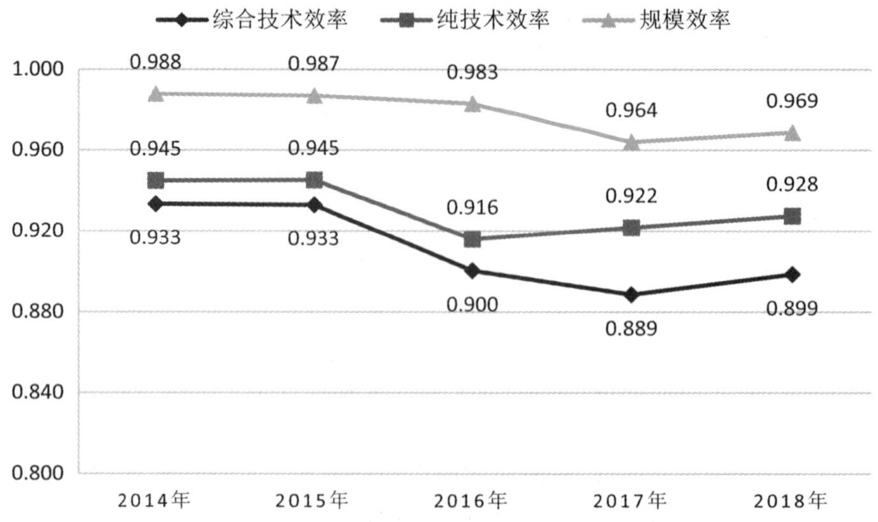

图 4　2014—2018 年中部地区博物馆服务效率均值

中部地区博物馆服务综合技术效率在2014—2017年始终呈下降趋势，从0.933下降至0.889，但2018年有所提升，达到0.899。在其纯技术效率和规模效率中，纯技术效率明显更低，维持在0.916~0.945，且与其综合技术效率变化趋势更为相似，是制约当地综合技术效率提升的主要原因。而其规模效率虽然相对较高，维持在0.964~0.988，但却呈现出下降趋势，仅在2018年有轻微回升，可见近年来中部地区博物馆投入规模失当问题显露，保持适当的投入规模是提升其综合技术效率的重要条件。

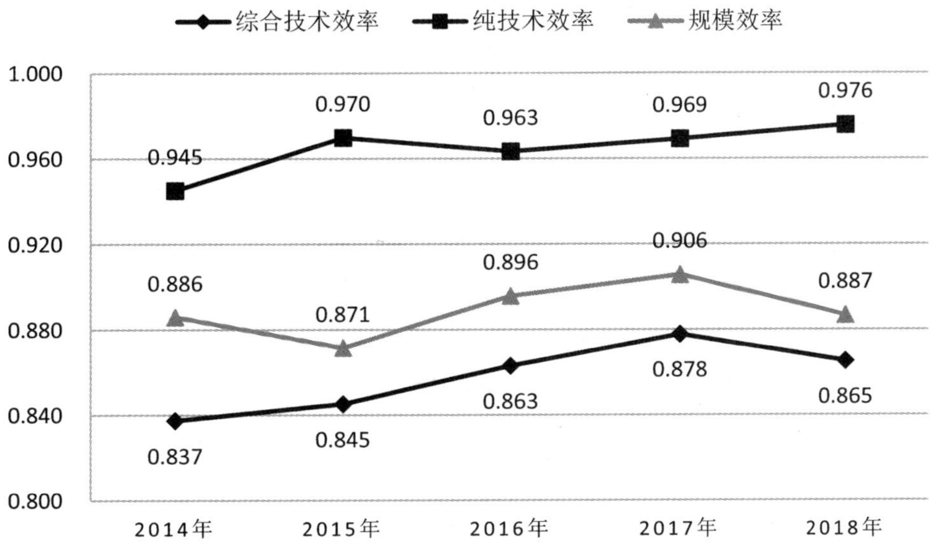

图5　2014—2018年西部地区博物馆服务效率均值

西部地区博物馆服务综合技术效率在2014—2017年逐年提升，从0.837上升至0.878，但2018年有所回落，仅为0.865。与东部地区和中部地区不同，西部地区的规模效率低于纯技术效率，5年内在0.871~0.906波动。而其纯技术效率则呈现增长趋势，2014年为该时段内最低值0.945，2018年达到该时段内峰值0.976。可见对于西部地区而言规模效率低下是影响综合技术效率提升的主要原因。

整体而言，2014—2018年，中部地区博物馆服务综合技术效率相对较高，在0.889~0.933；东部地区博物馆服务综合技术效率与西部地区相比优势不明显，在0.841~0.882；西部地区博物馆服务综合技术效率相对落后，仅在0.837~0.878。但其主要的效率困境各不相同，东部地区主要是纯技术效率低下，同时其规模效率也开始呈现出下降趋势；中部地区纯技术效率虽相比规模效率较低，但并无明显劣势，保持适当的投入规模才是其维持和提升综合技术效率的关键；西部地区的主要问题则是规模效率低下，仅在2017年略微超出0.90。

同时，为了进一步探索各地区博物馆服务效率的相关情况，本文也对各区域内部诸省的博物馆服务效率变异系数进行了测算，如表6，并将其中大于0.1的进行加粗标记。结果显示，东、中、西地区内部的博物馆服务效率差异性显著，并未呈现出明显的东、中、西部聚类效应。其中尤以东部地区综合技术效率变异系数最高，说明东部地区内部博物馆服务效率两极分化较为严重，而其主要原因在于纯技术效率分异明显。其次，西部地区内部博物馆服务效率差异也相当明显，其主要原因则在于西部地区博物馆之间的规模效率差异较大。而中部地区内部博物馆服务效率的差异相对较小，主要是由纯技术效率的差异引起的。

表 6 2014—2018 年各地区博物馆服务效率变异系数

地区	项目＼年份	2014 年	2015 年	2016 年	2017 年	2018 年
东部地区	综合技术效率	0. 252	0. 189	0. 233	0. 241	0. 224
	纯技术效率	0. 223	0. 178	0. 215	0. 232	0. 223
	规模效率	0. 065	0. 043	0. 05	0. 014	0. 041
中部地区	综合技术效率	0. 155	0. 146	0. 19	0. 158	0. 181
	纯技术效率	0. 154	0. 142	0. 177	0. 138	0. 169
	规模效率	0. 031	0. 03	0. 027	0. 085	0. 08
西部地区	综合技术效率	0. 186	0. 206	0. 208	0. 182	0. 189
	纯技术效率	0. 116	0. 059	0. 059	0. 054	0. 053
	规模效率	0. 172	0. 21	0. 207	0. 177	0. 189

可见，进一步对东、中、西部地区内各省份的博物馆服务效率进行细化研究是很有必要的。

3. 我国博物馆服务效率分省(自治区、直辖市)情况

本文对各省(直辖市、自治区)2014—2018 年的博物馆服务效率均值进行计算，并以此为依据进行排名，以便更好地对比全国 31 省(直辖市、自治区)的博物馆服务效率，结果如表 7。

表 7 全国 31 省(直辖市、自治区)博物馆服务效率 2014—2018 年均值及排名

省份	综合技术效率	纯技术效率	规模效率	综合排名	纯技术排名	规模排名
福建	1	1	1	1	1	1
山东	1	1	1	1	1	1
广东	1	1	1	1	1	1
安徽	1	1	1	1	1	1
河南	1	1	1	1	1	1
湖南	1	1	1	1	1	1
贵州	1	1	1	1	1	1

续表

省份	综合技术效率	纯技术效率	规模效率	综合排名	纯技术排名	规模排名
云南	1	1	1	1	1	1
浙江	0.996	1	0.996	9	1	9
江苏	0.988	1	0.988	10	1	13
江西	0.987	0.995	0.992	11	15	12
甘肃	0.963	0.989	0.974	12	18	19
黑龙江	0.961	0.965	0.996	13	20	10
河北	0.961	0.993	0.967	14	17	21
新疆	0.959	0.994	0.964	15	16	22
广西	0.936	0.942	0.994	16	22	11
海南	0.898	1	0.898	17	1	27
宁夏	0.877	1	0.877	18	1	28
内蒙古	0.876	0.899	0.974	19	23	18
吉林	0.873	0.896	0.973	20	25	20
天津	0.867	0.95	0.913	21	21	25
重庆	0.867	0.878	0.988	22	27	14
湖北	0.862	0.884	0.979	23	26	16
四川	0.837	0.975	0.858	24	19	29
陕西	0.806	0.903	25	24	26	
上海	0.756	0.899	0.946	26	28	24
青海	0.743	0.798	0.743	27	1	30
辽宁	0.676	1	0.975	28	29	17
山西	0.566	0.693	0.979	29	30	15
北京	0.485	0.578	0.963	30	31	23
西藏	0.428	0.503	0.428	31	1	31

五年来综合技术效率始终保持 1 的省(直辖市、自治区)有 8 个。其中东部地区包括福建、山东、广东；中部地区有安徽、河南、湖南；西部地区包括贵州、云南。除此之外，浙江仅在 2016 年有轻微的规模效率下降，随后及时予以调整；江苏在 2018 年初现博物馆服务规模效率下降问题，整体综合技术效率较高。

而处于尾部的省(自治区、市)有西藏、北京、山西、辽宁、青海、上海、陕西、四川、湖北、重庆、天津、吉林、内蒙古、宁夏、海南等，其中东部地区占 4 个，中部地区占 4 个，西部地区占 7 个。这些省份博物馆的效率问题各不相同，其中西部地区的西藏、青海、四川、宁夏与中部地区的海南等省份，规模效率低下，导致博物馆综合技术效率落后；而东部地区的北京、上海、辽宁与中部地区的山西、湖北、西部地区的重庆等省份的主要效率问题则是纯技术效率低下；陕西、天津、吉林、内蒙古则需要同时改进管理技术和规模效率。

此外，本文还对各省 2018 年时的规模收益进行了测算，结果如表 8 所示。

表 8　2018 年全国 31 省（直辖市、自治区）博物馆服务规模收益

省份	规模收益	投影单元规模收益	省份	规模收益	投影单元规模收益
北京		不变	湖北		递减
天津		递增	湖南	不变	
河北	不变		广东	不变	
山西		不变	广西	递增	
内蒙古		递增	海南	递增	
辽宁		递增	重庆		递增
吉林	递增		四川	递减	
黑龙江	不变		贵州	不变	
上海		递增	云南	不变	
江苏	递减		西藏	递增	
浙江	不变		陕西		递减
安徽	不变		甘肃	不变	
福建	不变		青海	递增	
江西	不变		宁夏	递增	
山东	不变		新疆	递增	
河南	不变		—	——	——

由此可见，在规模效率问题较为显著的省份中，天津、内蒙古、吉林、海南、西藏、青海、宁夏尚处于规模收益递增阶段，可适当增加博物馆各项投入规模；四川、陕西规模收益递减，宜适当缩减投入规模。而对于其他处于尾部的省份而言，在重点提升本地博物馆管理与技术水平的基础上，也需有针对性地改善当地规模效率：辽宁、上海、重庆可适当扩大投入规模，湖北则应适当缩减投入规模。

三、博物馆投入产出效率的问题分析

（一）综合效率普遍较低且呈下降趋势

我国文化体制改革和国家公共文化服务体系建设的目标都是解放和发展生产力、提升公共文化机构的效率，满足人民群众对文化的需求，保障人民群众基本文化权益的实现①。但2014—2018年，我国博物馆服务综合技术效率均值分别为0.869、0.882、0.880、0.876、0.874，效率值不高，且近年来呈下降趋势。同时，五年来综合技术效率为1的省份分别为13个、14个、13个、15个、13个，占比始终低于50%。

在纯技术效率和规模效率中，纯技术效率相对较低，五年来均值分别为0.923、0.940、0.931、0.924、0.933，五年内纯技术效率为1的省份分别为19个、18个、18个、19个、22个。规模效率相对较高，五年来均值分别为0.942、0.939、0.946、0.948、0.937，五年内规模效率为1的省份分别为14个、14个、15个、15个、13个。可见，纯技术效率虽相对较低，但近两年开始呈现出向好的趋势，且纯技术效率有效的省份较多，占比较高；而规模效率均值虽相对较高，但近两年来开始出现规模效率下降问题，且规模效率为1的省份相对较少，占比较低。

由此可见，导致我国博物馆服务综合技术效率较低且呈下降趋势的原因是多方面的。其中纯技术效率是最主要的影响因素，说明我国博物馆现行的管理体制和技术条件存在缺陷。此外，我国博物馆规模效率也存在一定问题，尤其在近两年有所下降，需谨防投入规模不当造成的效率流失。

(二)多数博物馆未实现规模报酬

相关分析显示，我国博物馆各项投入与产出存在正向关系，且整体上我国博物馆各项投入与产出均呈现出逐年增长的趋势，但现阶段我国处于规模收益不变阶段的省份并不多，以2018年的规模收益结果为标准，规模收益不变的省份仅有15个，不到50%，说明仅有不到一半的省份实现了规模报酬，而其他省份都未能有最恰当的投入规模。天津、内蒙古、吉林、海南、西藏、青海、宁夏、辽宁、上海、重庆处于规模收益递增阶段，可适当增加博物馆各项投入规模；四川、陕西、湖北规模收益递减，宜适当缩减投入规模。从动态角度来看，5年间我国博物馆的各项投入均逐年增加，但综合技术效率在2015—2018年逐年递减，规模效率在2017—2018年呈下降趋势，投入规模的扩大并没有带来高效的产出，存在资源浪费的现象。

可见，在现有管理机制和技术条件下，人、财、物的投入增加，并不会转化为较多的服务产出增长，反而会带来严重的规模效率折损。单纯依靠人财物投入的扩大并不能解决博物馆资源使用效率低下、服务水平不高的问题，较大程度上存在着以“运行效率低”和“运行利益自满足”为特征的体制耗损结构，即“体制空转”②。

(三)博物馆服务效率水平非均等化问题严重

“基本公共文化服务均等化”是现阶段党和国家保障人民基本文化权益、加快构建现代公共文化服务体系的重要战略安排。但我国31省博物馆服务效率变异系数波动起伏，

① 傅才武. 国家公共文化服务体系建设的价值评估及政策定位[J]. 江汉大学学报(人文科学版)，2010，29(6)：17-22.

② 王列生. 警惕文化体制空转与工具去功能化[J]. 探索与争鸣，2014(5)：16-18.

综合技术效率变异系数分别为 0.197、0.181、0.204、0.187、0.191；纯技术效率变异系数分别为 0.161、0.128、0.152、0.147、0.152；规模效率变异系数分别为 0.115、0.134、0.129、0.119、0.127。说明博物馆服务效率的地区不均衡状况改善不明显。其中纯技术效率变异系数在大多数时期明显高于规模效率变异系数，可见管理和技术水平的非均等化是当前导致我国博物馆服务效率差异的主因，也是当前促进我国博物馆服务效率均等化的关键着眼点。

在东中西部地区中，2014—2018 年东部地区综合技术效率均值分别为 0.841、0.875、0.882、0.859、0.859；中部地区综合技术效率均值分别为 0.933、0.933、0.900、0.889、0.899；西部地区综合技术效率均值分别为 0.837、0.845、0.863、0.878、0.865。可见中部地区综合技术效率相对较高，但需注意效率下降问题；东部地区和西部地区综合技术效率都相对较低，且近两年来回落明显。其中东部地区主要效率问题在于管理和技术水平低下，而其规模效率相对较高。中部地区规模效率优势明显，纯技术效率相对较低但不构成明显劣势。西部地区的主要效率问题在于规模效率低下，但其纯技术效率领先东、中部地区，且近年来仍在不断上升。而在各区域内部，也并未呈现明显的聚类效应，尤其是东部地区纯技术效率两极分化明显、西部地区规模效率差异较大，单纯从区域层面上促进效率的均等化是远远不够的。

四、改善博物馆投入产出效率的对策建议

(一) 加快推进博物馆体制改革，提升管理、技术水平

文化体制是指在一定国家意识形态指引下，文化发展所处的社会组织结构与制度框架。它规定了国家文化机关、文化企业、文化事业单位的机构设置、隶属关系、权责界定及其运行模式，维持着政府管理、市场运行与社会整合的特定互动关系，是国家基本制度在文化维度的具体形态①。当前我国博物馆的服务效率不高，其主要原因就在于我国博物馆现行的管理体制和现有的技术条件存在缺陷，纯技术效率较低。此外，我国博物馆规模效率也存在一定问题，但规模收益递增的省份仅有 12 个，说明在当前的管理水平和技术条件下，单纯依靠投入的增加也无法实现高效的产出，反而会造成效率流失。因此，加快推进博物馆管理体制改革和技术条件升级，提升管理和技术保障水平是当前提高博物馆服务效率之根本。应当进一步深化文化体制改革，继续推进国有经营性博物馆转企改制，以更加开放、包容、多元、规范的体制机制激发市场活力，以竞争机制引进具有先进管理经验和技术水平的社会力量，深化国家主导下的多元共治。加快构建有文化特色的现代企业制度，形成有效制衡的公司法人治理结构和灵活高效的市场化经营机制，推进文化治理体系与治理能力现代化。还应加速推进博物馆内部资源整合，进一步聚焦主业和消费者需求度更高的产出项目，并压缩管理层级，提高决策效率，减少资源损耗。

---

① 苏泽宇. 新时代文化体制改革的内涵与特点[J]. 华南师范大学学报(社会科学版)，2020(3)：50-60.

(二)改进投、产结构和服务供给手段，提升资源使用效率

当前条件下我国博物馆的各项资源投入不能高效地转化服务产出和公众参与实效，仅有少数省份的资源投入规模收益递增。为此，应当健全绩效评价技术和机制，定期对各省份博物馆的效率进行评估，并细化研究其资源投入的问题所在和改进方向，以此作为改善投入结构、财政资金投入的依据，完善财政资金投入的激励机制，提高各类投入资源的利用效率。

同时，人民是社会主义先进文化的创造者、追求者、享有者、归属者，人民的文化权益与政治权益、经济权益、社会权益一起构成了公民的基本权益，满足公众的基本文化需求是公共文化服务体系的核心要务。当前我国博物馆服务效率较低，公共文化产品供给和群众文化需求之间的存在一定程度的错位。应当建立健全公共文化需求征询反馈机制，以消费者需求为导向供应公共文化服务，改善产出结构，提升公众参与实效。

此外，政府还可以通过购买、委托、外包与规范化资助、扶持、奖励的方式推动市场与社会办文化，充分发挥文化产业协会、民间组织的“中间人”管理作用，创建更为包容、多元的平台以广泛吸纳民间团体和个人参与，形成政府、市场、社会联动协同治理的“三角协调模式”①，以市场机制本身的活力和优势以及优秀社会力量的技术和管理能力，提升资源的使用效率。

(三)强化问题诊断，在省一级层面上提升服务效率均衡性

当前我国的公共文化服务均等化研究多侧重于对所有公民的文化需求提供均等的产品与服务，是一种量上的均等，因此在识别出东中西部地区投入产出量上的差异之后，学界普遍将东部地区视为标杆，强调提升中、西部地区的投入产出数量，缩小区域之间的差异。然而，实证研究结果显示，我国各地区博物馆都存在一定的效率问题，其中，东部地区纯技术效率问题不容忽视。可见量上的优势可能隐藏效率上的流失。因此，一味追求量上的均等缺乏合理性，而应当强化各地区、各省的问题诊断，从基础层面追求高效供给均衡、充分的公共文化服务，既要追求高覆盖率，也要追求投入产出的高实效性。

同时，针对我国博物馆服务效率分异明显，即使在同一区域内部的各省份之间也有较大效率差异的实际情况，应当从整体性、大联动的视角出发，朝着综合性、大区域、系统化的“大文化部制”管理模式转变，在省一级乃至更基层的层面上研究博物馆效率问题。同时，我国博物馆纯技术效率差异性尤为显著，提示我们应打破行政区域壁垒和部门壁垒，促进管理、技术的交流协作，共同助力博物馆效率的提升。

---

① 傅才武，陈庚. 三十年来的中国文化体制改革进程：一个宏观分析框架[J]. 福建论坛(人文社会科学版)，2009(2)：105-115.

文化馆(群艺馆)公共文化服务效率评价研究(2014—2018年)

黄　凤　欧阳样①

摘要：随着我国公共文化服务体系建设进入"提质增效"新阶段，完善绩效管理成为现代公共文化服务体系建设的重要内容，对提升公共文化服务效能具有重要意义。本研究基于DEA模型对我国31省(市/区)文化馆(群艺馆)2014—2018年的整体投入产出效率水平进行评估，并分别对省级、地市级和县级馆的投入产出效率水平进行比较分析，发现投入产出的综合效率普遍较低，多数省份投入未实现规模报酬，效率水平区域差距明显等问题。

关键词：文化馆(群艺馆)　服务效率　DEA模型

一、文化馆(群艺馆)开展公共文化服务现状

(一)投入情况

1. 全国整体情况

整体投入规模较大，财政和基础设施投入逐年递增。表1中的数据②显示，2014—2018年，全国文化馆(群艺馆)机构数量保持在3310~3330，变动较小；从业人员数量基本保持在约5.5万人，增加不明显；财政补贴总体呈增长态势，2014年到2018年增加了41.5亿元，增速为53.2%；实际使用房屋建筑面积从2014年的约872万平方米增至2018年的约1110万平方米，增长速度为27.2%。

---

① 黄凤，武汉大学国家文化发展研究院科研助理；欧阳样，华中师范大学数学和统计学院硕士研究生。

② 本报告数据主要来源于《国家文化文物统计年鉴》(2015—2019年)，这里统一说明，下文不再赘述。

表 1　全国文化馆(群艺馆)投入情况(2014—2018 年)

年份	机构数：个	从业人员：人	财政补贴：亿元	实际使用房屋建筑面积：万平方米
2014	3313	55443	78.056	872.29
2015	3315	55307	93.417	954.86
2016	3322	55491	106.072	1012.56
2017	3328	55320	113.980	1050.06
2018	3326	54557	119.553	1109.6

各投入要素增长情况不同。根据图 1 可知，人力投入增长不明显，财政投入和基础设施投入明显增加。

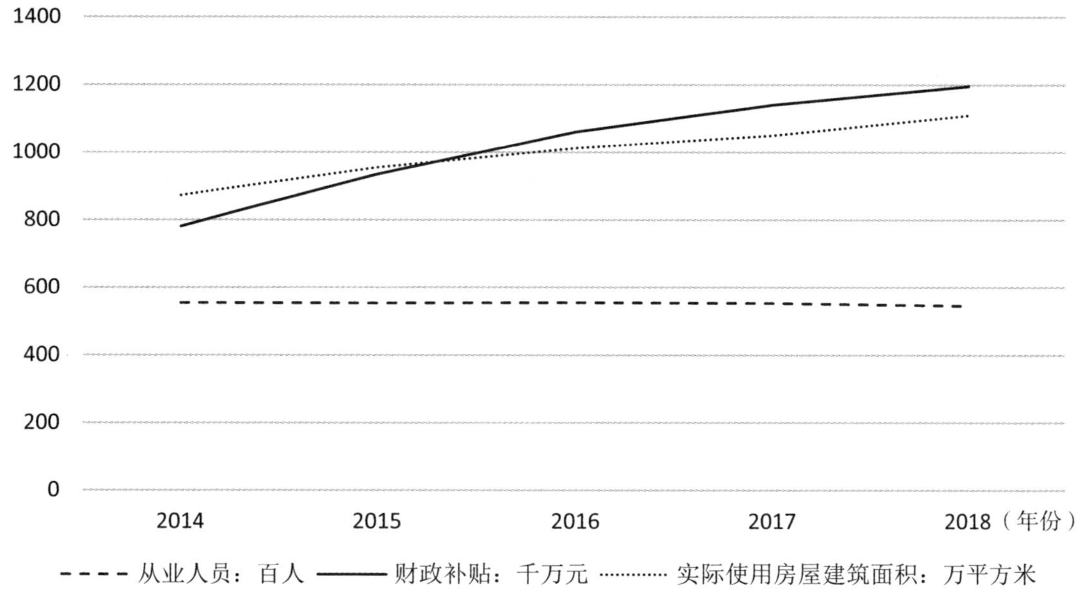

图 1　全国文化馆(群艺馆)投入情况(2014—2018 年)

2. 分级场馆情况

人力、财政资金和基础设施的馆均投入，省级馆最高，地市馆次之，县级馆最低。机构数量方面，2014—2018 年，省级馆、地市级馆和县级馆增减幅度均比较小；馆均人员投入方面，2014—2018 年，全国省级、地市级和县级馆省级馆馆均从业人员分别是 57~60 人、29 人、低于 15 人，等级间的人员投入差距较为明显；财政补贴方面，不同等级的馆间也存在明显差距，省级馆高于地市级馆高于县级馆；基础设施方面，地市级馆和县级馆使用房屋建筑面积的连续增长趋势明显。

表 2 全国省级、地市级和县级文化馆(群艺馆)投入情况(2014—2018 年)

分级场馆	年份	机构数：个	馆均从业人员：人/馆	馆均财政补贴：万元/馆	馆均实际使用房屋建筑面积：平方米/馆
省级馆	2014	31	58.68	1701.27	8087.10
	2015	32	57.03	2202.02	7540.63
	2016	31	59.97	2247.05	7864.52
	2017	31	59.32	2645.74	8500.00
	2018	31	58.03	2538.65	8393.55
地市级馆	2014	354	29.70	573.31	4696.61
	2015	354	29.66	688.07	5186.72
	2016	358	29.52	734.42	5601.68
	2017	359	29.52	811.93	5742.90
	2018	359	28.88	844.25	6101.67
县级馆	2014	2928	14.72	179.26	2325.68
	2015	2929	14.67	211.72	2550.77
	2016	2933	14.68	248.26	2685.44
	2017	2938	14.61	260.82	2782.64
	2018	2936	14.44	277.16	2944.58

(二)服务情况

1. 全国整体情况

文化馆(群艺馆)开展文化服务供给规模大、增长明显，服务惠及人次多、增长快。2014—2018 年，全国文化馆(群艺馆)组织品牌节庆活动的数量由 5181 个增加到 6034 个，增速为 16.5%，每万人拥有量由 0.038 个增加到 0.043 个；提供文化服务次数由 38.36 万次增加至 62.79 万次，增速为 63.7%，每万人拥有量由 2.82 次增加至 4.5 次，增长了 59.9%；文化服务惠及人次由 23 348 万人次增长到 33 827 万人次，增速为 44.9%，人均拥有量由 0.171 次增至 0.242 次，增长了 41.5%。

表 3 全国文化馆(群艺馆)文化服务情况(2014—2018 年)

年份	组织品牌节庆活动		提供文化服务次数		文化服务惠及人次	
	总量：个	人均量：个/万人	总量：万次	人均量：次/万人	总量：万人次	人均量：次/人
2014	5181	0.038	38.36	2.8155	23348	0.171

续表

年份	组织品牌节庆活动		提供文化服务次数		文化服务惠及人次	
	总量：个	人均量：个/万人	总量：万次	人均量：次/万人	总量：万人次	人均量：次/人
2015	5951	0.043	43.26	3.1474	23778	0.173
2016	5894	0.043	49.59	3.5865	25661	0.186
2017	5931	0.043	55.19	3.9699	28169	0.203
2018	6034	0.043	62.79	4.5002	33827	0.242

注：提供文化服务次数为组织文艺活动、训练班、展览、公益讲座的次数总和。

2. 分级场馆情况

表4的数据表明，馆均文化服务供给量，地市级馆整体较高，省级馆次之，县级馆较低。有品牌特色的文化服务供给的馆均量和文化服务惠及人次馆均情况，省级馆高于地市馆高于县级馆。

表4　全国省级、地市级和县级文化馆(群艺馆)文化服务情况(2014—2018年)

分级场馆	年份	馆均组织品牌节庆活动：个/馆	馆均提供文化服务次数：次/馆	馆均文化服务惠及人次：千人次/馆
省级馆	2014	3.00	190.32	914.66
	2015	2.47	198.44	183.18
	2016	3.81	231.48	211.82
	2017	3.90	206.84	290.78
	2018	4.55	274.52	447.55
地市级馆	2014	2.31	175.32	123.77
	2015	2.83	202.62	128.52
	2016	3.18	254.49	131.79
	2017	3.11	310.45	141.02
	2018	3.20	333.28	180.81
县级馆	2014	1.46	107.80	55.09
	2015	1.66	121.05	63.65
	2016	1.58	135.57	69.17
	2017	1.60	147.72	75.58
	2018	1.62	170.23	88.38

二、文化馆(群艺馆)投入产出效率评价

(一)评价方法与模型

1. 选择 DEA 方法的原因

DEA 是数据包络分析方法(Data Envelopment Analysis)的简称，它是根据单项或多项投入指标和多项产出指标，利用线性规划的方法，对具有可比性的同类型单位进行相对有效性评价的一种数量分析方法。DEA 方法及其模型自 1978 年由美国著名运筹学家 A. Charnes 和 W. W. Cooper 提出以来，已广泛应用于不同行业及部门，并且在处理多指标投入和多指标产出方面，具有独特优势。DEA 方法没有确定指标权重的困难；评价结果相对比较客观；是非参数估计方法，无须设定函数形式。基于以上的优势，已有的研究文献较多地采用 DEA 方法测算各省公共文化服务财政绩效、财政支出效率和公共财政绩效等。

文化馆(群艺馆)的文化服务活动是一项多投入、多产出的系统工程，难以运用具体的函数形式表示其绩效水平，因此，本文选取 DEA 模型为评价工具。其根据帕累托最优原则，以数学规划方法确定效率边界，得出所有决策单元相对于其他单元来说是否有效率。

2. DEA 模型的简要说明

第一，模型假设：

假设有 t 个被评价单位，成为决策单元 DUM，每个决策单元均有 m 个投入变量和 s 个产出变量。其中 x_{ij} 表示第 j 个 DUM 对第 i 种输入的投入量，$x_{ij}>0$；y_{rj} 表示第 j 个 DUM 对第 r 种输出的产出量，$y_{rj}>0$；v_i 表示第 i 种输入一种度量(或“权”)；u_r 表示第 r 种输出的一种度量(或“权”)，$i=1, 2, \cdots, m$；$r=1, 2, \cdots, s$。

第二，模型推导：

每一个 DUM 都有相应的效率评价指数：$h_i = \dfrac{u^T y_j}{v^T x_j} = \dfrac{\sum_{r=1}^{s} u_r y_{rj}}{\sum_{i=1}^{m} v_i x_{ij}}$

其中，$x_j=(x_{1j}, x_{2j}, \cdots, x_m)^{\mathrm{T}}$，$y_j=(y_{1j}, y_{2j}, \cdots, y_s)^{\mathrm{T}}$，$j=1, 2, \cdots, t$，我们总可以适当地取权系数 v 和 u，使得 $h_j \leqslant 1$，$j=1, 2, \cdots, t$。对第 j_0 个决策单元进行效率评价，$h_{j_0}(1 \leqslant j_0 \leqslant t)$ 越大表明 $DUMj_0$ 能够用相对较少的输入而取得相对较多的输出。如以第 j_0 个决策单元的效率指数为目标，以所有决策单元的效率指数为约束，即构造如下左边的 CCR 模型，使用 Charnels-Cooper 变换，得到线性规划模型 P，求得 P 的对偶规划如下右边

所示：

$$
\begin{cases}
\max h_{j0} = \dfrac{\sum_{r=1}^{s} u_r y_{rj0}}{\sum_{i=1}^{m} v_i x_{ij0}} \\
\text{s. t.}\ \dfrac{\sum_{r=1}^{s} u_r y_{rj}}{\sum_{i=1}^{m} v_i x_{ij}} \leqslant 1,\ j = 1,\ 2,\ \cdots,\ t \\
u \geqslant 0,\ v \geqslant 0,\ u \neq 0,\ v \neq 0
\end{cases}
\qquad
\begin{cases}
\min\theta \\
\text{s. t.}\ \sum_{j=1}^{t} \lambda_j x_j \leqslant \theta x_0 \\
\sum_{j=1}^{t} y_j \lambda_j \geqslant y_0 \\
\lambda_j \geqslant 0,\ j = 1,\ 2,\ \cdots,\ t
\end{cases}
$$

引入松弛变量将不等式转化为等式，得到 $D_{C^2R}^{L}$ 模型：

$$
\begin{cases}
\min\left[\theta - \varepsilon\left(\sum_{r=1}^{s} S_i^- + \sum_{r=1}^{s} S_r^+\right)\right] \\
\text{s. t.}\ \sum_{j=1}^{t} x_j \lambda_j + S_i^- = \theta x_0 \\
\sum_{j=1}^{t} y_j \lambda_j + S_r^+ = y_0 \\
\lambda_j \geqslant 0,\ j = 1,\ 2,\ \cdots,\ t \\
S_r^+ \geqslant 0,\ S_i^- \geqslant 0
\end{cases}
$$

其中，θ 为效率评价指数，ε 为阿基米德无穷小量，s_i^- 、s_i^- 为各投入、产出的松弛变量，λ_j 为各单位组合系数。当 $\theta = 1$、s_i^- 、s_i^- 均为 0 时，称对应被评价单位 DUM 为 DEA 有效，当 $\theta < 1$ 时，称对应被评价单位 DUM 为 DEA 无效。

(二)评价指标体系构建

本报告对文化馆(群艺馆)投入产出效率评价拟通过“总-分”方式进行，先总体上对 31 省份文化馆(群艺馆)投入产出效率进行评估，再对 31 省份的省级馆、地市级馆和县级馆的投入产出效率进行评估。根据研究需要，评价指标选取其共性指标，对全国文化馆(群艺馆)的总体评价指标采取人均化处理，对各等级场馆的评价指标采取馆均化处理。指标的详细说明见表5。评价指标数据来源于《中国文化文物统计年鉴 2015—2019》，被评价主体为全国 31 省份(即决策单位)，评价内容为 2014—2018 年各省文化馆(群艺馆)及其分等级馆的投入产出效率。

表 5　文化馆(群艺馆)投入产出效率评价指标

指标类型	指标名称及具体指代	指标说明
投入指标	人员投入：场馆从业人员数	评估全国情况采用人均量，评估等级场馆采用馆均量
	财政资金投入：场馆财政补贴	
	基础设施投入：场馆实际使用房屋面积	
产出指标	品牌特色文化服务：场馆组织品牌节庆活动次数	
	提供文化服务情况：场馆提供文化服务次数	
	文化服务惠及程度：场馆文化服务惠及人次	

(三)评价结果及分析

1. 全国文化馆(群艺馆)投入产出 DEA 效率

2014—2018 年，全国文化馆(群艺馆)综合技术效率均小于 1，没有达到 DEA 有效。规模效率仅在 2016 年为 1，实现 DEA 有效，其余年份小于 1；纯技术效率低于规模效率，因此，综合技术效率低于 1。表明全国文化馆(群艺馆)整体投入产出未实现 DEA 效率。

从 31 个省份的结果来看，多数省份的文化馆(群艺馆)综合技术效率为 DEA 无效，主要原因在于多数省份文化馆(群艺馆)投入产出纯技术效率和规模效率无效。2014—2018 年，31 个省份综合技术效率为 DEA 有效的省份个数分别为 11、9、11、8 和 6，呈现下降趋势。其中，纯技术效率为 DEA 有效的省份个数分别为 13、16、15、12 和 12，规模效率为 DEA 有效的省份个数分别为 11、9、12、8 和 6。规模效率为 DEA 有效的省份数量低于纯技术效率有效的数量，表明规模效率无效是制约综合技术效率的重要因素。

从规模报酬来看，2014—2018 年 31 个省份文化馆(群艺馆)投入产出为规模报酬递减的分别有 16 个、19 个、14 个、18 个和 21 个，规模报酬不变的依次为 11 个、9 个、11 个、8 个和 6 个，规模报酬递增的为 4 个、3 个、6 个、5 个和 4 个。可见，多数省份文化馆(群艺馆)的效率"短板"主要在于产出规模较小，与投入规模难以匹配，因而无法实现投入产出的规模效率。具体见表 6。

2. 分等级文化馆(群艺馆)投入产出 DEA 效率

(1)省级场馆

2014—2018 年，全国省级文化馆(群艺馆)综合技术效率均小于 1，没有达到 DEA 有效，DEA 综合效率的最高值仅在 2015 年达到 0.51，其余年份的效率值在 0.3~0.4 徘徊。规模效率和纯技术效率均小于 1，为 DEA 无效。表明全国省级文化馆(群艺馆)投入产出未达到 DEA 有效。

从 31 个省份的结果来看，由于多数省份的省级文化馆(群艺馆)规模效率和纯技术效率未实现 DEA 有效，其综合技术效率为 DEA 无效率。从年度变化来看，2014—2018 年，31 个省份省级文化馆(群艺馆)综合技术效率为 DEA 有效的省份个数分别为 7、10、7、6 和 6，总体呈现下降趋势。其中，纯技术效率为 DEA 有效的省份个数分别为 10、17、11、

表6　全国文化馆(群艺馆)投入产出DEA效率结果(2014—2018年)

决策单元	2014年				2015年				2016年				2017年				2018年			
	综合技术效率	纯技术效率	规模效率	规模报酬	综合技术效率	纯技术效率	规模效率	规模报酬	综合技术效率	纯技术效率	规模效率	规模报酬	综合技术效率	纯技术效率	规模效率	规模报酬	综合技术效率	纯技术效率	规模效率	规模报酬
北京	1.000	1.000	1.000	不变	1.000	1.000	1.000	不变	1.000	1.000	1.000	不变	1.000	1.000	1.000	不变	1.000	1.000	1.000	不变
天津	0.660	0.661	0.999	递增	0.740	0.743	0.996	递减	0.712	0.724	0.983	递增	0.799	0.838	0.954	递增	0.619	0.630	0.983	递减
河北	1.000	1.000	1.000	不变	0.890	0.919	0.969	递减	0.843	0.844	0.998	递减	0.941	0.952	0.989	递减	0.918	0.925	0.993	递减
山西	0.696	0.766	0.909	递减	0.744	0.914	0.814	递减	0.682	0.729	0.935	递减	0.560	0.621	0.902	递减	0.597	0.640	0.932	递减
内蒙古	0.552	0.794	0.696	递减	0.694	0.842	0.824	递减	0.635	0.764	0.831	递减	0.716	0.812	0.881	递减	0.829	0.889	0.932	递减
辽宁	1.000	1.000	1.000	不变	1.000	1.000	1.000	不变	0.780	0.805	0.969	递减	0.859	0.864	0.994	递减	0.677	0.680	0.996	递减
吉林	0.834	0.907	0.919	递减	0.886	0.980	0.904	递减	0.827	0.885	0.935	递减	0.872	0.877	0.994	递减	0.864	0.890	0.971	递减
黑龙江	0.621	0.670	0.927	递减	0.694	0.739	0.939	递减	0.784	0.841	0.933	递减	0.844	0.867	0.973	递减	0.866	0.900	0.962	递减
上海	1.000	1.000	1.000	不变	1.000	1.000	1.000	不变	1.000	1.000	1.000	不变	0.962	0.966	0.995	递减	0.943	1.000	0.943	递减
江苏	0.810	0.849	0.953	递增	0.989	1.000	0.989	递增	0.823	0.830	0.991	递增	0.800	0.848	0.944	递增	0.790	0.965	0.819	递增
浙江	1.000	1.000	1.000	不变	1.000	1.000	1.000	不变	1.000	1.000	1.000	不变	1.000	1.000	1.000	不变	1.000	1.000	1.000	不变
安徽	1.000	1.000	1.000	不变	1.000	1.000	1.000	不变	1.000	1.000	1.000	不变	1.000	1.000	1.000	不变	1.000	1.000	1.000	不变
福建	1.000	1.000	1.000	不变	1.000	1.000	1.000	不变	1.000	1.000	1.000	不变	1.000	1.000	1.000	不变	0.908	1.000	0.908	递增
江西	0.837	0.913	0.917	递减	1.000	1.000	1.000	不变	0.681	0.736	0.925	递减	0.765	0.772	0.990	递减	0.681	0.705	0.965	递减
山东	1.000	1.000	1.000	不变	0.972	1.000	0.972	递减	1.000	1.000	1.000	不变	1.000	1.000	1.000	不变	1.000	1.000	1.000	不变
河南	0.984	1.000	0.984	递增	1.000	1.000	1.000	不变	1.000	1.000	1.000	不变	1.000	1.000	1.000	不变	0.902	1.000	0.902	递增
湖北	0.835	0.852	0.981	递减	0.783	0.800	0.979	递减	0.854	0.866	0.985	递减	0.923	0.939	0.983	递减	0.742	0.751	0.987	递减

续表

决策单元	2014年				2015年				2016年				2017年				2018年			
	综合技术效率	纯技术效率	规模效率	规模报酬	综合技术效率	纯技术效率	规模效率	规模报酬	综合技术效率	纯技术效率	规模效率	规模报酬	综合技术效率	纯技术效率	规模效率	规模报酬	综合技术效率	纯技术效率	规模效率	规模报酬
湖南	0.913	0.992	0.920	递增	0.690	0.738	0.935	递减	0.885	0.896	0.987	递增	0.813	0.813	1.000	递增	0.730	0.742	0.984	递减
广东	1.000	1.000	1.000	不变	0.827	1.000	0.827	递增	0.809	1.000	0.809	递增	0.923	1.000	0.923	递增	1.000	1.000	1.000	不变
广西	1.000	1.000	1.000	不变	0.988	1.000	0.988	递减	1.000	1.000	1.000	不变	1.000	1.000	1.000	不变	1.000	1.000	1.000	不变
海南	0.770	0.786	0.979	递减	1.000	1.000	1.000	不变	1.000	1.000	1.000	不变	0.800	0.848	0.943	递增	0.681	0.695	0.980	递减
重庆	0.719	0.754	0.955	递减	0.664	0.678	0.980	递增	1.000	1.000	1.000	不变	1.000	1.000	1.000	不变	0.710	0.734	0.968	递减
四川	0.696	0.705	0.987	递减	0.764	0.789	0.968	递减	0.855	0.877	0.975	递增	0.963	0.970	0.992	递减	0.739	0.742	0.997	递增
贵州	0.682	0.706	0.966	递减	0.724	0.739	0.980	递减	0.840	0.850	0.989	递增	0.732	0.742	0.987	递减	0.726	0.751	0.967	递减
云南	0.700	0.747	0.937	递减	0.553	0.585	0.946	递减	0.685	0.716	0.956	递减	0.619	0.678	0.914	递减	0.580	0.621	0.934	递减
西藏	0.653	0.940	0.694	递减	0.505	0.923	0.547	递减	0.425	1.000	0.425	递减	0.419	1.000	0.419	递减	0.624	1.000	0.624	递减
陕西	0.594	0.651	0.913	递减	0.664	0.703	0.945	递减	0.664	0.699	0.949	递减	0.727	0.746	0.975	递减	0.707	0.712	0.992	递减
甘肃	0.621	0.758	0.819	递减	0.942	1.000	0.942	递减	0.817	0.881	0.928	递减	0.756	0.810	0.934	递减	0.824	0.857	0.961	递减
青海	1.000	1.000	1.000	不变	0.793	0.938	0.845	递减	1.000	1.000	1.000	不变	0.757	1.000	0.757	递减	0.784	1.000	0.784	递减
宁夏	0.805	1.000	0.805	递减	0.746	1.000	0.746	递减	0.774	1.000	0.774	递减	0.682	1.000	0.682	递减	0.636	1.000	0.636	递减
新疆	0.803	0.970	0.827	递减	0.795	1.000	0.795	递减	0.859	1.000	0.859	递减	0.711	0.817	0.870	递减	0.511	0.597	0.855	递减
全国	0.737	0.798	0.923	递减	0.704	0.781	0.902	递减	0.716	0.717	0.999	递减	0.719	0.727	0.990	递减	0.678	0.704	0.963	递减
DEA有效个数	11	13	11	-	9	16	9	-	11	15	12	-	8	12	8	-	6	12	6	-

11和11，规模效率为DEA有效的省份个数分别为7、10、7、6和6。纯技术效率有效的省份多于规模效率有效的省份，表明尽管二者共同作用导致综合技术效率无效，但规模效率的制约作用更为普遍。

从规模报酬来看，2014—2018年31个省份省级文化馆(群艺馆)投入产出为规模报酬递减的分别有18个、15个、13个、11个和7个，规模报酬不变的依次为7个、10个、7个、6个和6个，规模报酬递增的为6个、6个、11个、14个和18个。处于规模报酬递增阶段的省级文化馆(群艺馆)逐年增加，可见，省级文化馆(群艺馆)有逐步摆脱规模报酬递减(或不变)制约的趋势，转变为规模报酬递增阶段。具体见表7。

(2)地市级馆

2014—2018年，全国地市级文化馆(群艺馆)综合技术效率均小于1，DEA综合效率的最高值在2014年达到0.74。纯技术效率均小于1；规模效率在2018年实现DEA有效，其余年份小于1。表明全国地市级文化馆(群艺馆)投入产出几乎没有达到DEA有效。

从31个省份的结果来看，由于多数省份的地市级文化馆(群艺馆)规模效率和纯技术效率没有实现DEA有效，其综合技术效率为DEA无效率。从年度变化来看，2014—2018年，27个省份地市级文化馆(群艺馆)综合技术效率为DEA有效的省份个数分别为10个、7个、7个、7个和6个，稳中呈现有下降趋势。其中，纯技术效率为DEA有效的省份个数分别为11个、12个、13个、9个和8个，规模效率为DEA有效的省份个数分别为10个、7个、7个、7个和6个。更多的省份地市级文化馆(群艺馆)规模效率无效。

从规模报酬来看，2014—2018年27个省份地市级文化馆(群艺馆)投入产出为规模报酬递减的分别有10个、10个、15个、15个和15个，规模报酬不变的依次为10个、7个、7个、7个和7个，规模报酬递增的为7个、10个、5个、5个和5个。具体见表8。

(3)县级场馆

2014—2018年，全国县级文化馆(群艺馆)综合技术效率均小于1，DEA综合效率的最高值在2014年和2016年达到0.73。纯技术效率均小于1，为DEA无效。规模效率在2015年实现DEA有效，其余年份小于1。这表明全国县级文化馆(群艺馆)投入产出几乎没有实现DEA效率。

从31个省份的结果来看，由于多数省份的县级文化馆(群艺馆)规模效率和纯技术效率没有实现DEA有效，其综合技术效率为DEA无效。从年度变化来看，2014—2018年，31省份县级文化馆(群艺馆)综合技术效率为DEA有效的省份个数分别为11个、9个、11个、9个和9个，趋势相对较为稳定。其中，纯技术效率为DEA有效的省份个数分别为16个、13个、13个、14个和11个，规模效率为DEA有效的省份个数分别为11个、9个、11个、9个和9个。

从规模报酬来看，2014—2018年31个省份地市级文化馆(群艺馆)投入产出为规模报酬递减的分别有8个、7个、5个、4个和8个，规模报酬不变的依次为11个、9个、11个、9个和9个，规模报酬递增的为12个、15个、15个、18个和14个。相较于地市级馆，更多省份的县级文化馆(群艺馆)投入产出为规模报酬递增阶段。

从各级文化馆(群艺馆)的DEA效率结果来看，2014—2018年，省级馆、地市级馆和县级馆的DEA综合技术效率均小于1，为DEA无效率。其中，省级馆综合技术效率低于地市级馆和县级馆；相比省级馆和县级馆，地市级馆更多省份处于规模报酬递减阶段；县级馆纯技术效率和规模效率的结果数据与地市馆持平，但县级馆规模报酬递减阶段的省份数量多于地市级馆。具体见表9。

表 7　全国省级文化馆(群艺馆)投入产出 DEA 效率结果(2014—2018 年)

决策单元	2014 年				2015 年				2016 年				2017 年				2018 年			
	综合技术效率	纯技术效率	规模效率	规模报酬	综合技术效率	纯技术效率	规模效率	规模报酬	综合技术效率	纯技术效率	规模效率	规模报酬	综合技术效率	纯技术效率	规模效率	规模报酬	综合技术效率	纯技术效率	规模效率	规模报酬
北京	1. 000	1. 000	1. 000	不变	1. 000	1. 000	1. 000	不变	1. 000	1. 000	1. 000	不变	1. 000	1. 000	1. 000	不变	1. 000	1. 000	1. 000	不变
天津	1. 000	1. 000	1. 000	不变	1. 000	1. 000	1. 000	不变	0. 707	0. 789	0. 896	递减	0. 827	1. 000	0. 827	递减	0. 354	0. 364	0. 973	递增
河北	0. 907	1. 000	0. 907	递增	1. 000	1. 000	1. 000	不变	1. 000	1. 000	1. 000	不变	1. 000	1. 000	1. 000	不变	0. 950	1. 000	0. 950	递减
山西	0. 488	0. 671	0. 728	递减	0. 914	0. 945	0. 967	递减	0. 634	0. 678	0. 935	递增	0. 562	0. 621	0. 905	递增	0. 505	0. 543	0. 930	递增
内蒙古	0. 392	0. 398	0. 986	递增	1. 000	1. 000	1. 000	不变	0. 141	0. 261	0. 541	递增	0. 408	0. 785	0. 520	递增	0. 139	0. 165	0. 838	递增
辽宁	0. 944	1. 000	0. 944	递减	1. 000	1. 000	1. 000	不变	1. 000	1. 000	1. 000	不变	1. 000	1. 000	1. 000	不变	0. 384	0. 596	0. 644	递增
吉林	0. 354	0. 494	0. 717	递减	0. 706	0. 875	0. 807	递减	0. 867	0. 892	0. 973	递增	0. 216	0. 220	0. 985	递增	1. 000	1. 000	1. 000	不变
黑龙江	0. 210	0. 323	0. 651	递增	0. 232	1. 000	0. 232	递增	0. 118	0. 395	0. 298	递增	0. 845	1. 000	0. 845	递增	1. 000	1. 000	1. 000	不变
上海	1. 000	1. 000	1. 000	不变	0. 336	0. 371	0. 908	递减	0. 367	0. 437	0. 838	递减	0. 370	0. 544	0. 680	递减	0. 096	0. 163	0. 589	递减
江苏	0. 307	0. 309	0. 993	递减	0. 396	0. 433	0. 915	递增	0. 177	0. 185	0. 953	递减	0. 379	0. 391	0. 970	递增	0. 225	0. 228	0. 988	递减
浙江	0. 919	1. 000	0. 919	递减	0. 719	1. 000	0. 719	递减	0. 587	0. 836	0. 702	递减	0. 518	0. 575	0. 901	递减	1. 000	1. 000	1. 000	不变
安徽	1. 000	1. 000	1. 000	不变	1. 000	1. 000	1. 000	不变	0. 449	1. 000	0. 449	递增	0. 297	1. 000	0. 297	递增	0. 367	1. 000	0. 367	递增
福建	0. 320	0. 367	0. 871	递减	1. 000	1. 000	1. 000	不变	1. 000	1. 000	1. 000	不变	1. 000	1. 000	1. 000	不变	1. 000	1. 000	1. 000	不变
江西	0. 681	0. 685	0. 994	递增	1. 000	1. 000	1. 000	不变	0. 258	1. 000	0. 258	递增	0. 145	0. 225	0. 643	递增	0. 114	0. 162	0. 709	递增
山东	0. 421	0. 429	0. 983	递减	0. 564	0. 599	0. 941	递减	0. 356	0. 427	0. 835	递减	0. 352	0. 499	0. 706	递减	0. 286	0. 287	0. 996	递增
河南	0. 316	0. 318	0. 995	递减	1. 000	1. 000	1. 000	不变	0. 682	0. 690	0. 988	递增	1. 000	1. 000	1. 000	不变	0. 455	0. 527	0. 863	递增
湖北	0. 482	0. 757	0. 636	递减	0. 884	1. 000	0. 884	递减	0. 251	0. 408	0. 616	递减	0. 630	0. 641	0. 984	递减	0. 354	0. 364	0. 973	递增
湖南	0. 348	0. 560	0. 622	递减	0. 723	1. 000	0. 723	递减	0. 314	0. 644	0. 487	递减	0. 379	0. 549	0. 690	递减	0. 290	0. 412	0. 705	递减

续表

决策单元	2014 年				2015 年				2016 年				2017 年				2018 年			
	综合技术效率	纯技术效率	规模效率	规模报酬	综合技术效率	纯技术效率	规模效率	规模报酬	综合技术效率	纯技术效率	规模效率	规模报酬	综合技术效率	纯技术效率	规模效率	规模报酬	综合技术效率	纯技术效率	规模效率	规模报酬
广东	1.000	1.000	1.000	不变	1.000	1.000	1.000	不变	0.637	0.733	0.869	递减	1.000	1.000	1.000	不变	1.000	1.000	1.000	不变
广西	0.387	0.565	0.685	递减	0.524	0.610	0.860	递减	0.367	0.438	0.838	递减	0.286	0.319	0.897	递减	0.959	0.986	0.972	递减
海南	1.000	1.000	1.000	不变	0.631	0.715	0.882	递增	0.415	0.881	0.471	递增	0.466	1.000	0.466	递增	0.176	1.000	0.176	递增
重庆	0.519	0.787	0.660	递减	0.616	0.707	0.871	递减	1.000	1.000	1.000	不变	0.345	0.453	0.762	递减	0.226	0.247	0.914	递增
四川	0.163	0.229	0.710	递减	0.244	0.290	0.840	递减	0.160	0.268	0.597	递减	0.474	0.488	0.970	递增	0.221	0.229	0.967	递减
贵州	0.279	0.294	0.948	递减	0.308	0.335	0.919	递减	0.195	0.196	0.995	递减	0.330	0.342	0.964	递增	0.174	0.182	0.956	递增
云南	0.290	0.295	0.984	递减	0.349	0.366	0.954	递减	0.113	0.115	0.986	递增	0.148	0.161	0.920	递增	0.074	0.089	0.831	递增
西藏	0.272	0.303	0.899	递增	0.428	0.454	0.942	递增	0.093	0.094	0.995	递增	0.081	0.082	0.987	递增	0.019	0.019	0.967	递增
陕西	0.341	0.545	0.625	递减	0.120	0.128	0.938	递减	0.101	0.115	0.882	递减	0.100	0.127	0.788	递减	0.042	0.044	0.945	递增
甘肃	0.529	1.000	0.529	递增	0.490	1.000	0.490	递增	0.313	1.000	0.313	递增	0.183	0.213	0.858	递增	0.117	1.000	0.117	递增
青海	1.000	1.000	1.000	不变	0.675	0.690	0.978	递减	1.000	1.000	1.000	不变	0.745	0.825	0.903	递减	0.439	0.444	0.988	递增
宁夏	0.359	0.621	0.577	递减	0.814	1.000	0.814	递减	0.951	1.000	0.951	递减	0.646	0.647	0.999	递减	0.346	0.416	0.833	递减
新疆	0.363	0.379	0.958	递减	0.777	1.000	0.777	递增	1.000	1.000	1.000	不变	0.457	0.690	0.662	递增	0.347	1.000	0.347	递增
全国	0.364	0.423	0.860	递减	0.509	0.522	0.973	递减	0.314	0.364	0.863	递减	0.372	0.380	0.980	递减	0.308	0.323	0.954	递增
DEA 有效个数	7	10	7	–	10	17	10	–	7	11	7	–	6	10	6	–	6	11	6	–

表 8　全国地市级文化馆(群艺馆)投入产出 DEA 效率结果(2014—2018 年)

决策单元	2014 年				2015 年				2016 年				2017 年				2018 年			
	综合技术效率	纯技术效率	规模效率	规模报酬	综合技术效率	纯技术效率	规模效率	规模报酬	综合技术效率	纯技术效率	规模效率	规模报酬	综合技术效率	纯技术效率	规模效率	规模报酬	综合技术效率	纯技术效率	规模效率	规模报酬
河北	0. 758	0. 793	0. 955	递减	0. 744	0. 776	0. 959	递减	0. 562	0. 614	0. 914	递减	0. 572	0. 679	0. 843	递减	0. 630	0. 656	0. 961	递减
山西	0. 701	0. 754	0. 930	递增	0. 943	1. 000	0. 943	递增	0. 703	0. 710	0. 991	递减	0. 573	0. 573	0. 999	递减	0. 603	0. 665	0. 907	递减
内蒙古	0. 479	0. 520	0. 921	递减	0. 581	0. 653	0. 889	递减	0. 490	0. 567	0. 864	递减	0. 399	0. 474	0. 841	递减	0. 675	0. 686	0. 984	递减
辽宁	1. 000	1. 000	1. 000	不变	0. 737	0. 737	0. 999	递减	0. 959	0. 970	0. 989	递减	0. 604	0. 678	0. 892	递减	0. 568	0. 570	0. 995	递减
吉林	1. 000	1. 000	1. 000	不变	1. 000	1. 000	1. 000	不变	0. 989	1. 000	0. 989	递减	1. 000	1. 000	1. 000	递减	1. 000	1. 000	1. 000	递减
黑龙江	0. 719	0. 723	0. 994	递减	0. 644	0. 681	0. 945	递增	1. 000	1. 000	1. 000	不变	0. 921	0. 981	0. 939	不变	0. 918	1. 000	0. 918	不变
江苏	0. 823	1. 000	0. 823	递减	0. 907	1. 000	0. 907	递减	0. 779	1. 000	0. 779	递减	0. 962	1. 000	0. 962	递减	1. 000	1. 000	1. 000	递减
浙江	1. 000	1. 000	1. 000	不变	0. 788	1. 000	0. 788	递减	1. 000	1. 000	1. 000	不变	0. 943	1. 000	0. 943	不变	0. 818	1. 000	0. 818	不变
安徽	1. 000	1. 000	1. 000	不变	0. 907	1. 000	0. 907	递增	0. 908	1. 000	0. 908	递增	0. 781	0. 883	0. 884	递增	0. 927	0. 977	0. 948	递增
福建	1. 000	1. 000	1. 000	不变	1. 000	1. 000	1. 000	不变	1. 000	1. 000	1. 000	不变	1. 000	1. 000	1. 000	不变	1. 000	1. 000	1. 000	不变
江西	0. 686	0. 686	0. 999	递增	1. 000	1. 000	1. 000	不变	0. 405	0. 495	0. 819	递减	0. 559	0. 586	0. 954	递减	0. 358	0. 381	0. 940	递减
山东	0. 796	0. 865	0. 920	递减	0. 488	0. 525	0. 929	递减	0. 676	0. 759	0. 890	递减	0. 825	0. 843	0. 979	递减	1. 000	1. 000	1. 000	递减
河南	1. 000	1. 000	1. 000	不变	0. 736	0. 813	0. 906	递增	1. 000	1. 000	1. 000	不变	0. 984	0. 993	0. 991	不变	0. 712	0. 744	0. 957	不变
湖北	0. 676	0. 693	0. 975	递减	0. 741	0. 770	0. 962	递减	0. 721	0. 843	0. 855	递减	1. 000	1. 000	1. 000	递减	0. 560	0. 621	0. 901	递减
湖南	0. 554	0. 588	0. 942	递增	0. 577	0. 591	0. 976	递增	0. 651	0. 695	0. 936	递减	0. 890	0. 922	0. 965	递减	0. 583	0. 605	0. 965	递减

续表

决策单元	2014年				2015年				2016年				2017年				2018年			
	综合技术效率	纯技术效率	规模效率	规模报酬	综合技术效率	纯技术效率	规模效率	规模报酬	综合技术效率	纯技术效率	规模效率	规模报酬	综合技术效率	纯技术效率	规模效率	规模报酬	综合技术效率	纯技术效率	规模效率	规模报酬
广东	1.000	1.000	1.000	不变	1.000	1.000	1.000	不变	1.000	1.000	1.000	不变	1.000	1.000	1.000	不变	0.964	0.984	0.979	不变
广西	1.000	1.000	1.000	不变	1.000	1.000	1.000	不变	1.000	1.000	1.000	不变	1.000	1.000	1.000	不变	1.000	1.000	1.000	不变
海南	0.725	0.770	0.942	递增	0.750	0.834	0.900	递增	1.000	1.000	1.000	不变	0.478	0.521	0.917	不变	0.274	0.280	0.978	不变
四川	0.761	0.780	0.976	递减	0.779	0.793	0.982	递增	0.642	0.690	0.930	递减	1.000	1.000	1.000	递减	0.569	0.583	0.977	递减
贵州	1.000	1.000	1.000	不变	1.000	1.000	1.000	不变	0.644	0.696	0.925	递减	0.539	0.676	0.798	递减	0.238	0.258	0.923	递减
云南	0.640	0.770	0.831	递增	0.299	0.299	0.998	递减	0.322	0.340	0.948	递减	0.394	0.411	0.959	递减	0.305	0.310	0.985	递减
西藏	0.590	0.717	0.823	递增	0.226	0.240	0.939	递增	0.494	0.567	0.872	递增	0.192	0.193	0.995	递增	0.299	0.315	0.951	递增
陕西	0.732	0.732	0.999	递减	0.652	0.678	0.962	递减	0.622	0.642	0.969	递减	0.640	0.640	0.999	递减	0.540	0.557	0.970	递减
甘肃	0.933	0.935	0.998	递增	1.000	1.000	1.000	不变	0.898	1.000	0.898	递增	0.601	0.608	0.987	递增	0.668	0.913	0.732	递增
青海	1.000	1.000	1.000	不变	0.786	1.000	0.786	递增	0.881	1.000	0.881	递增	1.000	1.000	1.000	递增	1.000	1.000	1.000	递增
宁夏	0.825	0.841	0.981	递减	0.892	0.984	0.906	递减	0.644	0.710	0.907	递减	0.841	0.862	0.976	递减	0.540	0.641	0.842	递减
新疆	0.812	0.812	0.999	递减	0.503	0.538	0.936	递增	0.554	1.000	0.554	递增	0.567	0.790	0.718	递增	0.254	0.406	0.626	递增
全国	0.737	0.757	0.974	递减	0.677	0.688	0.984	递减	0.677	0.724	0.935	递减	0.680	0.710	0.958	递减	0.629	0.630	0.999	递减
DEA 有效个数	10	11	10	-	7	12	7	-	7	13	7	-	7	9	7	-	6	8	6	-

表 9 全国县级文化馆(群艺馆)投入产出 DEA 效率结果(2014—2018 年)

决策单元	2014 年				2015 年				2016 年				2017 年				2018 年			
	综合技术效率	纯技术效率	规模效率	规模报酬	综合技术效率	纯技术效率	规模效率	规模报酬	综合技术效率	纯技术效率	规模效率	规模报酬	综合技术效率	纯技术效率	规模效率	规模报酬	综合技术效率	纯技术效率	规模效率	规模报酬
北京	1.000	1.000	1.000	不变	1.000	1.000	1.000	不变	1.000	1.000	1.000	不变	1.000	1.000	1.000	不变	1.000	1.000	1.000	不变
天津	0.618	0.641	0.964	递减	0.702	0.704	0.998	递减	0.729	0.736	0.991	递减	0.826	0.827	0.999	递减	0.651	0.713	0.913	递减
河北	1.000	1.000	1.000	不变	0.922	0.937	0.985	递增	0.866	0.868	0.998	递减	1.000	1.000	1.000	不变	0.978	0.992	0.986	递减
山西	0.618	0.622	0.994	递增	0.674	0.684	0.986	递增	0.642	0.645	0.995	递增	0.588	0.612	0.962	递增	0.586	0.592	0.990	递增
内蒙古	0.600	0.602	0.996	递减	0.671	0.672	0.998	递增	0.676	0.676	0.999	递增	0.774	0.807	0.959	递增	0.950	0.965	0.985	递增
辽宁	1.000	1.000	1.000	不变	0.997	1.000	0.997	递增	0.857	0.858	0.999	递减	0.923	1.000	0.923	递增	0.715	0.883	0.809	递增
吉林	0.806	0.817	0.987	递增	0.819	0.850	0.963	递增	0.687	0.695	0.989	递增	0.633	0.641	0.988	递减	0.739	0.758	0.975	递增
黑龙江	0.669	0.669	0.999	递增	0.657	0.691	0.950	递增	0.741	0.772	0.959	递增	0.787	0.920	0.855	递增	0.813	0.958	0.849	递增
上海	0.613	1.000	0.613	递减	1.000	1.000	1.000	不变	1.000	1.000	1.000	不变	1.000	1.000	1.000	不变	1.000	1.000	1.000	不变
江苏	0.759	0.772	0.982	递增	0.916	0.962	0.952	递减	0.792	0.802	0.987	递增	0.751	0.767	0.980	递增	0.715	0.726	0.985	递增
浙江	1.000	1.000	1.000	不变	1.000	1.000	1.000	不变	1.000	1.000	1.000	不变	1.000	1.000	1.000	不变	1.000	1.000	1.000	不变
安徽	1.000	1.000	1.000	不变	1.000	1.000	1.000	不变	1.000	1.000	1.000	不变	1.000	1.000	1.000	不变	1.000	1.000	1.000	不变
福建	1.000	1.000	1.000	不变	0.901	0.960	0.939	递增	1.000	1.000	1.000	不变	1.000	1.000	1.000	不变	0.746	0.782	0.953	递增
江西	0.874	0.878	0.995	递减	0.931	0.947	0.983	递增	0.834	0.839	0.994	递增	0.783	0.802	0.976	递增	0.691	0.691	0.999	递减
山东	1.000	1.000	1.000	不变	1.000	1.000	1.000	不变	1.000	1.000	1.000	不变	1.000	1.000	1.000	不变	1.000	1.000	1.000	不变
河南	0.889	0.889	0.999	递减	0.935	0.972	0.962	递增	1.000	1.000	1.000	不变	0.942	1.000	0.942	递增	0.730	0.747	0.977	递增
湖北	0.887	0.954	0.930	递减	0.694	0.751	0.924	递减	0.912	0.917	0.995	递增	0.822	0.832	0.988	递减	0.810	0.817	0.992	递减
湖南	1.000	1.000	1.000	不变	1.000	1.000	1.000	不变	0.924	0.942	0.981	递增	0.801	0.826	0.970	递减	0.756	0.758	0.998	递减

续表

决策单元	2014年				2015年				2016年				2017年				2018年			
	综合技术效率	纯技术效率	规模效率	规模报酬	综合技术效率	纯技术效率	规模效率	规模报酬	综合技术效率	纯技术效率	规模效率	规模报酬	综合技术效率	纯技术效率	规模效率	规模报酬	综合技术效率	纯技术效率	规模效率	规模报酬
广东	1.000	1.000	1.000	不变	0.887	0.896	0.990	递增	0.689	0.727	0.947	递增	0.725	0.762	0.952	递增	1.000	1.000	1.000	不变
广西	1.000	1.000	1.000	不变	1.000	1.000	1.000	不变	1.000	1.000	1.000	不变	1.000	1.000	1.000	不变	1.000	1.000	1.000	不变
海南	0.965	1.000	0.965	递增	1.000	1.000	1.000	不变	0.940	1.000	0.940	递增	0.978	1.000	0.978	递增	0.966	1.000	0.966	递增
重庆	0.865	1.000	0.865	递减	0.982	1.000	0.982	递减	1.000	1.000	1.000	不变	1.000	1.000	1.000	不变	0.745	0.869	0.858	递减
四川	0.970	0.989	0.980	递增	0.900	0.900	0.999	递增	0.935	0.987	0.947	递增	0.745	0.771	0.966	递增	0.749	0.749	0.999	递减
贵州	0.879	0.881	0.998	递增	0.878	0.879	0.999	递减	0.916	0.971	0.944	递增	0.773	0.779	0.992	递增	0.827	0.831	0.996	递减
云南	0.826	0.832	0.992	递增	0.785	0.785	0.999	递减	0.876	0.878	0.997	递减	0.672	0.676	0.993	递增	0.850	0.853	0.996	递增
西藏	0.932	1.000	0.932	递增	0.879	1.000	0.879	递增	1.000	1.000	1.000	不变	0.873	1.000	0.873	递增	1.000	1.000	1.000	不变
陕西	0.609	0.610	0.999	递增	0.673	0.674	0.999	递增	0.709	0.721	0.983	递增	0.756	0.796	0.950	递增	0.780	0.825	0.945	递增
甘肃	0.625	0.648	0.964	递增	0.767	0.778	0.986	递增	0.772	0.800	0.965	递增	0.757	0.819	0.924	递增	0.852	0.906	0.941	递增
青海	1.000	1.000	1.000	不变	1.000	1.000	1.000	不变	1.000	1.000	1.000	不变	0.899	1.000	0.899	递增	0.700	1.000	0.700	递增
宁夏	0.990	1.000	0.990	递减	0.987	1.000	0.987	递减	0.838	0.855	0.980	递减	0.801	0.803	0.997	递增	1.000	1.000	1.000	不变
新疆	0.846	0.879	0.963	递增	0.929	0.950	0.978	递增	0.993	1.000	0.993	递增	0.710	0.724	0.980	递增	0.517	0.537	0.963	递增
全国	0.726	0.735	0.988	递减	0.713	0.713	0.999	递减	0.731	0.733	0.996	递增	0.695	0.709	0.979	递增	0.645	0.666	0.969	递减
DEA有效个数	11	16	11	-	9	13	9	-	11	13	11	-	9	14	9	-	9	11	9	-

3. 分区域分析

整体来看，文化馆(群艺馆)投入产出的综合技术效率呈现东部较高、中部次之，西部较低的区域分布特征，尽管县级馆的这种分布趋势不明显，但东部地区效率均值仍高于中部和西部地区(见图2)。

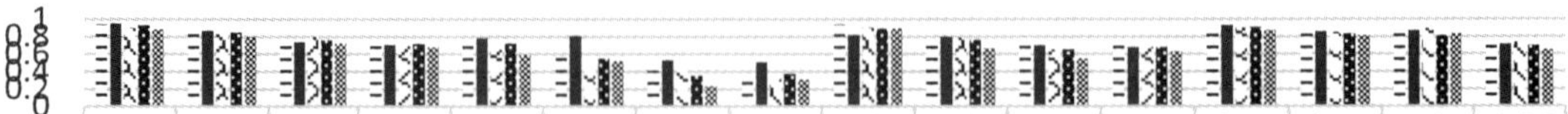

	东部	中部	西部	全国	东部	中部	西部	全国	东部	中部	西部	全国	东部	中部	西部	全国
	总体				省级馆				地市馆				县级馆			
2014	0.94	0.85	0.74	0.74	0.77	0.58	0.41	0.36	0.94	0.78	0.8	0.74	0.89	0.87	0.85	0.73
2015	0.95	0.87	0.74	0.70	0.78	0.81	0.53	0.51	0.82	0.8	0.7	0.68	0.93	0.86	0.87	0.71
2016	0.9	0.86	0.8	0.72	0.65	0.5	0.45	0.31	0.9	0.79	0.65	0.68	0.9	0.85	0.89	0.73
2017	0.93	0.85	0.76	0.72	0.72	0.55	0.35	0.37	0.89	0.76	0.65	0.68	0.91	0.83	0.81	0.69
2018	0.88	0.8	0.72	0.68	0.59	0.52	0.23	0.31	0.89	0.66	0.55	0.63	0.87	0.81	0.83	0.65

2014 2015 2016 2017 2018

图2 东中西部文化馆(群艺馆)综合技术效率均值(2014—2018年)

同时，如图3所示，2014—2018年，东中西部文化馆(群艺馆)综合技术效率DEA有效的省份比重，东部地区显著高于中西部地区。总体方面，五年间东部地区文化馆(群艺馆)综合技术效率DEA有效的省份比重高于40%，2014年还高达78%，中西部地区的比重则多数在20%以下，西部地区甚至出现0的情况。

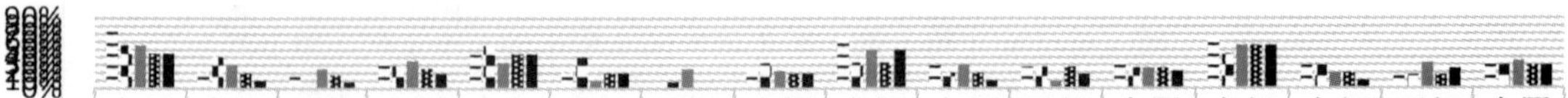

	东部	中部	西部	全国	东部	中部	西部	全国	东部	中部	西部	全国	东部	中部	西部	全国
	总体				省级馆				地市馆				县级馆			
2014	77.78	20.00	16.67	35.48	44.44	20.00	8.33%	22.58	66.67	30.00	27.27	37.04	66.67	30.00	16.67	35.48
2015	55.56	40.00	0.00%	29.03	55.56	40.00	8.33%	32.26	33.33	20.00	27.27	25.93	44.44	30.00	16.67	29.03
2016	55.56	30.00	25.00	35.48	33.33	10.00	25.00	22.58	50.00	30.00	9.09%	25.93	55.56	20.00	33.33	35.48
2017	44.44	20.00	16.67	25.81	44.44	20.00	0.00%	19.35	33.33	20.00	27.27	25.93	55.56	20.00	16.67	29.03
2018	44.44	10.00	8.33%	19.35	44.44	20.00	0.00%	19.35	50.00	10.00	18.18	22.22	55.56	10.00	25.00	29.03

2014 2015 2016 2017 2018

图3 东中西部文化馆(群艺馆)综合技术效率有效的省份比重(2014—2018年)

三、文化馆(群艺馆)投入产出效率的问题分析

(一)投入产出的综合效率普遍较低

从文化馆(群艺馆)投入产出的DEA综合技术效率的全国平均值来看，2014—2018年

分别为0.74、0.7、0.72、0.72和0.68。并且全国文化馆(群艺馆)投入产出综合技术效率有效的省份数量少、占比低。值得一提的是，从分等级场馆的计算结果来看，省级文化馆(群艺馆)的投入产出综合技术效率非常低，2014—2018年，分别为0.36、0.51、0.31、0.37和0.31，远低于地市级馆和县级馆的同期水平。可见，全国文化馆(群艺馆)投入产出的综合效率普遍偏低，省级场馆投入产出综合效率值非常低。

导致文化馆(群艺馆)投入产出的综合效率不高的原因是多元的。首先，文化馆(群艺馆)投入产出纯技术效率低是导致其综合效率偏低的主要原因。从表6的结果可知，2014—2018年文化馆(群艺馆)投入产出的DEA纯技术效率分别为0.8、0.78、0.72、0.73和0.68，而对应的规模效率值分别为0.92、0.9、1、0.99和0.96。这就表明，文化馆(群艺馆)管理制度和运营方式存在不足，管理效率低，导致其投入产出缺乏效率；其次，文化馆(群艺馆)缺乏客观有效的投入产出绩效评估机制，难以对相关投入效果进行评价，无法通过此项机制激发场馆创新运营管理方式，释放文化活力。

(二)多数省份文化馆(群艺馆)投入未实现规模报酬

多数省份文化馆(群艺馆)投入产出未实现规模报酬。规模报酬递减或不变的省份占总数的比重依次为87.1%、90.3%、83.9%、83.9%和87.1%。全国整体来看，多数省份文化馆(群艺馆)投入产出的规模报酬处于规模报酬递减阶段或规模报酬不变阶段，表明多数省份文化馆(群艺馆)的效率“短板”主要在于产出规模较小，与投入规模难以匹配，因而无法实现投入产出的规模效率。这就意味着在现有管理机制和条件下，人财物的投入增加，并不会转化为较多的服务产出增长，反之，投入越多规模效率损失越严重。单纯依靠人财物投入的扩大并不能解决文化馆(群艺馆)资源使用效率低下、服务水平不高的问题。

分等级场馆来看，2014—2018年处于规模报酬递增阶段的省级文化馆(群艺馆)逐年增加，可见，省级文化馆(群艺馆)有逐步摆脱规模报酬递减(或不变)制约的趋势，转变为规模报酬递增阶段。相比于地市级馆，省级馆和县级馆中更多省份的文化馆(群艺馆)处于投入产出规模报酬递增阶段，对于这些处于规模报酬递增阶段的文化馆(群艺馆)，通过增加人财物的投入，可以获得服务产出的较大增加，从而实现规模效率。

(三)文化馆(群艺馆)效率水平区域差距明显

整体来看，我国文化馆(群艺馆)投入产出的综合技术效率呈现东部较高、中部次之，东部较低的区域分布特征。投入产出的综合技术效率为DEA有效的省份占比东部地区明显高于中西部地区，西部地区甚至在2015年出现了所有省份文化馆(群艺馆)投入产出DEA综合技术效率无效的情形。可见，中西部地区文化馆(群艺馆)投入产出绩效与东部地区仍有较大的差距。

导致文化馆(群艺馆)投入产出的综合技术效率在区域间出现较大差距的原因是多重的。首先，区域间资源禀赋和经济基础的差距在历史上已经存在；其次，公共文化事业发展基础的差距会影响区域公共文化服务的产出水平。西部地区(尤其是西部贫困地区)公共文化基础设施薄弱、文化专业人才短缺、文化环境和文化氛围不足等问题较为突出，尽管近几年中央加大对西部地区公共文化的财政资金投入，但其产出水平却受限于前期的公共文化基础，短期内难以实现较为明显的产出水平提升。

四、提升我国文化馆(群艺馆)投入产出效率的思路

(一)加快推进文化馆(群艺馆)运行机制改革，减轻文化负担，释放活力

加快推进公共文化单位运行机制改革。要积极探索公共服务的市场化以及社会化模式，深化文化体制改革，界定公共文化活动及商业文化活动内涵及外延；明确文化馆(群艺馆)功能定位，打破管理惯性思维和方式，转变政府一元供给模式，把政府机制与市场机制结合起来，营造公共文化产品和服务的竞争环境，发挥非营利组织、企业在公共文化产品供给中作用，以弥补政府自身的不足，满足公众多元的文化需求。

在管理模式上，尝试推行董事会、基金会制度；在运行方式上，打破市场准入壁垒，构建多渠道的社会投入机制和多元的文化供给模式。在具体运作过程中，要树立公共文化的宣传意识。

(二)改进投入方式和服务供给手段，提升公共文化财政资金的使用效率

首先，要改进公共文化的投入方式。当前，与市场经济相适应的公共财政体制尚未完全确立，政府对公益事业的投入方式还比较单一，财政投入绩效考核机制也还不健全。特别是在文化领域，财政投入不足与投入方式不合理并存，成为制约公共文化服务体系建设的重大瓶颈。在加大财政对公共文化投入力度的同时，应积极改进投入的方式方法，积极建立财政投入绩效评价机制，切实提高资金使用效益。

其次，文化馆(群艺馆)要注重创新文化服务供给手段。应立足基层特别是农村的具体实际，积极探索集中配送、连锁服务、流动服务等多样化的服务方式，切实解决长期以来公共文化产品供给难以对接需求的问题。尤其是要抓住高新技术迅猛发展、文化与科技深度融合的有利契机，努力构建数字化的现代公共文化供给网络。

(三)注重区域均衡性发展，加快推进落后地区公共文化事业综合发展

正如习总书记在十九大报告中所阐述的那样，我国社会的主要矛盾已经转变为不平衡不充分的发展与人民对美好生活的追求之间的矛盾。中西部落后地区与东部发达地区的文化事业建设的巨大差距是公共文化领域最大的不平衡，贫困地区薄弱的文化基础是公共文化发展不充分的重要方面。因此，要加大对落后地区文化建设的扶持力度，推进公共文化服务均衡发展，将老少边穷地区的扶贫开发共建战略与公共文化建设跨越式发展结合，实现物质和精神一同迈进小康社会的目标。

(四)健全绩效评价，完善财政资金投入的激励机制

构建现代公共文化服务体系的财政保障方式，要求将传统的财政投入从行政配给中解放出来，文化馆等公共文化单位的产出及财政支出效率等重要因素必须作为财政投入的标

准。这在客观上要求文化馆(群艺馆)要以绩效评价为约束，建立财政经费投入的竞争性分配机制；操作层面上，也必须由过去的单位自评和行业自评转向由专业的第三方机构评价，相关部门可根据第三方评估机构的评估结果调整各地各级文化馆(群艺馆)下一年度的财政拨款金额。以此形成对文化馆(群艺馆)节约公共文化财政资源、创新服务模式、提高服务效率的有效激励，最终实现文化馆(群艺馆)公共文化服务效能提升。

◎参考文献

[1]中华人民共和国文化和旅游部. 中国文化文物统计年鉴[M]. 北京：国家图书馆出版社，2015—2018.
[2]中华人民共和国文化和旅游部. 中国文化和旅游统计年鉴[M]. 北京：国家图书馆出版社，2019.
[3]耿达，傅才武. 现代公共文化服务体系：发展检视与政策建议[J]. 湖湘论坛，2016，29(1)：114-118.
[4]周晓丽，毛寿龙. 论我国公共文化服务及其模式选择[J]. 江苏社会科学，2008(1)：90-95.
[5]吴高，韦楠华. 公共文化财政投入现状、问题及对策研究[J]. 图书与情报，2018(2)：54-66，108.

公共图书馆效率评价报告(2014—2018)

田　欣　李朝晖①

摘要：公共图书馆是现代公共文化服务体系的重要组成部分，对于满足人民群众的精神文化需求具有重要意义。根据2014—2018年全国公共图书馆和省级馆、地市级馆的投入与服务情况，采用DEA方法对我国公共图书馆的投入产出效率进行分析与评价，结果发现：综合技术效率有待进一步提高；纯技术效率有效省份呈下降趋势；东中西部的效率水平呈现明显差异性。因此，我国公共图书馆要积极探索管办分离，建立法人治理结构；借助社会力量，形成多方参与机制；创新服务内容与方式，实现供需对接；优化资源配置，缩小东中西部的区域差异。

关键词：公共图书馆　DEA　评价指标　服务效率

随着近年来我国文化体制改革的不断深入，创新管理体制和运行机制、提升服务效能成为新时代我国公共文化服务体系建设的重要导向。目前，我国公共文化服务体系建设进入高质量发展阶段，完善公共文化服务绩效评估成为落实公共文化部门责任并改进管理、提高效能的一个行之有效的工具，有助于促进信息化建设和民主政治建设，推动建立公民参与机制，对健全现代公共文化服务体系具有重要意义。根据国家文化和旅游部、财政部对公共文化场馆实施全面绩效管理的要求，本报告将对我国31省(市/区)公共图书馆的整体投入产出效率水平进行评估，并分别对省级、地市级的投入产出效率水平进行比较分析，为相关部门的决策安排提供定量研究依据。

一、公共图书馆开展公共文化服务现状

(一)投入情况

目前，我国公共图书馆整体投入规模较大，财政和基础设施投入逐年递增。表1数据②显示，2014—2018年，全国公共图书馆的从业人员数量逐渐增加，由5.4万人增至5.6万人；财政补贴总体呈增长态势，2014—2018年增加了61.15亿元，增速为57.9%。财政补贴数量大，但人均量不高。2018年财政补贴总量达到166.80亿元，但人均化之后

① 田欣，云南大学，文化管理专业硕士；李朝晖，洛阳师范学院，讲师。

② 本报告数据主要来源于《国家文化文物统计年鉴》(2015—2019年)。

的数量仅达到约 11. 91 元；基础设施投入逐年增加，实际使用公用房屋建筑面积从 2014 年的约 1117. 92 万平方米增至 2018 年的约 1568. 19 万平方米，增长速度为 40. 3%；图书总藏量不断增长，由 2014 年的 75 714 万册增至 2018 年的 99 814 万册，增长速度为 31. 8%；数字化设备逐步增加，供读者使用电子阅览室终端数由 2014 年的 121 199 个增长为 2018 年的 145 839 个，增长速度为 20. 3%。

表 1　全国公共图书馆投入情况(2014—2018 年)

年份	从业人员：人	财政补贴：亿元	实际使用公用房屋建筑面积：万平方米	总藏量：万册	供读者使用电子阅览室终端数：个
2014	54 349	105. 65	1117. 92	75 714	121 199
2015	54 843	120. 20	1273. 66	80 325	126 302
2016	55 677	134. 91	1396. 46	86 519	134 188
2017	56 070	164. 92	1487. 48	93 385	143 555
2018	56 158	166. 80	1568. 19	99 814	145 839

各投入要素增长情况不同。根据图 1 可知，人力投入增长不明显。全国公共图书馆从业人员变动幅度较小。财政投入和基础设施投入增加。财政补贴和实际使用公用房屋建筑面积呈现明显上升趋势，财政补贴的增长幅度较大。据计算，全国人均拥有公共图书馆财政补贴投入从 2014 年的 7. 55 元上涨到 2018 年的 11. 91 元。图书总藏量和供读者使用电子阅览室终端数呈现缓慢增长的态势。

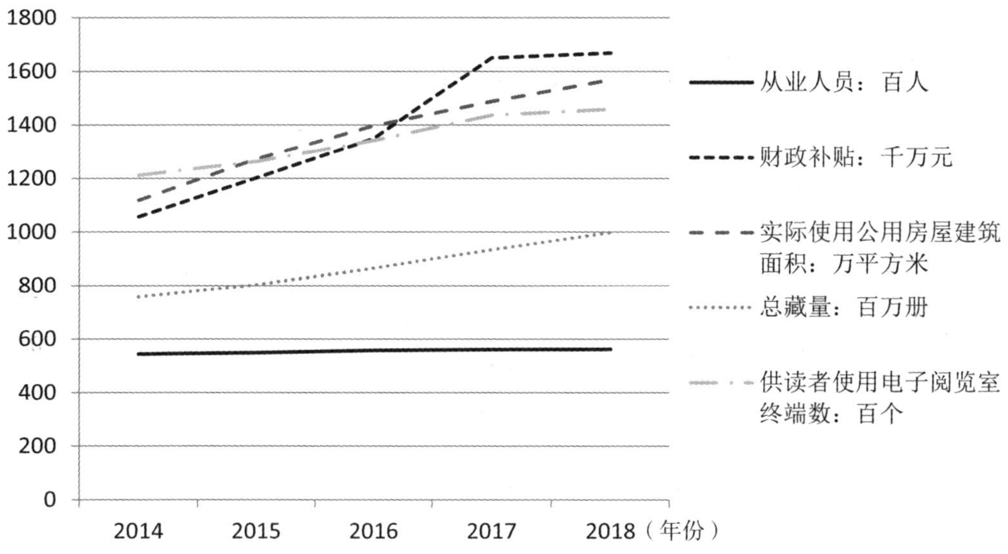

图 1　全国公共图书馆投入情况(2014—2018 年)

(二)服务情况

公共图书馆开展文化服务的供给规模大、增长明显，服务惠及人次多、增长快。2014—2018年，全国公共图书馆的书刊文献外借册数由46 636万册增加到58 945万册，增速为26.4%，每人外借册数量由0.33册增加到0.42册；总流通人次由52 592万次增加至81 485万次，增速为54.9%，每人拥有量由0.376次增加至0.582次，增长了54.8%；为读者举办各种活动次数由101 267次增长到176 765次，增速为74.6%，每万人拥有量由0.723次增至1.263次，增长了74.7%；读者活动参加人次由4868.06万人次增加至10 533.73万人次，增速为116.4%，人均拥有量由0.034次增加到0.075次，增长了120.6%(见表2)。

表2 全国公共图书馆文化服务情况(2014—2018年)

年份	书刊文献外借册数		总流通人次		为读者举办各种活动次数		读者活动参加人次	
	总量：万册	人均量：册/人	总量：万人次	人均量：次/人	总量：次	人均量：次/万人	总量：万人次	人均量：次/人
2014	46636	0.33	52592	0.376	101267	0.723	4868.06	0.034
2015	50829	0.36	58504	0.418	113865	0.813	4861.02	0.034
2016	54667	0.39	65679	0.469	137466	0.982	7068.74	0.050
2017	55021	0.39	73867	0.528	154746	1.105	8714.01	0.062
2018	58945	0.42	81485	0.582	176765	1.263	10533.73	0.075

注：为读者举办各种活动次数为组织讲座、展览、培训班的次数总和。

二、公共图书馆投入产出效率评价

(一)评价指标体系构建

本报告对公共图书馆投入产出效率评价拟通过“总-分”方式进行，首先，总体上对31省份公共图书馆投入产出效率进行评估，其次，对31省份的省级馆、地市级馆和县级馆的投入产出效率进行评估。根据研究需要，评价指标选取其共性指标，其中，投入指标包括人员、财政资金、基础设施、文化产品和数字设备，拟通过从业人员、财政补贴、实际使用房屋面积、总藏量和供读者使用电子阅览室终端数这五个指标来分别进行量化；产出指标包括文化服务供给、服务惠及程度、文化活动供给、活动惠及程度，拟通过提供书刊文献外借册数、总流通人次、为读者举办活动次数和活动参加人次这四个指标分别予以量化。为兼顾全国总体和不同等级场馆、人均量和馆均量，本报告在测算过程中，对全国公共图书馆的总体评价指标采取人均化处理，对各等级场馆的评价指标采取馆均化处理。指标的详细说明见表3。评价指标数据来源于《中国文化文物统计年鉴2015—2019年》，被评价主体为全国31省份(即决策单位)，评价内容为2014—2018年各省公共图书馆及其分等级馆的投入产出效率。

表 3　公共图书馆投入产出效率评价指标

指标类型	指标名称及具体指代	指标说明
投入指标	人员投入：场馆从业人员数	评估全国情况采用人均量，评估等级场馆采用馆均量
	财政资金投入：场馆财政补贴	
	基础设施投入：场馆实际使用房屋面积	
	文化产品投入：场馆总藏量	
	数字设备投入：供读者使用电子阅览室终端数	
产出指标	文化服务供给：书刊文献外借册数	
	服务惠及程度：总流通人次	
	文化活动供给：为读者举办活动次数	
	活动惠及程度：读者活动参加人次	

(二)评价结果及分析

1. 全国公共图书馆投入产出 DEA 效率

2014—2018 年，全国公共图书馆综合技术效率均小于 1，没有达到 DEA 有效，规模效率均小于 1，为 DEA 无效，纯技术效率均等于 1。因此，综合技术效率低于 1。这表明全国公共图书馆整体投入产出未实现 DEA 有效。

从 31 省份的结果来看，多数省份的公共图书馆综合技术效率为 DEA 无效率，而造成此结果的主要原因在于多数省份公共图书馆投入产出纯技术效率和规模效率无效。从年度变化来看，2014—2018 年，全国 31 省份公共图书馆投入产出综合技术效率呈现下降趋势。2014—2018 年，31 省份综合技术效率为 DEA 有效的省份分别有 13 个、10 个、10 个、11 个和 9 个，占总数的比例分别为 41.9%、32.3%、32.3%、35.5%和 29%，大致呈现逐年下降趋势。其中，纯技术效率为 DEA 有效的省份分别有 18 个、15 个、17 个、15 个和 11 个，规模效率为 DEA 有效的省份分别有 14 个、11 个、10 个、12 个和 9 个。规模效率为 DEA 有效的省份数量低于纯技术效率有效的数量，表明规模效率无效是制约综合技术效率的重要因素。由于综合技术效率为纯技术效率和规模效率之积，因此，大多数省份公共图书馆投入产出规模效率低，从而导致了其综合技术效率 DEA 无效。

从规模报酬来看，2014—2018 年 31 省份公共图书馆投入产出为规模报酬递减的分别有 2 个、4 个、2 个、0 个和 1 个，规模报酬不变的依次为 16 个、10 个、10 个、11 个和 9 个，规模报酬递增的为 13 个、17 个、19 个、20 个和 21 个。可见，多数省份公共图书馆投入产出的规模报酬处于规模报酬递增阶段或规模报酬不变阶段(见表 4)。

2. 分等级公共图书馆投入产出 DEA 效率

(1)省级场馆

2014—2018 年，全国省级公共图书馆综合技术效率均小于 1，没有达到 DEA 有效，

表 4　全国公共图书馆投入产出 DEA 效率结果(2014—2018 年)

决策单元	2014 年				2015 年				2016 年				2017 年				2018 年			
	综合技术效率	纯技术效率	规模效率	规模报酬	综合技术效率	纯技术效率	规模效率	规模报酬	综合技术效率	纯技术效率	规模效率	规模报酬	综合技术效率	纯技术效率	规模效率	规模报酬	综合技术效率	纯技术效率	规模效率	规模报酬
北京	1.00	1.00	1.00	不变	1.00	1.00	1.00	不变	0.77	1.00	0.77	递增	0.97	1.00	0.97	递增	0.94	0.99	0.95	递增
天津	0.70	0.87	0.80	递增	0.82	0.96	0.85	递增	0.63	0.88	0.72	递增	0.72	0.77	0.93	递增	0.71	0.80	0.88	递增
河北	0.75	0.77	0.97	递增	0.81	0.83	0.98	递增	1.00	1.00	1.00	不变	0.98	1.00	0.98	递增	0.81	0.85	0.96	递增
山西	0.50	0.54	0.92	递增	0.95	0.98	0.97	递增	0.61	0.63	0.96	递增	0.81	0.83	0.97	递增	0.93	1.00	0.93	递增
内蒙古	0.53	0.56	0.95	递增	0.45	0.51	0.89	递增	0.52	0.57	0.92	递增	0.55	0.59	0.93	递增	0.52	0.61	0.86	递增
辽宁	0.99	1.00	0.99	递增	0.77	0.78	0.98	递增	0.73	0.74	0.98	递增	0.79	0.81	0.98	递增	0.71	0.74	0.96	递增
吉林	0.57	0.68	0.84	递增	0.63	0.76	0.83	递增	0.51	0.66	0.77	递增	0.43	0.60	0.71	递增	0.44	0.62	0.72	递增
黑龙江	0.61	0.67	0.92	递增	0.58	0.64	0.90	递增	0.59	0.70	0.85	递增	0.69	0.77	0.90	递增	0.65	0.74	0.88	递增
上海	1.00	1.00	1.00	不变	1.00	1.00	1.00	不变	1.00	1.00	1.00	不变	1.00	1.00	1.00	不变	1.00	1.00	1.00	不变
江苏	1.00	1.00	1.00	不变	0.92	0.93	0.99	递增	0.83	0.85	0.97	递增	0.89	0.91	0.98	递增	1.00	1.00	1.00	不变
浙江	1.00	1.00	1.00	不变	1.00	1.00	1.00	不变	1.00	1.00	1.00	不变	1.00	1.00	1.00	不变	1.00	1.00	1.00	不变
安徽	1.00	1.00	1.00	不变	1.00	1.00	1.00	不变	0.92	1.00	0.92	递增	1.00	1.00	1.00	不变	1.00	1.00	1.00	不变
福建	1.00	1.00	1.00	不变	1.00	1.00	1.00	不变	1.00	1.00	1.00	不变	1.00	1.00	1.00	不变	1.00	1.00	1.00	不变
江西	1.00	1.00	1.00	不变	0.99	0.99	1.00	递减	1.00	1.00	1.00	不变	1.00	1.00	1.00	不变	0.89	0.95	0.93	递增
山东	0.83	0.91	0.92	递减	0.78	0.85	0.92	递减	0.97	1.00	0.97	递减	1.00	1.00	1.00	不变	1.00	1.00	1.00	不变
河南	1.00	1.00	1.00	不变	1.00	1.00	1.00	不变	1.00	1.00	1.00	不变	1.00	1.00	1.00	不变	0.90	0.91	0.99	递增
湖北	0.74	0.74	1.00	递增	0.66	0.67	0.98	递增	0.69	0.72	0.96	递增	0.69	0.70	0.99	递增	0.64	0.70	0.91	递增
湖南	1.00	1.00	1.00	不变	1.00	1.00	1.00	不变	1.00	1.00	1.00	不变	1.00	1.00	1.00	不变	1.00	1.00	1.00	不变

续表

决策单元	2014年				2015年				2016年				2017年				2018年			
	综合技术效率	纯技术效率	规模效率	规模报酬	综合技术效率	纯技术效率	规模效率	规模报酬	综合技术效率	纯技术效率	规模效率	规模报酬	综合技术效率	纯技术效率	规模效率	规模报酬	综合技术效率	纯技术效率	规模效率	规模报酬
广东	1.00	1.00	1.00	不变	0.90	0.95	0.95	递减	1.00	1.00	1.00	不变	1.00	1.00	1.00	不变	1.00	1.00	1.00	不变
广西	1.00	1.00	1.00	不变	1.00	1.00	1.00	不变	1.00	1.00	1.00	不变	0.94	0.99	0.95	递增	0.87	0.93	0.94	递增
海南	0.62	1.00	0.62	递增	0.83	1.00	0.83	递增	0.66	1.00	0.66	递增	0.97	1.00	0.97	递增	1.00	1.00	1.00	不变
重庆	1.00	1.00	1.00	不变	1.00	1.00	1.00	不变	1.00	1.00	1.00	不变	1.00	1.00	1.00	不变	0.87	0.93	0.94	递增
四川	0.87	0.88	0.98	递减	0.74	0.79	0.93	递减	0.82	0.83	0.99	递减	0.82	0.82	1.00	递增	0.58	0.61	0.94	递增
贵州	0.90	0.94	0.96	递增	0.98	1.00	0.98	递增	0.78	0.91	0.86	递增	0.78	0.85	0.92	递增	0.60	0.66	0.91	递增
云南	1.00	1.00	1.00	不变	1.00	1.00	1.00	不变	0.80	0.82	0.98	递增	0.84	0.85	0.98	递增	0.69	0.74	0.94	递增
西藏	0.37	1.00	0.37	递增	0.44	1.00	0.44	递增	0.35	1.00	0.35	递增	0.82	1.00	0.82	递增	0.23	1.00	0.23	递增
陕西	0.98	1.00	0.98	递增	0.98	1.00	0.98	递增	0.91	1.00	0.91	递增	1.00	1.00	1.00	不变	0.75	0.81	0.93	递减
甘肃	0.68	0.76	0.90	递增	0.62	0.71	0.87	递增	0.55	0.62	0.89	递增	0.55	0.60	0.91	递增	0.53	0.63	0.85	递增
青海	0.70	1.00	0.70	递增	0.47	1.00	0.47	递增	0.37	1.00	0.37	递增	0.35	0.88	0.40	递增	0.36	0.89	0.41	递增
宁夏	0.50	0.70	0.71	递增	0.44	0.77	0.58	递增	0.46	0.92	0.50	递增	0.54	0.78	0.69	递增	0.55	0.94	0.59	递增
新疆	0.75	0.81	0.93	递增	0.75	0.81	0.93	递增	0.62	0.74	0.84	递增	0.51	0.54	0.95	递增	0.44	0.54	0.80	递增
全国	0.84	1.00	0.84	递减	0.72	1.00	0.72	递减	0.75	1.00	0.75	递减	0.74	1.00	0.74	递减	0.72	1.00	0.72	递减
DEA有效个数	13	18	14	-	10	15	11	-	10	17	10	-	11	15	12	-	9	11	9	-

DEA 综合技术效率的最高值仅在 2016 年达到 0.63，其余年份的效率值在 0.5~0.6 徘徊。纯技术效率均等于 1，规模效率均小于 1，为 DEA 无效。这表明全国省级公共图书馆投入产出未达到 DEA 有效。

从 31 省份的结果来看，由于多数省份的省级公共图书馆规模效率和纯技术效率未实现 DEA 有效，其综合技术效率为 DEA 无效率。从年度变化来看，2014—2018 年，全国 31 省份省级公共图书馆投入产出综合技术效率稳定中呈现下降趋势。2014—2018 年，31 省份省级公共图书馆综合技术效率为 DEA 有效的省份分别有 6 个、8 个、5 个、7 个和 9 个，占总数的比例分别为 19.4%、25.8%、16.1%、22.6%和 29%，基本呈现上升趋势。其中，纯技术效率为 DEA 有效的省份分别有 10 个、16 个、14 个、13 个和 14 个，规模效率为 DEA 有效的省份分别有 6 个、10 个、5 个、8 个和 9 个。纯技术效率有效的省份多于规模效率有效的省份，表明尽管两者共同作用导致综合技术效率无效，但规模效率的制约作用更为普遍。

从规模报酬来看，2014—2018 年 31 省份省级公共图书馆投入产出为规模报酬递减的分别有 0 个、3 个、1 个、5 个和 3 个，规模报酬不变的依次为 6 个、8 个、5 个、7 个和 9 个，规模报酬递增的为 25 个、20 个、25 个、19 个和 19 个。大多数省份的省级公共图书馆投入产出为规模报酬递增阶段，但数量呈现下降趋势，少数省份的省级公共图书馆投入产出为规模报酬递减或不变阶段(见表 5)。

(2)地市级馆

2014—2018 年，全国地市级公共图书馆综合技术效率均小于 1，没有达到 DEA 有效，DEA 综合效率的最高值在 2018 年达到 0.85。纯技术效率均等于 1，为 DEA 有效。规模效率均小于 1，未达到 DEA 有效。这表明全国地市级公共图书馆投入产出没有达到 DEA 有效。

从 27 省份的结果来看，由于多数省份的地市级公共图书馆规模效率和纯技术效率没有实现 DEA 有效，其综合技术效率为 DEA 无效率。从年度变化来看，2014—2018 年，全国 27 省份地市级公共图书馆投入产出综合技术效率较为稳定。2014—2018 年，27 省份地市级公共图书馆综合技术效率为 DEA 有效的省份分别有 10 个、8 个、7 个、10 个和 11 个，占总数的比例分别为 37%、29.6%、25.9%、37%和 40.7%，稳中呈现有上升趋势。其中，纯技术效率为 DEA 有效的省份分别有 13 个、10 个、11 个、12 个和 14 个，规模效率为 DEA 有效的省份分别有 11 个、11 个、7 个、12 个和 12 个。纯技术效率有效的省份多于规模效率有效的省份，表明更多的省份地市级公共图书馆规模效率无效。

从规模报酬来看，2014—2018 年 27 省份地市级公共图书馆投入产出为规模报酬递减的分别有 2 个、2 个、1 个、2 个和 2 个，规模报酬不变的依次为 10 个、8 个、7 个、10 个和 11 个，规模报酬递增的为 15 个、17 个、19 个、15 个和 14 个。大多数省份地市级公共图书馆投入产出的规模报酬处于规模报酬递增阶段或规模报酬不变阶段，仅少数省份地市级公共图书馆投入产出处于规模报酬递减阶段(见表 6)。

表 5 全国省级公共图书馆投入产出 DEA 效率结果(2014—2018 年)

决策单元	2014 年				2015 年				2016 年				2017 年				2018 年			
	综合技术效率	纯技术效率	规模效率	规模报酬	综合技术效率	纯技术效率	规模效率	规模报酬	综合技术效率	纯技术效率	规模效率	规模报酬	综合技术效率	纯技术效率	规模效率	规模报酬	综合技术效率	纯技术效率	规模效率	规模报酬
北京	0.53	0.55	0.96	递增	0.48	0.52	0.92	递增	0.51	0.51	0.99	递减	0.47	0.50	0.95	递减	0.45	0.47	0.98	递增
天津	0.47	0.48	0.97	递增	0.50	0.50	1.00	递减	0.49	0.50	0.96	递增	0.74	0.80	0.93	递减	0.76	0.81	0.95	递减
河北	0.67	0.84	0.79	递增	0.68	1.00	0.68	递增	0.77	1.00	0.77	递增	0.93	1.00	0.93	递增	0.68	0.86	0.79	递增
山西	0.66	0.72	0.91	递增	1.00	1.00	1.00	不变	0.84	0.94	0.90	递增	1.00	1.00	1.00	不变	0.66	0.74	0.89	递增
内蒙古	0.14	0.56	0.25	递增	0.14	0.56	0.26	递增	0.42	0.93	0.45	递增	0.51	0.88	0.58	递增	0.48	0.73	0.66	递增
辽宁	0.58	0.83	0.70	递增	0.29	0.59	0.50	递增	0.63	0.73	0.87	递增	0.85	0.95	0.90	递增	0.95	0.97	0.98	递增
吉林	0.12	0.28	0.41	递增	0.17	0.49	0.35	递增	0.38	0.66	0.57	递增	0.42	0.59	0.71	递增	0.45	0.70	0.64	递增
黑龙江	0.97	1.00	0.97	递增	1.00	1.00	1.00	不变	0.51	0.87	0.58	递增	0.60	0.96	0.63	递增	0.89	1.00	0.89	递增
上海	1.00	1.00	1.00	不变	1.00	1.00	1.00	不变	1.00	1.00	1.00	不变	0.87	1.00	0.87	递减	0.78	1.00	0.78	递减
江苏	0.34	0.38	0.90	递增	0.50	0.54	0.93	递增	0.49	0.51	0.97	递增	0.70	0.83	0.84	递增	0.82	0.82	0.99	递减
浙江	0.32	0.46	0.68	递增	0.33	0.51	0.65	递增	0.40	0.57	0.70	递增	0.66	0.66	0.99	递减	1.00	1.00	1.00	不变
安徽	0.79	0.94	0.84	递增	0.74	1.00	0.74	递增	0.58	1.00	0.58	递增	0.68	0.80	0.86	递增	0.79	0.93	0.85	递增
福建	1.00	1.00	1.00	不变	1.00	1.00	1.00	不变	1.00	1.00	1.00	不变	1.00	1.00	1.00	不变	1.00	1.00	1.00	不变
江西	1.00	1.00	1.00	不变	1.00	1.00	1.00	不变	1.00	1.00	1.00	不变	1.00	1.00	1.00	不变	1.00	1.00	1.00	不变
山东	0.33	0.54	0.60	递增	0.49	0.70	0.70	递增	0.22	0.55	0.41	递增	0.52	0.69	0.75	递增	1.00	1.00	1.00	不变
河南	0.64	0.76	0.84	递增	0.92	1.00	0.92	递增	0.67	1.00	0.67	递增	1.00	1.00	1.00	不变	1.00	1.00	1.00	不变
湖北	0.43	0.49	0.89	递增	0.40	0.46	0.88	递增	0.40	0.46	0.88	递增	0.46	0.47	1.00	递增	0.49	0.51	0.96	递增
湖南	1.00	1.00	1.00	不变	1.00	1.00	1.00	不变	0.69	1.00	0.69	递增	1.00	1.00	1.00	不变	1.00	1.00	1.00	不变

续表

决策单元	2014年				2015年				2016年				2017年				2018年			
	综合技术效率	纯技术效率	规模效率	规模报酬	综合技术效率	纯技术效率	规模效率	规模报酬	综合技术效率	纯技术效率	规模效率	规模报酬	综合技术效率	纯技术效率	规模效率	规模报酬	综合技术效率	纯技术效率	规模效率	规模报酬
广东	1.00	1.00	1.00	不变	1.00	1.00	1.00	不变	1.00	1.00	1.00	不变	1.00	1.00	1.00	不变	1.00	1.00	1.00	不变
广西	0.58	0.65	0.89	递增	0.76	0.77	1.00	递减	0.68	0.72	0.95	递增	0.58	0.59	0.98	递增	0.73	0.74	0.98	递增
海南	1.00	1.00	1.00	不变	1.00	1.00	1.00	不变	1.00	1.00	1.00	不变	1.00	1.00	1.00	不变	1.00	1.00	1.00	不变
重庆	0.56	0.64	0.88	递增	0.59	0.74	0.80	递增	0.58	0.74	0.79	递增	0.63	0.69	0.91	递增	0.61	0.75	0.81	递增
四川	0.38	1.00	0.38	递增	0.27	1.00	0.27	递增	0.55	0.57	0.95	递增	0.34	0.69	0.49	递增	0.22	0.43	0.52	递增
贵州	0.20	0.63	0.32	递增	0.23	0.84	0.27	递增	0.21	0.72	0.29	递增	0.26	0.82	0.32	递增	0.22	0.75	0.29	递增
云南	0.57	0.85	0.68	递增	0.74	1.00	0.74	递增	0.81	1.00	0.81	递增	0.56	0.94	0.59	递增	1.00	1.00	1.00	不变
西藏	0.18	1.00	0.18	递增	0.51	1.00	0.51	递增	0.04	1.00	0.04	递增	0.15	1.00	0.15	递增	0.12	1.00	0.12	递增
陕西	0.59	0.68	0.87	递增	0.55	0.74	0.74	递增	0.63	0.77	0.82	递增	0.92	0.99	0.93	递减	0.94	0.97	0.97	递增
甘肃	0.33	0.55	0.60	递增	0.27	0.52	0.52	递增	0.28	0.56	0.51	递增	0.44	0.57	0.77	递增	0.51	0.72	0.70	递增
青海	0.36	1.00	0.36	递增	0.15	1.00	0.15	递增	0.05	1.00	0.55	递增	0.26	1.00	0.26	递增	0.20	1.00	0.20	递增
宁夏	0.38	0.76	0.51	递增	0.37	0.76	0.49	递减	0.30	1.00	0.30	递增	0.79	1.00	0.79	递增	0.55	0.90	0.61	递增
新疆	0.29	0.78	0.37	递增	0.14	1.00	0.14	递增	0.09	1.00	0.09	递增	0.08	1.00	0.08	递增	0.04	1.00	0.04	递增
全国	0.59	1.00	0.59	递减	0.62	1.00	0.62	递减	0.63	1.00	0.63	递减	0.54	1.00	0.54	递减	0.56	1.00	0.56	递减
DEA 有效个数	6	10	6	–	8	16	10	–	5	14	5	–	7	13	8	–	9	14	9	–

表 6　全国地市级公共图书馆投入产出 DEA 效率结果(2014—2018 年)

决策单元	2014 年				2015 年				2016 年				2017 年				2018 年			
	综合技术效率	纯技术效率	规模效率	规模报酬	综合技术效率	纯技术效率	规模效率	规模报酬	综合技术效率	纯技术效率	规模效率	规模报酬	综合技术效率	纯技术效率	规模效率	规模报酬	综合技术效率	纯技术效率	规模效率	规模报酬
河北	0.63	0.64	0.98	递增	0.87	0.87	1.00	递增	0.93	0.95	0.99	递增	1.00	1.00	1.00	不变	1.00	1.00	1.00	不变
山西	0.60	0.68	0.88	递增	0.57	0.70	0.81	递增	0.66	0.70	0.95	递增	0.84	0.88	0.95	递增	1.00	1.00	1.00	不变
内蒙古	0.56	0.60	0.94	递增	0.54	0.61	0.89	递增	0.56	0.62	0.90	递增	0.74	0.76	0.97	递增	0.74	0.76	0.98	递增
辽宁	1.00	1.00	1.00	不变	0.83	0.87	0.96	递减	0.83	0.87	0.95	递减	0.86	0.86	1.00	递增	0.88	0.92	0.96	递减
吉林	0.81	0.83	0.98	递增	0.66	0.75	0.87	递增	0.54	0.62	0.88	递增	0.57	0.68	0.84	递增	0.58	0.69	0.85	递增
黑龙江	0.39	0.43	0.90	递增	0.63	0.65	0.98	递增	0.54	0.56	0.96	递增	0.55	0.60	0.93	递增	0.68	0.71	0.96	递增
江苏	1.00	1.00	1.00	不变	1.00	1.00	1.00	不变	1.00	1.00	1.00	不变	1.00	1.00	1.00	不变	1.00	1.00	1.00	不变
浙江	1.00	1.00	1.00	不变	1.00	1.00	1.00	不变	1.00	1.00	1.00	不变	1.00	1.00	1.00	不变	1.00	1.00	1.00	不变
安徽	0.99	1.00	0.99	递增	0.82	0.83	0.99	递增	0.88	0.89	0.98	递增	0.96	0.97	1.00	递减	0.85	0.85	1.00	递增
福建	1.00	1.00	1.00	不变	1.00	1.00	1.00	不变	1.00	1.00	1.00	不变	1.00	1.00	1.00	不变	1.00	1.00	1.00	不变
江西	0.97	0.99	0.99	递增	0.65	0.76	0.85	递增	0.90	0.96	0.94	递增	1.00	1.00	1.00	不变	1.00	1.00	1.00	不变
山东	0.74	0.74	0.99	递增	0.71	0.72	0.99	递增	1.00	1.00	1.00	不变	0.94	0.96	0.97	递减	1.00	1.00	1.00	不变
河南	1.00	1.00	1.00	不变	1.00	1.00	1.00	不变	1.00	1.00	1.00	不变	1.00	1.00	1.00	不变	1.00	1.00	1.00	不变
湖北	1.00	1.00	1.00	不变	0.94	0.96	0.97	递增	0.90	0.92	0.98	递增	0.85	0.89	0.95	递增	0.95	0.97	0.98	递增
湖南	0.86	0.88	0.97	递增	1.00	1.00	1.00	不变	1.00	1.00	1.00	不变	1.00	1.00	1.00	不变	1.00	1.00	1.00	不变

续表

决策单元	2014年				2015年				2016年				2017年				2018年			
	综合技术效率	纯技术效率	规模效率	规模报酬	综合技术效率	纯技术效率	规模效率	规模报酬	综合技术效率	纯技术效率	规模效率	规模报酬	综合技术效率	纯技术效率	规模效率	规模报酬	综合技术效率	纯技术效率	规模效率	规模报酬
广东	1.00	1.00	1.00	不变	1.00	1.00	1.00	不变	1.00	1.00	1.00	不变	1.00	1.00	1.00	不变	1.00	1.00	1.00	不变
广西	1.00	1.00	1.00	不变	0.84	0.84	1.00	递增	0.93	0.94	0.98	递增	0.91	0.93	0.98	递增	0.90	0.91	0.99	递减
海南	0.42	1.00	0.42	递增	0.81	1.00	0.81	递增	0.80	1.00	0.80	递增	0.89	1.00	0.89	递增	0.87	1.00	0.87	递增
四川	0.89	0.89	1.00	递减	0.85	0.85	1.00	递减	0.80	0.81	0.98	递增	0.73	0.76	0.97	递增	0.76	0.77	0.99	递增
贵州	0.73	0.90	0.81	递增	0.66	0.87	0.76	递增	0.47	0.69	0.68	递增	0.52	0.72	0.73	递增	0.60	0.77	0.78	递增
云南	1.00	1.00	1.00	不变	1.00	1.00	1.00	不变	0.88	0.89	0.98	递增	0.75	0.78	0.97	递增	0.67	0.72	0.92	递增
西藏	0.38	1.00	0.38	递增	0.29	1.00	0.29	递增	0.57	1.00	0.57	递增	1.00	1.00	1.00	不变	0.22	1.00	0.22	递增
陕西	1.00	1.00	1.00	不变	1.00	1.00	1.00	不变	0.89	1.00	0.89	递增	1.00	1.00	1.00	不变	1.00	1.00	1.00	不变
甘肃	0.65	0.70	0.92	递增	0.79	0.90	0.87	递增	0.82	0.97	0.84	递增	0.82	0.91	0.90	递增	0.78	0.88	0.88	递增
青海	0.55	0.97	0.56	递增	0.55	0.94	0.58	递增	0.55	0.86	0.64	递增	0.59	0.98	0.60	递增	0.60	1.00	0.60	递增
宁夏	0.49	0.59	0.84	递减	0.56	0.76	0.74	递增	0.70	1.00	0.70	递增	0.86	1.00	0.86	递增	0.68	0.97	0.71	递增
新疆	0.65	0.68	0.95	递增	0.91	0.95	0.96	递增	0.73	0.76	0.96	递增	0.43	0.51	0.85	递增	0.45	0.52	0.87	递增
全国	0.79	1.00	0.79	递减	0.81	1.00	0.81	递减	0.78	1.00	0.78	递减	0.81	1.00	0.81	递减	0.85	1.00	0.85	递减
DEA有效个数	10	13	11	-	8	10	11	-	7	11	7	-	10	12	12	-	11	14	12	-

三、公共图书馆投入产出效率的问题分析

(一)我国公共图书馆投入产出综合技术效率存在优化空间

从图书馆投入产出的DEA综合技术效率的全国平均值来看，2014—2018年图书馆投入产出的DEA综合技术效率分别为0.84、0.72、0.75、0.74和0.72，整体呈下降趋势，存在改善空间。并且从计算结果可以看出，2014—2018年，全国31省份综合技术效率为DEA有效的省份分别有13个、10个、10个、11个和9个，占总数的比例分别为41.9%、32.3%、32.3%、35.5%和29%，全国图书馆投入产出综合技术效率有效的省份数量少、占比低，并呈现下降趋势。因此，全国图书馆投入产出的综合技术效率存在提升空间，大多数省份的图书馆未达到投入产出DEA有效。从计算结果来看，图书馆投入产出的DEA综合技术效率无效的原因主要是其规模效率不高。图书馆在资金、人员、设施设备、图书资源等方面存在投入总量不足、投入结构不合理等问题，导致其投入产出缺乏效率。

(二)我国公共图书馆投入产出纯技术效率有效省份呈下降趋势

从总体上看，我国多数省份的公共图书馆投入产出的纯技术效率无效。2014—2018年，尽管全国整体上公共图书馆投入产出的纯技术效率均等于1，达到DEA有效。但5年间，我国公共图书馆投入产出的纯技术效率有效省份呈现减少态势，分别为18个、15个、17个、15个、11个，占总数比重依次为58.1%、48.4%、54.8%、48.4%、35.5%。可见，更多省份的公共图书馆需要在管理和技术等方面加以改善。

导致公共图书馆的纯技术效率有效省份减少的原因主要有两方面。一是随着国家财政资金的大量投入，地方公共图书馆将时间和精力集中在建筑、设施等硬件建设上，忽视了体制机制、管理制度等方面的完善，使得管理理念、管理方式落后于时代发展。二是由于专业性技术人才的短缺以及对数字化发展缺乏重视，公共图书馆的数字化技术、信息传播能力等有待进一步提高。

(三)我国公共图书馆的效率水平呈现明显的区域差异性

从全国范围来看，我国公共图书馆投入产出的综合技术效率呈现东部较高、中部次之，西部较低的区域分布特征。经济社会发展相对落后的中西部地区与东部地区有着较大差距。2014—2018年，东部地区公共图书馆投入产出的综合技术效率依次为0.94、0.77、0.84、0.79和0.76，中部地区依次为0.77、0.74、0.73、0.77和0.75，西部地区依次为0.79、0.75、0.69、0.70和0.59。东中西部各地区的综合技术效率总体上呈下降趋势。

公共图书馆投入产出的综合技术效率呈现明显区域差异性的原因主要有两个方面。首先，相对于中西部地区，东部地区经济社会发达，财政经费充裕，能够为公共图书馆事业提供充足的经费保障，保证了东部地区公共图书馆在资金、人员、设施等方面的投入，并且有较高的人均指数；其次，公共图书馆事业发展的基础以及群众的文化素养和水平，直接影响公共图书馆文化服务和活动的产出水平。由于中西部地区的公共文化基础设施落

后、城市文化氛围不浓厚等原因，大量的财政投入在短期内难以实现较高的产出水平。

四、提高我国公共图书馆投入产出效率的建议

(一)加大公共图书馆的投入力度，构建多方参与体系

由政府作为单一供给主体的传统模式存在着弊端，容易出现投入总量不足、发展不平衡、体制机制僵化、服务效率低下、缺乏发展动力等问题。基于这种困境，我国公共图书馆事业的发展壮大，一方面需要政府发挥主导作用，加大对财政资金、人才队伍、设施设备和馆藏资源等方面的投入；另一方面，需要借助社会力量，利用其信息、机制优势，增强自身活力，形成多方参与体系。

第一，在资金方面。政府要加大对公共图书馆的投入力度，设立专项资金，以确保其投入增幅不低于财政经常性收入的增幅。同时，政府要制定项目补贴、贷款贴息、税收减免等政策，搭建互联网融资平台，利用众筹的形式，鼓励和吸引社会资金参与公共图书馆建设。如世界数字图书馆，其资金来源于各种基金会、企业和社会力量，官网上还有供个人选择捐赠的链接，实现了资金来源渠道的多元化。

第二，在人才队伍方面。公共图书馆应完善优惠政策措施，提高引进人才的待遇标准，通过定向选调和非考录用等方式吸引优秀高校人才。同时，建立健全人才选拔、聘用、培训和绩效考核机制，充分发挥分配制度的激励作用。此外，加强公共图书馆志愿者服务队伍建设有助于提升公共图书馆管理水平。目前，我国有 2800 多万名在校大学生，他们文化素质相对较高，能胜任多数服务工作，通过挖掘大专院校学生的人力资源优势，一定程度上能够缓解公共图书馆人员短缺的问题。

第三，在设施设备方面。加强各级政府的主体责任，根据《公共图书馆建设标准》《图书馆建筑设计规范》等相关文件，将公共图书馆建设纳入各地经济和社会发展总体规划、财政预算中，统筹推进整体布局、财政资金、人力资源等战略计划。此外，完善政府购买、委托生产、项目外包等制度，大力推进 PPP 模式在公共图书馆建设中的应用。建立人民群众表达反馈机制，广泛征求意见，让公共图书馆真正贴近群众需求。

第四，在馆藏资源方面。公共图书馆应制订合理的资源建设方案，共享并整合各馆的特色馆藏文献资源，有序推进特色资源库的标准化与规范化。同时，要建立一个产品目录体系，开展“菜单式”“订单式”服务，供社会公众了解和选择。供给渠道也要拓宽为政府、企业、社会组织和公民多渠道提供，完善图书产品外包业务的管理流程和验收制度，构建多方参与的资源共享平台。

(二)创新公共图书馆的服务内容与方式，提高服务效能

国际图联 1975 年在法国里昂举行的图书馆职能科学讨论会上，将图书馆的社会功能定为保存人类文化遗产、开展社会教育、传递科学信息及开发智力资源。随着我国经济社会和文化事业的不断发展，现代公共图书馆需要充分重视数字化技术，积极推进与博物馆、文化馆等场所的融合发展，借助文旅融合的时代趋势，创新服务内容与方式，提升服

务效能。将单一的文献服务机构拓展为多功能的社会文化活动场所，落实好“以读者为中心”的思想，真正满足人民群众的精准化、多元化需求。

第一，利用数字化信息技术，提高服务质量，实现供需的高效对接。公共图书馆要依托全国文化信息资源共享工程、数字图书馆推广工程和公共电子阅览室计划三大重点公共数字文化惠民工程，整合当地特色文化资源，利用互联网、物联网、大数据、AR/VR等技术，提升服务的体验感和满意度。同时，要掌握数据挖掘技术、数据分析技术，通过抓取浏览痕迹、分析点击频率等方式，对群众需求进行科学预测，促进供给与需求的匹配[7]。

第二，推动公共图书馆与博物馆、文化馆等场馆融合发展，打造文化综合体。首先，各场馆之间可以互相引入一些产品和服务，增强公共图书馆的吸引力和竞争力，实现内容丰富、形式多元。如可在公共图书馆中开展博物馆的相关展览、文化馆的相关讲座等。其次，场馆之间要加强合作，共同为人民群众提供多样化、特色化、品质化的文化服务。如联手推出富有创意的文创产品等。最后，公共图书馆、博物馆和文化馆等场所可探索建设文化综合体，提升服务的辐射能力，体现服务的专业特色。如浙江嘉善县将图书馆、文化馆和博物馆打造成为一个共建共享的文化阵地。

第三，促进公共图书馆与旅游的融合，提升社会效益。当前，深化文旅融合是新时代文化与旅游事业发展的重点任务，公共文化服务与旅游的融合发展，也是文旅融合的一个方面。公共图书馆要按照“宜融则融、能融尽融、以文促旅、以旅彰文”的思路，积极探索与旅游事业的有机融合。如开展以参与、体验教育为目的的研学旅游，将一些公共阅读空间嵌入旅游景区，提供关于全域旅游、乡村旅游的信息服务等。通过这样一些方式，能够发挥公共图书馆的专业优势，满足游客的文化获得感，提升服务效能。

(三)优化公共图书馆的资源配置，促进均等化发展

受历史、自然环境和经济社会发展水平等诸多因素的影响，我国东中西部地区发展不平衡、不协调、不公平的问题较为突出，各区域公共图书馆事业的供给能力和保障能力存在较大差距。解决这种区域差异问题，关键是政府要发挥主导作用，鼓励社会力量参与建设，同时完善图书馆总分馆体系，设立公共图书馆联盟，从而使资源得到优化配置，实现均等化发展。

第一，政府要加大扶持力度，推动中西部地区公共图书馆的社会化发展。根据各地区基本公共文化服务指导标准，制定革命老区、民族地区、边疆地区和贫困地区公共图书馆的发展规划。中央和省级要加大转移支付力度，积极推进对口帮扶，加强对中西部地区的人才交流和项目支援力度。同时，中西部地区要营造社会力量共同建设公共图书馆的氛围，培育文化类社会组织，通过税收减免、服务外包等方式促进社会化发展。

第二，加快完善总分馆制，促进优质资源流动。公共图书馆总分馆制是指总馆在业务指导和资源调配上对分馆进行管理，分馆按总馆的工作安排和服务标准，面向群众提供与总馆水平相当的基本公共图书馆服务。各省级、地级市公共图书馆通过加大对县级公共图书馆总分馆制的支持力度，利用文化信息资源共享工程，打造数字图书馆服务平台，从而延伸和拓展公共图书馆的服务范围与功能。

第三，建立公共图书馆联盟，实现馆际的资源共享。公共图书馆可以通过联盟的形式，进行体系化建设，各馆要立足于自身特色，共同制定相关协议与合同，以馆际协作的方式实现图书资源的共建共享。联盟间成员可联合开展咨询顾问服务，组织阅读推广、展览、讲座、分享会等读者活动，使联盟内馆员的专业知识学习与技术培训常态化，以发挥整体优势，缩小区域差距。

◎参考文献

[1]杨泽喜．建构工具理性与价值理性契合的公共文化服务评估体系[J]．中国地质大学学报(社会科学版)，2012(1)：132-136.

[2]傅才武，张伟锋．公共图书馆行业全要素生产率研究——基于省域面板数据的DEA-Malmquist模型分析[J]．华中师范大学学报(人文社会科学版)，2018(3)：81-88.

[3]徐大海．大型科学仪器设备共享效率评价研究[J]．实验技术与管理，2017(1)：263-267.

[4]杨林，韩科技．基于DEA模型的地方公共文化财政支出绩效评价——以青岛市为例[J]．经济与管理评论，2015(2)：71-76.

[5]傅才武，张伟锋．基于DEA模型的我国县级公共图书馆服务效率研究[J]．国家图书馆学刊，2018(2)：26-35.

[6]中共中央办公厅、国务院办公厅印发《关于加快构建现代公共文化服务体系的意见》[EB/OL].[2015-1-14].http://www.gov.cn/xinwen/2015-01/14/content_2804250.htm.

[7]姜雯昱，曹俊文．以数字化促进公共文化服务精准化供给：实践、困境与对策[J]．求实，2018，(6)：48-61.

[8]姚雪梅．公共图书馆供给侧存在的问题及其改革策略[J]．图书馆工作与研究，2017(9)：30-35.

专 题 篇

提高基本公共文化服务覆盖面和适用性专题调查研究

罗智敏　杨　梅①

摘要：基本公共文化服务覆盖面和适用性，是文化馆化馆服务当前亟待解决的核心问题，也是促进文化馆服务效能提升的途径。本文将实地调研与专题研讨相结合，进行了“提高基本公共文化服务覆盖面和适用性”专题调研。重点调查基层公共文化服务覆盖面和适用性的现状，梳理存在的突出问题，重点剖析基层公共文化服务覆盖面群体覆盖及地域覆盖不足等问题，指出公共文化服务的供给总量虽然不断增加，但依然存在总量偏低，有效供给不足，供需之间、群体之间不适用等问题，并基于此提出对策建议。

关键词：公共文化服务　覆盖面　适用性　对策建议

在公共文化服务建设中，重庆市群众艺术馆把调查研究作为发现和解决问题的重要途径，基于对当前重庆市公共文化服务工作现状的整体把握，为进一步提高全市基本公共文化服务覆盖面和适用性，由重庆市群众艺术馆调研编辑部统筹，针对“提高基本公共文化服务覆盖面和适用性”进行专题调研，具体情况如下。

一、调研概况

2018年，习近平总书记在全国宣传思想工作会议上指出，要推动公共文化服务标准化、均等化，坚持政府主导、社会参与、重心下移、共建共享，完善公共文化服务体系，提高基本公共文化服务的覆盖面和适用性。这对公共文化服务体系建设尤其具有重要指导意义。因此本次调研即聚焦文化馆服务当前亟待解决的核心问题，确定调研主题为：如何提高基本公共文化服务的覆盖面和适用性。召开业务专项调研会议3次，秉持刀刃向内的勇气，首先全面检视本馆公共文化服务存在的问题，找差距，对照公共文化服务标准，分类别、分专业重点研讨本馆公共文化服务存在的突出问题。

其次调研组罗智敏馆长一行赴巴南区接龙镇基层实地调研，深入巴南区接龙镇综合文化服务中心办公旧址、文化服务中心在建新址，四堂互映广场等地实地考察基层公共文化

① 罗智敏，重庆市群众艺术馆馆长、研究馆员、国家公共文化服务体系建设专家委员会委员，主要研究方向为公共文化服务体系建设；杨梅，重庆市群众艺术馆调研编辑部主任，副研究馆员，主要研究方向为公共文化服务体系建设。

建设情况。随机式访谈，重点调研基层公共文化服务覆盖面和适用性的现状及存在的问题。调研组召集了巴南区文旅委，巴南区文化馆，巴南区部分乡镇等相关人员，召开了专题调研座谈会，听取有关情况汇报和意见建议。与会人员围绕调研主题，就乡镇基层公共文化服务设施、服务对象、群众文化活动、文化人才队伍建设等进行了深入的交流，共同梳理突出问题，寻找破解难题途径。

二、基本公共文化服务的覆盖面和适用性现状

（一）基本公共文化服务覆盖面

1. 群体覆盖面不足

通过多年持续投入，重庆市公共文化建设网络体系已基本完善，但是，此次调研中基本公共文化服务覆盖面存在的突出问题为：乡村空壳化，基层地区尤其是贫困地区人口流动、流失严重，常住人口减少，且人口年龄结构比例不合理，多为老人儿童，调研座谈会上，几个乡镇都突出反映了这一问题，如姜家镇，辖 7 个行政村，1 个社区居委会，辖区面积 80.36 平方千米。总户数 7000 余户，总人口 2.2 万人，其中：城镇居民 1000 余人。据不完全统计，现全镇在家农业人员约为 5000 人，城镇居住人员不足 1000 人。(6~12 岁人员约 400 人，约占 10%，60 岁以上人员约占 90%)。又因常住人口多为老人儿童，参与活动意识差，甚至组织开展活动，要给予一定的小礼品才参与。这成为制约基本公共文化服务覆盖面不足的客观因素，因服务群体对新媒体使用不足或不够熟练，数字化建设的推动力量在这一方面的作用也大打折扣。

2. 地域覆盖面不足

在乡村空壳的同时、居住分散也给公共文化服务覆盖面带来一定困难，使固有的公共文化设施服务辐射还有盲区，服务空白区的存在是当前亟待解决的重点问题。一般常态化、日常化的文化服务只能惠及镇上常住人口，基层公共文化服尤其是乡村文化服务，急需破解覆盖面不广、参与度不高、获得感不强的难题。各层级面对问题作出了各种思考和实践探索，有效途径为机制体制的创新，如分馆制建设，建立镇、村(居)、院“三级联动机制”，打造“一镇街一品牌”特色文化等，从一定程度上有效提高了基本公共文化覆盖面，但也存在有些文化服务中心虽然已被纳入总分馆体系，但实际上仅仅是增加了一块“分馆”的牌子，管理体制、运行机制没有根本改变。

3. 整合融入度不足

调研发现面对新形势、新发展，基层尤其是乡村公共文化服务建设另一突出难题是专业人员匮乏，文化资源不足或整合利用不够。公共文化服务体系各层级及机构紧扣的“新时代”命题，聚焦“改革、融合、创新”发展主题，探索不同效能提升路径，如巴南区文化馆为有效整合公共文化资源，提高公共文化服务效能，促进文化资源向基层倾斜，解决区

文化馆服务能力有限、基层资源缺乏整合、城乡公共文化服务发展不均衡等问题。对总分馆制建设工作进行积极的探索，在分馆数量较多、总馆业务干部不足的条件下，实施“巴南区文化馆总分馆制阳光计划”。将各镇街划为四个片区，按业务门类差额配比，为了达到方便小组开展服务工作和业务指导的目的，整合辖区区级艺术专家、各艺术家协会会员、区文艺骨干和志愿者等文化资源，力争达到各组业务实力相对平均。总分馆建设实现全区全覆盖。并在总、分两级布局基础之上，积极探索其他形态的服务模式，广泛吸纳社会力量参与公共文化服务事业，建立社会分馆，开放、融合的探索为公共文化服务建设注入了新鲜的血液。

区级的有效探索，示范带动镇、村级，各乡镇文化中心在文旅融合、资源整合、吸纳社会力量等方面做出努力和探索，以弥补基层公共文化服务存在的供需错位、效能不高、设施闲置等问题，但和公共文化总需求的缺口及发展要求相比，远远不足，供给质量和效率都不高。

（二）基本公共文化服务适用性

围绕基本公共文化服务适用性，调研组重点了解了基层群众对公共文化服务的满意度、获得感等情况。对基层公共文化产品的有效供给做了重点考察，在深入调研和数据分析的基础上，厘清、总结了基本公共文化服务适用性普遍存在的问题是人民群众的文化需求与公共文化产品供给之间不平衡、不充分的问题。

1. 供需之间不适用

一方面，公共文化服务的供给总量虽然不断增加，但依然存在总量偏低，有效供给不足，供需错位等问题。新的文化需求与公共文化产品供给失衡。随着生活方式及时代发展的要求，基层群众被激发出新的、巨大的文化需求，而由政府主导的公共文化服务内容生产与发展要求不相适应，文化活动的内容、方式、手段还比较传统单一，忽视民族性、地域性和个性化需求的情况还较普遍，公共文化服务与群众的文化生活方式、文化消费方式关联度不高。缺乏一定的针对性，群众参与度不高，无法满足人民群众尤其是年轻群体日益高涨的多样化文化需求。公共文化供给服务理念滞后，对不同层次、不同年龄、不同区域的人群，公共文化服务体系所提供的文化服务产品和资源存在不均衡。

以农家书屋为例，农家书屋所摆放的书籍，并不是根据农民的多样性、差异化需求进行购买，而是由上级政府和其他公益组织捐赠。在不了解群众需求的前提下，以行政手段进行文化配送，导致公共文化服务的供给不符合农民的现实需求，最终造成许多地方的农家书屋大门紧闭，无人问津，造成了行政资源和文化资源的大量浪费。这是全国农家书屋普遍遭遇的困境。

另一方面，有效的公共文化产品供给失位，致使一些落后、庸俗、低级的文化现象抬头、泛滥，一些低级、庸俗的文化现象将会直接影响乡村文化的兴盛。此外，公共文化设施缺乏、公共文化产品供给的不足促使农民越来越转向私人文化空间，这种趋势又加重了民俗、传统等乡村公共文化空间的萎缩。

当前基层公共文化产品供给形式内容比较单一，陈旧，老套，缺乏吸引力，需要精准分析群众文化生活方式和消费方式的变化，调整供给内容和方式，才能增强公共文化服务的适用性。公共文化服务供给的内容和形式，要尽可能贴近居民的日常生活和实际需求。

2. 群体之间不适用

从服务群体来看，服务人群范围过窄。服务对象大多是老年人、儿童、也有部分年轻人。基本公共文化服务应考虑经济因素、教育程度、生活环境等各种因素的影响，如农民工的留守家庭、离异家庭、社会福利院的孤儿、失足少年、无人赡养的老人、残疾人等，是需要更多关注和关心的社会群体，必须让服务的群体范围有所拓宽。

三、基本公共文化服务现存的阵地服务差距问题

通过召开专题调研会议，馆阵地团队人员对服务对象发放意见征求表等方式，检视问题，找差距，调研发现当前阶段，在重庆市全民艺术普及中，阵地服务是存在差距和亟待解决的问题。

1. 服务对象单一

从全民艺术普及的阵地服务群体来看，服务对象大多是老年人、儿童，覆盖面狭窄，2018 年重庆市全民艺术普及的总普及率只达到了 39. 4%，“阵地艺术普及率”为 38. 9%。

2. 供需基本平衡

此次调研显示，市级层面全民艺术普及工作群众满意度普遍较高，从群众的需求端出发进行供给侧改革，基本实现了全民艺术普及的全覆盖和文化产品供给的对等化。例如，在“观看音乐、舞蹈表演”和“各类讲座”方面，供给稍稍大于需求(差值分别为 5. 7%和 4. 6%)；在“观看美术、书法、摄影展览”“音乐、舞蹈培训”等方面，供给稍稍小于需求(差值分别为 2. 3%和 3%)。由此可见，在市级层面的全民艺术普及过程中，供给与需求存在着稍许的偏差，但供需差值均在 6. 0%以内，文化服务和文化产品的供需对接基本实现，以往“你送的不是我要的”供需尴尬基本消解。

3. 缺乏规范化

全市各文化馆阵地服务的开展已经常态化，一定程度上促进了全民艺术普及的制度化、标准化和规范化，但标准化、规范化，现状仍有很大差距。调研中，围绕开展全民艺术普及，以培训辅导这一常态业务为切入点，梳理有别于其他文化机构的常态业务标准，并进行量化。如：以“培训服务”为例，文化馆每年应举办多少类型、多少班期的培训班，每年举办多少场讲座及讲座的主要内容等。并制定服务规范，包括需求调研、制订计划、信息发布、组织招生、开展培训、检验成果、档案建立、发布成果等基本环节，应使各项服务做到有章可循。

4. 社会参与度不够

据调研所得数据，当前开展的各类阵地艺术普及活动多由各级政府主导的文化服务机构负责，各类社会力量尤其是文化类社会组织的参与度亟待提高。重点是整合社会上分散的、优质的社会资源，广泛带动社会参与，进一步放大、提升文化服务效能。

四、提升基本公共文化服务的覆盖面和适用性的对策建议

适用性不强问题已成为完善公共文化服务体系、提高公共文化服务效能的瓶颈，应深入研究、着力破解。

1. 建立信息反馈表达机制

基层公共文化服务供需错位，有效供给不足，很大程度是由信息不对称引起的。传统的民意信息收集成本过高，群众的需求得不到及时反馈。这样，在以政府为主导提供公共文化服务的模式下，人民群众多样化、差异化的需求得不到满足，公共文化服务有效供给不足，造成了公共资源的浪费。因此，要进一步解决和需求匹配、对接的问题。匹配和对接既包括对需求的适应，也包括对需求的引导和培育。真正搞清楚老百姓的基本需求和多样化需求是什么，建立有效的信息反馈表达机制，就能减少或杜绝公共文化的供需脱节，公共文化服务才能承担起培育和促进文化消费的新功能、新任务。

2. 把融入生活作为提高适用性的根本

公共文化服务体系是社会主义意识形态的重要阵地，蕴含着政治和社会功能。只有通过优质、时兴、符合群众“胃口”的供给，让公共文化服务有效融入群众的日常生活，才能发挥其作用、提高服务适用性。使其在意识形态建设中发挥引领作用、在乡风文明建设中发挥主导作用。

3. 把彰显特色作为提高适应性的关键

“十里不同风，百里不同俗”，调研地区的文化生态大多保存得比较完整而纯正，因此，应遵从当地群众文化生活方式，实现公共文化服务与当地文化生态相契合，提高区域文化整体实力。要结合地区特定的地理环境、生产和生活条件等，找到传统与现代的结合点、主流价值观的实现机制，在公共文化服务的供给内容和形式方面增强民族性、地方性，形成具有地域、民族特色的公共文化服务。

4. 把融合作为提高适用性的有效途径

公共文化服务建设应突破狭隘的部门或行业局限，不断拓展服务边界、推进跨界融合，可联合区域内学校、文化机构等部门，开展群众文化活动、文化艺术培训、文化艺术展览和讲座等活动，有效推进文化系统内外公共文化资源的集聚，实现公共文化资源共建共享。把文化科技作为提高适用性的动力加大科技投入，用好文化与科技融合的成果，为

提高公共文化服务适用性增添新动力。尤其要聚焦，探索公共文化服务与科技、旅游等其他公共服务的融合机制。应大力挖掘地方历史文化资源和民俗文化资源，以此为基础完善文化创意和旅游产业发展机制，实现文化事业、文化产业和旅游产业的融合发展。

5. 把精准供给作为提高适用性的策略

群众的个性化文化需求凸显。应精准识别不同区域、不同村落、不同群体、不同家庭的文化需求，在标准化、均等化供给的基本要求之下，创新供给方式，将有限的文化资源投放到最关键的领域。要特别关注农村留守老人、妇女和儿童等群体的基本文化权益，提供文化帮扶。要坚持问题导向、着眼于移风易俗，重构群众的文化生活方式、消费方式，发挥好公共文化服务的社会治理功能。

五、结语

拓宽基本公共文化服务的覆盖面，加强基本公共文化服务的适用性是目前完善公共文化服务体系的重中之重，如果要让基本公共文化服务深入群众生活，普惠性以及便利性的提高是基本公共文化服务受众面积扩大的根本属性要求。与此同时，我们也要坚持以消费受众为核心的理念，在平衡供给以及需求的基础之上，做到基本公共文化服务的精准化以及个性化，对特殊群体、特殊产业予以特殊的支撑。

未来的基本公共文化服务理应兼具宽覆盖面、精适用性，成为能够真正融合生活、结合产业、促进发展的体系化服务。

农村文化惠民工程的路径转型
——基于整体性治理理论的探索

陈　庚　李雪倩①

摘要：农村公共文化治理是国家公共文化治理体系的重要模块，也是其短板所在。受地域、经济、技术等多重因素影响，农村公共文化发展滞缓。尽管农村文化惠民工程的项目制运行在一定程度上缓解了农村公共文化式微的困境，但随着公共文化建设的不断深耕，文化惠民工程悬浮化现象严重、整体效益呈递减态势、项目管理权责不清、内卷趋势渐显，工程服务对象话语权严重缺失等问题逐渐显露。基于整体性治理以需要为导向，从协调整合为重点的理论整合，农村文化惠民工程要想实现路径转型、亟须破解项目整合不力、委托代理链过长、农村内生管理力量不足等难题。

关键词：农村文化惠民工程　整体性治理理论　项目制运行

近年来，我国构建现代公共文化服务体系的任务在顶层设计的指导下稳步进行，然而重点在基层，难点在农村[1]，农村公共文化服务仍存在文化供需错位、公共文化服务供给“碎片化”、角色边缘化和运行机制悬浮化[2]等问题，依然是公共文化服务体系建设的“短板”。当我国社会主要矛盾转化为人民日益增长的美好生活需要和不平衡不充分的发展之间的矛盾时，在公共文化服务领域，农村居民日益增长的美好生活需求和不平衡补充分发展之间的矛盾主要体现为农村与城市之间公共文化服务供给的不平衡、农村公共文化服务发展的不充分。文化惠民工程作为农村公共文化建设的主要抓手，在推进农村公共文化建设的过程中发挥了重要的作用，但亦暴露出文化设施空转、文化资源利用率不高、地方部门形式化管理[3]、农村居民文化参与存在机会损失[4]等问题。在新时代乡村振兴战略背景下，如何客观评价农村文化惠民工程的价值与作用、优化和调整文化惠民工程建设、促进农村文化建设，具有现实的必要性和紧迫性。基于此，本文试图通过厘清文化惠民工程的运行逻辑，依据整体性治理理论提出文化惠民工程的转型路径。

一、项目制与农村文化惠民工程的项目制运行

2007 年，党中央举行会议专门研究公共文化服务体系建设，充分强调了建设公共文

① 陈庚，武汉大学国家文化发展研究院副院长、副教授，主要研究方向为公共文化政策。李雪倩：武汉大学国家文化发展研究院硕士研究生。

化服务体系的重要性。由此，我国传统文化体系正式向公共文化服务体系转轨。现代公共文化服务体系与传统文化事业体系核心目标不同、制度定位不同、功能结构不同，管理模式也不尽相同。在由自上而下的文化动员体系转向自下而上、多元参与的文化运转系统，由“计划配置、资源体制内循环”转向“跨体制流动、综合性运行”的改革路上，我国已进行了四十余年的探索[5]。随着科学发展观、习近平新时代中国特色社会主义思想等一系列指导思想的成熟，我国文化体制改革进入深化攻坚阶段，构建现代公共文化服务体系对实现全面建设小康社会有着重大意义。作为现代公共文化服务体系的重要环节，农村公共文化服务建设有着不可忽视的地位。

在中国，通常认为经济体制改革与文化体制改革彼此协同映照，又走出了各自不同的发展轨道。如果计划经济对应计划配置和国家文化动员体系，市场经济则对应市场配置和国家文化治理体系[6]。20 世纪 90 年代中期，我国财政制度从分权化的包干制改为较集权的分税制。就经济考量来看，分税制意在调节央地间财富积累水平、平衡区域间经济发展速度，它依循划分税收种类，明确了政府与市场、中央与地方的权责界分。为了平衡地方财权与事权的分配，中央采取“资金分配依靠‘条线’体制另行运作”[7]的项目制来实现财政转移支付，以期达到既贯彻国家意志又激励地方发展的目的。

近十年里，项目制一直是学术界的探讨热点，前中期研究多从国家与基层两个层面解读制度本身，在此基础上发展的后续研究则偏向将项目制代入基层治理语境和具体案例中进行分析。总的来说，在财政资金以“专项”和“项目”向下分配[8]的现实转变下，项目制与中央政府原有的单位科层制相互嵌套[9]，借以资源制衡基层秩序，达到分级运作、分级处理的目的[10]，凸显“项目牵线、多线动员”的特性[11]。有学者指出，剥离项目制的外利性形态，从政府公共预算体制出发，项目制的本质是对政府科层体系的完善和补充[12]；若将项目制置于整体性公共政策的语境中，审视它的政策制定、执行和评估过程，则会发现其运作逻辑具有事本主义和公共服务弥散性[13]；还有学者认为项目制的部分范式研究脱离实际，要想对其进行有效的过程分析和效用评价，应回溯项目制的实践发生场域、边界和产生条件[14]。在公共治理领域内，项目制在一定程度上提升了地方政府的主体能动性与公共服务供给效率，但也削弱了政府的公共物品供给议程设置和资金支配能力，在各层级部门的“控制与反制”的博弈中挤压了基层群众的主体地位[15]。

项目制按照属性分为竞争性项目和非竞争性项目，二者在我国经济、文化等多行业领域均得到广泛应用。其中，农村文化惠民工程是典型的非竞争性项目制产物。它经由中央批示，根据具体实施内容的分类，由中央不同部委向全国各地区派发专项资金。目前，农村文化惠民工程借农村电影放映工程、全国文化信息资源共享工程、广播电视“村村通”工程、农家书屋工程、送戏下乡工程、农民体育健身工程等重点项目，积极往基层输送文化资源，在满足农村居民文化教育和休闲娱乐的精神需求与强身健体的实际诉求、保障农村居民基本文化权益、实现公共文化服务均等化等方面收益颇多。以农村电影放映工程为例，据中国电影数字节目管理中心统计，截至 2017 年年底，活跃在农村电影服务平台上的放映队达 46428 支，已完全实现对全国 64 万个行政村、6. 2

亿农民的放映全覆盖①。当深入探讨项目制的运作逻辑时，有学者将项目比作资源包，其具体运作往往呈现出国家部门"发包"、地方政府"打包"和村庄"抓包"[16]的条线操作形态。在此基础上，农村文化惠民工程可通过确立项目分配的参与主体，将运行过程分为"建""管""用"三个环节[17]。从国家层面俯瞰，中央掌握着农村文化惠民工程的主要决策权与解释权，针对各个项目的执行、管理、评估等实施过程制定相关的规定及标准，并对下级政府进行监管督查；地方政府作为文化惠民工程的中间承接者，与中央政府一样是项目的建设者，不仅要依据本地公共文化发展实际做出科学化的项目建设分配，还要选择性地筹措配套资金对项目进行补助，并将文化惠民项目进一步推送到基层政府；行政村是文化惠民工程的"拆包"人，也是项目的主要管理者，负责建设基层文化阵地，为农村居民提供文化惠民服务；农村居民是文化惠民工程的使用者和受益人，他们依照个人的偏好进行文化活动参与，同时，部分村民如村干部、文化能人、乡贤等也承担了农村文化惠民工程的管理工作，监督文化设施的建设维修和文化服务的正常供给。

二、整体性治理理论与农村文化惠民工程的耦合性分析

(一)整体性治理理论及其内涵

国外关于整体性治理(Holistic Governance)的理论研究要先于国内，可追溯至20世纪90年代末期英国学者针对由新公共管理分散性、竞争性、激励性等特征带来的碎片化、空心化政府[18]等一系列问题进行的批判反思，代表人物有佩里·希克斯、帕却克·登力维。前者对整体性治理的历史背景、理论框架、改革实践等内容进行了翔实的剖析，后者提出数字信息时代背景下，整体性治理应用于政府系统服务中的角色作用。进入21世纪后，中国台湾地区学者彭锦鹏(2005)[19]、韩保中(2009)[20]等人注意到了希克斯关于整体性治理理论的阐释，从行政学的角度重点分析了该理论的概念演进、内容架构和实践意义。同一阶段，中国大陆学者竺乾威(2008)[21]在其主编的《公共行政理论》中梳理了整体性治理理论的起源、背景、功能性要素及其制度化等内容。随后，我国学者陆续对理论的本土化应用进行了相关探索。

在希克斯的理论构想中，新公共管理强调转变政府职能、引入竞争机制，主张市场化、自由化，这往往导致"资源目标与手段相互冲突、资源运作重复浪费、政府机构设置出现重叠"[22]，因此他提出了以公民需求为导向、以协调整合为改革重点的整体性治理理论，试图破解公共治理中出现的政府服务空心化、功能裂解化状态。希克斯构建了一个以治理层级为高、部门为长、功能为宽的立体模型[23](P29)，他认为公共治理模式的改革都可从这三个维度入手，以协调整合为主要手段，持续性地改善、解决公共问题。反观中国，长期以来，我国都保持自上而下、条块结合的体制化治理模式，结合区域发展不平衡的现实，地方政府作为"理性经济人"，为获取更多资源，往往抱着对上的"迎检"心理、

① 电影数字节目管理中心. 2017全国农村电影放映：实现64万行政村，6.4亿农民全覆盖，2018-02-09.

“政绩”心理，而忽略对下的“服务”心理，这就导致了权力流失、治理低效的后果。整体性治理倡导以公众需求为导向，协调多方力量，致力于打造回应性高、针对性强的高效治理框架，在我国的公共文化治理领域具有一定的借鉴意义。

(二)整体性治理理论与农村文化惠民工程的耦合性分析

“文化惠民工程”这一概念自中共十七大首次提出后，便被纳入新时期公共文化建设范畴，并在其中占据重要地位。它旨在帮扶基层、特别是老少边穷地区进行文化建设，改善区域间文化发展不平衡的状况，推动实现城乡公共文化服务均等化。

农村文化惠民工程遵循项目制运作，其项目治理主体可分为中央政府、地方政府和基层政府三个层级。工程项目的类型不同，相对应的主管部门不同。2000 年，农村电影放映工程由原国家广电总局、原文化部、国家计委、财政部联合推行，2008 年电影行政管理体制改革后，农村电影的发行放映、行政管理等职能统一归口至中央及地方的广电部门。同农村电影放映工程一样，广播电视村村通工程的管理部门由上至下依次为国家广播电视总局，各省、市、县政府广电部门。全国文化信息资源共享工程依托信息网络体系构建起国家、省、市、县、乡镇(街道)、村(社区)等六级数字文化服务网络，该工程在中央成立文旅部全国公共文化发展中心(原文化部全国文化信息资源建设管理中心)，在各省、自治区、直辖市成立“共享工程”分中心，从而实现工程管理的上下联通。送戏下乡工程以政府购买的方式将文艺院团的演出送至农村，管理部门为文旅部及地方政府文化部门。农家书屋工程的价值体现为基层出版物的更新输送，它主要依托国家新闻出版署、各省市县级新闻出版部门实现。农民体育健身工程则由国家体育总局和各省市体育局负责建设管理。2013 年，财政部印发《中央补助地方农村文化建设专项资金管理暂行办法》，将农村文化惠民工程的专项补助资金整合打包，坚持“中央补助、分级负责、合理安排、专款专用”的原则每年向行政村输送一村一万元的补助资金。由此可见，农村重点文化惠民工程向上由文旅部、国家广播电视总局、国家体育局、财政部等中央部委负责管控，向下需将监督管理职责按照行政层级逐级下放至基层政府的文化、广电、体育、财政等部门，贴合整体性治理理论中对于治理层级和治理功能的描述。

从工程的参与对象来看，农村文化惠民工程除了政府部门这一管控主体外，还积极吸纳社会力量加入工程建设。如农村电影放映工程按照“企业经营、市场运作、政府购买、农民受惠”的模式稳步实施；全国文化信息资源共享工程在统一规划标准后，采取自建、合作共建、公开征集以及接受捐赠等方式广泛整合优秀数字文化资源；农家书屋工程在近些年的发展中也采取多方共建方式，积极引进社会力量，如江苏省张家港市永联镇农家书屋实行“义工+社工”的服务管理模式①、湖北省远安县通过推动农家书屋与新华书店农村发行网点相结合提高书屋利用率②；送戏下乡工程的政府购买模式更是让基层政府与民间院团组织联系紧密。总之，多元主体参与、多渠道共建共享已经成为新时代农村文化惠民工程快速发展的必由之路。

---

① 中国农家书屋网. http://www.zgnjsw.gov.cn/booksnetworks/contents/400/409751.html,2020-01-04.

② 中国农家书屋网. http://www.zgnjsw.gov.cn/booksnetworks/contents/400/406887.html,2020-01-04.

三、整体性治理视域下农村文化惠民工程的项目制运行困境及成因

(一)运行困境

希克斯认为“整体主义的对立面不是专业化，而是碎片化”[23](P37)，具体指代政府治理过程中的部门间问题与责任的转嫁、项目和目标互相冲突、沟通不力各自为政、重复浪费等问题。我国学者认为，在公共治理的语境下，碎片化指政府的权力、层级和功能等方面不仅在数量和形态上表现为“大量的碎片”，在地域和功能上也彼此交叉重叠[24]，公共服务供给碎片则指公共服务供给中的一种由“部门利益分割、公民利益偏好、信息分布散乱”等原因导致的“分散、隔离、断裂、冲突、失衡的状态”[25]。若将整体性治理理论代入公共文化服务领域，从运行效果、治理层级、功能服务等方面来考量农村文化惠民工程，能发现其均有一定的碎片化势态。

就项目运作来看，整体效益较低，悬浮化表征明显。首先，农村文化惠民工程的实施情况、运作成效与农村居民对工程的价值认知、参与程度息息相关。2018 年 1 月，武汉大学国家文化发展研究院在全国范围内开展了农村文化惠民工程建设情况的相关调研，数据显示被调研的农村居民对文化惠民工程的知晓率普遍不高，最高为广播电视村村通工程的知晓率(69.66%)，最低为全国文化信息资源共享工程的知晓率(32.58%)，而知晓率低就直接引致了农村居民对文化惠民工程参与率低、满意度低、认可度低的结果，这无疑是农村文化惠民工程效益低下的佐证。其次，农村公共文化空间功能退化、文化设施空转已是学界公认问题。在农村公共文化服务体系建设中，新开辟的公共文化场地无人问津，要么沦为农场作物的晾晒之处[26]，要么从农村居民的日常生活中割裂开来，成为一块尴尬空地；农家书屋、电子阅览室等“文化阵地”门可罗雀，文化设施长期闲置，配备装置简陋，老化速度明显大于更新速度，文化惠民工程中提供的文化物资成为束之高阁的物品，农村文化建设的整体效益受到影响。

从治理主体来看，权力逻辑存在冲突，内卷化趋势渐显。一方面，农村文化惠民工程以项目制自上而下推进，状似脱离传统体制，实际仍囿于科层体系的藩篱中。各项文化惠民工程建设的事权逐级下放，按照工程的具体内容，从指定的中央主管部门到地方主管部门，再分配至基层政府的文化部门、广电部门、新闻出版部门和体育局。与之不同的是，工程的专项资金从中央财政部起，以整合打包的形式拨付到基层政府，除开已确定具体用途的各项目资金不做调整，剩余资金由地方各部门统筹规划，因而存在部分事权与财权不适配的问题。此外，按照项目制“一事一议”“专款专项”的原则要求，农村文化惠民工程的“上级政府项目单线垂直行政逻辑”与“地方基层经费统筹逻辑”存在一定的背反[27]。另一方面，各个文化惠民工程缘起不同的文化职能部门，虽然部门行为具有专业化和职业的优势，但在中国固有的单位体制环境下，容易出现多头管理、文化裂分的状况，随之形成“碎片化”管理特征，致使农村文化惠民工程建设内卷化加深。

从服务对象着眼，农村居民话语权缺失，主体地位呈边缘化态势。其中，话语缺失分为主动缺失和被动缺失。在城乡发展不均、经济技术迅速发展带来的社会结构性变迁的背

景下，农村公共文化精神逐渐萎缩，农村居民对公共文化空间的认同度和参与感变低，在基层进行文化建设的过程中更倾向选择弱化自身主体地位、舍弃部分发声机会，此为农村居民话语权行使不畅的内生性障碍；农村文化惠民工程代表了国家公共文化服务的建设意志，从供需关系上看仍属于以供给侧为主的建设工程，有些供给内容难免脱离居民现实需求，再加上垂直行政管理体系下为农村居民开辟出的需求表达渠道少之又少，农村居民获得反馈与回应的成本变大，久而久之便被动地选择沉默，此为农村居民话语权微弱的外部性滞碍。综上，农村居民本应为核心的主体地位反而在基层公共文化建设中摇摇欲坠。

（二）成因分析

在整体性治理理论中，碎片化按产生根源分两类，一为“无心碎片化”，这类碎片化结果非战略者本意，属于治理意料之外结果，涉及因素有预算开支、审计监督、服务导向等，可概括为“体制性碎片化”；二为“有意碎片化”，是由治理行动者的自利行为所导致，涉及因素包括权力掌控、专业垄断等，可概括为“功能性碎片化”。[23]事实上，一个问题的产生根源往往会牵扯多方因素，不是某一类就能简单概括的，农村文化惠民工程也是如此。在本文语境下，其运行困境必然是交错复杂的，既包括无心的碎片化，也包括有意的碎片化，具体来说包括以下三点。

（1）城乡二元发展、乡权弱县权强的现实背景导致农村文化惠民工程建设滞缓。一直以来，城乡二元结构体制就是我国经济社会发展中的一个严重滞障，它具体表现为城乡的户籍壁垒及随之产生的资源配置不均等问题。在此种历史环境下，城乡文化发展差距明显。相比城市文化的迅猛发展，农村文化建设缓慢，这种发展速度极度不对等的状况将农村文化建设拖入一个逻辑怪圈，即农村文化在价值取向、目标取向、工具取向三方面存在巨大争议，甚至被认为不如城市文化先进、科学、高尚[28]。作为农村文化建设的主要抓手，文化惠民工程面临的问题不仅有实际培育土壤较为瘠薄，还有来自外界的质疑与误解。此外，农村税费改革后，乡镇政府因利益与农村逐渐脱离，不复以往在农村公共治理中的投入，村级管理秩序遭受到一定的打乱。与此相反的是，县级政府权力得到强化，“造成了基层政权‘汲取性’向‘悬浮型’变化的后果”[29]。农村文化惠工程在政权转移的过程中可能会遭遇建设速度放缓、管理失效等问题。

（2）农村文化惠民工程项目制运行过程中，纵向控制衍生出的委托代理链条过长，造成权责分裂、管理缺位。纵向控制和横向竞争是贯穿项目制的两大核心制度逻辑[30]，其中纵向控制是指中央——地方——基层的单向性委托代理关系。在这一纵向分权架构中，存在多重委托代理关系，即地方政府既是上级政府的代理人，又是下级政府的委托人，委托代理越长，信息不对称就越严重[31]。有学者提出，项目制是委托方与承包方的博弈过程中不断演变和建构的组织形式[32]。因此在农村文化惠民工程的运行中，可能面临两个问题：一是工程的价值目标与动机导向易在落地后异化或萎缩此为超长委托代理链系层级间不断博弈的结果。在文化惠民工程逐级推进的过程中，代理部门承接上级指令，极易产生“面子大于实效”的政绩导向偏差，使得文化惠民工程的实际内容与基层群众文化需求并不贴合；二为每项文化惠民工程都有其专门的管理部门，但是项目落地到基层后，基本都是由村委会统筹管理，由于各个管理部门都只专注自己项目的实施情况，这种“多对一”的管理格局必然导致项目之间的冲突和挤压，从而产生农村基层文化机构建设和发展方向不明，基层文化干部职责不清，各项目之间缺乏协作而效率低下，政绩导向下的供需不符等问题。

(3)自上而下的政府供给主导模式不仅挤压了农村居民的主体地位，还压缩了社会力量的参与空间，导致农村文化惠民工程建设产生路径依赖。在国家政治属性上，农村公共文化服务体系建设是国家“权威空间”的再造[33]，农村文化惠民工程的内容选择、标准制定、资金分配皆在一定程度上反映了中央的建设意图，在供需关系上显然偏向供给侧。也正是这种供给主导模式，在基层实践中往往导致供需位序不匹配、供给内容单调雷同与需求的多样性不匹配、重硬供给轻软供给[34]等问题；且农村居民在文化供给领域的话语权趋于闭塞，话语空间封闭，其真实需求被本末倒置，农村文化惠民工程失去其“惠民”价值。在农村文化的建设发展时期，行政力量处于主导地位，社会力量一度被排斥在体制外，而今虽然国家在大力引导、扶持民间力量进入农村文化惠民工程建设队伍，但工程长期依赖项目管理、财政拨付的发展路径，使得民间力量仍然处于成长探索期，效力不足。

四、农村文化惠民工程的整体性治理路径转型

协调和整合被认为是整体性治理的核心要义。在整体性治理的语境中，希克斯将“协调”释义为政府机构间为发展联合性和整体性工作，共同规划和决策的过程；“整合”指通过确立共同的组织结构和实践执行，由协调产生的一系列理念，包括政府部门内部各层级实现的、政府部门与私人部门之间通过“1+1>2”的方式实现的整合理念[35]。近年来，我国行政体制改革、人事制度改革、养老保险制度、国家预算等领域内均能看到协调整合理念的运用[36]。同样，协调整合的理念在农村文化惠民工程的运行机制、治理参与主体、项目功能等方面仍有可借鉴之处。结合上述农村文化惠民工程的运行困境及成因，本文提出以下建议试图帮助农村文化惠民实现整体性治理的路径转型。

首先，明晰工程价值取向，推动项目补助向县级统筹转变，建立完善县级统筹管理机制。农村文化在稳定社会秩序、推动经济发展、提升农村居民个人修养和生活幸福感方面的作用是其他因素无法比拟的，因此要明确农村公共文化建设的必要性。那么文化惠民工程作为其中不可缺少的环节，其重要性也不可小觑，应通过实现其启蒙价值与使命，不仅向农村居民输送文化资源让其掌握基本文化知识、文化技能，享受文化权益，还要弥合农村传统文化和现代文化之间的罅隙[37]，破除外界对农村文化落后的误解。而在县级政权日益强化的背景下，建立县级政府统筹管理机制不失为促进农村文化惠民工程提档升级的一个好方法。一方面可以改变传统部门体制下包括文化信息共享工程、农家书屋、农村电影放映等文化惠民工程在内的项目补助模式，改为设立县级统筹经费、补助和奖励经费，通过县级统筹倒逼文化惠民工程的调整升级；另一方面还要明确县级政府在文化惠民工程中的业务指导、经费使用、监督管理、绩效考核等职能，根据各项工程的发展情况，统筹安排和使用财政资金。

其次，促进项目整合发展，减少委托代理链条，打造农村文化综合性空间。农村文化惠民工程的低效率和部分无效率的困境是由于孤立地肢解了“农村文化”这一整体，表现

为结构性网络的碎片化[38]。各个文化惠民工程在实际运行中专项分途行进，从中央到基层牵涉不少部门，易导致碎片化治理的结果。建议在中央层面对农村文化惠民工程的功能进行整体设计，并对项目进行适度整合，交付一个工程项目组进行调配，由其他部门进行监督；工程项目包由中央呈递给地方政府时，地方政府统一部门，按照基层实际建设情况进行项目规划和财政资金下拨；再到县级政府进行统筹安排；通过项目整合的方式从根源上解决了多个项目多个委托代理链条的问题，减少由不同治理层级间的利益博弈带来的信息不对称现象。同时，开展文化惠民工程的内容整合，既发挥各个文化惠民工程的独立效应，又发挥与其他文化惠民工程的联动效应，形成有机整合和联动嵌入的农村文化综合性空间；通过一体化管理，建立整体性管理制度、运行规范和实施细则，对此前一直“各自为政”的各项工程进行制度空间的打造，实现农村文化综合性空间的长效发展。

最后，拓宽自下而上的需求表达渠道，大力培育农村自组织力量，实现文化共建共享。供需错位是农村公共文化服务建设留存已久的问题，原因在于基层政府在提供公共文化服务时以政绩为导向，产生了“目标置换”。在此基础上，探索建立客观、真实、全面的需求表达反馈机制、拓宽表达渠道利于信息互通，解决供需错位问题。其一可在文化综合空间设立文化信息咨询与反馈窗口，定期收集村民对文化惠民工程的意见与建议，整理反馈信息到管理部门；其二可借助互联网信息技术、整合已有的农村公共文化建设数据，打造统一的网络互动平台，设置文化信息发布、文化需求征集、工程意见反馈等模块，通过村委宣传、发送短信等方式鼓励村民积极参与在线互动，便于文化惠民工程后续的调整与优化。除此之外，还应大力培育农村自组织力量，将“中农”阶层作为村级组织的重要力量加以吸纳[39]，建立良好的内部运行机制，通过“文化小组”的分项管理和统筹合作来提高整个农村文化惠民工程实施的组织化程度，培育文化共同体意识，形成文化惠民工程“自下而上”的自治主体，为农村文化共建共享的成熟发育创造条件和基础。

◎参考文献

[1]陈建. 农村公共文化服务碎片化问题研究——以整体性治理为视角[J]. 图书馆工作与研究，2017(8)：5-10.

[2]孙运宏. 农村公共文化服务的基层实践及其政策启示——基于 D 县文化惠民工程的个案研究[J]. 艺术百家，2016，32(3)：234-235，238.

[3]陈燕. 农家书屋建设与发展再探：现状、问题与趋势[J]. 编辑之友，2018(3)：21-24.

[4]陈波，邵羿凌. 影响中国农村居民文化参与的因素研究——以江西省三村九十户调查为例[J]. 中国软科学，2018(12)：56-66.

[5]傅才武. 中国文化管理体制：性质变迁与政策意义[J]. 武汉大学学报(人文科学版)，2013，66(1)：69-74，128.

[6]傅才武，何璇. 四十年来中国文化体制改革的历史进程与理论反思[J]. 山东大学学报(哲学社会科学版)，2019(2)：43-56.

[7][16]折晓叶，陈婴婴. 项目制的分级运作机制和治理逻辑——对“项目进村”案例的社会学分析[J]. 中国社会科学，2011(4)：126-148，223.

[8]周飞舟. 财政资金的专项化及其问题兼论“项目治国”[J]. 社会，2012，32(1)：1-37.
[9]渠敬东. 项目制：一种新的国家治理体制[J]. 中国社会科学，2012(5)：113-130，207.
[10]李祖佩，钟涨宝. 分级处理与资源依赖——项目制基层实践中矛盾调处与秩序维持[J]. 中国农村观察，2015(2)：81-93，97.
[11]陈家建. 项目制与基层政府动员——对社会管理项目化运作的社会学考察[J]. 中国社会科学，2013(2)：64-79，205.
[12]焦长权. 从分税制到项目制：制度演进和组织机制[J]. 社会，2019，39(6)：121-148.
[13][30]张振洋. 当代中国项目制的核心机制和逻辑困境——兼论整体性公共政策困境的消解[J]. 上海交通大学学报(哲学社会科学版)，2017，25(1)：32-41.
[14]张向东. 场域、边界及其产生的条件——评“项目制”研究[J]. 华东师范大学学报(哲学社会科学版)，2018，50(6)：121-126，176.
[15]刘远风，王有为. 项目制的基层治理悖论及其破解[J]. 理论导刊，2019(11)：104-111.
[17][27]陈庚，李婷婷. 农家书屋运行困境及其优化策略分析[J]. 图书馆建设，2020(03)：99-107.
[18]翁士洪. 整体性治理模式的兴起——整体性治理在英国政府治理中的理论与实践[J]. 上海行政学院学报，2010，11(2)：51-58.
[19]彭锦鹏. 全观型治理：理论与制度化策略[J]. 政治科学论丛，2005(3)：61-100.
[20]韩保中. 全观型治理之研究[J]. 台湾公共行政学报，2009(31)：1-48.
[21]竺乾威. 公共行政理论[M]. 上海：复旦大学出版社，2008：452-475.
[22]曾凡军. 从竞争治理迈向整体治理[J]. 学术论坛，2009，32(9)：82-86.
[23]Perri 6，Diana Leat，Kimberly Seltzer and Gerry Stoker. Towards Holistic Governance：The New Reform Agenda[M]. New York：Palgrave，2002.
[24]曾凡军. 基于整体性治理的政府组织协调机制研究[M]. 武汉：武汉大学出版社，2013：87.
[25]李利文. 公共服务供给碎片化研究进展：类型、成因与破解模型[J]. 国外理论动态，2019(1)：97-107.
[26]雷焕贵，段云青，柴世民，宋静，赵玉兰. 山西省农村公共文化服务体系建设解析与重构——基于4市6县22乡镇51村的调查[J]. 云南农业大学学报(社会科学)，2017，11(6)：66-72.
[28]卢婷婷，翟坤周. 城乡二元结构下的农村文化建设：现实逻辑与动力机制[J]. 新疆社会科学，2012(5)：105-112，152.
[29]周飞舟. 从汲取型政权到“悬浮型”政权——税费改革对国家与农民关系之影响[J]. 社会学研究，2006(3)：1-38，243.
[31]杨宝剑，杨宝利. 委托代理视角下政府间纵向竞争机制与行为研究[J]. 中央财经大学学报，2013(2)：1-6，13.

[32]周雪光. 项目制：一个“控制权”理论视角[J]. 开放时代，2015(2)：82-102，5.
[33]耿达. 公共文化空间视角下农村公共文化服务体系建设研究[J]. 思想战线，2019，45(5)：137-146.
[34]游祥斌，杨薇，郭昱青. 需求视角下的农村公共文化服务体系建设研究——基于H省B市的调查[J]. 中国行政管理，2013(7)：68-73.
[35]史云贵，周荃. 整体性治理：梳理、反思与趋势[J]. 天津行政学院学报，2014，16(5)：3-8.
[36]韩兆柱，杨洋. 整体性治理理论研究及应用[J]. 教学与研究，2013(6)：80-86.
[37]闫小斌. 启蒙：农村公共文化服务之初始价值与使命[J]. 图书馆建设，2018(5)：8-12.
[38]吴新叶. 农村社会管理何去何从：整体性治理视角的尝试性解读[J]. 理论探讨，2013(2)：145-149.
[39]李祖佩. 村庄空心化背景下的农村文化建设：困境与出路——以湖北省空心村为分析对象[J]. 中州学刊，2013(6)：72-77.

现代公共文化服务在文旅融合背景下的发展路径思考

牟元义①

摘要： 随着文旅融合发展，公共文化服务的发展面临新的调整与提升。本文就现代公共文化服务在文旅融合发展背景下的路径进行探讨，以期推动建立现代公共文旅服务体系，实现文旅"真融，尽融"，促进城市文化品质提升，不断满足人民群众高品质文旅生活的需求。

关键词： 公共文化服务　文旅融合　发展路径

一、公共文化服务在文旅融合中的重要作用

当前，我国文化和旅游发展随着文旅融合进入了新的阶段，"旅游的文化性"和"文化的旅游化"②同时得到极大彰显。文化成为吸引旅游者前往某地和再次前往的真正原因；"旅游是不同国家、不同文化交流互鉴的重要渠道。"③在文旅融合的大背景下，随着人民群众的旅游消费向个性化、多样化、享受型消费升级，现代公共文化服务担负了为旅游赋能铸魂，提升品质的重要作用。

（一）推动公共文化服务实现高质量发展

近年来，我国公共文化服务在"保基本、兜底线、惠民生、促发展"方面发挥了重要的成效，现代公共文化服务体系已基本建成，服务取得一系列重要成果。但是也遭遇了发展的瓶颈，特别是在公共文化服务面向国际、提升品质、与时俱进、特色打造等方面，还存在较大的发展空间。在文旅融合背景下，公共文化服务迎来了新机遇，必将破解瓶颈，开拓新天地。一是发展理念得到提升。随着文旅融合，诗与远方走到了一起，必将产生思想碰撞的火花，在理念、思路、顶层设计等方面形成新的发展成果。二是视野得到扩大。公共文化服务在文旅融合发展中扩大到文化和旅游两个板块。原来的公共文化服务局限于

---

① 牟元义，大韩民国临时政府陈列馆馆长，研究方向为公共文化服务与文化产业发展。

② 宋瑞. 如何真正实现文化与旅游的融合发展[J]. 人民论坛·学术前沿，2019(6)上.

③ 习近平向联合国世界旅游组织第 22 届全体大会致贺词——新闻报道-人民网[EB/OL]. http://cpc.people.com.cn/n1/2017/0913/c64094-29533058.html.

公共文化相应的设施、机构，现在扩充了游客服务中心、旅游厕所、新兴文旅综合体等设施，以及景区点服务机构等，规模更大、平台更高。三是发展的方式更优。文旅融合必将形成文化和旅游优势互补，共同进步，也将促进公共文化服务发展方式更加优化、科学，服务产品更加丰富和多元。

(二)带动旅游公共服务提档升级

在文旅融合发展大背景下，公共文化服务应当成为旅游公共服务的重要平台和载体。旅游因其固有的模式，或是自然资源，或是人文景区，参观模式单一，体验方式有限，形成观众一次性消费为主。但是通过公共文化服务的植入，让旅游资源变得富集，参观、体验形式多样，让观众流连忘返，并且会重复体验。国际上也是如此，例如英国公共文化设施与旅游公共设施之间的边界在不断被模糊：博物馆、美术馆、剧院、运动场所等不再局限于其原本的功能，被赋予了多重“身份”，多重使用和社会服务功能。在开放时间内，美术馆为市民提供视觉艺术享受、提供文化艺术教育，而法定开放时间以外的部分，它会变成市民休闲娱乐、聚会的场所，在其内部开放有酒吧、餐厅、购物的空间。这种跨界性的尝试，使得这些公共文化场所又成为新晋旅游目的地，本地居民的文化娱乐需求与外地游客的游览需求同时同地得到了满足。①

(三)提升城市文化品质和内涵

城市是文化的载体，文化是城市的灵魂，提升一座城市的品质，不仅要增“颜值”，还要提“气质”。城市文化品质提升需要公共文化打基础、强筋骨，特别是重大公共文化服务设施不断为城市发展赋能，并吸引各地游客前来观光、旅游。有品质的城市建设，能够带给人们更多幸福感，这种幸福感源自舒适便捷的生活体验。随着旅游业发展进入快车道，许多城市发展成为“网红城市”“打卡目的地”。随着“网红”效应的持续火热，大批游客涌入使得城市的旅游发展面临挑战，旅游接待能力需提升、旅游服务需要升级、旅游产品需要创新、旅游设施层次需提高等。如何让城市“网红”之地“长红”下去，不仅要提高旅游公共服务水平，以解燃眉之急，更要改变当前大多数游玩方式仍停留在观光层面、消费附加值较低的旅游产品的局面，以文化作为旅游的“文本”，去带动旅游提质升级。此外，一座真正具有旅游吸引力的城市还应当由本地居民与外地游客共享，而非形成一种本地居民的生活场景、方式、空间与外地游客割裂的局面。因此，不论是通过文旅融合推动公共文化服务转型升级，还是发展全域旅游，整合、完善文化和旅游公共服务体系，都是城市文化建设的首要任务。

二、公共文化服务旅游化的资源分析

公共文化服务资源分为公共文化服务设施、服务产品、品牌活动、服务主体等，是文旅融合发展的基础。梳理公共文化服务的资源优势，认清自身发展的瓶颈和不足，将助推

---

① 何效祖. 英国旅游业发展战略及借鉴价值研究[J]. 旅游学刊, 2006(9).

文旅融合找准发展方向和路径。

(一)资源优势

一是各类公共文化设施。公共文化设施是指由各级人民政府举办或者社会力量举办的，向公众开放用于开展文化活动的公益性的图书馆、博物馆、纪念馆、美术馆、文化馆(站)、青少年宫、工人文化宫等建筑物、场地和设备。随着文旅融合发展，公共文化设施赋予了双重属性，称为公共文旅设施，是推进文旅融合发展的重要载体。许多公共文化设施，特别是一些大型的博物馆、纪念馆、图书馆、音乐厅、大剧院等，不但是国家等级场馆，也是A级景区所在地，既担负了向市民开放，提供公共文化服务，又向国内外观众提供旅游场所，满足人民群众旅游公共服务的需求。

二是各级公共文化服务机构。近年来，各级党委、政府高度重视现代公共文化服务体系建设，各省、市、区逐步形成了省市级、地市级、区县级、乡镇(街道)、村(社区)五级公共文化服务网络。这五级服务网络作为开展公共文化服务的主体，实现了设施网格化、经费有支持、队伍有支撑，政策有保障，为下一步推进公共文旅服务奠定了坚实的基础。其中，各级公共文化服务机构大力推进免费开放，在满足当地居民基本文化生活，“保基本、兜底线”方面担负了重要的使命。部分乡镇综合文化站、村(社区)文化室在推进乡村文化振兴，大力实施乡村旅游方面奠定了坚持的基础。

三是各类文创产品。文创产品既是各级公共文化服务机构推出的重要项目，也是旅游活动中“吃住行游购娱”的重要元素和环节之一。文创产品分布在各级各类公共文化服务机构，也分布于非遗产品、工艺美术产品、日常生活中的小商品中，旅游景区既是文创产品展示、售卖的重要平台，也是文创产品开发的重要研发机构。

四是其他公共文化资源。如各级文物保护单位、非物质文化遗产传习所、青少年宫、文化宫、工人俱乐部、文化综合体等，均在推进公共文化服务，不断满足人民群众多元文化需求中发挥了重要的辅助作用。

(二)现存不足

一是国际化视野不够。公共文化服务关注当地居民的基本文化生活需求，面向地域外的其他人群较少。由原来单一地向当地群众提供基本、公益服务的模式，逐步转变为既向当地群众又向外来游客提供服务的模式。外来游客既包括其他地区，甚至国际友人、学术团体等。公共文化服务必须面向国际、大力改革，才能取得实效。

二是线上服务不足。随着时代发展，互联网、手机终端已成为当今人们接受信息、享受公共服务的重要方式。公共文化服务由注重提供免费开放空间，逐步转到提供免费的服务内容，关注服务实效，线上服务将是重要的传送方式。

三是服务特色不够。在“基本性、均等化”的惯性思维影响下，公共文化服务推出的服务精品、个性化产品较少。随着文旅融合发展的推进，人们不再满足于公共文化服务公益性、均等化，提出了多元的基本文化需求，为满足更多群众的公共文化服务需求，迫使公共文化服务加强自身供给侧改革，提供多样化、特色化服务，满足不同人群需求。

四是资源分布散零散不集中。公共文化服务资源主要按照行政区划设置相应的服务机构、建设服务设施，与人口集中现实不相吻合，形成设施空置。对于新建社区、新的人口聚居区、文旅综合体，公共文化服务缺位。

三、公共文化服务在文旅融合背景下的发展思路与对策

按照文旅部提出的“能融则融，宜融则融”的原则，公共文化服务应走出一条自己的路。文旅融合是一个系统化的工程，围绕系统工程理念，公共文化服务需要在理念制度、设施建设、资源配置、产品配套、系统完善等实现提档升级，从而助推文旅真融尽融。

(一)抓好顶层设计，着力构建现代公共文旅服务体系

一是建立现代公共文旅服务新理念。公共文化服务具有鲜明的公益属性，旅游具有一定的产业属性。文旅融合就是要树立现代公共文旅服务的概念和理念，文化和旅游发展两者相互补充，互为一体，实现双赢。随着时代发展，人们就近享受公共文化服务、远出享受旅游服务的需求越来越大。站在社会公众的角度，这两者均属于工作之余的休闲、娱乐行为，目的是走出家门，追求身心健康，两者并无本质不同。只是站在政府角度看，公共文化服务主要提供公益免费产品，主要由政府买单；旅游提供的是市场收费产品，政府、个人均有付出的区别而已。而且，在公共文化设施里面，如博物馆、陈列馆、纪念馆，剧场、剧院等，就有大量设施担负了满足外来游客的需求。所以，应建立现代公共文旅服务体系全新的概念和理念，既要坚持其公益、基本、均等、便捷的属性，也要满足主客共享、国际水准、体系完备、优质高效、安全舒适的服务目标，让公共文旅服务不断满足社会公众需求，使近者悦、远者来。

二是科学规划公共文旅服务发展。本着“立足当前、着眼长远、统筹协调、适度超前”原则，研究制定符合各地特点的公共文旅发展专项规划，以此指导各地公共文化事业健康有序发展。在文旅融合发展的大背景下，公共文化服务要紧紧抓住文旅融合带来的新机遇，发挥旅游的产业化、市场化优势，不断丰富公共文化产品供给方式、供给渠道、供给类型。发挥旅游公众参与多、传播范围广等优势，扩大公共文化产品和服务的受众群体和覆盖面，对内更好传播中国特色社会主义文化、弘扬社会主义核心价值观，对外增强国家文化软实力、提升中华文化影响力。

三是修订完善公共文旅服务规章制度。本着“制度先行、统筹整合、协同并进”原则，在原有的公共文化服务、旅游公共服务已有的制度基础上，研究出台公共文旅发展的有关制度。切实加强公共文化和旅游领域政策、法规、规划的清理、对接、修订等工作，确保相互兼容，实现公共文旅发展的目标管理，远景规划，工作考核、统计数据等实现口径统一，推动一体化建设。大力开展公共文旅服务标准化建设，以标准化促进均等化。制定出台关于服务范围、服务项目、保障水平和服务质量的标准，以及技术和管理等相关规范，建立动态调整机制，不断完善服务标准体系。通过制度层面的真融尽融，以此指导各地公共文旅健康有序发展。

(二)统筹设施建设，夯实公共文旅服务硬件支撑体系

一是发挥重大公共文化设施的引领与服务功能。重大公共文化设施是公共文旅设施的重要支撑，既是城市文化的形象代表，也是展示城市的气质和颜值的载体，更是吸引八方游客，引领区域经济社会发展、服务社会文旅民生的重要平台。重大公共文化设施既要注重内涵，又要注重形象展示，为旅游增添人文景观。开展重大公共文化设施的新建或完善，既要关注居民享受公共文化服务需求，也要关注游客的参观需求。要高标准加快推进标志性重大文化设施建设，形成建设一批、提升一批、规划一批的持续推进局面。重大公共文化设施在满足人们旅游观光需求同时，串联城市标志性文化设施，形成一批旅游目的地和打卡地，打造新的旅游路径，不断提升城市文化品质。

二是科学规划和建设公共文旅设施网络。公共文化设施既要满足当地群众的公共文化服务需求，也要满足外来游客的文化生活需求，真正成为公共文旅设施。要加快推进公共文旅基础设施建设，加快完善图书馆、文化馆、文博场馆、美术馆、非物质文化遗产保护传承、游客服务中心网络“六大序列”公共文旅服务设施体系。优化书店、影剧院、文化广场等设施布局，完善城市新区、城乡接合部、农民工聚居区、城市居住小区公共文旅设施建设，鼓励引导社会力量兴办文化旅游空间，为市民群众参与享受文旅服务提供便利。虽然大部分游客存在自驾游、一日游、小长假跟团游等，但现在的候鸟型游客日趋增多，许多游客十分喜欢体验当地群众文化生活，喜欢当地的非物质文化遗产，短期务工人员、农民工等均有享受当地公共文旅服务的需求。

三是推进公共文化设施与旅游公共服务的共建共享。文旅场所融合的重点在于让城市文化场所成为游客的目的地，让旅游场所成为文化的活动地，让旅游接待区成为文化的载体，让异地游客与本地人都可以在这里吸取文化价值。建立健全“双进入”机制，构建主客共享的文化和旅游新空间。一方面，公共文化资源进入旅游景区、旅游线路、游客住地、旅游交通服务区域等。在旅游公共服务设施修建、改造中，增加文化内涵、彰显地方特色。另一方面，将旅游宣传推广功能植入公共文化设施，游客接待中心、厕所、便民设施等纳入公共文化服务设施内，同标准规划、建设、管理。统筹公共服务设施建设管理，博物馆、非遗传习场所等公共文化设施与研学旅行结合发展，通过群众性文化活动营造城市文化氛围、提升城市文化品位。要用好用活文化遗产资源，发挥保护与传承功能，参与公共文化服务和接待游客参观。

(三)整合文旅资源，提升公共文化服务效能

一是强化公共文化设施的旅游体验功能。从服务对象上，过去公共文化设施的服务对象主要是所在地城乡居民，而旅游的关注点是外地的游客。但是从公共文化的供给来看，既不可能也没有必要将二者割裂开来。可以从口径更宽、涵盖更广休闲旅游入手，立足于满足当地居民和外来游客的美好生活需要来提供更优质的公共文旅服务，切实增强公共文化设施提供的旅游特殊体验。文化景区的旅游包含文博场馆、历史遗迹、园林建筑、民俗娱乐等，游客在参观时时更加倾向于探寻其内在的文化意义。可以将公共文化中的历史遗迹、文物博物、传统艺术的内涵和延展内容加以展现与演绎，满足旅游者体验旅游文化深

层次内涵的精神需求，增进文化认同。要打破传统旅游以游览、观光、被动接受信息为主的局限，通过多层次旅游感受，丰富游客亲身体验，使游客在直接参与、自主体验的过程中，获取多元文化信息，感受别样的文化魅力。

二是发挥公共文化对旅游的能动作用。公共文化设施作为公益性、公益性文化场所，要通过融入观赏和体验元素进行休闲旅游转化，推动"文化旅游化"。公共文化还可以融入旅游交通场所、旅游食宿场所、旅游游乐场所、旅游购物场，将交通、餐饮、购物、娱乐等展示公共文化和艺术地域特色，增强游客的体验，推动"旅游文化化"。要大力保障基本公共服务有效供给，协同推进公共文化服务和旅游公共服务，既服务好本地居民，又服务好广大游客。以服务效能为核心，以基层为重点，着力推动标准化、均等化、社会化、数字化，加快构建覆盖城乡、便捷高效、保基本、促公平的现代公共文旅服务体系，将有助于提升城市公共服务水平，让广大群众共享文化和旅游改革发展成果。在规划实施新的城乡建设中，坚持保护优先、合理利用原则，把历史文化元素融入城镇街区、植入居民社区，促进文、景、产、城有机融合，处处彰显城市人文内涵。大力推动文化活动进入景区，发挥景区的平台作用，设置演艺、休闲、娱乐、阅览、观展项目，让游客共享公共文化服务。

三是创新公共文旅服务机制和体制。建立健全公共文旅管理体制和运行机制，完善公共文旅服务体系建设协调机制，推动基层党委和政府统筹实施各类重大文旅工程和项目。填平补齐公共文化资源，推动区域间、城乡间公共文化服务均衡协调发展。加强公共文化、旅游的管理体制、工作机制的统筹管理，整合力量。进一步完善公共文化服务领域免费开放机制，逐步引入旅游公共服务领域，提升服务水平，提高群众在文化和旅游的参与度。统筹好公共文旅设施的社会效益与经济效益，实现社会效益为主，经济效益为辅，二者兼顾，不断满足人民群众日益增长的文化旅游需求。

(四)借力旅游平台，完善公共文化服务产品体系

一是提炼完善公共文旅服务品牌。公共文化为旅游提供了大量的特色旅游线路及服务产品，其中，非遗博览园的民俗民族文化旅游；文博场馆的研学旅游、红色文化旅游、遗址考古游；文化馆、剧场(院)提供的旅游演艺；主题文化园、文物保护单位(古建筑)古城(镇村街)旅游、文化(文创)产业园区的特色旅游等产品体系是文旅融合一体化产品的最主要形态，抓好了这些形态基本上就抓好了文旅融合的主体。要大力支持开发集文化创意、度假休闲、康体养生等主题于一体的文化旅游综合体，精心打造更多研学、寻根、文化遗产等专题文化旅游线路和项目。

二是创新公共文化服务品牌产品。各级公共文化服务单位要立足当地居民，又着眼于吸引游客，不断创新服务方式，为公众提供高效、便捷、对口、多元的公共文旅服务产品。文博场馆除了馆基本陈列，还要推出流动展览、文物三维立体展示、VR 展示等项目，进旅游景区、进文旅综合体，激发市民、游客积极参与、互动体验。公共图书馆就是要大量购买更新书籍，开展书籍爱心流动服务，让书籍走进咖啡馆、茶室、电影院、游客服务中心、景点休息区等，为广大市民或游客提供更加便捷、丰富的阅读享受。文化馆(站)要提供更多的市民活动空间，打造网红体验项目，吸引市民、游客走进文化馆。同

时，各级公共文化服务机构还要提供更多高水平的培训师资队伍，不断满足市民参加各类文化活动的需求。

三是利用公共文化IP推动文创产品开发。文化创意产品，既包括文物博物创意产品开发，也包括非物质文化遗产、公共图书馆、文化馆、美术馆、文艺院团，以及旅游公共服务机构开发的产品。在文旅融合的背景下，应大力整合各类机构开发文创产品，建立共同开发、连锁营销模式，实现资源共享局面。公共文化机构要提炼、用好自身IP资源，为文化创意提供资源；充分利用旅游的展示、销售平台，促进公益与产业的有机融合。加大公共文化资源和旅游资源普查、梳理、挖掘力度，以文化创意为依托，推动更多资源转化为旅游产品。大力发展公共文化创意产品，促进公共文化对经济的广泛渗透与融合，提升经济增长质量，完善城市文化功能，让全体市民共享文旅发展成果，同享公共文化服务的阳光雨露。

(五)发挥文化优势，履行公共文旅服务新使命

一是推动公共文化线上线下服务的转化力。随着人们生活水平的提升，现代的社会公众特别是年轻一代对手机等移动终端形成依赖，经常是“机不离手”。公共文旅服务不应满足于线下实地参观、体验，应当逐步向线上数字化、智能化、虚拟化游览体验转化。今年以来的新冠肺炎疫情，让线上虚拟浏览、网上展览、网游世界等成为疫情之中不得已而为之的选择，虽然疫情过去后还要回归到线下体验的模式，但是网游虚拟体验不会退场，还将作为现场旅游体验的前置或者补充而存在。公共文旅服务要与时俱进，注重线上、线下同步推进，最大限度利用好公众日常生活中的碎片化时间，让网上虚拟展馆服务配套实地参观公共文化设施。网上刷馆和实体参观二者相互交融渗透，互相转化递进，让更多的群众享受公共文旅服务，这既是时代发展的必然趋势，也是公共文化服务新的历史使命。

二是大力推动公共文化的传播力。公共文化服务因其服务人群相对单一性和设施所的地域特性，导致其相对较封闭。在全球化的背景下，公共文化服务具有推动不同地域、不同族群、不同城市、不同国度之间横向、多元的文化交流与融合的平台作用。公共文化服务要借鉴旅游的模式实施“请进来、送出去”，以主动的姿态、开放的胸襟，加大引进外来优秀文化力度，加快融入世界文化和旅游潮流。充分发挥公共文化服务机构的文化容器作用、文化聚焦功能，通过刊物发行、召开学术研讨会、开展讲座、研学旅游、图书会、故事专场、社教活动、学习培训等形式，推进广大市民、游客的文化传播与交流，切实改变博物馆、图书馆、文化馆、美术馆、文化站等坐等公众上门的服务模式。积极利用现代传媒渠道和现代技术手段，强力传播和营销城市公共文化品格、产品、品牌，切实提升城市文化的影响力和竞争力。

三是大力提升公共文化的创新力。所谓城市文化创新力，是指城市文化能够从内涵和外延两方面不断实现自身的创新发展，并提升城市其他方面发展效能的能力。公共文化服务对于城市文化创新力具有强基础、固根本的作用。公共文化服务通过近年来的加快发展，已从保基本、兜底线的阶段逐步发展到满足人民群众高品质生活、多元文化需求的阶段。这就需要公共文化服务方式、产品、领域、人群等不断创新，焕发和提升整个城市的创造力。通过公共文旅服务的创新，促进城市文化的繁荣，促进文化与经济社会发展的深

度融合，成为经济发展的重要资源、动力和核心，以此提升城市的核心竞争力。

四、结语

构建新型现代公共文旅服务体系，还需要公共文化服务重新梳理自身资源的优势和不足；需要在顶层制度设计、设施建设、服务方式、产品供给、使命担当等方面与旅游公共服务取长补短、融合共赢。

关于“群星奖”评奖机制改革的思考

穆平潮①

摘要：群星奖是国家设立的为繁荣群众文艺创作，促进社会文化事业的繁荣与发展的全国社会文化艺术政府奖。虽然在不断改革和调整中使其得到社会足够的重视，知名度较先前大有提高。但是，仍然只是作为中国艺术节的配角出现，其光芒被淹没在艺术节(以专业艺术为主)巨大的光环下。没有达到其应有的地位，与群众文化事业的发展，尤其是公共文化服务体系建设的要求不相适应。本文通过研究如何改革“群星奖”的评奖机制，以加强“群星奖”的社会影响力，提升其与公共文化服务体系建设要求的匹配度。

关键词：群星奖　评奖机制　改革

“群星奖”是原文化部为繁荣群众文艺创作，促进社会文化事业的繁荣发展而设立的全国群众文化艺术政府奖。中国文化艺术政府奖目前分为两个子项，一个是专业领域的“文华奖”，另一个就是群众文化艺术领域的“群星奖”。取名为“群星奖”是取群众文化艺术“群星璀璨、异彩纷呈”之意。

“群星奖”设立近30年以来，已评选出了3000多件具有鲜明时代感和浓郁生活气息的优秀群众文艺作品，推出了一批在当地乃至全国具有广泛影响力的群众文化活动品牌和一批长期扎根生活、具有蓬勃朝气和创造力的群众文艺工作者，为广大基层群众展示艺术才华、实现艺术理想搭建了一个广阔的平台，极大地调动了基层群众文艺创作的积极性，促进了群众文化艺术的繁荣发展，在基层群众中引起了强烈反响，在社会上也产生了较大的影响。这个政府奖项在发展壮大的过程中，其功能早已超越了单纯的艺术评奖范畴，在不断推出优秀群众文艺作品的同时，“群星奖”正在通过自身的不断改革和创新，逐步成为推动广大基层公共文化服务建设的重要力量。

一、“群星奖”评奖工作的历史与现状

“群星奖”自1991年正式设立至今，已经举办了十八届。“群星奖”评奖工作坚持以人为本，贯彻“二为”方向、“双百”方针，按照“贴近实际、贴近生活、贴近群众”的原则，鼓励作品的思想性和艺术性，突出“服务农村、服务基层”的基本导向，注重民族特色和

① 穆平潮，研究馆员。陕西省文化馆馆长助理、陕西省公共文化服务体系建设专家委员会副主任、陕西省群众文化学会常务副会长、《百花》杂志主编。研究方向为群众文化、公共文化。

地方特色，始终坚持以广大业余文艺爱好者和群众文化工作者为主要评奖对象和服务对象，充分体现“群星奖”在群众文艺创作和公共文化服务方面的导向性、示范性、带动性和持续作用。

在评奖周期方面，1991—2002 年，“群星奖”每年举办一届，每届评选一至两个门类，共举办了 12 届，从 2004 年第十三届开始，“群星奖”并入第七届中国艺术节，成为中国艺术节的重要组成部分，并将原来的群星奖和少儿蒲公英奖双奖合一，周期也调整为每三年举办一届，设立 7 个门类（美术、书法、摄影、音乐、舞蹈、戏剧和曲艺）和 3 个组别（成人、少儿、老年）。每门类设 15 个奖，每组各设 5 个奖；2007 年第十四届群星奖设立戏剧、音乐、舞蹈、曲艺、美术、书法、摄影 7 个艺术门类（优秀节目奖 30 个、创作奖 140 个、表演奖 80 个）和事业奖 40 个；2010 年第十五届群星奖评奖范围设立作品类戏剧、音乐、舞蹈、曲艺 4 个艺术门类、项目活动类 330 个“群星奖”和 100 位“群文之星”；2013 年第十六届“群星奖”是近年来基层群众文化建设成果的大检阅和大展示，汇集了当前最优秀的群众文艺作品、群众文化项目和文化人才，共评选出 220 个“群星奖”作品（戏剧类 59 个，音乐类 49 个，舞蹈类 51 个，曲艺类 44 个，合唱类 10 个，广场舞 7 个）、110 个“群星奖”项目和 100 位“群文之星”。

群众性是“群星奖”自创立之初一直到今天始终坚持的原则，也是“群星奖”区别于其他文艺奖项最显著的特点。“群星奖”经过了十六届 22 年的发展，已评选出了 3000 多件具有鲜明时代感和浓郁生活气息的优秀群众文艺作品，推出了一批在当地乃至全国具有广泛影响力的群众文化活动品牌和一批长期扎根生活、具有蓬勃朝气和创造力的群众文艺工作者，极大地调动了基层群众文艺创作的积极性，促进了群众文化艺术的繁荣发展，在基层群众中引起了强烈反响，在社会上也产生了较大的影响。特别是改革后的群星奖以其特有的群众特征在中国艺术节上大放异彩，成为体现“人民的节日”的重要载体和形式，成为中国艺术节的重要组成部分，与“文华奖”并列，进一步提升了群星奖的地位和品牌价值。“群星奖”的权威性、示范性，其地位、作用和品牌价值日益凸显，受到各级政府和职能部门以及群众文化事业单位、群众文化工作者的高度关注，在全国群众文化领域享有极高的声誉，这个政府奖项在发展壮大的过程中，其功能早已超越了单纯的艺术评奖范畴，在不断推出优秀群众文艺作品的同时，“群星奖”正在通过自身的不断改革和创新，逐步成为推动基层公共文化服务建设的重要力量。

二、“群星奖”评奖工作中存在的几个问题

多年来，“群星奖”充分发挥政府奖的带动作用，坚持改革创新，从评奖周期、奖项设置到评奖机制、组织方式都在不断发展、不断完善，逐步建立以评奖促进群众文化事业繁荣的长效机制。按照文化部的要求，为了进一步完善群星奖评奖机制，课题组对基层文化馆（站）、群文工作者和爱好者进行了多次调研、走访、座谈，将关于“群星奖”奖项设立、成果推广和利用等方面存在的一些问题归纳如下几点：

（一）“群星奖”评奖范围和类别缺项问题

目前实施的“群星奖”评奖，从评奖范围来说，只有音乐、舞蹈、戏剧、曲艺4个门类和项目类、群文之星的评奖，尚不能全面体现群众文化的艺术特点，还缺少美术、书法、摄影、民间手工技艺和群众文化科研成果等类别项目的设立，应进一步扩大评奖范围和类别项目的设立。

（二）“群星奖”评奖中专业演员换身份参赛问题

按照评奖办法要求，“群星奖”作品类评奖对象应是由群众文化工作者和业余文艺爱好者创作、编导、辅导并表演的文艺作品。但在一些参赛作品中，借用专业演员参演、助演的情况时有发生，专业演员优秀的艺术功底和舞台表现力虽为节目和舞台增色，却有违“群星奖”评奖公平、公正、公开的原则，极大地打击和挫伤了真正来自基层、服务基层一线的群众文化工作者和业余文艺爱好者的积极性和参与性。

（三）“群星奖”后续成果的推广和利用问题

“群星奖”获奖成果是近年来全国各地丰富多彩的文化活动的一个缩影，凝聚着各地群众文化工作者付出的扎实努力。历届“群星奖”获奖作品3000多件，对基层群众文化有着积极的示范和引领作用，但“群星奖”的后续成果的宣传、推广和利用还显得有些不足。CCTV相声大赛、“青歌”赛、“桃李杯”等全国性赛事在CCTV都有直播，唯独“群星奖”在电视上看不到复赛、决赛，网络媒体上也看不到一段完整的节目视频，对广大群众来说是非常令人遗憾的。近年来，文化部已经开始通过巡演、展演等方式在全国进行示范性巡演。但相对来讲，“群星奖”全国巡演、展演成本高，演出场次有限，观看人数有限，巡演地区有限，传播力度和辐射面也相对有限。演出人数和节目数量等也会受到经费、交通、安全等诸多因素的限制。虽然从推广和宣传的角度，也出版了获奖作品DVD光盘，就拿“十艺节”群星奖获奖作品光碟为例，一套光碟制作精美、印刷厚重，近千元的不菲价格令群众望而却步，面向基层传播和利用率也并不高。如何更加科学、有效地推广和传播“群星奖”成果，惠及更多的地区和群众也是值得完善的问题之一。

（四）“群星奖”缺乏专项资金的扶持机制

“群星奖”作为全国社会文化艺术政府奖，与专业领域的“文华奖”齐名，以其耀眼的光环和品牌效应引领着群众文化事业的发展，但一直缺少专项资金的奖励、激励和扶持机制作为保障。真正能够为演出单位、扶持个人创作设立专项资金进行奖励和扶持的省份并不多。比赛前，参赛单位和主创人员投入大量的人力、精力和创作经费，有的经济发达省份甚至一个作品投入几十万。获奖后，除了新闻媒体上进行宣传报道外，轰轰烈烈获奖后就悄无声息无人问津了。如何进一步完善“群星奖”的奖励和激励机制，让各级政府、财政设立“群星奖”专项资金，来鼓励和扶持基层群众文艺创作，出精品出人才，这也是亟须解决的问题之一。

三、“群星奖”评奖机制改革的几点建议

(一)设立中国群众文化节，进一步提升群星奖的地位和价值

群星奖改革后，使群星奖的评奖纳入中国艺术节之中，的确提升了群星奖的地位和价值，因为中国艺术节作为高水平的综合性艺术活动，在丰富人民群众的文化生活，促进文艺事业不断发展方面发挥了重要作用，是弘扬民族优秀文化，繁荣社会主义文艺，丰富人民群众文化生活的好形式，也是促进经济发展，促进改革开放和社会进步，保持社会稳定，振奋民族精神的好形式。1987—2010 年，中国艺术节已经成功地举办了九届。每一届艺术节都以绚丽多姿的艺术形式，充分展示了中国文化艺术事业的辉煌成就，展示了广大文艺工作者崭新的精神面貌，展示了中外文化交流的艺术成果，热情讴歌了中国社会主义现代化建设欣欣向荣的景象。然而，从历届艺术节的实际状况和各级领导及社会各界的关注度上看，即使是将群星奖纳入艺术节之中，但给人的感觉仍然是两张皮，孰重孰轻一目了然。陕西省群星奖评奖近两届也纳入了省艺术节，但是在活动期间发生的种种现象令群文人十分尴尬：省委书记、省长都接二连三地出席艺术节专业演出的活动，而群星奖展演出席的领导职位最高的只是副省长、人大常委会副主任、政协副主席等；专业演出占领了最好的剧场，一票难求，而群星奖展演则被安排在偏僻的小剧场，门前冷落车马稀，甚至不得不四处联系观众；新闻媒体关注的也是艺术节的专业演出，群星奖的消息总是被捎带上报道的。纵观其他行业，几乎各种评奖大多依托于相应的节会。中国民间文艺“山花奖”是由中国文学艺术界联合会、中国民间文艺家协会共同颁发的国家级民间文艺大奖，是与中国民间艺术节同时进行；电视“金鹰奖”颁奖是在金鹰节期间进行；舞蹈“荷花奖”也是在中国舞蹈节期间进行评奖。依托于节会的评奖才不会显得单薄。而且，其他行业的全国性节会比较多，为不同群体提供了展示的平台。比如体育界除了体现专业体育成果的全国运动会(竞技为主)外，还有体现群众体育成果的城市运动会和农民运动会、少数民族运动会(以全面健身为主)等。而文化系统除了一个以专业艺术展演为主的中国艺术节之外，竟然连一个属于群众文化自己的节会都没有，依然依附于艺术节旗下，实在是与如火如荼的群众文化事业格格不入。据了解，近几年来，有的省市已经开始将群众文化节与艺术节分开举办，群众文化与专业文化并驾齐驱。甘肃省群星艺术节是甘肃省文化厅定期举办的群众文化艺术展演品牌活动之一，自 1997 年开始举办，每 4 年一届，至今已连续举办了 4 届，每届参加展演的作品有千余个，作者和演职人员近万人。举办十几年来产生了大量优秀的群众文艺作品，涌现了一批群众文艺创作和表演人才，有效地促进了甘肃群众文化艺术事业的繁荣和发展。

(二)扩大群星奖的评奖范围和评奖类别

明年将要举办的第十六届“群星奖”评奖范围包括：(1)作品类“群星奖”：由群众文化工作者和文艺爱好者创作、编导和表演的音乐(含合唱，下同)、舞蹈(含广场舞，下同)、戏剧、曲艺作品。(2)项目类“群星奖”：公共文化服务项目和群众文化品牌活动。

(3)“群文之星”：在基层公共文化服务领域表现突出的个人。从评奖范围来说，还不能全面体现群众文化的艺术特点，缺少文学、美术、书法、摄影、民间手工艺、杂技魔术和群众文化科研成果等类别。随着非物质文化遗产保护力度的加强，民间手工艺得到发展并在群众文化活动中占有很大比重；杂技魔术属于表演艺术，专业性强且类别繁多，近年来还成为中央电视台春节联欢晚会中的表演项目，深受群众欢迎。这些门类如果加入群星奖评奖，相信会对全面展现群众文化百花齐放的大好局面大有裨益。应发挥群星奖社会效益的最大化，为促进群众文化的整体全面发展作出积极的努力。相反，如果将这些群众文化艺术门类，尤其是群众文化理论研究成果被排除在群星奖评奖之外，对群众文化事业的发展是一大损失。当前国家如此重视公共文化服务体系建设，群众文化实践工作如火如荼，群众文化学科体系建设以及职业标准化、专业化建设正在加紧进行，而在群星奖中却没有群众文化科研成果这个类别，很让人费解。在中宣部“五个一工程奖”中，一部好的理论文章(限社会科学方面)被列入其中。除此之外，其他行业系统的全国性评奖中大多有理论研究成果项目，比如体育、教育和各大协会举办的全国节会评奖活动等。所以，在群星奖的奖项设置中除了音乐、舞蹈、美术、书法、摄影、戏剧、曲艺、民间手工艺等，还应有群众文化科研成果的一席之地。

(三)要注重群星奖作品的推广利用

不要只是评奖，只是在节会期间集中展示那么几天就结束了，而更应该做好评奖后的作品推广与利用工作，让这些群众文化的优秀作品深入基层，深入群众，发挥更大的作用。近年来，群星奖的优秀作品已经通过全国文化共享工程、全国巡演和展演等方式，在全国进一步推广，发挥了群星奖对群众文化的引领作用。但是，力度还远远不够。广大的基层群众文化工作者和广大群众还很难全面地接触到这些优秀作品。三年一届的群星奖评选，是各级政府文化部门主导下，面向群众艺术作品的选拔奖励机制，从地方到国家级层面接受不同区域群众和不同层级评委会的检验判断，要经过4~5道关口和时间长达两年多的越来越激烈竞争，优秀作品方能够在全国决赛中胜出。群星奖的参赛作品，从参赛节目的题材内容看，绝大部分做到了贴近实际、贴近生活和贴近群众，无论是表现生活的广度与深度，还是反映生活的大胆与敏锐，都为许多专业创演所少见；从艺术表现的形式技巧看，大多清新活泼、生动有趣、富有乡土气息，常常会迸发出许多专业表演所不具备的鲜活与生动；从节目蕴含的主题立意看，大多具有健康向上、质朴乐观和寓意深长的思想意味及美学品格，既爱憎分明，又针砭有度。所有这些获奖作品都植根于生活沃土，贴近群众，以鲜明的艺术特征、强烈的地域特色和浓郁的生活气息，焕发出鲜活的艺术生命力，充分体现了导向性和示范性，获得了观众的好评和专家的认可，很有推广的价值。国家每年都要向基层文化馆站和农村、社区配送大量的图书，理应把经过层层筛选严格评审后的优秀群星奖作品编辑成书或光盘进行下传。由河北省群众艺术馆、省群众文艺创作中心编辑的《文艺演唱材料》，主要刊登群文工作者和业余文艺爱好者创作的作品，至今共出版13期13万册，全部免费发放到了全省文化馆(站)、厂矿俱乐部、农村文化大院、县级剧团、农民自办剧团、农村文化辅导基地、街道文化中心和文艺爱好者中间，为全省优秀群文作品的推广与宣传、业余文艺人才的培养与成长、群众文化活动内容的丰富与发展发挥了助推作用。河北省获历届全国群星奖的作品，都首先发表在《文艺演唱材料》上，由基层单位学演，边演边改边提高。作为政府最高奖，应对群众文化事业整体推动。群星奖也用其耀眼的光环和品牌效应引领着群众文化事业的发展。因此，整体推动群众文化发展自然而然地成为群星奖肩负的一个使命，这是历史和时代发展的需要。多年来，群星奖评奖工作不单单是一个奖项评选工作，同时对促进群众文化阵地建设，带动群众文化业务干部素质的提高，整体推动社会文化工作的全面发展起到了重要作用。

群星奖的评奖工作不仅是繁荣群众文艺的有效形式，更是整体推动社会文化工作的重要举措，是全面繁荣文化事业的需要。获奖的其实只是当前群众文艺日益活跃的一个缩影，在它们的背后是近年来全国各地丰富多彩的文化活动中产生的众多成果。这些成果凝聚着各地群众文化工作者以构建和谐社会为宗旨、以弘扬优秀文化为己任、以基层广大群众为主体而在组织活动、培养人才、艺术创作等方面付出的扎实努力。基于此，群星奖迫切需要有一个能体现广大群众展现自我的舞台——中国群众文化节来支撑，要让群星奖成为体现"人民的节日"的重要载体和形式，成为推动公共文化服务体系建设的重要力量，将评奖从对少数人、少数作品的艺术评价转向为更广大群众提供公共文化服务的评价，突出群星奖对公共文化服务的导向和群众性特征，使其成为评价和推动公共文化服务的有效手段和激励机制。

(四)设立"群星奖"精品创作和人才培养扶持资金

目前，全国各级财政都纷纷设立人才培养专项资金，高度重视文化人才，特别是文化领军人物的培养。如宣传文化系统"四个一批"人才、"百名青年文艺家扶持计划"等，入围者多为专业院团、院校的专业人才，群文人才相对偏少。建议将"群星奖"评奖工作纳入公共文化服务体系建设的工作序列，与国家公共文化服务体系建设的整体部署相结合，让各级地方政府、财政高度重视"群星奖"评奖工作的重要性，同时要求各级政府、财政设立"群星奖"精品创作和人才培养专项资金，逐步建立起群众文艺创作的良性奖励和激励机制，来大力扶持文化专业技术人才和业余文化骨干，培养、造就公共文化服务领域的骨干队伍和领军人物，彰显群文人才的价值作用，充分体现"群星奖"的品牌地位，发挥"群星奖"评奖工作的引导和带动作用。

(五)建立"群星奖"群众文艺创作人才队伍培训计划

可以把"群星奖"与基层文化队伍培训工作结合起来，通过基层文化队伍培训工作，进一步促进基层群众文艺创作，建立起群众文艺创作人才培养机制。每年组织开展音乐、舞蹈、戏剧、曲艺、美术、书法等不同艺术门类的专项创作、编导培训班，推广历届获奖作品编创的成功经验，进行创作研讨、经验交流、学习观摩等。尤其是要重点关注创作水平相对薄弱、"群星奖"获奖比例较低的西部不发达地区，为这些地区提供更多创作、编导技能的培训与学习观摩机会，逐步缩小东部发达地区与西部不发达地区在创作理念、编导演技法等方面的差距，真正建立起一支创、编、导技能过硬的群众文艺骨干队伍，逐步把向基层送文化变成"种"文化，全面带动基层群众文化活动的蓬勃发展。

四、结语

群星奖作为政府设立的文艺界评奖，有必要依托一个独立的节会，即举办中国群众文化节，评选展演群星奖作品，使群星奖的规模、档次、影响、效应提升到更高的层面，进而更好地繁荣群众文化事业，为构建公共文化服务体系做出更大的贡献。

关于利用文创思维推进非遗年轻化进程的路径探究

徐　益　申　华①

摘要：文化创意产业是以文化为背景的新型产业，其主体为文化。非物质文化遗产在新时代下面临诸多问题，老龄化的受众群体不断制约着其发展。本文通过研究从非遗文创的角度，利用文创的创新思维来发展当下的非物质文化遗产，以此寻求有效的推进非遗年轻化进程的路径，推动优秀传统文化的创新性发展。

关键词：文化创意产业　非物质文化遗产　文化自信　年轻化

一、文化创意产业的发展现状

（一）什么是文创和文创思维

"文创"是文化创意产业的简称，是新时代下催生出的一种以文化为主体的新型产业。它大量被应用于广播影视、动漫、音像、传媒、视觉艺术、表演艺术、工艺与设计、雕塑、环境艺术、广告装潢、服装设计、软件和计算机服务等方面，文创的普及性和高效的传播力，让我们在现代生活中的方方面面都能够看到"文创"的影子。

文创思维是基于文化创意产业的一种创新性思维模式，文创思维是文化创意产业得以不断发展以及不断适应这个时代的基础，这种创新性思维可以很大程度上提升文创产品的利用率和传播力，可以使由文创思维演变成的文创产品更加年轻化，更加符合现代人的消费倾向，甚至可以带动一股潮流。

（二）"文创"产生的背景和影响

"文创"最早出现于欧洲，是在国家在工业化完成以后，服务业和高附加值的制造业的兴起促使出现了文化创意产业，这是一个国家或地区经济转型的实际需求。同时，20世纪60年代欧洲社会文化多元化的异军突起，使得当时欧洲社会的主流文化不断受到冲击，在欧美年轻人中开始出现了一种反对主流文化，追求个性解放和多元文化的思潮。我

---

① 徐益，曲阜市文化馆馆长，研究方向为群众文化；申华，曲阜市文化馆助理馆员，研究方向为群众文化。

国在改革开放以后，一些年轻人中间同样也出现了这种现象，尤其是20世纪末和21世纪初，曾经风靡一时的日本、韩国电影和电视剧在我国产生了很大的影响，大量的文化输出也使得日本、韩国赚取了大量的外汇，甚至在一个时期里我国形成了被称为“哈日”“韩流”的日韩文化热，这种文化现象是值得我们深思的。

在全球化进程中，尤其是互联网的高速发展，让整个世界联系更加密切，经济一体化、技术共享、文化交流已经是不可阻挡的潮流。但是每一个民族和国家的文化都是独一无二的，如果我们不能关注我们自身的文化，随着全球化进程的不断推进，必将受到外来文化的冲击。它甚至会改变我们的生活方式和价值观，就像“冷战”结束后美国文化的不断渗入，这种以可口可乐、麦当劳、肯德基为代表的被称为“快餐文化”的美国文化迅速改变了我们的生活方式，时至今日对我们的影响依然很大。随着时代的进步和社会的发展需要我们国家要有自己的文化创意产业。

(三)中国“文创”的方向

近四十年的改革开放，我们国家不断扩大了对外交流，这种交流有经济上的交流同样也有文化上的交流。大量的外来文化也随之进入我们的生活中，这些外来文化不乏国外的庸俗文化和文化糟粕。在面对这些突如其来的新奇事物下，尤其是年轻人很难辨别其中的好坏，甚至出现了全面西化的人，这几年更有甚者出现了“精日分子”。这些不良的社会现象的出现对我们的国家造成很坏的影响，这是一种对我们自己的文化高度不自信的表现，这种现象的产生很大程度上是由于外来的文化创意产品所传达的文化信息对年轻人产生了错误的影响，在潜移默化中改变了他们的价值观。

党的十八大以来，习近平总书记多次提到一个词，就是“文化自信”，甚至指出“文化自信”是“坚持道路自信、理论自信、制度自信”的根本。这就将我们国家的文化提升到了一个非常高的层面上了，我们也只有坚持本民族、本国家的文化，才能够不被外来文化所同化侵蚀，这样我们国家才能够真正地强大起来。“文化自信”是我们国家文化创意产业发展的理论基础和思想源泉，也为文化创意产业指明了方向和划定了道路，那就是我们的文化创意产业一定要以中华优秀传统文化为基础，以中国元素为表现形式，在中国数千年的文明长河中汲取灵感，在先人的思想文化中发掘启示。用更为有效的方式和创意不断普及中华优秀传统文化，不断向国际展示中华文化的底蕴和风采，捍卫自己的文化和价值观。

二、中国非物质文化遗产的多种“效应”

(一)“老非遗”的“死胡同效应”

这里说的“老非遗”，是指旧的传承形式和一些濒危的却非常有价值的非物质文化遗产。非物质文化遗产的普及性强和受众多的特点使得它有很强的群众基础，它贯穿了我们整个文明的发展进程，和我们的生活息息相关，对我们的生活方式产生了很重要的影响，是一个国家和一个民族对美好生活的追求，代表了一个时期技艺的高度，同时也体现了一个时代审美的高度。这也是很多非物质文化遗产数百年，甚至数千年传承不辍的很重要的原因。但是这种传承结构是非常脆弱的，几乎经不起太多的“风吹雨打”，很多非物质文化遗产就是因为时代、生活方式和环境的改变而消亡，这些非物质文化遗产因为没有很强的适应性而只能昙花一现，这是非常可惜的。非物质文化遗产中旧的传承方式很容易让其走进一个“死胡同”，既因不懂变通、抱残守缺、食古不化以及传承方式单一所导致非物质文化遗产的消亡，并且连带导致与其相关的其他非物质文化遗产渐次消亡的现象，我们称这种现象为“死胡同效应”。这种效应像魔咒一样，在很多非物质文化遗产身上不断地出现，出现这种现象的根本原因也是由于非物质文化遗产的两面性所决定的，非物质文化遗产既有传播性强和普及性高的特点，同时也有相对封闭和制约因素太多的特点。非物质文化遗产大多有很长的历史，它们迈着沉重的脚步和历史的责任来到我们的面前的时候，早就已经褪去了当年的光彩，就好像暮气沉沉的老者，已经没有了年轻人的朝气蓬勃。他们大多不愿意去改变现状，甚至对新鲜的事物和思想产生了抵触的心理，他们也想适应这个时代生存下去，但是他们却不甘去适应年轻人的心理。这种“死胡同效应”只能将一个又一个的非物质文化遗产摆上消亡的时间表。现代的社会是年轻化的社会，未来也将是年轻人的时代，非物质文化遗产只有适应了年轻人的心理才能适应这个时代的需求。推动非物质文化遗产年轻化的进程使其不断适应这个年轻化的时代是解决非物质文化遗产“死胡同效应”的唯一途径。解决“死胡同效应”的最好的办法就是解放思想，大胆创新。而更加年轻化的文创思维能够有效解决了“老非遗”的一些困境。文创思维模式的创意性改造可以对非物质文化遗产进行重新定义和再次包装，可以通过各种创意将一些即将消失的非物质文化遗产重新融入我们的生活。

（二）“新非遗”的“蝴蝶效应”

“新非遗”是指新的传播方式和新的传承方式。“新非遗”与“老非遗”的根本区别就在于是否融入了文创思维模式，“新非遗”更加具有创意性，也更加年轻化，这种创意性和年轻化使其更加适应这个时代的需求。说到“新非遗”，就不得不提到非物质文化遗产的受众群体，在很长一段时间里，非物质文化遗产的受众群众的老龄化现象十分严重，非常多的年轻人对非物质文化遗产并不感兴趣，甚至不知道什么是非物质文化遗产。这种传播和传承中的断层期持续了很长的一段时间，但是未来的社会是年轻人的社会，如果年轻一代都不再关注非物质文化遗产了，那是非常不利于非物质文化遗产的发展的。新非遗的发展方向应该是文化创意产业，在保留原有的技艺特点的同时加入现代元素，通过好的创意和全新的营销模式使其不断适应年轻人的消费倾向。

目前，中国特色社会主义进入新时代，我国的社会主要矛盾已经转化，这也使得我们国家将建设文化强国提升到了国家战略的层面上来。随着新时代下社会主要矛盾的转化和国家战略的不断推进，以及振兴传统工艺计划的实施，作为与我们生活息息相关的非物质文化遗产将迎来新的发展机遇，大量的宣传和平台的搭建使得更多的年轻人了解了非物质文化遗产，进而加入其中，逐渐地从一个传播者变成为传承者。“文化自信”的提出更像“蝴蝶效应”一样影响着每一个非物质文化遗产，年轻人的加入使得非物质文化遗产的受众群体逐渐趋于年轻化，但是这种年轻化同样过于单一，这种单一的年轻化依然无法让非物质文化遗产真正走出“死胡同效应”。真正的年轻化应该是全方位的年轻化，尤其是在传承和传播方式上，同时技术和工艺上的年轻化革新也非常重要。旧作坊式的思维模式已经不能适应这个时代了，这个时代需要的是更加有创意和朝气的文化创意产品。

三、文创推动非物质文化遗产年轻化的有效路径

(一)非遗的去“标本“化

非物质文化遗产是串联历史文化的重要纽带，非物质文化遗产的产生和发展离不开人们的生产生活方式，是依托人们的劳动而产生发展的，呈现的是普通百姓的生活百态，是民俗学研究的活标本。但是非物质文化遗产却不能做标本，尤其不能只待在博物馆里面，待在博物馆里面是无法完整地呈现非物质文化遗产全部的面目，无法让人们切身感受非物质文化遗产所传递的人文温度。现代人尤其是年轻人要让他们切身的去体悟非物质文化遗产所表达的意义，就要想办法让年轻人去利用非物质文化遗产改善自己的生活，说白了就是要让他们去“用非遗”而不仅仅是“看非遗”。非物质文化遗产的艺术性和实用性，使它在面向年轻人的时候具有很大的开发潜力，这也是文化创意产业十分需要的重要载体。

(二)善用文创思维“用非遗”

年轻人的消费市场是非常巨大的，要想使非物质文化遗产能够让年轻人接受并使用，就要考虑年轻人的消费习惯以及消费倾向。年轻人的思想相对不成熟，追求新奇是较为普遍的消费观念。互联网的发展，使得年轻人可以接触到各种各样的文化信息，如何在多元文化社会中脱颖而出，同样也是非物质文化遗产所面临的问题。很多时候非物质文化遗产将自己标榜成为高端消费品，甚至俨然成为一种奢侈品，让很多人望而却步，更不要说收入水平一般的年轻人了。这些不理性的定位和盲目追逐利益的心态，使得非物质文化遗产已经在逐步丧失他们赖以生存的群众基础。高端消费者用不上，普通消费者用不起，是很多非遗产品正在面临的尴尬境遇。放下身段，不忘初心，让普通人都能接受才能够适应这个时代。文创的前瞻性可以更好地使非遗产品适应这个时代，也更加符合年轻人的需求。非遗所欠缺的就是前瞻性，很难把握时代潮流的走向；而文化创意产业缺少的是创作载体，非物质文化遗产的多样性可以为文化创意产业提供源源不断的创意灵感，二者的融合很好地解决了彼此的短板。用文创思维去改变传统的非物质文化遗产，推动非物质文化遗产的年轻化进程，让年轻人真正感受到传统文化的温度，才是这个时代非物质文化遗产应该前行的方向。

(三)用创意进行融合

非物质文化遗产和文化创意产业天然具有可融合性，但是融合二者的关键就是“创意”。2017 年故宫文创的营业额达到了 15 亿元，据《中国证券报》统计，这个营业额已经超过了 1500 多家 A 股上市公司的营收水平；2018 年底，故宫口红、彩妆系列发售，仅仅 10 小时整体销售超 5 万件，销售额度超 500 万元。借助这些实用创意，即展现了故宫厚

重大气的文化底蕴，又呈现出新时代的朝气蓬勃，而这些创意的创造者和受用者都是年轻人，年轻人成为故宫文创奇迹的缔造者。年轻人可以说是文化创意产业的主力军，是决定文化创意产业如何发展的关键，同样也决定了非物质文化遗产发展的方向。年轻人的思维更加跳跃也更加具有创意性，他们通过这种高创意性的文创思维模式对传统的非物质文化遗产进行改造，使其更加适应新时代的需求，或者说是年轻人的需求。

创意，可以是个别者的灵光一现，也可以使多数人的集体智慧。但是要想创意的灵感源源不断就需要好的创意团队，非遗文创的发展一定离不开非遗文创人才的培养，这是非遗文创得以发展的基础。非物质文化遗产具有多样性和实用性的特点，仅多样性这一个特点就为培养非遗文创人才提出了难度，如何在众多的非物质文化遗产中找到灵感并不改变其实用性的特点，是非常考验非遗文创人才智慧的。所以在非遗文创人才培养方面一定要不断提高其文化素养，同时传统技艺的培养也至关重要，这就表明非遗文创不同于其他文创的是它需要更多的具有较高综合素质的文创人才。

非遗文创不仅仅只有在非物质文化遗产本身的创意改造，同时还可以利用更多的现代传播手段对其进行推广传播。“互联网+”的传播模式为非遗文创提供了很好的途径，抖音、网络剧、电影、电视综艺、今日头条都是很好的传播平台。一段十几秒的抖音视频可以带红一个城市，一部道具考究的电视剧可以和我们产生心灵上的共鸣。同样的道理，好的传播媒介也可以带红一个好的非遗文创，好的非遗文创也可以让传播平台更加具有文化深度和人文温度。就拿影视业来说，央视推出的《非遗公开课》和《家有传家宝》、北京卫视的《非凡匠心》、纪录片类的有《舌尖上的中国》和《我在故宫修文物》，这些影视作品对非物质文化遗产的宣传和普及都起到了很重要的作用；热播电视剧《延禧攻略》更是带红了刺绣、传统饰品、团扇等一系列的非物质文化遗产，让人们在赏心悦目的观看影片的同时也体会到了中华文化的博大精深，这同样也是文化上的自信，也是一种非遗文创。看似这些影视作品成就了非物质文化遗产，其实也可以说非物质文化遗产成就了这些影视作品，二者是相辅相成的。影视作品为非物质文化遗产提供了展示的平台，非物质文化遗产同样提升了这些影视作品的深度和审美的高度。这些影视作品和非物质文化遗产的结合正是得益于非遗文创对社会文化需求的前瞻性把控，同时也迎合了现代年轻人的审美，当然这种结合只是刚刚起步，将来肯定会有更多的非物质文化遗产融入进来，这种由非遗文创搭建的推广平台也会随着互联网的发展不断地扩大。现代的社会“酒香不怕巷子深”的时代已经过去了，年轻人更加注重网络号召力，即所谓的“网红”效应。非遗一定要适应这个互联网时代，才能享受到互联网经济所带来的红利。

非遗文创一定要在适应年轻人追求新奇消费观念的同时注重实用性，非物质文化遗产的初衷就是让人可以使用，非遗文创如果丧失了非物质文化遗产的实用性，就丧失了非物质文化遗产的灵魂，最后也只能沦为和“快餐文化”一样的低级层次。非遗文创应该走一种平民化的高端路线，这句话看似很矛盾，其实不矛盾。平民化是非遗文创的群众基础，它能够更好地抓住年轻人这一消费主力军，这种平民化的高端路线只是一种相对的高端，而不是全面的高端，全面的高端就会失去群众基础，尤其是年轻人这一群体，所以平民化的高端非遗文创更多的应该是在文化上的高端和思想上的高端，当然非遗文创的最终目的是带动消费，变相地刺激传承与传播，但是一味地追求利益的最大化，最后的结果只能是造成非遗资源和文化创意的二次浪费。

四、总结

非物质文化遗产经历了数千年的历史，不计其数的非物质文化遗产在历史的长河中消失。新时代下，存续下来的非物质文化遗产必将迎来更多的挑战，而解决这些挑战的关键就是如何推进非物质文化遗产的年轻化进程。非物质文化遗产的年轻化不光指受众人群的年轻化，同时也是指技术和技艺的年轻化，这必将是一场来自非物质文化遗产的革新。而这一革新的助推器就是非遗文创，如何利用好非遗文创将决定未来非物质文化遗产的发展的方向。非遗文创的基础是文创人才的培养，文创人才的层次高低和眼界的开阔是决定这场革新成败的关键所在。非遗文创的最终走向还是要朝文化创意产业上去发展，但是这种文化创意不能只是浅尝辄止，要不断深入的挖掘非物质文化遗产背后传达的文化内涵，在使其不失传统技艺特点的同时，兼具实用性和现代感。利用文创思维的创意性和对审美前瞻性的把握以及“互联网+”的推广模式，继续搭建非物质文化遗产的传播平台，不断地扩大非物质文化遗产受众群体的年轻化，全面推进非物质文化遗产的年轻化进程，这才是非物质文化遗产发展的必由之路。

◎参考文献

[1]杨红. 我国非遗馆建设情况及发展趋势[R]. 2019(2).
[2]潘昱州，彭荔. 非遗文创人才的供需矛盾及其对策[R]. 2019(2).

全民阅读环境下图书馆社会化服务角色的定位研究

杨　惠①

摘要：当今社会，阅读已成为普通人的一项基本生活方式，“全民阅读”上升到国家战略，层面意义重大。本文阐释了全民阅读的内涵，分析了公共图书馆参与全民阅读推广的必要性以及全民阅读环境下阅读方式的新转变，指出图书馆全民阅读推广活动存在的问题，进而探索全民阅读环境下图书馆社会化服务角色的定位，最后提出图书馆强化社会化服务角色的举措。

关键词：全民阅　图书馆　社会化服务角色　定位

阅读是能够让人们了解更多知识，提高文化素养，促进人类文明的传承创新的文化活动。对于个人而言，通过阅读不仅可以增长见识、开阔视野，也能够获得素养的提升与心灵的净化。对于国家与民族而言，阅读有助于提升国家文化软实力，传播民族优秀文化。在知识经济时代里，知识在不断创新，书籍作为知识载体，也在爆发性增长，阅读已成为普通人的一项基本生活方式。“全民阅读”作为一种政策，也作为一种时尚成为全民的共识。

一、全民阅读的内涵

长期以来，阅读活动受到各个国家的高度重视，各国鼓励国民开展丰富多彩的阅读活动。联合国教科文组织于1995年宣布成立“世界读书日”，倡导更多的人利用空闲时间阅读与写作。中国新闻出版总署与文明办为贯彻落实学习型社会的建设要求，提出“全民阅读”理念，要求各级政府积极开展阅读推广活动。中国在2015年发布的《政府工作报告》中也提出“倡导全民阅读，建设书香社会”的目标。随着国民经济的增长，精神文明建设任务显得更加重要，作为精神文明建设重要内容的阅读，被推而广之，“全民阅读”上升为国家战略，意义重大。2017年3月1日起，公共文化服务保障法在我国文化领域正式实施，这不仅填补了我国文化领域立法的空白，也标志着我国公共文化服务开始走上了法治化轨道，全民阅读首次具有国家法律地位。如今中国开展的阅读推广活动逐渐增多，规模进一步扩大，方式更加多样。公共图书馆作为信息资源存储中心，具备社会教育与公共

①　杨惠，云南省保山市图书馆副研究馆员，研究方向：图书馆资源建设。

服务性质，是推进全民阅读的主要阵地，也是公共文化服务体系的重要构成部分，对“全民阅读”负有重大的职责。在全民阅读环境下，公共图书馆应明确自身在全民阅读环境下的角色定位，做好社会化服务；应该积极消除全民阅读危机，构建一个有利于全民阅读的环境氛围；最后，创新社会化服务模式，引导公众培养良好的阅读习惯。

二、公共图书馆参与全民阅读推广的必要性

公共图书馆与阅读有着紧密关联，两者之间彼此联系、彼此影响并彼此制约。图书馆的基本职责在于免费为社会开展知识宣传、思想教育以及科学普及，推进全民文化素质的提升。所以，图书馆在全民阅读推广中具有存储阅读资源、建设阅读场地、引导阅读行为、提升全民素质等重要作用。同时，图书馆参与全民阅读推广，对自身的建设发展也具有一定促进作用：一是推动自身发展的助推器。伴随数字时代的到来，人们可以通过多元化途径获取各种信息资源，打破了以往以图书馆作为获取信息资源主要渠道的局面，为了继续保持其主导地位，图书馆需要深入发掘和提升本身的竞争优势，不断通过用心设计项目宣传推广图书馆服务，积极开展全民阅读活动，诱发人们阅读意识，让更多的人喜欢上图书馆，进一步稳定图书馆用户群体，进而实现自身的长远发展。二是实现自身价值的有效途径。面临着信息技术更新速度的加快，图书馆资源的使用频率慢慢下降，导致部分用户质疑图书馆存在价值，事实上图书馆的馆藏数字资源具备很高的价值性，但很多用户却不了解或使用较少，图书馆资源只有被用户使用才能够实现其价值，图书馆通过实施全民阅读推广活动，增加与用户之间的沟通交流，提升他们的信息素养，强化他们的信息行为，进而实现图书馆自身价值的有效体现。

三、全民阅读环境下阅读方式的新转变

1. 阅读目的更为多样

“全民阅读”环境下，参与阅读的人越来越多，阅读目的也更为多样，阅读不再只是为查找资料，寻求有用信息，阅读可以是放松，可以是娱乐，也可以是交流，还可以是充电，阅读目的变得更为多样。

2. 阅读方式更为自我

当阅读成为一项普通人都能够轻易实现的行为，阅读变得更为私人化、更为自我，人们的阅读不再是为了应对考试、面试等而进行的功利性阅读，阅读成为个人生活的一项基本选择，随着现代社会压力与人际矛盾的增大，越来越多的人将阅读视为自我世界的一部分，阅读就是自己寻找自己，自己与自己对话的一种方式。

3. 阅读附增活动更为丰富

伴随着全民阅读活动的不断推广与深入发展，伴随阅读而展开的活动日益丰富。一个

方面是阅读活动的拓展，比如“读书节”“阅读日”等倡导全民阅读活动，另一个方面是阅读体系的不断拓展，比如图书馆微阅读、移动阅读、“网上免费图书馆”等，还有各类促进全民阅读的公益活动，如“画展”，“奇石展”“新书推介会”“作家见面会”“知识讲座”等。阅读附增活动的增多，使得全民阅读始终围绕在大众身边，成为他们触手可及的一项文化活动。

四、公共图书馆全民阅读推广活动存在的问题

公共图书馆开展全民阅读推广活动的成绩是显著的，但在社会化阅读的大环境下，仍存在许多问题，主要有以下几点：(1)缺少专业人员，导致公共图书馆策划读书活动的能力不强、创意不够，很多活动千篇一律，不能引起读者的兴趣。(2)思想不够开放，主动服务不深入，活动多数在图书馆举办，没有将活动推行到学校、街道或社区等其他公众平台，导致活动的参与者大多是本馆读者，只有具备读书爱好的社会民众才能对活动有所了解或参与。(3)尚未建立完善的绩效评估机制，诸多的推广活动缺乏审计、监管的职能，由于缺乏较为完备的审核与评估系统，导致众多的活动达不到预期的效果；开展的活动是否还有可提升的空间，是否能与其他社会资源整合发挥更大的效益考虑不多。(4)阅读推广活动经费相对不足，造成宣传力度不够、活动地点单一，活动规模受限，很少进行深入报道，进而减弱了公共图书馆的影响力度。这些都严重影响了公共图书馆开展阅读推广的效果。与此同时，其他的阅读推广活动却在蓬勃发展，与之相比较，图书馆的阅读推广能力有可能会弱化。

五、全民阅读环境下图书馆社会化服务角色的定位

推进全民阅读是公共图书馆的基本职责和责无旁贷的社会责任。2008 年，中国图书馆学会发布《图书馆服务宣言》，将“促进全民阅读”“促进学习型社会的建设”列为图书馆服务的目标之一。特别是伴随图书馆服务的深入发展，图书馆与社会之间的关联越发密切，所履行的社会职责也日益增多，因此，必须要对全民阅读环境下图书馆社会化服务角色进行重新定位，以期适应现代社会的发展趋势，更好地履行自身的社会职责。全民阅读环境下，图书馆可以从以下几个方面来对其社会化服务角色进行定位。

1. 做全民阅读的推进者

现在，国家全面倡导“全民阅读”理念，大力培养人们正确的阅读习惯，把让人们能够使用更多的文化资源当作是公共文化事业的重要内容。图书馆作为文化传承、精神延续的重要机构，参与全民阅读推广是其不可推卸的职责，这也是由其本身具备的公益性决定的。图书馆提供公共文化服务的目的是满足人们的文化需求，通过提升人们个人的文化素质，最终达到提升国家的整体文化素养，这也正好与开展全民阅读的目的相切合。所以，图书馆是全民阅读的推进者，这一点不容置疑。因此，图书馆要切实发挥自身优势，充分发挥其文化影响力与公众号召力，正确引导用户的阅读行为，依据用户阅读需求的差异

性，培养用户合理选择阅读形式的能力，以促进全民阅读的开展。

2. 做阅读资源的提供者

图书馆作为信息资源存储中心，其信息资源数量丰富，不仅存储丰富的实体资源，还存储大量的数字资源，在全民阅读中有其独特的作用。图书馆馆藏资源种类齐全，专业特征明显，具备一定的系统性和稳定性，为读者选择自己所需的阅读内容提供了较全面的资源保障—伴随数字技术的出现，电脑、视听、多媒体等不同类型的信息设备在图书馆的运用，特别是图书馆的专题数据库、网络资源、光盘文献等不同载体资源的应用，能够让用户顺利便捷地阅读到自身所需的信息资源。因此，在全民阅读推广活动中，图书馆作为阅读资源的提供者，能够利用自身的馆藏资源优势向人们进行大力推广，用户也能够在阅读推广活动中与其开展有效的双向交互。

3. 做全民阅读的引导者

要想促进全民阅读项目的顺利实施，公共图书馆还应该体现的一项重要职能，就是全民阅读引导。面对爆炸式增长的数字信息资源，如何进行信息筛选，如何迅速获得所需的阅读资源，是十分困难的事情。公共图书馆有必要对馆藏资源进行分类，根据不同的阅读群体给出不同的指导意见，帮助他们尽快找到所需的资料。同时，公共图书馆是宣扬文化的重要渠道，与众多的出版商及民间自发性阅读组织有着密切的关系。因此，公共图书馆作为中间重要的枢纽，应该发挥领导者的优势，明确自身的定位，做好相应文化的领导工作，积极借鉴先进、科学的经验，创新运行理念；定期举行阅读或是图书活动，譬如"以书会友""本土作家作品分享"等形式。公共图书馆可以通过多种渠道，进行多种方式的联谊，进而充分发挥图书馆的引导作用，积极创设文化与资源共享的社会环境，以推动、实施政府主管部门的阅读推广政策和规划，促使全民阅读的健康发展。

4. 做阅读推广的组织者

公共图书馆在资源、场地、人才等方面具有优势，也是全民阅读推广活动的组织与执行者。在全民阅读活动中，公共图书馆不应该被动等待读者上门，而应该充分利用各类社会资源，借助自身优势组织丰富多彩的活动，并为其他社会阅读组织提供支持，提高图书馆社会化服务的影响力，公共图书馆与其他阅读推广组织合作，促进共同发展，共创互赢空间。一方面，公共图书馆可以与民间组织、出版社等合作，采用项目外包、项目补贴等形式，调动社会力量参与的积极性，或者通过招募志愿者的方式，降低阅读推广成本，为全民阅读活动注入活力。另一方面，公共图书馆可以与社会团体合作，免费为社会阅读团体提供相关设备与场地，并借鉴他们的活动策划经验，通过协同合作提高本馆人员的实践能力，改进社会化服务运作机制，吸纳更多专业人士来充实全民阅读推广队伍。

5. 做阅读环境的建设者

图书馆阅读环境的优良，不但体现在建筑布局上的大方美观、清雅舒适，并且体现在具备浓厚学术氛围的内部环境以及科学规范的管理环境上，这些均对用户具有相当大的吸引力。目前很多图书馆对其馆内空间都进行了特别设计，建设既开放又独立的阅读空间，力求实现空间价值的最大化体现。伴随数字阅读资源在馆藏总体资源中所占比例日益增加的趋势，纸质馆藏资源所占据的物理空间将会慢慢减少，图书馆更多地会设置阅读交流场所、专题讲座场所、图书展览场所、“数字交流”场所以及餐厅、电影院等各种文化休闲场所，充实图书馆的空间形态，更新图书馆的服务形式，把阅读空间与公众空间进行紧密结合，让用户在不知不觉中产生阅读意识，实施阅读行为。

6. 做信息素养的培训者

当前数字化阅读的盛行，给社会公众的阅读带来便利的同时，也导致阅读的娱乐化、碎片化。公共图书馆不应该只满足于开展阅读活动、扩大阅读群体，还应该做好信息素养培训工作，提供更多信息获取方式与技巧，提高公众的整体信息素养。面对数字环境下的海量信息，面对多样化的信息检索工具，公共图书馆应发挥社会教育职能，通过开设信息素养提升培训或面对面指导，内容涵盖信息资源检索、数字化工具应用、信息安全意识、在线交流等，让用户具备获取与筛选阅读资源的能力。此外，借助图书馆的优质资源，开展阅读推广人才培训工作，逐步填充阅读推广人才数据库，为全民阅读推广活动实施提供支持。

六、全民阅读环境下图书馆强化社会化服务角色的举措

1. 更新服务意识

伴随“互联网+”时代的到来，人们日益感受到学习的重要性，学习型社会逐渐形成，全民教育、终身教育不再仅仅停留在喊口号上，而是开始落实到行动上来，全民阅读正是推行全民教育、终身教育的一个重要举措。图书馆的社会化服务内涵在全民阅读环境下也发生了相应的改变，因此，图书馆人必须紧跟时代潮流，更新服务意识，拓展服务范围，创新服务方式，更好地为推广全民阅读做好准备。主要做到以下三点：一是强化思想，要树立“全心全意为用户服务”的思想不动摇，以这一思想为基础，在做好图书馆常规工作的同时抓好全民阅读推广工作；二是重视学习，及时更新自身的专业理论知识，加大实践力度，在工作中实现理论与实践的完美融合；三是把握需求，通过多种途径了解用户的信息需求，以用户需求为依据，为用户提供个性化的信息服务。

2. 建立保障机制

图书馆推广全民阅读的过程并非一帆风顺，同样会碰到如制度欠缺、组织不健全、经费紧张等一些急需解决的问题，导致图书馆的全民阅读推广效果大打折扣。因此，要想真正实现全民阅读活动的推广，图书馆必须建立完善的保障机制予以保障：一是制度保障，要针对公共图书馆服务实际，以法律文件的方式固定抽象的社会化服务理念；要针对政府出台的与全民阅读有关的政策制度，制定相应的实施措施予以配合，如出台《公民阅读条例》《全民阅读推广实施办法》等，敦促图书馆开展社会化服务工作，保障全民阅读推广的

持续、规范性。二是监管保障，强化公共图书馆的监管、评估机制，完善审计与监管机制，建立阅读推广评价体系，确保图书馆高效运行。三是组织保障，要切实抓好组织建设，安排专人负责该项工作的开展。四是经费保障，要在政府拨款的基础上，采取项目申报、个人或单位捐款等多元化资金引进方式来实现“开源”，做好开支预算，把钱都用在刀刃上，为公共图书馆的社会化服务创造良好条件。

3. 构建阅读平台

进入“互联网+”时代，人们的阅读方式出现了较大改变，传统的纸质阅读已慢慢减少，新型的数字化阅读在逐渐兴起并获取人们青睐。越来越多的用户开始选择手机、电脑等现代化信息工具开展数字阅读，阅读时长也有所增加。基于这一背景，图书馆要想在全民阅读环境中做好社会化服务工作，就要为用户提供双向互动的阅读平台，真正实现资源的共享共建，以及用户的“沟通无极限”，促使社会化服务更趋于人性化和泛在化。主要通过以下两个方面体现：一是资源类型多元化，优化整合资源类型，统一资源格式，深化数字资源建设，继续丰富完善网络期刊、书籍资源库，引进或自建各种数据库，大力宣传新型媒介的咨询、阅读服务；二是阅读形式立体化，图书馆可以通过微信、微博、博客、网络论坛、QQ 以及手机媒体、数字报刊等来推广全民阅读，实施阅读行为，并强化彼此间的交互行为。

4. 举办多种活动

图书馆应举办多种文化活动，丰富各类主题活动，进一步认清大众提升文化素养的迫切需要，积极践行“全民阅读”。这就要求图书馆要深入开展读者调研，了解读者阅读心理和需求，针对不同读者的阅读心理和目的，有效开展阅读推广活动，力争体现活动的深度和广度，从而调动广大读者的参与积极性和主动性。同时，图书馆要针对不同行业、年龄、性别的读者，精心设计丰富多彩、形式多样的阅读活动，吸引广大读者注意力，促使其参与到阅读活动中来，真正体会阅读的重要性和趣味性。比如：举办“中秋诗词会”“读书小状元评选活动”“爱读书荐馆藏”亲子阅读活动，开展文化领域的专家主讲的文化讲座等。通过开展各种读书文化活动，吸引读者走进图书馆、亲近图书，增强着读者的阅读热情，以此在社会上大力推广“全民阅读”，吸引大众对“全民阅读”活动的关注和参与。

5. 推行联盟合作

图书馆的个体发展毕竟存在一定的缺陷，特别是在资源建设方面无法完全满足当今人们的多元化需求，这就需要同一地域的所有图书馆推行联盟合作，来强化整体力量，这也是图书馆未来建设发展的新趋势。图书馆联盟合作主要通过以下两个方面体现：一是合作共建共享，联盟中的图书馆采取合作购置、联合编目或自建数据库、网络互联方式，并实现通借通还，打通不同层面的图书服务，搭建平台、实现“一卡通”联网，提升为全民阅读提供信息资源和信息服务的能力，满足用户的阅读需求；二是合作提供服务，统一发布联盟信息，强化全民阅读集中宣传力度，建设联合参考咨询服务平台，合作举办专题讲座、图书展览等文化惠民服务，让全民阅读理念深入人心，为全民阅读营造良好的阅读氛围。

6. 加强与社会团体的合作

从公共文化服务的构成主体来看，包括政府、文化产业机构与民间团体等，他们在全民阅读推广中发挥着不同的作用。其中政府在全民阅读推广方面具有主导地位；图书馆和其他文化事业单位，属于社会化服务的提供者，是全民阅读推广的中坚力量，特别是公共图书馆作为当今文化的重要组成部分，具备一定的文化影响力，在全民阅读推广渠道中占据重要地位；民间组织是全民阅读推广的有益补充，公众是全民阅读活动的参与者。公共图书馆在明确自身角色定位的基础上，应该加强多方合作，与社会阅读团体、文化事业单位和出版机构建立良好的关系，将不同机构分散的阅读资源整合起来，打破物理界限，探索全新的阅读资源配置和传播途径，实现互利共赢。回顾以往开展的阅读推广活动，一般多数是由公共图书馆在孤军奋战，今后阅读推广活动应该积极争取社会各界的支持，得到社会各界的广泛认可，即政府、学校、公共图书馆、企业及社团共同参与，借助各方力量，来营造全民参与阅读的浩大声势。这样既扩大了阅读推广活动的宣传力度，也增加了阅读推广的广度和深度。

7. 做好阅读推广宣传工作和人才培养

要做好“全民阅读”工作，图书馆要重视宣传，向公众宣传自己的资源和服务优势，吸引读者。图书馆作为社会信息文化中心，有着丰富的文献信息资源和多样化的服务手段，这些都需要进行宣传，才能使读者真正了解图书馆、走进图书馆，并最终爱上阅读。图书馆可以结合“世界读书日”“图书馆宣传周”、各种读书活动，利用电台、电视台、展板、网站、微信、微博等进行宣传，宣传图书馆的资源和服务，介绍图书馆的新书推荐、文献检索、“阅读分享”等，通过宣传，让公众了解最新的全民阅读活动内容，提高阅读活动的品质，提高公众参与全民阅读的意识，提高读者到馆率和阅读率，进而提高图书馆的社会化服务效益。同时，图书馆要注重培养阅读推广人，建设一支高素质的服务队伍，要有专人负责阅读推广工作，有专人策划推广活动部的推广方案。这样，就可以保证推广活动的顺利实施。

8. 在鼓励阅读中激发持续阅读动力

图书馆可通过竞赛、征文类活动督促社区、家庭和个人多读书、读好书，对于坚持读书，并且有一定读书成效的家庭成员个人，应该给予一定鼓励，并在当地进行积极宣传；另外要积极承办政府主管部门的相关评奖活动，对做得好的民间阅读团体和阅读推广人给予表彰，以发挥更强的辐射影响力。图书馆不仅要加强与业内图书馆之间的联动，还要多与社区、学校、出版社、展览馆等文化事业组织联合推动阅读活动。比如：为社区开展读书活动提供帮助；借阅图书给学校，缓解学校图书存量不足，以帮助孩子们多读书、读好书；用各种各样的竞赛、赠书等活动推动“全民阅读”，激发持续阅读动力。并且，图书馆要结合相关部门所举办的系统内的阅读活动，及时展开相应的阅读主题活动，以给系统内活动参与者提供相应的资源帮助或者是培训，帮助参与者从阅读中获得好的成绩，培养其稳定的阅读习惯与信念。

近年来公共图书馆事业发展迅速，成为公共文化服务体系的中流砥柱。全民阅读的兴起，促进了公共图书馆服务转型，也对图书馆社会化服务提出了新要求。全民阅读环境下公共图书馆开展社会化服务，既是社会和时代发展的需要，又是图书馆发展的需要。公共图书馆只有顺应读者需求变化趋势，明确全民阅读活动中的角色定位，加强与政府、社会团体的合作，有针对性地开展阅读推广活动，结合自身的优势和特点，积极推动其社会化服务的实践与探索，才能在激烈的竞争中提升影响力，将全民阅读工作推向纵深化，为建设“书香社会”提供强大的助推动力。

◎参考文献

[1]赵毅菲. 全民阅读环境下公共图书馆社会化服务角色的定位研究［J］. 农业图书情报学刊，2018(4).

[2]张敬. 在全民阅读环境下公共图书馆社会化角色的定位与服务创新［J］. 黑河学院学报，2017(8).

[3]李姣. 社会化阅读环境下公共图书馆的角色定位研究［J］. 图书馆建设，2012，(12)：70-72，77.

[4]孙玲. 论公共图书馆在推动全民阅读中的角色定位——服务与引导［J］. 科技情报开发与经济，2015(5).

关于文化馆服务如何助力精准扶贫的思考与建议

常延红　朱志玲①

摘要：本文主要基于重庆市部分文化馆在扶贫脱贫工作中的实践做法，试从文化馆的思想宣传作用、辅导培训、采风调研、文化品牌打造、文化馆总分馆制等方面入手，探讨文化馆在“精准扶贫”这一命题下承担的职责与使命，旨在充分发挥文化馆职能优势，激发贫困地区内在动力，补齐基层文化建设“短板”，提升贫困人群的文化获得感和幸福感。

关键词：文化馆服务　精准扶贫　总分馆制度

2018年习总书记在全国宣传思想工作会议上指出：完善公共文化服务体系，提高基本公共文化服务的覆盖面和适用性。这一讲话的提出，对贫困地区公共文化服务体系建设尤其具有重要意义。《“十三五”期间文化扶贫工作实施方案》明确指出：“到2020年，贫困地区文化建设取得重要进展，文化发展总体水平接近或达到全国平均水平，现代公共文化服务体系基本建成，推动贫困地区公共文化服务体系建设，提高公共文化服务效能。”而广覆盖，高效能，保基本，促公平是现代公共文化服务体系的主要特征，促进公共文化服务的均等化，保障群众基本文化权益是推进公共文化服务体系建设额重要内容。所以，贫困地区为代表的文化资源获取率就成为衡量公关文化服务整体水平的关键指标。

党的十九大报告中提出：“注重扶贫同扶志、扶智相结合”。习总书记在河南考察时曾提道：“扶贫既要扶智，又要扶志，一个是智慧，一个是志气。”说明扶贫同扶智扶志结合的重要性。扶智扶志就是智力脱贫和精神脱贫，改变贫困地区的“贫困文化”思想是扶贫扶智的重中之重。智力脱贫和精神脱贫是精准脱贫工作中的重要组成部分，文化馆是组织群众自我娱乐、自我教育、自我普及知识和自我提升素养的重要公共文化机构，是社会主义文化制度建设的主要阵地，通过系列主题性的群文活动让更多的群众参与到符合价值观建设的文化活动中，既能够增加其文化自信以及文化自觉，也有助于当地文化秩序的规范化。所以，带动广大贫困地区的群众进行脱贫扶贫是文化馆目前最为迫切的职责。

文化馆如何在扶贫攻坚工作中发挥作用，将文化扶贫工作落到实处，如何在精准扶贫中为贫困地区的百姓带去丰富的文化资源，使得贫困人群能够共享公共文化服务发展的果实，加强公共文化服务的普惠性。这是群文工作者亟须思考的问题。本文结合重庆市部分文化馆在文化扶贫工作中的经验做法，探讨文化馆服务在助力精准扶贫中发挥的重要

---

① 常延红，重庆市群众艺术馆调研编辑部馆员，研究方向为公共文化服务；朱志玲，重庆市群众艺术馆调研编辑部，副研究馆员，研究方向为公共文化服务。

作用。

一、重庆市文化馆精准扶贫实践工作经验研究

(一)发挥文化馆思想宣传作用，为脱贫攻坚战营造良好舆论环境

宣传党的思想政策是文化馆的重要职责。脱贫攻坚以来，广大贫困群众致富信心，自我发展能力面貌显著改变。但仍然存在部分贫困群众脱贫主体意识淡薄，“等靠要”思想突出，脱贫能力不足。文化馆充分发挥党政宣传作用，把党的政策带到贫困地区，通过宣传教育，让各项政策真正落地，让老百姓真正了解政策，听到政策最真实的声音。

目前脱贫攻坚已经进入闯关夺隘决战决胜的关键时期，为抓紧、抓实、抓出成果，文化馆用文化的力量推动“扶志”“扶智”，增强贫困地区群众树立脱贫攻坚的坚强信念，激发全面打赢脱贫攻坚战的内生动力。重庆市群众艺术馆充分发挥职能优势，利用信息密、辐射广、平台多等特点，为贫困地区的老百姓提供针对性、实效强、持续性的服务。根据贫困地区实际情况，通过送演出、送培训、送设备、采风创作、开办脱贫攻坚大讲堂等活动，结合当地的文化特性以及群众心理，筛选适合、贴合当地群众文化心理和社会生活的文化产品以及活动，大力宣传脱贫攻坚方针政策、好人好事、先进典型，赞美脱贫先进典型、扶贫干部的先进事迹，振奋贫困地区老百姓的精气神。

重庆市群众艺术馆还利用重庆群众文化云平台助力文化扶贫的宣传，开设了爱心众筹栏目，支持全市贫困地区具有地域特色的文化作品、民间工艺品信息展示，助力贫困地区脱贫攻坚工作。开设扶贫题材的文艺创作宣传栏，让群众百姓感受到贫困乡镇翻天覆地的变化、扶贫干部和群众战天斗地的精神和勇于担当的工作作风。重庆市长寿区文化馆依托当地基层文化服务中心奔赴对接的贫困家庭，宣讲扶贫政策，了解脱贫进度。通过开展一系列与扶贫政策相关的活动，如评选致富能手、和谐家庭等，改变群众相对封闭固化的价值观念和思维方式，激发贫困地区群众的精神动力。

(二)送文化与种文化结合，助力脱贫攻坚形成倍增效应

文化馆本身具有文化培训、文化辅导、送演出下乡、送技术下乡的业务职能，通过开展相关的帮扶行动，使贫困地区百姓真正可以实现精神脱贫和智慧脱贫。让文化“走进去”，为贫困地区群众创造条件“走出来”，以文化作为推动贫困地区群众转变观念、增强信心，并勇于脱贫、善于脱贫，发挥文化的杠杆功能以及治理功能，通过主动打造一种具有内生式生长动力的文化范式，坚持以人为本的精神，激活贫困地区的内在创造活力。

党的十九大以来，重庆市各级文化馆一直积极发挥业务职能，将文化扶贫纳入工作之重。通过将扶贫调研、文艺演出、文化志愿服务、爱心捐赠合为一体，形成叠加、倍增效应，发挥其正外部效应。

1. 文化用品送上门，倾心帮扶暖民心

开展扶贫工作以来，重庆市群众艺术馆业务干部先后深入奉节县平安乡、开州区大进

镇、酉阳县车田乡、秀山县隘口镇、石柱县中益乡、云阳县泥溪镇、武隆区后坪乡、城口县鸡鸣乡等10个贫困乡镇，向104个贫困村(社区)分别赠送音响设备1套、广场舞教学和演出音视频，以文化惠民生，切实提升贫困地区群众的获得感、幸福感。还拨专款为留守儿童购置字典、文具盒爱心书包100套，同时发动社会单位为山区学子捐献图书，联合重庆出版集团、重庆图书馆等单位募捐图书4000余册，建立馆爱心图书室，文化实物产品的供给让贫困乡镇受众的文化生活硬件水平大幅度提升，为软文化、价值观、意识体系的引导打下坚实的基础。

2. 围绕全民艺术普及，辅导培训进山区

重庆市群众艺术馆围绕全民艺术普及，进一步扩大公共文化服务的覆盖面，派遣扶贫攻坚业务干部所到贫困乡镇下基层辅导培训，为群众讲解广场舞知识。业务干部在充分了解当地百姓文化需求和生活习惯后，选择广场舞这种锻炼身体、愉悦身心的群众文化活动方式。因时制宜，因材施教，面对面传授广场舞动作要领，教学结合村民自身条件，对原有动作进行简化，强调简单、易记、好学，老百姓乐于接受，提升贫困人群文化的获得感和幸福感。

重庆市北碚区文化馆作为全市推进全民艺术普及的排头兵。深入渝东南贫困山区，打通全民艺术普及的“最后一公里”。以农民工子女文化需求作为着手点、针对特殊群体提供文化服务思路，青少年作为文化建设的主体之一，需要成为主流文化建设的主力军，因此给予其足够的文化资源、文化教育是文化扶贫的重点工作之一，为当地学校的留守儿童培训辅导舞蹈，并创作作品《山里的孩子》，力推大山的孩子们走上“小荷风采”舞蹈比赛的舞台。

在选派优秀文化业务干部赴贫困地区开展基层文化辅导的同时，为当地培养本土文化人才和文化队伍，提升本土文化“造血”能力。辅导培训基层文化服务中心文化专干、村(社区)文化活动管理员，提升其业务素养，根据本土人员素质以及文化情况，结合当地文化以及精神生活现状，为本土因地制宜地提供文化服务。

3. 创作扶贫题材作品，关注贫困人群生活

文化馆业务干部利用自身的业务优势把文艺创作与助力脱贫攻坚相结合，用作品记录和激励广大一线扶贫干部群众，凝聚脱贫攻坚的强大信心，用“组合拳”的形式进行真扶贫，扶真贫。重庆市群众艺术馆组织市内音乐创作骨干和词作者，先后深入巫溪县宁厂古镇、通城红三军司令部旧址、奉节县兴隆镇回龙村等地开展创作采风活动。音乐创作者们收集到丰富的素材，吸收到民间文化的营养，为创作带来了灵感和启发，为打赢脱贫攻坚战提供精神支持。摄影干部深入贫困乡进行采风创作的同时组织摄影大赛，多角度、多层面更大力度的宣传贫困乡。通过系列有组织的采风、创作、排演，将当地文化元素融入文化作品之中，将文化的灵韵以及灵魂深刻至文化创作活动之中，从而让扶贫作品的题材更加生活化、贴近化、可触化、可感知化。

重庆市北碚区文化馆派遣舞蹈干部深入贫困山区，采风编创主题文艺节目，创作《山里飘来一片红云》《山路弯弯》等反映扶贫题材的舞蹈作品，呈现贫困地区百姓的精神生活。

4. 实施文艺惠民演出，提升群众文化获得感

党的十九大以来，重庆市各级文化馆积极推进文化扶贫工作，相继为扶贫定点乡镇送去了各种形式多样、丰富多彩的文艺活动。实施“渝州大舞台”送演出进基层及文化扶贫活动，庆祝中华人民共和国成立70周年文化助力脱贫攻坚”进基层系列活动等。用文化的力量“扶智”“扶志”，增强贫困地区群众树立脱贫攻坚的坚强信念，用文艺演出的形式，为贫困地区的观众献上一场又一场富含艺术性、思考性以及娱乐性的精彩表演，传递党和政府的扶贫心声，拉近与扶贫对象的距离，为困难村民树信心、鼓干劲，让群众真正享受到“文化民生”带来的幸福生活，让广大村民在实现物质脱贫的同时实现精神脱贫。

5. 开展专题调研，加强制度设计，为助力文化扶贫保驾护航

从文化馆的职能出发，结合贫困地区的实际状况，重庆市群众艺术馆先后赴万州区龙驹镇宏福村和丛木村，实地开展“如何有效发挥文化助力脱贫攻坚的作用”专题调研。参观了龙驹镇文化活动中心和下属的村社区文化活动室等。结合实地公共文化服务开展情况，了解文化助力脱贫攻坚开展情况以及群众文化需求、存在的困难和问题。实地调研中反映出进一步扩大文化活动的覆盖面，文化活动内容的指向更加精准，对基层文化服务中心能够加强文艺分类指导，为当地群众文艺团队搭建和提供更加广阔的展示平台。这也为重庆市群众艺术馆继续深入开展扶贫攻坚工作，加强顶层设计提供了决策依据。

6. 挖掘特色文化资源，打造文化品牌，提高贫困地区“造血”能力

贫困地区由于经济落后、区位因素不利、基础设施建设缺位等原因导致公共文化服务能力弱，缺乏自身增长动力。然而有些贫困地区往往在传统文化、少数民族文化特色资源、非物质文化遗产存蓄上独具优势。文化馆是优秀传统文化的传播者，落实《关于实施中华优秀传统文化传承发展工程的意见》要求，利用平台优势，加大宣传力度，整合当地非遗中心资源，形成合力，深入挖掘当地特色文化资源，实现贫困地区文化由“输血”到“造血”的转变。文化在精准扶贫的过程中承担着最为核心的作用，培育贫困地区群众的精神内核，是精准扶贫从治标转向治本的质的飞跃，是促进贫困地区彻底脱贫的必要路径。以提升文化素质为目标进行扶志，向扶贫对象输入新的文化、知识和价值观念，增强群众的文化自信与脱贫信心；通过文化下乡与支教、暑期实践、志愿者服务等方式在贫困地区传授先进文化进行培智，使文化与物质的双输入转变为内生动力，让贫困群体有能力变当地的潜在财富为现实财富，从根本上走上脱贫致富之路。如北碚区文化馆联合当地乡镇小学，挖掘当地文化资源，打造线描画特色文化品牌，下一步将继续拓展，形成一定的链条产业。

重庆市部分区县文化馆，本身具有丰富的少数民族文化资源，当地政府以财政补贴、建立培训基地、民俗非遗展演等形式大力扶持非遗项目传承授徒，选拔出一批优秀乡土民俗文化人才，促进传统手工技艺与文化创意产业相结合，与旅游业相结合。

（三）推动总分馆制，提升服务效能

近年来，重庆市群众艺术馆一直发挥全市群众文化示范引领作用。特别是在助力扶贫

攻坚中，给予贫困地区文化馆充分业务指导。《“十三五”时期文化扶贫工作实施方案》指出：深入推进贫困地区公共文化机构免费开放工作，提升免费开放服务水平。支持贫困地区探索实行县级文化馆、图书馆总分馆制，实现县级文化馆、图书馆服务体系化，通过建设图书馆群、文化馆群，盘活文化资源，提高服务效能。重庆市群众艺术馆充分发挥业务指导职能，结合实际，深入贫困区县探索公共文化服务创新模式，指导贫困区文化馆建立总分馆，有效解决文化馆、站、村(社区)之间联系松散，业务对接少，业务指导培训、活动开展和资源统筹无法全面兼顾等问题。建立区县文化馆为总馆，基层文化服务中心为分馆的公共文化服务网络，提高文化服务效能，通过文化资源整合和联动统筹，提升服务效能，满足贫困区县人群的文化生活，总馆发挥协调主导的作用，通过统一排演、统一配送、统一服务标准以及政策，真正打通公共文化服务“一公里”。

二、关于文化馆精准扶贫路径的思考

(一)文化馆是“扶智”政策的传导器

文化馆处于文化政策传导的中间阶段，具有解码以及传送的功能和作用，通过对“扶智”的文化政策进行精准贴合的舆论传播，把握文化政策的政策精神，将先进性与广泛性相结合，体现政策的便利性，让贫困地区的群众获取文化政策的利好，发挥其普惠性特点，预防政策下基层之后的失真。统一贫困地区群众的思想观念，使其以更快的速度接纳新的文化政策，拓宽接纳范围，更新原有陈旧思想。

通过群文活动，实施文化政策“软着陆”，将惠民活动送到贫困地区居民的门口，用精神扶贫引领精准扶贫，均衡不同群体的文化利益，树立先进典型，最大限度活化当地文化资源，取之于民，用之于民，让先进的文化知识以及优越的文化价值在潜移默化中灌输到贫困地区群众的心智之中，提高当地群众的智力水平以及心智内涵。

(二)文化馆是特色文化作品的养成皿

文化馆应该成为创作贴合群众文化生活的主力军，尤其是针对贫困地区群众的现实生活或者过往历史进行创作，坚持为人民创作，为人民服务的精神，种文化以及送文化双向发力，扶贫与扶智双向并举，推进文化扶贫工程的建设，是打赢脱贫攻坚战中至关重要的一个环节，尤其是在疫情防控常态期间，如何打通贫困地区文化输送以及创作的瓶颈成为题中之义，通过专业创作者的专业创作以及贫困地区基层民众的参与，整合多方资源，共同创作，加强多边协作能力，协同发力，文化馆应该成为优秀并富有特色的文化作品的养成容器，给予贫困地区的文化创作充分的空间以及合理的环境。

(三)文化馆是贫困地区文化活力的催化剂

群众是贫困地区文化的“活力”之源，通过文化品牌的打造，文化场景的建造，文化氛围的营造，文化馆应该充分承担贫困地区文化活力催化剂的职责，激活群众主动享受文化，积极创建文明的社会因子。文化馆干部职工理应起到积极的培育作用，将“扶智”与当地经济发展需求相结合，以当地居民实际需求为切入点，增加配送至当地的各类产品的文化含量以及文化附加值，除去提供满足当地群众娱乐要求的文化之外，力求在更加丰富的圈层内，激活为经济发展提供精神支撑的动力和活力。其中，人力因素是最为活跃的因素，总馆人员在提升自我素质以及水平的同时，也应该定期送培训到贫困地区，分馆工作人员也应该有机会接触到一手的文化工作相关知识。主题创作或者实地调研都需要结合现实条件，考虑可行性因素，根据分类指导原则进行符合主流价值观的合理文化培育，需要工作人员较高的专业涵养。

三、结语

在实地开展扶贫工作中，群文工作者要沉下去、见实效，而不能浮光掠影、走马观花。文化之力，犹如滴水穿石。文化扶贫是党和政府、是时代赋予文化馆的一项历史使命。2020 年是脱贫攻坚决战决胜之年，文化馆要把自身工作职能与扶贫工作紧紧结合在一起，担负起助力文化精准扶贫的使命，明晰思路，践行方法，落实途径，补齐贫困地区的公共文化服务短板，提升文化服务效能，进一步构建覆盖城乡、便捷有效、保基本、促公平的现代公共文化服务体系。

县级文化馆总分馆制建设路径研究

唐健春①

摘要：公共文化服务体系建设，经过多年的建设和发展，虽然取得了不小的成绩，但也积聚了不少的问题，无论是在体制机制建设，还是在运转方式上都存在着很多突出的矛盾，这极大地制约了公共文化尤其是基层公共文化的服务效能，降低了人民群众的满意度和获得感。本文主要探究县级文化馆总分馆制建设，对加强构建基层公共文化服务建设机制，有效整合社会文化资源，提升公共文化服务效能，实现公共文化服务均等化具有重要作用。

关键词：文化馆　总分馆制　服务效能

县级文化馆总分馆制建设是提升公共文化服务效能的重要手段，是消除基层公共文化服务体系建设矛盾的创新举措。因此，加快县级文化馆总分馆制建设推进步伐，以总分馆制建设作为补齐基层公共文化建设短板，探索打通公共文化建设“最后一公里”的路径方法，构建基层公共文化服务建设机制，无疑有着极其重要的探索价值和意义。

一、县级文化馆总分馆制建设任务

县级，在我国行政体制架构中具有极其重要的地位和作用，是承上启下的重要端口和平台，无论是在经济建设还是社会发展方面，县级对辖区内尤其是对基层产生的示范拉动作用及产生的效果都极其显著。从具体实践来看，如果县级实力强大，建设水平优良，其就能够形成引领拉动区域发展的强大动能，使基层的建设和发展得到助推和实惠，而如果县级能力偏弱，其带动作用会出现疲软，拉动基层发展的效率就会降低。与此同理，文化建设也具有强烈的相似性。作为基层文化建设的“龙头”，县级文化建设水平和引领作用的发挥，直接关系到基层(县、乡、村)文化建设质量和运行效果。通常，我们把县级及县级以下的乡、村组织称为基层，而常说的打通公共文化建设“最后一公里”也主要指的是以县、乡(街道)、村(社区)为主要平台的基层公共文化服务体系建设的这个关键环节是否取得实效性。在公共文化服务体系建设中，基层的公共文化服务是否联通并有效运

① 唐健春，戏剧理论家、导演，大型活动策划人，研究馆员，武汉大学国家文化财政政策研究基地特约研究员，文化和旅游部公共文化巡讲专家，中国戏剧家协会会员、中国戏剧文学学会会员、中国文化馆协会培训委员会委员，四川省戏剧家协会理事、四川省作家协会会员，四川省文化馆副书记、副馆长。研究方向为文化文艺创作、戏剧评论、公共文化理论研究和大型文艺活动组织策划。

转，是实现公共文化服务均等化和有效性的最基本检验标准。

在我国，由县、乡、村三级所构成的基层公共文化体制结构和服务平台，是地域最辽阔、阵地最广泛、需求最丰富、惠民最直接的载体和终端，承担着最主要的公共文化服务职责任务，但同时也面临着资源短缺、条件简陋、能力不济等一系列的发展问题。面对公共文化服务体系建设新的历史时期，群众日益增长的精神文化需求，基层文化建设已然存在的矛盾和问题，极大地制约了公共文化馆(站)的建设和发展，必须切实解决基层公共文化面临的服务效果不好，群众满意度不高的矛盾，确保群众基本文化权益得到有效落实落地。

(一) 破解基层文化“封闭、瘫痪”建设困局

当前，公共文化服务体系建设的重点和难点都聚焦在基层，尤其是在乡、村，资源配置、发展基础不平衡状态形势严峻。一是资源配置不均衡。我国改革开放以来，建设和发展主要方向重点聚焦在城市，公共文化建设与资源配置上城乡二元结构尤其突出，近年来我国公共文化建设基本面大多也呈现出城市资源多、农村资源少的现象。二是机制僵化矛盾突出。公共文化服务体系建设虽然按行政区划设置，但是层级之间，公共文化机构之间实行的是分级建设，互不隶属，缺乏体系化的体制机制接口，上下联通机制不畅通，实际上呈现出互不联通、一盘散沙局面。目前县级文化馆的服务能力不强，乡、村文化更弱，县域内公共文化资源缺乏整合、城乡公共文化服务发展不均衡等突出问题亟须得到有效扭转。

(二)创新机制活力，实现共建共享

建设县级文化馆总分馆制，重点就是要推倒“围墙”，打破封闭的屏障，构建整合的资源链条，把辖区内的公共文化资源打造成一个对内联通、对外开放体系。“总”馆要有全域理念和举措，将全域公共文化资源都纳入联建共享范畴，构建以跨区域、跨行业、跨系统为基本特点的社会化的新型公共文化服务体系。特别是《中华人民共和国公共文化服务保障法》对社会资源有效整合，推倒“围墙”，破除资源屏障进行了制度设计。从《保障法》第十四条对公共文化设施的定义中就可以看出全新的观念创新，条文中除了将文化系统内的图书馆、博物馆、文化馆明确为公共文化设施外，同时还将系统外诸如科技馆、纪念馆、体育场馆、工人文化宫、青少年宫、妇女儿童活动中心等也界定为公共文化设施。这对过去将公共文化设施仅局限于文化系统领域内的传统认知方式是一种全新的制度破围，这为公共文化服务体系建设冲出封闭窠臼、突破体制囚笼、实现公共文化资源的社会化整合提供了法律依据，从而更好地推动公共文化建设和服务的共建共享提供了制度支撑。

(三)打通基层文化建设“最后一公里”

基层文化建设的发展方向和着力方位要立足实际，厚植乡土，涵养基层，造就乡土文化人才，传承传统文化，培育民族民间文化生态，只有做实基层，才能稳固基础，提升民族文明素质才有支撑点和落脚点。长期以来，广大基层一直是公共文化建设最重要、最关

键、最核心的载体，但广大基层也是公共文化建设最薄弱、最困难、最落后的环节！切实消除基层文化建设断层，需要全力推进，重心下移，关注基层，着力乡村，夯实基础，提升效能，整合社会文化资源，鼓励城市反哺农村，让更多的文化资源向基层聚集，以期努力实现公共文化服务均等化，充分保障广大人民群众基本文化权益。

二、县级文化馆总分馆制建设现状

目前，县级文化馆总分馆制建设正在探索推进，但是，涉及“总分馆制”服务标准的定量和定性仍显不足，还存在着有形式、缺内容的状况。县级文化馆总分馆制建设缺乏明晰的功能设置和可参照的具体实施标准，如机构建设规模、人员配置数量、业务功能界定，这些涉及基层文化自身建设最基本的建设标准存在一些模糊概念，这会给基层在落实总分馆制建设的具体实施践中带来诸多困惑，尤其是对总分馆制建设的有效推进上会产生迟滞作用。总分馆制建设仍处在初创阶段，建设模式也正在摸索之中，其中的问题和困难是可想而知的，县级文化馆总分馆制的建设料想也会表现出不同的方式和形态。推进县级文化馆总分馆制建设，最关键、最核心的首要任务是要搞懂弄通文化馆总分馆制怎么建的路径和方法。要在研究制约基层文化发展的矛盾，找准基层文化资源配置短板的基础上，科学施策，精准发力，提升公共文化服务供给水平，使广大基层的公共文化服务“转”起来、“活”起来。但是，由于总分馆制建设难度大、探索风险高、矛盾问题多、政绩不充分的状况比较突出。因此，在县级文化馆总分馆制建设过程中，也不排除有走捷径、搞“面子工程”现象存在的可能性。从基层文化建设长期运转状况和存在方式上分析判断，在“总分馆制”建设的具体过程中，可能会出现的几种建设模式。

(一)要防止“挂牌速成式”成为主要建设模式

挂牌速成式总分馆制建设的基本框架应该是：出台一个文件，召开一个会议，举行一个授牌仪式，基本就宣布总分馆制建成。必须要指出的是，总分馆制建设的根本目的是为了整合资源、连通基层、覆盖城乡，实现公共文化服务的有效对接，把基层存在资源断链的链条接上，把僵化机制予以激活，把服务效能低下、产品供给不畅的矛盾破解，要实现这些目的，关键是查找制约基层文化建设存在的问题，破解效能失效的难题，把总分馆制建设作为改革创新的攻坚课题，而不是见了困难绕道走，遇到问题不发声，“轰轰烈烈走过场”“认认真真做样子”地完成任务，这种为“挂牌”而挂牌的建设方式，虽然形式上挂了牌子，其实什么问题都没解决，矛盾问题照旧，制约因素依然。以挂牌为主要目标的建设方式，缺乏具体的实际建设内容，这一模式是典型的“形式主义”，对县级文化馆总分馆建设的基本目的意义没领会，对建设方针不明确，因此，这种建设模式，对公共文化服务体系建设和提升公共文化服务效能毫无价值作用，对县级文化馆总分馆制建设只能产生负面效果，是典型的不作为现象。

(二)引导“新瓶装旧酒”的资源堆砌模式

搞资源堆砌的总分馆建设模式，虽然名称叫“总分馆”，而格局依然顾我。主要采取

“临时组合”“相互拼凑”的方式，找两家社会机构，让对方承认“总”馆收编，便纳入“管辖”范围，取一个总分馆名字就交差了事，名义上是资源整合，实际上与总分馆制建设没有太大关联，顶多就是资源堆积。这种模式只是表层的资源组合，虽然有一些需求共同点，产生了松散的合作模式，但是这种总分馆制建设模式，“制”的作用没有显现出来。由于没有制度接口，缺乏统筹协调机制，只注重“流”，却缺乏“统”，虽然也可以产生一定的公共文化产品整合效应，但是从长远来看，也存在着机制的脆弱性，难以实现一体化、系统性、可持续的建设效果。例如：当前乡、村的“农家书屋”建设方式，早已实现了资源配送，但是，采取这种“大水漫灌”式的资源流转，缺乏精细化管理、科学化配送、机制化运行，实际状况可能是资源“流”到了基层，而基层在体制机制建设、人员队伍保障、专业化服务上没有跟进和对接，导致资源供给与需求严重错位，造成公共文化资源的严重浪费。因此，仅是实现资源有限流动，而没有有效管理，缺少运行机制，仍然难以实现全面统筹、高效运转的总分馆制建设目的。

(三)积极鼓励“机制整合”的探索方式

县级文化馆总分馆制建设，关键在“政”，重点是“制”。没有政府下大力推进改革和体制机制创新，文化馆总分馆制建设工作缺乏立足点和实效性。机制整合式总分馆制建设模式，重点体现的是“制”，也就是说通过总分馆制建设不仅要在资源整合上有进展，更重要是在体制机制上对县、乡、村在公共文化建设水平、产品供给和服务效能方面有创新和突破，没有在“建、管、用”，“人、财、物”上实现科学管理、有效整合、统筹协调、充分利用，公共文化服务效能难以实现有效提升，总分馆制的建设作用就会大打折扣。机制的整合运转是破解建设困局和提升服务效能的有效办法，能否取得建设实效，取决于政府的履职能力和改革决心，当然，这一建设模式的建设成本高、资源涉及广、统筹难度大，在具体实践推进中会遇到各种困难和矛盾问题，容易导致推不动、展不开、走不远的情况。但是，没有体制机制的创新和突破，县级文化馆总分馆制建设作用和运行机制以及服务效能很难产生预期效果。

三、县级文化馆总分馆制建设存在问题

(一)主体责任落实滞后

历史表明，我国基层文化建设发展长期滞后的原因，除了经济发展水平偏低外，观念滞后、各级政府履职意识弱化、责任担当缺位也是极其重要原因。县级文化馆总分馆制建设是否能够真正取得实效，关键在政府。政府的主导作用和履职能力是推动县级文化馆总分馆制取得建设效果最重要的因素。要破解体制机制障碍关键还是取决于责任担当、改革决心和推进力度，需要通过行政行为来实现，没有政府的主体责任落实，基层公共文化建设难以产生实质性的效果。

长期以来，公共文化服务体系建设短板就是基层文化，个中原因并不复杂，基层文化建设长期缺少必备的资源要素配置，有设施无机构、有机构无人员、有人员无经费、有经

费无活动的状况在基层并不鲜见，主要表现在政府的基层文化建设作用发挥得不够充分，推进的办法和措施不够有效，创新体制机制、解决矛盾和问题的决心不够有力，这也是基层文化建设长期以来效果不好的根源所在。总分馆制建设需要政府充分尽责和切实担当，下深水、出实招，切忌做表面文章，搞违背规律的形式主义，尤其要克服长期存在的突击式的"建设一阵风、过后无人问"，以"'形式'复制'形式'"的基层文化建设现象。各级政府应把法律明确的公共文化建设责任充分担当起来，克服不作为或乱作为的传统痼疾，使广大人民群众能够真正享有文化获得感。

(二)体制机制创新不足

回顾基层公共文化建设长期存在的问题，并不完全是公共文化服务建设基础和文化资源有无的问题，关键还是资源分散闲置、机构人浮于事等体制机制问题。客观来看，基层公共文化建设包袱重、难点多、矛盾突出，基层公共文化形成十分封闭的体制困局，基层文化服务效能几乎被传统的建设体制固化、运行机制不活的现状消耗殆尽，必须认识到，从现存体制内寻求公共文化服务效能突围的路径已被阻断，因此，县级文化馆总分馆制建设，是创新体制机制、另辟蹊径的有效办法，需要政府强力担当，统筹要素聚合，切实破解体制机制障碍，大力消除制约发展的关键环节，打通困锁基层文化建设锁链，释放基层文化建设活力，促进公共文化效能化建设取得实质性的进展。

(三)资源断层修复无力

长期以来，我国各级政府在财政管理体制上都是"分灶吃饭"，这导致了附着在各行政区域内的公共文化机构，在提供文化服务上也是呈现出分散、零碎、稀疏的基本格局。由于无法实现共享，群众的文化选择和资源配置也只能局限在本行政区域内的"信息孤岛"上。基层公共文化领域各自为战、单体循环，文化资源利用效率不高，城乡公共文化发展差距拉大，这就造成基层文化持续建设，而长期无效的根本症结所在。因此，县、乡(镇)、村(社区)的文化馆(站、中心)难以突破单一设施、零散资源、有限经费、个别团队'单打独斗'的局面，公共文化服务效能长期缺失，群众的满意度无从体现，基层文化建设成为公共文化服务体系建设中的"肠梗阻"和"断头路"。

(四)人才短缺现象严重

公共文化服务是落脚在县(市、区)、乡(镇、街道)、村(社区)这个重要平台和载体上，这是最贴近基层的文化服务机构，是人民群众参与文化活动最便捷的场所，是与老百姓最密切的联系环节，是满足广大城乡人民群众均等化获得公共文化服务的最佳阵地，其作用和存在价值独特而重要。但是，基层文化人才队伍青黄不接也是长期制约基层文化效能化建设的制度屏障。当前，县、乡、村的公共文化建设存在的问题显而易见，人员最缺、资源最少、服务量最大，这是基层文化长期以来的建设矛盾。破解基层公共文化建设难题，提升公共文化服务效能，关键还是取决于基层公共文化人才建设的一些瓶颈性制约因素能否得到切实解决并有效破题。一是"不专职"问题能否得到根本解决。我国基层文化机构建设，尤其是乡(镇)文化建设经历过不断的调整、变更的剧烈动荡，乡镇文化站建设的体制结构配置格局已逐渐“空心化”，基层文化机构“有岗无人”“有人无岗”现象均比较突出，建设现状无法有效回应社会的文化关切和满足广大人民群众的精神需要。二是“不专业”状况能否得到切实改善。基层文化建设长期面临人才短缺的困境，乡镇文化站从业人员中有专业技能的人才很少，在公共文化服务中无法有效履行专业职能，难以承担“全民艺术普及”日常工作，数十年来“专干不专”现象没能得到有效改观，有专长、懂业务、能力强的人才在基层少之又少，难以支撑基层公共文化服务的有效开展。三是“不专心”现象能否得到有效治理。由于基层普遍存在人少事多的实际情况，基层文化专干在基层很难做到专人专职，乡村公共文化从业人员岗位兼职多、工作强度大、基本待遇差、职称评定难等现象难以改变，这对基层文化从业者的职业尊严和价值追求造成负面影响。岗前培训少，岗位轮替慢，流动机制停滞，基层缺乏对人才的政策扶持涵养，导致基层文化人才流失现象十分严重。

四、打造县级文化馆总分制的对策建议

建立县级文化馆总分馆制是体现政府公民意识，保障广大人民群众文化权益的法制自觉。因此，应该形成由政府牵头抓总，各相关职能机构分工协作，制定明确规划，构建科学的运行机制，保障有效运转。充分发挥县级人民政府在总分馆制建设规划、组织和推进方面的统筹作用，优化县域公共文化资源配置，完善配套措施，鼓励社会参与，确保有序推进，努力破解和消除资源分散、队伍不整、效能缺失的基层困局。在基层公共文化建设中，要积极探索机构设置到位、人员保障到位、工作职能到位、考核评估到位、服务供给到位，把公共文化服务体系建设基础不断完善，作用得到有效发挥。

(一)有效探索总分馆制建设路径

创新县级文化馆总分馆制建设方式，是探索公共文化建设质量的必要路径和提升公共文化服务效能的有效方法。总分馆制建设，关键是突出“制”的建设作用。总分馆制建设就是要破除体制障碍，改革隶属关系，将过去分级断层、互不关联的格局进行有效破除并整合。基层文化建设长期存在着建设缺位，运行封闭，除基层文化建设存在复杂因素外，体制性障碍无疑是其中最核心的制约因素。通过体制的调整归并，资源的整合汇聚，尽可能消除目前存在的有岗无人、专人不专、人岗不适等建设断层和服务盲区，从而形成集成式资源配置模式，集约化整合服务格局，极大地突出资源配置效能，盘活闲置不良资源，通过新的机制有效合理利用，形成规模效应，达到分散布点、集中配送、统一标准，突出均等的目的。

1. 完善业务功能

优化公共文化服务功能重点对照和检验公共文化建设标准化是否到位。在建设标准上，切实保障基础性建设标准落实到位，馆(站)设施建设基本达标、功能基本完善、队伍基本配置、经费基本保障；在运行标准上，确保公共文化设施得到有效运转、资源基本利用，人、财、物、品等公共文化服务各要素资源配置齐全，有人员、有机制满足群众得

到基本的辅导和咨询服务；在服务标准上，强化自身建设，提高专业人才队伍的水平和能力，丰富公共文化产品供给，切实达到和满足与业务功能建设相要求、社会群众所期待的技能水平和服务能力，充分满足群众参与文化的基本需要。

2. 优化公共文化产品输出

公共文化服务机构要有效释放“全民艺术普及”功能，大力举行常态化艺术培训，广泛开展社会文化活动，不断推出丰富多样的优秀的公共文化产品服务。公共文化服务机构要切实转变观念，大力实施“走出去”战略，走出传统观念、走出固定设施、走出封闭窠臼，融入广阔的社会现实生活，深入农家院落、走进社区广场，开展文化进村入户的流动配送服务，充分满足人民群众的文化获得感。

3. 培养乡土文化人才

人才对于文化领域来说是具有极端重要的意义，推动公共文化服务体系的建设和发展，开创公共文化事业的未来，无不取决于人才队伍的支撑作用。强化人才队伍建设，进一步落实岗位和优化人员配置，创新选人用人机制，强化专业技能，提升基层专业人员的业务水平，从而提高公共文化服务机构的实力和能力。新时期基层文化工作要树立“培养乡土文化人才，发展乡土文化事业”的全新理念。整合社会各阶层的文化资源，切实开展文化志愿服务工作，在不断满足广大人民群众文化需求的同时，创新公共文化服务方式，积极引导广大群众从文化生活的需求者成为先进文化创造者、建设者。

(二)完善总分馆制建设体系

理顺县、乡、村之间的权属关系，明确总、分馆之间的功能定位，职能职责，包括经费的配置及使用，岗位人员的调配及安排，设施设备的整合和利用等。实现体系化的统筹规划，形成统筹管理、统一调配，上下联通、横向协作、管理有序，精准考评、一体化运行的基本格局。改变当下各自为战、互不关联、互不从属、资源分散、条块分割的局面。

一是总馆能够“管总”。县级文化馆总分馆制建设的重心关键在总馆，总馆的建设作用强不强，标志着总分馆制建设效果好不好。因此，重点要建设好总馆，充分发挥县级总馆的“龙头”带动作用，实现以城带乡，城乡统筹，全域联动。总分馆制建设是否有效，关键看总馆的示范引领作用是否得到充分发挥，取决于总馆这个龙头是否能够有效“舞”起来，对基层的协调统筹是否能够充分带动并有效运转，这是总分馆制建设有效性的重要前提。同时，总分馆制建设是否实现总馆对分馆人员管理、经费掌控、业务统调、设施统筹，是总馆实现建设标准、运行机制、供给均衡、服务效能的根本检验指标，也是体现总分馆制建设切实实现建设标准化、运行一体化、供给均等化、服务效能化的建设目标。

二是分馆切实“分责”。县级文化馆总分馆制，不仅仅是建一个总分馆模式，而最根本的目的是要达到夯实基层公共文化建设基础，激活乡、村文化发展活力，满足基层群众的文化获得感，充分保障人民群众文化权益。打通公共文化建设“最后一公里”的目标任务，就需要把分馆做实，让分馆能够切实“活”起来，充分发挥分馆在总分馆制建设中承上启下、中转联动、资源衔接、信息反馈、供需对接的关键作用，如分馆的作用发挥不力，总分馆制建设最重要的中间环节就会形成梗阻或断裂，将导致总分馆制建设“空心化”，那么总分馆制建设便会成为毫无价值的一张空壳。总分馆制建设必须要有效建立起做大顶层(总馆)、做实中层(分馆)、覆盖基层(服务配送终端)，使资源整合、机制顺畅、服务精准的公共文化服务供给新模式。

(三)确保总分馆制有效运转

1. 有效构建总分馆制的运行机制

强化县级文化馆总分馆制的建设作用，使县(市、区)、乡(镇、街道)、村(社区)的文化馆(站、中心)突破单一设施“单打独斗”的局面，以建设体系化、资源整合性为目标的高质量的运行机制。明确总馆、分馆之间的功能定位及职责标准，构建上下一体，整体联动，对接紧密，管理有序的联动机制。构建总馆对基层文化专员管理联系机制，明确隶属关系和工作考评方式，切实改变基层文化互不关联、互不从属、互不配合的松散状况。构建责权互补、人岗相适、人随岗移、绩效评估的运转模式，最大化地激活用人机制，充分发挥公共文化机构的用人自主权和效能最大化。进一步强化公共文化服务机构的自身建设，提升公共文化服务能力，充分发挥对社会的组织引导作用，整合社会资源，积极探索引入社会专业机构参与建设和管理运营，采取有效措施动员社会专业人士以志愿服务的方式参与公共文化服务，从而实现资源整合、运行一体、服务协同、供需对接的现代公共文化服务体系建设共建共享新模式。

2. 有效统合公共文化资源

一是做到设施统管。充分激活闲置资源，通过总馆统一规划、整体调配，发挥辖区文化资源激活效应，满足人民群众对文化的基本参与条件。随着时代进步和社会需求增长，公共文化设施涵盖范围也发生了根本变化。县级文化馆总分馆制建设，不仅要将文化馆(站)功能性配置的场馆设施设备管好用活，同时还应该把法律界定的社会公共文化设施资源整合并有效利用，作为政府进行公共文化服务和公共文化产品供给的重要内容。

二是实现人员统配。文化馆(站)长期以来条块分割，公共文化服务体系内也是各自为战。要改变这种状况必须要打破壁垒，破除体制障碍，构建科学的体制机制，实现人员统一管理、统一培训、统一使用、统一调配、统一安排、统一流转、统一考评，总馆通过下派分馆馆长，把资源和服务带到分馆，协调各分馆之间的资源配送。分馆通过设置与总馆相对应的工作机制，以下派分馆馆长为纽带，对接群众需求和总馆的服务，将分馆“盘活”。改变过去基层长期存在的“有设施无专人”“有专人不专业”“有专业不专心”的老格局，形成工作有岗位、事业有舞台、发展有业绩，从而提升基层文化的服务效能。

三是落实经费统用。经费的有效整合和科学使用是有效开展公共文化服务供给和保障公共文化机构与设施有效运转的有效手段和根本前提。推动基层公共文化服务的有效运转，关键要落实公共文化服务机构的经费的基本保障性和使用自主权，使基层公共文化服务机构在开展基本公共文化服务中，能够享有经费使用自主权，有规划工作的主动性，有公共文化设施功能运转的基础保障条件。实现公共文化服务问需于民、以需定供、供需对接，减少公共文化资源浪费。

五、结语

长期以来，我国公共文化服务体系建设最重要、最关键的难点往往就是“最后一公里”的“肠梗阻”和“断头路”无法得到根治。县级文化馆总分制从本质上加强了资源的有效整合运用，对县域内群众文化资源的调配统筹，结束目前文化资源多而杂乱、分布不均、统合不拢、一盘散沙的局面。通过县级总分馆制建设，整合区域内的公共资源，实行由县级文化馆总馆主导下统筹联动的运转机制，实现资源有效聚集，有序利用，合理流动，优化提升公共文化的服务效能。

数字文化馆在疫情期间的发展路径探究

徐　蕾①

摘要：疫情当下，公共文化服务场馆闭馆，线下文化体验全部暂停；全国各地文化馆积极开展数字文化服务，数字文化馆为广大公众提供“宅”家线上文化，展现了其特殊时期的优势。与此同时，也暴露了诸多不足，本文结合当前形势，从上层设计、基础构建和监管机制等方面浅谈数字文化馆的发展。疫情是暂时的，文化馆数字化服务任重而道远。

关键词：公共文化服务　实体文化馆　数字文化馆　发展路径

2020年新年伊始，一场突如其来的疫情完全打乱了人们的正常生活。不拜年、不聚餐、不出门，所有的室内公共场所都关闭。人们的生活只能限制在家里的一亩三分地，唯一可以和外界联系的介质就是网络——看电视、上网和刷手机。在这个特殊时期，作为新型文化馆服务模式的数字文化馆，就彰显了其优势：人们足不出户就可以感受群众文化的魅力。

一、数字文化馆的发展背景

所谓数字文化馆就是依托数字化技术，利用网络平台把文化馆的部分职能以图片、文字和视频的形式展现出来，形成文化馆业务职能服务的线上线下联通互动。它是现代公共文化服务体系建设的重要支撑，目的在于通过文化和科技的融合，在提升在场服务能力的同时，突破公共文化服务空间和时间的制约，让群众可以随时随地的享受公共文化服务，提升公共文化服务的效能。

（一）数字文化馆的产生

文化馆是我国公共文化服务体系建设的重要载体，承担着丰富群众文化、实现群众基本文化权益的重任。但是，随着社会经济的高速发展，人民生活水平的不断提高，特别是互联网的迅猛发展，传统模式下的文化馆即实体文化馆存在着一些弊端：

（1）单一性

目前，文化馆的服务方式主要为群众性演出、艺术培训班、公益讲座以及美术展览，

---

① 徐蕾，女，山东省青岛市文化馆馆员，研究方向为公共文化数字化服务创新。

条件差的地方甚至常年不开展活动。活动形式单一，展现平台精细化程度低，对受众的吸引力大幅度下降，从而大大降低了文化馆在公共文化服务体系中的地位和作用。

(2)滞后性

随着网络和数字技术的发展，群众的文化消费方式和习惯也越来越依靠网络和数字媒介，虚拟空间的影响越来越明显。某些地方的文化馆基础设施建设发展不平衡，硬件条件差距过大，对于一些必要的文化 APP 以及虚拟文化设备掌握程度较低，在规模、数量、功能等方面限制了文化馆作用的发挥。

(3)封闭性

由于场地和上课时间的固定性，很多离文化馆较远地方的群众不能参与到活动中来，便利性较低，因此，仅仅靠文化馆的实体运行已经完全不能满足广大人民群众对群文生活的需求，严重制约着群众文化事业的发展。

(二)数字文化馆的组成

新型的数字文化馆以其不可比拟的多元性、高效性和开放性，为创新公共文化服务创造了一个重要的突破。数字文化馆充分利用数字科技，以互联网为依托，将数字化技术引入到文化馆的资源建设和公共文化服务当中，将文化的发展与互联网技术融合，最终实现公共文化服务线上线下的联通与互动。具体体现为运用网络云平台、微信公众号、线下数字体验空间以及线上线下相结合等方式，以为全民艺术普及培训、文化艺术活动组织开展、群众文化艺术成果展示、非物质文化遗产保护传承利用等为模块，集中展示以文化馆为中心的群众文化事业创作、交流与发展。有条件的文化馆初步建立了线下互动体验空间，即引入数字化装备和系统，实施群众自主自助互动的体验式(见图 1)。

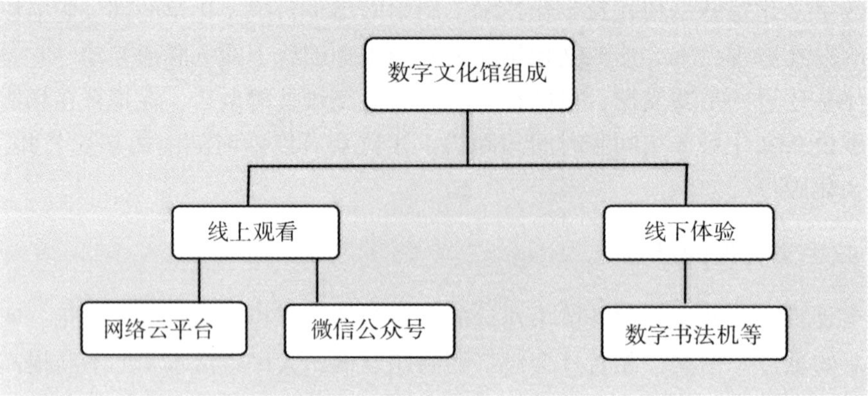

图 1　数字文化馆示意图

当然，不同地区其数字文化馆的设置也不尽相同，各有千秋。诸如成都市文化馆“文化天府”云平台简洁明了，在首页“活动预告”板块里展示成都特色的活动吸引着浏览者的眼球(见图 2)；江苏省数字文化馆“江苏公共文化云”飘窗设计可以直接连接相关板块等，在彰显数字文化馆群众文化事业繁荣的同时，凸显了当地的特色(见图 3)。

图 2　成都市文化馆“文化天府”云平台网页部分截图

图 3　江苏省文化馆“江苏公共文化云”网页部分截图

二、数字文化馆的现状

文化馆是公共文化服务体系建设的重要节点，承担着组织辅导群众开展文化活动、丰富群众文化生活、实现全民艺术普及的重要职能。随着移动互联网的快速普及、群众文化需求的迅猛增长，如何依托数字互联网技术，建设并运营好数字文化馆，为群众提供更便捷、更优质的公共文化服务，建立“互联网+”公共文化服务新模式，是当下文化馆提档升级、参与现代公共文化服务体系建设所面临的重大课题。在这种时代背景之下，加强数字文化馆建设，利用信息技术拓展文化馆服务能力和传播范围，就成为文化馆事业适应时代发展要求的必然产物与逻辑选择。

2015 年 1 月，中共中央办公厅、国务院办公厅印发的《关于加快构建现代公共文化服务体系的意见》中第十七条明确提出，要加快推进公共文化服务数字化建设。财政部、文化部也随后下达了《中央补助地方公共文化服务体系建设专项资金管理暂行办法》《文化部公共数字文化工程管理办法》。各地政府也相应下发实施意见，如 2018 年，山东省出台的《关于加快构建现代公共文化服务体系的实施意见》第十六条中提出创新公共文化服务模式，推动公共文化服务机构馆藏产品数字化，为群众提供数字化服务。这些政策明确要求推进公共文化机构如文化馆等数字化服务，为数字文化馆建设提供了方向指引和建设依据，建设数字文化馆已成为大势所趋。

随着文化部全国公共文化发展中心启动了第一批、第二批数字文化馆建设示范项目，各地对数字文化馆的重视程度逐步提高，先后启动数字文化馆建设工作，对于提升基层公共文化服务的供给能力，推动公共文化服务标准化、均等化建设具有重要意义。按照“十三五”期间分步推开数字文化馆建设的工作安排，至 2019 年全国已有 88 家各级文化馆获得中央财政的支持，实施数字文化馆建设工作。

三、特殊时期的数字文化馆的优势分析

面对数字化、在线化成了一个必选项，数字文化馆在某些功能上完全替代了实体文化馆。由于特殊原因(如天灾、人祸等原因)，人们无法亲自到文化馆参加自己感兴趣的文化活动，而有了数字文化馆，人们足不出户便能通过网络云进行观看和学习，这样依然能感受到群众文化的熏陶，这项举措为宣传群众文化、普及全民艺术奠定了良好的基础。

当前，正值新冠肺炎疫情，人民的日常生活和文化活动受到了极大限制。为了丰富疫情防控期间人民群众精神文化生活，各地群文工作者充分利用互联网和新媒体的渠道，展开一系列防疫宣传、资源服务、互动活动、远程培训以及主题创作等工作。在全民防控新冠疫情的同时，提升了线上艺术文化服务的品质。

因此，数字文化馆在特殊时期较大的优势主要体现在以下几个方面：

(一)巩固了文化馆公共服务的职能

文化馆作为政府的职能部门，是公共文化服务的窗口。数字文化馆通过网络云的形式，更加直观、全面地向人民群众展示文化馆的活动和培训。不仅可以观看当前的内容，还可以回顾经典、浏览预告，随时获取自己所关心的文化资料和活动，在特殊时期依然能够实现真正意义上的全民共享，既保留了自己的原有业务，也以互动互联的方式提升了文

化馆的服务效率。

（二）优化了服务质量

线上推出的各项活动因不受场馆空间的限制，在数量上明显增多。原来一段时间人们只能参加一项活动，现在可以自由地选择多项活动，毫无冲突。为了增加浏览量，吸引广大网民的关注度，更加广泛地宣传群众文化活动，线上的活动质量也得到了显著提升，群众的文化选择度大幅度提高，文化馆也能够在较快的时间内获得群众的信息反馈，信息反馈渠道变得更加畅通，文化馆对于反馈的应对速度也有所提升，在一定程度上缓解了实体文化馆反馈渠道缺失、群众单一接受的问题，在总体上优化了文化馆的服务质量。

（三）拓宽了文化服务群体的范围

较之传统的文化馆，服务群体受文化馆所在区域以及时间的限制，受众范围往往较小，尤其在特殊时期，实体文化馆的关闭给人们带来了诸多不便。而数字文化馆是基于网络虚拟空间，突破了时空和地域的局限，受众群体不论从广度还是深度上都大大增加，用户关注度远远大于线下参观人数，解决了实体空间半径较大，文化馆便利性低的问题，通过多种线上平台运营以及社群组织，受众进行了大范围的裂变，数量呈献直线式上升，参与进文化馆活动中的人数大幅度提高，文化馆的服务效能也会有所提升，从而达到了较好的服务效果(见图4)。

图4　江苏省公共文化云平台统计(截至2020年4月29日)

（四）增强了宣传教育力度

特殊时期尤其是在疫情严重的情况下，全国上下全面打响了抗疫阻击战。各地数字文化馆迅速行动，掀起了线上文艺抗“疫”热潮。抗疫形式多样，多以宣传抗疫知识、讴歌逆行工作者、非遗抗疫为主要内容，充分展现了文化馆人坚决配合打赢这场没有硝烟战争的信心和决心，积极发挥了公共文化服务阵地的示范引领作用。文化馆工作人员身为文化领域的一线人员，通过线上服务方式发挥了文化领域工作者应该具备的作用，起到了软性抗疫的功能，为疫情期间的防疫工作贡献了自己的一分力量(见图5、图6)。

图5 国家公共文化云“抗疫”截图

图6 青岛群众文化云“抗疫”截图

(五)增进了文化交流研究

以网络为平台开发的数字文化馆，信息共享便于更为广泛人群的获取，更容易获得专业群体或者组织的关注，有利于群众文化的专业性研究，文化本质上具有分享的属性，通过线上平台对文化资源进行互享，不仅能够增加文化资源的利用效率，也能够使得群众或专业人士获得前沿的文化资讯，发挥文化资源良好的社会正外部效应的影响力。有些数字文化馆，在网络上提供文化资源、开展网络文化活动甚至还有的开展艺术慕课，这些资源整合大大拓宽了文化馆人学习和交流相关领域专业的渠道，再严重的疫情也无法阻挡群众文化的交流和研究，相反在很大程度上促进了群众文化的传播。

四、疫情期间数字文化馆所存问题

目前疫情的持续发展，各数字资源的访问量骤增，也暴露了现阶段数字文化馆的许多问题，在很大程度上限制了数字文化馆的发展。

(一)数字化平台建设问题突出

1. 平台建设水平参差不齐

目前就数字文化馆的建设国家或者地方还没有出台政策制定统一的标准，网页架构设计五花八门，有的简单明了、有的纷繁复杂，形式多样。甚至有些网站过于形式化，使得人们无法查找到相关内容，平台搭建粗制滥造，严重影响了数字文化馆的应用效果。

2. 平台建设融合性差

信息资源共享与整合服务，平台的融合优势并没有得到充分发挥，较多线上平台尚未与时俱进，无法满足当前人们日益增强的文化需求。

(二)对外宣传力度不够

文化馆的一项重要服务职能就是群众文化的发展和推广，而当前数字文化馆的存在还没有完全被广大群众所了解，特别是群众文化活动的主要参与者(中老年群体)对网络技术接受度不高，参与度不高，不同地域的受众自身也存在相应的数字鸿沟问题，对于线上平台的使用能力参差不齐，从而导致数字文化馆的效能得不到最大限度地发挥，数字化平台的社会影响力有限。

(三)数字化技术人才不足

数字文化馆的建立是基于实体文化馆的，内部人员大多数是以文化研究为基础的文艺工作者，网站的运营需要专业的技术人才，这就要求文化馆要与相关专业人员沟通或者吸收和引计算机专业技术人员。目前各文化馆配备的专业技术人员难以达到相应的要求，从而导致了数字资源转化缓慢，开发利用率低等问题。

(四)监督机制不够健全

1. 数字文化馆的自我监督

绝大多数数字网络平台的安全运行是靠专业的计算机人员进行维护的，由于疫情为特殊时期，对于一些紧急情况，文化馆并未设置日常维护没有相关的行为规范，安全监督方面存在着较大隐患。

2. 群众自发的公众监督

数字文化馆是一种新兴的文化服务，还处在群众尝试的初级阶段，缺乏网络监管机制和有效的反馈机制。

五、关于疫情期间数字文化馆发展路径的思考

公共数字文化建设作为公共文化服务体系建设的重要组成部分，是数字化、信息化、

网络化环境下文化建设的新平台、新阵地，是利用信息技术拓展公共文化服务能力和传播范围的重要途径。因此，数字文化馆的建设和发展需要以人为本、多措并举，切实满足民众的精神文化需求，构建起一座与群众文化相辉映的艺术桥梁，成为文化馆公共服务新的着力点。

（一）要高度重视，加强组织领导和管理

数字文化馆是实体文化馆的拓展和延伸，是现阶段公共文化服务体系建设的重要抓手，是政府展示群众文化服务建设的窗口，特别是疫情期间更是人们感受和学习群众文化的唯一途径。因此，要切实做好统筹规划，同时要增强自身的文化馆互联网意识。借助多方面的力量，依托各平台如社区文化中心、文化站、文化广场等公共文化基础设施，夯实数字文化馆线下体验设施，注重与教育、科研等系统的合作共建，形成合力，在人员整合以及资源整合上发挥平台的网络效应，通过链接社会力量，促进结点的功能发挥，共同促进数字文化馆的建设。同时要加大资金投入和宣传力度，做好推广普及工作，让群众充分了解、充分享受公共数字文化服务，使公共数字文化建设成果切实融入人们的日常生活，提高全民的文化素养。

（二）要提高质量，推进数据资源共享

加强数字文化馆的资源建设，建立基于大数据决策的机制，增强数字化平台运营。利用大数据本身具备的优势，以大数据资源管理库为基础，整合数字文化馆各个资源，并加以利用；同时，各层次文化馆之间加强交流、融会贯通，不同文化馆之间也要互通互联，打开文化资源库，以开放包容的态度簇拥合作，形成合力，更加重要的是不同文化观在达成标准化的基础上需要进行个性化定制，点面结合，为广大群众提供更加全面、高效的信息服务。

（三）要注重培养，增强专门性人才队伍建设

一要加强数字化业务培训，不断提高从业人员的思想水平和业务素质，培养一支既具备较高技术素质和专业知识，又具备实际技能的人才队伍；二要不断完善开放型人才体系，坚持培养和引进并重的方针，加强沟通，打造一支结构合理的专业技术人才队伍；三要拓宽视野，把社会工作者、文化协管员、文化志愿者作为人才队伍建设的有机组成部分，切实做好人才配置工作，通过提高服务人员素质水平，善用社会志愿者资源，充分调动人力资源的积极性，以适应公共数字文化建设工作的需要。

（四）要强化监管，提升公共服务建设水平

数字文化馆不仅要进行数据自检自纠、网站维护还要建立公众监督机制，保障公民的信息权，维护国家的信息安全。因此，在提升专门性人才自身素质的同时，建立与政府决策衔接、与群众需求沟通的反馈机制，有针对性的输出，完善搜索反馈功能，实现数字文化资源的标准化与全面性的有效结合。

六、结语

总之，疫情是暂时的，数字文化服务常态化建设是长远的。必须重视和发展数字文化服务资源建设和数字平台运营，利用"互联网+"优势，加大宣传力度，同时要线下线上双向发力，切实提升文化馆公共文化服务效能，有序推进文化馆建设高质量发展。

◎参考文献

[1]李俊洁. 浅谈建设数字文化馆的重要性[J]. 大观，2016(4).
[2]肖贵中. 互联网时代数字文化馆的建设现状及发展方向[J]. 电子技术与软件工程，2018(16).
[3]梁凤宁. 互联网时代下数字文化馆建设的思考[J]. 神州民俗，2017(8).
[4]晁秀来. 论文化馆的现状及建设的意义[J]. 文化之窗，2011，0020(C)-0144-02.
[5]耿晨. 文化馆数字化建设中困境和思路[J]. 文化产业期刊网，2018(4).
[6]翁海燕. 数字文化馆对群众文化发展的重要作用[J]. 群文天地，2015(6).

区 域 篇

夜文化对提升城市软实力的实践与思考

——以“青岛夜色美”街头文化艺术汇系列活动为例

杨惠麟　高　璐①

摘要：“十九大”以来提倡的“文化自信”及“文化软实力”的主题提升日益受到大家的重视。在提升整体公共文化服务能力的过程中，缺少不了积极探索创新路径的思考，我们应以全新的定位来满足人民对美好生活的向往。其中，“夜文化”作为城市文化的一部分，对于发展城市经济，提升城市形象，做出了较大的贡献，近年来在城市文化与形象建设打造中显示出巨大的潜力。本文就以青岛“夜文化”建设为研究主题，围绕开展的“青岛夜色美”街头文化艺术汇系列活动，具体阐述青岛夜文化的运作模式、发展路径、社会影响等，并就夜文化如何提升城市竞争力、吸引力等方面进行了探讨，以期为青岛市特色文化建设提供新的创新思路。

关键词：软实力　公共服务　夜文化

夜文化，以更生活化的底色，显示出城市巨大的生命力。

软实力概念是由美国哈佛大学教授约瑟夫·奈于1990年提出的。他认为，软实力是“一种能力，即通过吸引，而不是以强迫或收买为手段来达到目的的能力”，是文化吸引力体现出来的力量，也是世界各国制定文化战略和国家战略的一个重要参照系。“十九大”以来，“提高国家文化软实力”不仅是我国文化建设的一个战略重点，也是我国建设和谐世界战略思想的重要组成部分，更是实现中华民族伟大复兴的重要前提。在这样的大背景下，城市特色文化建设的创新显得尤为重要，在近年来诸多文化服务形式中“夜文化”作为城市文化的一部分，正发挥着它特有的魅力。“夜文化”的灯光、炫彩、梦幻大大延展了城市生活的快乐时刻与美学空间，为我们展现出如梦如幻的新美学与新趣味。夜色中，参与者可以更好地释放自己的性格与喜好，多姿多彩的文化活动成为夜色中独特风景，使得城市的多彩底色跃然而出。

一、“青岛夜色美”街头文化艺术汇系列活动基本介绍

“青岛夜色美”街头文化艺术汇系列活动是由青岛市文化和旅游局主办，青岛市文化

---

① 杨惠麟，青岛市文化馆数字文化中心主任；高璐，青岛市文化馆，办公室副主任，研究方向：公共文化服务政策创新与实践。

馆及各区市文化和旅游局共同承办的城市文化建设特色活动之一，并荣获“2019青岛国际时尚季”最时尚活动，此项活动以兴起于海岸线的“夜文化”这一主题为撬动岛城公共文化服务新样式的杠杆，推动青岛“夜经济”等多种业态同频增长，这一活动逐步成为这座美丽海滨城市夜晚最动人的风景。

该活动自2013年以来，已连续举办七届，举办时期为每年6月至10月的旅游旺季，具体时间是每周二、四、六、日傍晚7：00—10：00。具体活动形式是在全市沿海一线景区及各区市各主要街区、公共场所，来自岛城的本土乐队、文艺团体为岛城市民及中外游客，带来展现开放、现代、活力、时尚城市形象的艺术表演。据统计，2019年5—10月，全市十区市相继开展“夜色美”街头文化活动，累计超过5000场，参与文化志愿者10万人次，观众人数达百万人次，收获良好的反馈与评价。

纵观“青岛夜色美”街头文化艺术汇系列活动，呈现多样性、创新性、示范性、转换性的特点。

1. 文化活动多样性

一个地区文化的丰富性与参与度，是衡量城市文明以及市民幸福程度的标尺之一。“夜文化”较之日常文化活动，具有独特的特质和乐趣，更多样甚至特立独行的生活样式为更多人期待。七年来，“青岛夜色美”街头文化艺术汇系列活动，从海边、街头小提琴、萨克斯等小型器乐表演，到沿海一线大范围的文艺活动，逐渐形成覆盖全市十区市，遍及各大景区、广场、社区的夜间生活新潮流。其活动形式不仅包括小股街头行为艺术，还包括有规模的综艺秀场，近年来的网红直播、VLOG等新玩法层出不穷，多种活动样式，让夜色更“潮”，让生活更多变。

2. 文化形式创新性

首先，灵活演出形式，突破演出时间、场地的限制都是青岛“夜文化”活动的特色之处。从时间上，聚焦夜晚，丰富各区市夜生活；从地点上，街头互动式演出，突破演出场地的限制，新颖灵活的活动样式，不仅丰富了岛城夜生活，也为岛城市民提供更多元的生活方式、生活乐趣。夏日里，无论是城市的公共场所，还是乡村的田间地头，都是文艺表演的舞台，这种游走在城市肌理的文艺形式，切实走进基层、走进百姓，不仅消除文化盲点，同时又与青岛这座浪漫城市的气质不谋而合。有媒体称其为“城市里，一份流动的文化礼物，它结合了当下市民快节奏的生活需求以及岛城的气候特点，组织当地优秀艺术人才和队伍走上街头，让市民在日常生活中随时与艺术相遇。”再者，由“表演”到“景观”的功能拓展。融入沿海一线和旅游景点的街头艺术表演，由单一的文娱活动升级为复合型的文艺景观。青岛市南区、崂山区、西海岸新区都有优美的海岸线，每年旅游黄金季，该区域着力海滨景区，在栈桥浴场、麦岛金沙滩、西海岸唐岛湾等地举办系列夜间文娱活动，“夜色美”的含义，不仅包括景色的优美与宜人，还因有艺术氛围的加入，让游客对这座城市的文化底色有了更快捷和更深入了解，也让城市夜晚因为文化生活的点缀更有品位。

3. 文化经验示范性

经过多年的积累与发展，“青岛夜色美”街头文化艺术汇系列活动正在释放出巨大的活力、动力。始于2013年，由青岛市文化馆组织、实施的“青岛夜色美”街头文化艺术汇系列活动，作为全市公共文化服务建设带头人，在逐步克服资金短缺，人员不定、天气多变、场地协调等各种困难后，其新颖的演出形式，亮眼的演出效果，备受社会各界赞誉，该活动随即在全市推广、普及，经过几年网络带动、形式复制，以及创新发展，该活动由已由街头小股公益表演，逐步形成各区市群众文化艺术节、时尚综艺秀、夏日欢乐大舞台等公益文化品牌，逐步点燃整个城市的文化版图。

4. 文化功能转换性

城市的区域特质与人文资源，通过文化资本再生产和相关的运作过程，能够让文化资源实现更多自身价值。“青岛夜色美”活动，在丰富岛城夜生活的同时，逐步将活动地点、活动方式放置在经济运行轨道中，“夜文化”转换成推动经济的活性酶，助推夜经济等多种业态发展，2019年11月，在首届中国夜间经济论坛上，青岛入选全国“夜间经济十佳城市”。其中，以青岛市北区“夜色美”活动为例，每年夏季在市北区台东三路步行商业街、青岛啤酒街、青岛文化街、婚纱一条街、科技街等在内的台东商业圈，由坐落其中的青岛市北第二文化馆，在此定期举办HOT街头音乐会，夜色中，一场场啤酒与音乐相碰撞的夏日街头，在凸显城市热络的烟火气与幸福感的同时，餐饮、娱乐、购物、交通等多种经济业态，也随之持续增长。

“夜文化”建设是提升青岛市公共文化服务能力的重要举措，为市民及游客带来了切实的文化感受以及丰富的文化活动。众所周知，公共文化服务是城市文明的窗口，也是城市好感、认同感的无形广告。“青岛夜色美”街头文化艺术汇系列活动，在提升公共文化服务效能的同时，正在逐步成为青岛城市魅力的代言人。

二、“青岛夜色美”街头文化艺术汇系列活动举办的社会意义

（一）聚焦时空洼地，提升全市公共文化服务效能

第一，发挥夜文化造血功能可以有效增强公共文化活力。通过街头的培育与磨砺，文化志愿服务参与团队日益壮大。据统计，参与该项活动的文化志愿者人数，2013年达上千人，至2019年，已有10万人次，参与形式也由单一个体发展为团队、机构的集体参与。该活动有效激活全市公共文化服务造血功能，并由此带动各区市培训、辅导、展览、巡展等文化活动全面开花。

第二，延伸公共文化服务的广度与深度。兴起于海岸线的“夜色美”活动，具有强大的生命力和号召力，并着力贫困村、田间地头，成为点亮乡村田野的希望之灯。该系列活动中“希望的田野”文化志愿服务进农家活动，借助全市优秀文化志愿者力量，平均每年在黄岛区、城阳区、即墨区、胶州市、平度市、莱西市等地演出100场次、展览30余次，

辅导培训50余次，不仅高效利用各类文艺资源，更为当地营造良好文化扶贫、文化脱贫的舆论氛围。

第三，依托文化馆总分馆制，形成点线面全域欢动。囿于资源、环境等差别，各地区文化发展参差不齐。该活动依托文化馆总分馆制，以市文化馆总馆的活动模式为样板，由总馆向分馆逐级复制，并开创巡演、巡展等流动服务样式，演出团队、演出设备等各类资源都能有效利用，形成人、物、渠道的通畅与融合，在完善公共文化服务生态系统的同时，均衡文化资源，让更多的百姓以及农民朋友享受到优质公共文化产品。经过多年的累积，各区市不仅将市级示范活动样式有效复制，并因地制宜地形成当地特色文化品牌。

第四，巧借外力，优化公共文化资源配置。通过项目招标、政府购买等多种方式，吸纳社会组织参与。2019年为全力配合打造青岛国际时尚城建设攻势，升级夜文化的影响力与传播力，决定在行业内部进行公开招标，最终有3家公司竞标成功，成为首批“夜色美”项目的外援。经过一段实践证明，项目招标的方式，既招来一批“性价比”较高的文化企业，又能筛选出一批“信价比”高的体制外团队。此举既降低了组织者的活动成本，提升了演出效果，锻炼了队伍，丰富市民百姓精神食粮，受到社会广泛好评，可谓一举“多赢”。再者，政府购买也是岛城夜文化成功运作的另一模式。2019年8月，通过政府购买的方式，由岛城某演出公司操刀，举办了青岛市首届“乐吧”艺术节，作为2019“青岛夜色美”系列活动的重要项目，其活动丰富多样，包括国内顶尖乐队的现场演出、音乐论坛沙龙吧、音乐地图发行等板块，在多个网络平台现场直播助推下，近百万市民踊跃参与，线上、线下场面火爆，反响热烈。政府以购买服务的形式，推动音乐产业与时尚经济并驾齐驱，在优化公共服务资源配置的同时，挖掘利用社会资源，有效促进文化资源供给侧改革。

第五，促进全社会和谐发展。该活动向贫困村、向田间地头延伸，并在均等普惠的基础上，有重点的面向农民工、新市民等弱势人群倾斜，不设门槛、没有围墙的街头露天文艺活动，为没有经济能力去大剧院、电影院、音乐厅体验高雅文化的群体，提供了免费的精神食粮。街头夜文化正是符合他们文化消费能力、文化体验的重要渠道。

经过多年发展，青岛已形成了众多知名公共文化服务品牌、服务团队，积累了丰富的文化资源。由此丰厚土壤应运而出的“青岛夜色美”街头文化艺术汇系列活动，自带人气与潜力，随着文化和旅游的深度融合，氤氲在夜色中的艺术因子，成为发酵这座浪漫城市气质的巨大能量团。

(二)升级“夜文化”活动形式，提升城市软实力的发展路径

1. 把握文旅融合新形势，依托城市发展战略，打造有温度、有性格的城市氛围

街头，是城市风情的焦点，与青岛这座美丽海滨城市而言，海边街头，更是“海滨风情”与“青岛故事”完美契合点，在此孕育而出的“青岛市夜色美”街头文化艺术汇系列活动，成为青岛开放、现代、活力、时尚的城市形象代言人。

第一，着力旅游景点：在全市黄金地段沿海一线景区、中心广场及各区市主要街区设定演出地点，在标志性景区、或地点，开展多元化的艺术形式，内容丰富具有正能量，反

映百姓对美好生活向往的健康、高雅的演出活动，让市民在日常生活中感受经典文化艺术氛围，幸福欢乐的场景与美景融合交汇，形成这个城市幸福的基调。

第二，地域特色鲜明：在遍及全市十区市的“青岛市夜色美”街头文化艺术汇系列活动中，各区市彰显各自地域特色。如市南区依托老城区举办“爱尚市南·走进老城”，市北区 HOT 音乐微演艺，李沧区“八月戏曲艺术汇 增添李沧夜色美”惠民演出，崂山区“石老人原创沙滩音乐季”，城阳鲁邦国际风情街区“一站式品质夜生活”等，鲜明的区域特色活动，形成千姿百态的城市风情。

综合来看，自 2017 年 7 月，青岛开展“全面提升城市环境品质建设美丽青岛三年行动”(简称“美丽青岛行动”)以来，“美丽青岛行动”夜景亮化提升工程实行在这两年多的时间让浮山湾周围成了新晋网红，而点缀其中夜晚文艺演出，与灯光秀融为一体。随着青岛旅游人数的增多，五四广场及浮山湾沿海游人如织，在看灯赏海的同时，看一场浪漫、高雅的艺术演出，成为夜游青岛的时尚搭配，也成为闪亮的青岛名片。

2. 建立城市现代文化传播体系，增强夜文化辐射力

传播是文化的内在属性和基本特征，一切文化都是在传播的过程中得以生成和发展。首先，带动城市多业态生长空间。遍及全市十区市的夜色美主题活动，如分布在全市景区的珠子，在文艺的纽带牵引下，点燃夏季夜晚，同时以夜色美活动区域为中心，延伸出多元、有形的产业，如旅游、餐饮、住宿、购物、艺术、交通等，并以点带面向外辐射，延伸，形成一个个活力群体，带动城市夜经济繁荣发展。其次，打造时尚城市，吸引年轻群体。近年来，青岛着力打造国际时尚城建设，而时尚的主要特征就是吸引全球年轻人来青工作、生活。有研究者发现，全国夜间经济消费东西部差异明显，北京与东南沿海最活跃。这对于招贤纳士的青岛来说，或许也构成启示：既然年轻人喜欢夜经济，那么打造更有吸引力的城市夜经济，培育更适合年轻人居住的休闲环境，也能成为一种城市“软实力”。最后，运用多元手段，营销城市文化形象。在人人都是媒体人的时代，城市文化形象的塑造应当从旅入手，向文挖掘。近年来，随着传播手段的丰富，城市形象也应当顺应融媒体时代发展趋势，通过互联网、短视频、新媒体等多元手段，挖掘文化内涵、彰显城市精神，开启城市品牌由依赖“硬”推广到“软”传播的转变。

三、关于提升青岛“夜文化”活动建设水平的思考及路径

(一)优化夜间生态体系是推动夜文化高质量发展的重要路径

目前，优化“夜文化”生态体系主要着眼于以下几个方面：首先，打造“夜文化”特色品牌。充分挖掘本地夜间的旅游观光资源、娱乐休闲资源、餐饮美食资源，合理布局“夜文化”“夜美食”“夜旅游”“夜娱乐”“夜购物”等夜间生活业态功能区。其次，充分挖掘本地文化内核，串联历史文化名片资源，推进历史文化、地方生活文化与夜间文化深度融合，结合数字文化、影视文化、移动文化、网红文化等创新文化的场景和玩法。再次，培育特色精品的夜间文化示范区，打造特色化的夜间休闲生活聚居区和旅游景观带，推出更

多亲民化、特色化、精品化的夜间活动项目。特色文化示范区可以为青岛市民及游客带来良好的文化体验感，在参与特色夜间休闲生活活动的过程中，深入感受来自青岛的城市魅力，更好地传达了青岛的文化与城市精神，切实将公共文化服务水平的提升落到实处，促进优质城市形象的建立与宣传。

（二）开拓文化服务建设动力新源泉，鼓励社会力量参与公共文化服务建设

社会力量是现代公共文化服务体系构建过程中的重要参与力量。随着人民群众美好文化生活需要的增长，社会力量在新时代背景下的参与正好可以发挥其在公共文化服务供给中的灵活性、多变性和丰富性，以更好地满足人民群众多样化、个性化和符号化的文化消费需求。在新时代的引领下，各级政府应加大策展支持，鼓励公共文化服务供给从文化系统"内循环"转变为外界社会"大循环"，吸引更多社会力量参与夜间文化项目的投资与实施，形成公益力量与社会力量的合力，形成完善的夜文化、夜经济运营圈，打造夜文化品牌，释放夜文化活力，使百姓成为公共文化服务质量不断提高的真正受益者。

（三）把握互联网数字化发展趋势，推动公共文化数字化参与城市"夜文化"宣传，提升全国知名度

我国公共文化领域的数字化在"十三五"时期得到一系列政策的有力支持而实现了快速发展，为传统公共文化服务提供了更为快捷、方便的服务平台和技术支撑。通过借鉴这一大趋势，可以将青岛市"夜文化"活动的建设推广纳入网络宣传的平台，利用当下热门的新媒体社交平台，积极推广宣传青岛"夜文化"活动。一方面，吸引本地及外地更多人群的关注与参与，促进活动的开展与丰富化。另一方面，收集采纳更多的意见和建议，可以不断改进与调整文化活动中的方式方法，做到与时俱进，从而推动青岛这张城市文化建设的名片为更多人了解和喜爱。

经过多方实践与论证，大力发展青岛市"夜文化"，对于助推多业态发展以及打造城市形象具有重要作用。但目前，"夜文化"无论是发展规模还是影响效能，都处在初级阶段，接下来青岛市政府还应加大政策支持，文化机构应积极响应政策，充分挖掘地域文化内核，优化夜间文化、旅游、经济环境，培育特色精品的夜间消费功能区和示范区等方面一起发力，共建美丽家园、魅力城市。

发展民族地区县域旅游的难点与对策探究
——以西藏仁布县为例

贡嘎曲杰①

摘要： 民族地区县域旅游发展带动当地经济发展、促进群众增收功能日益凸显，受历史、区位、交通和人才等条件的制约，民族地区县域旅游发展不平衡，如何破解民族地区县域旅游发展面临的难题成为民族地区县域旅游发展的关键。本文以西藏仁布县旅游发展现状、面临的困难以及旅游景点分布特点等为切入点，分析可持续性发展民族地区县域旅游的难点，探索发展民族地区县域旅游的对策。

关键词： 民族地区　县域旅游　可持续性发展

随着社会发展，旅游产业已成为区域经济重要的增长点。这一点，在以旅游业发展为主的地区尤为明显，文旅融合成为加速经济发展，成为助推当地文化风气形成的重要因素。近年来，受全国旅游业迅猛发展的大趋势影响，西藏的旅游业快速发展，已成为西藏第三产业中一个重要的增长极，西藏县域旅游业在旅游热潮和政策的双重带动下，初具规模。目前，民族地区旅游资源丰富，县域旅游可挖掘的旅游内容很多，合理利用县域内的文旅资源，加快其产业化步伐，发掘其民族特色以及价值内核成为其发展的重中之重。由于受历史、区位、交通和人才等条件的制约，和民族地区旅游景点又存在散、偏、小、基础设施不完善等因素制约，县域旅游对经济发展的带动作用不明显，"旅游致富"成效不大。本文以西藏仁布旅游为剖析，探讨破解县域旅游发展难题，从因地制宜等角度探索发展民族地区县域旅游的对策。

一、民族地区县域旅游发展现状

(一)旅游资源丰富

在我国，民族地区旅游资源丰富，以仁布县为例，"仁布"藏语意为"聚宝盆"。仁布县位于西藏自治区南部、日喀则市东部。东倚山南地区浪卡子县，南邻江孜县，西靠日喀则市桑珠孜区、南木林县，北与拉萨市尼木县隔江相望。仁布县地处冈底斯山与喜马拉雅

---

① 贡嘎曲杰，西藏日喀则市仁布县文化广播影视服务站站长，研究方向：少数民族地区县域文化旅游发展。

山之间，境内山高谷深，山峦起伏，沟壑纵横，河流密布，平均海拔 3950 米左右。主要河流有雅鲁藏布江，及其支流茶曲、扎曲等。2019 年末，仁布县居住有汉族、藏族、回族、门巴、珞巴、土家、满、蒙古、白、布依、彝、赫哲、朝鲜、傣等 14 个民族，总人口 36 171 人，占地面积 2124. 11 平方公里。

全县可供游客参观旅游的景点就有 50 余处，旅游资源丰富：雍则绿错湖位于仁布县德吉林乡，距仁布县城约 70 公里，相传此湖能显示今生来世的祸福。因此，雍泽绿措湖被群众视为可以“观相的神湖”；强钦寺全名强钦却德寺，坐落在仁布县城强钦村宗山脚下，坐北朝南，依山而建，右傍县政府，左临门曲河，占地 90 余亩；勇则律神湖“勇则律神湖”镶嵌在仁布县德吉林镇宗巴村的则雷山下，东北距县城 29 公里。海拔 5300 米，南北方向三面高山环抱，一面较低，“神湖”呈锅底状，湖面面积为 12 739 平方米。“勇则律神湖”景色宜人，神奇迷离，观湖幻景可以占卜吉凶预兆，扎什伦布寺在测选班禅灵童前，到该神湖占卜观相；其中仁布县周边景点夏鲁寺极为清净，是古寺有别于黄教各大寺庙的一个特点，夏鲁寺始建于 1084 年。除此之外，仁布县周边景点扎什伦布寺，简称扎寺，位于日喀则成西日光山南侧，建于 1447 年，由一世达赖根教珠巴主持兴建。仁布县特产金银器、藏刀、藏毯。而望果节则是仁布县的重要节日之一，极具当地民族特色，该节主要是在开镰之前农事稍闲时，全村男女着上新装和僧侣一道列队转游庄稼地。队伍由持炷香、经幡、经书、宝伞、宝瓶、手鼓、锣钹、法号、彩箭的善男善女引路，全村人跟在后面。队伍按东南西北方向转游，每至一方祭此方神。在行进的途中不断地吹号、摇鼓、诵经、挥舞彩箭呼喊：“恰也怙秀，央也怙秀”，烧香敬供村神，祈求丰收。

(二)旅游业发展初具规模

“旅游富县”“让老百姓吃上旅游饭”逐步成为各级党委、政府的共识。同样，以仁布为例。2010 年仁布成立旅游局，经过十年的发展，仁布旅游可概括为“奇石墨玉赏戏、圣山神水观湖、名寺古塔寻宗”。2019 年，全县旅游接待人次达 145 603 人次；旅游总收入 5058. 64 万元。目前，仁布县已逐步形成以强钦寺、雍泽绿观相湖、嘎布久嘎民俗村、宗嘎雅江秘境等 4 个国家级 3A 级景区为带动的全域旅游。

通过发展旅游，许多自然景点和人文景点得到开发，文物古迹得到修复，非遗得到传承与保护，旅游收入让群众的钱袋子鼓起来，通过提高当地的旅游资源对游客的吸引力，不断扩大旅游资源的地域范围，深度开发多种物质的、非物质的，有形的以及无形的文旅资源，发掘其美学特征、休闲康养价值以及文化历史价值，为当地的旅游产业创造出新的附加值。

二、发展民族地区县域旅游的难点

在我国，民族地区县域旅游资源丰富、政策扶持力度大、民族文化特色都是民族地区县域旅游发展的有利条件，但同时也还存在一些制约民族地区县域旅游发展的因素。如，旅游景点的散、偏、小、配套设施的不完善。这些制约着县域旅游的发展。

(一)旅游景点散、偏、小

在民族地区，旅游资源丰富，可以说每个县都有吸引游客的景点或旅游产品或特色。特别是近年来，各地都在政策、资金等方面对旅游加大投入，景点的配套设施也较完备，但是到景点来的游客还是不多。“酒香不怕巷子深”，这还真不适合旅游业。

在民族地区，许多的旅游景点都是远离主城区或经济较发达的区域。如，仁布的雍泽绿观相湖，在距离县城30多公里的山上，景点位置偏，景点小，购物等方便游客的配套设施不完善，到雍泽绿观相湖去一次，需得自己雇车，自带餐饮，到景点参观也就1小时左右，但来去要一天。雍泽绿观相湖有名气，但因为地理位置偏，景点小，游客游玩意愿不强烈，特别是县域外来的游客，没有几个人愿意花一天的时间去看1个小时就能体会完的景点；游客少了，做配套服务的，如餐饮服务的就不愿意到这儿来了。游客少，服务跟不上，收入自然而然就少了，这基本上也是所有偏、小景点共同面临的困难。“散”也是民族地区县域旅游景点的一个重要特点，在我国，绝大多数民族地区是地广人稀，旅游景点与旅游景点间的距离较远，旅游景点分布较“散”，即使是在各项都较好的主城区或经济发达去，景点也分布较“散”，一天看七八个景点是常发生的事，景点与景点距离不远，配套服务能跟上，还可以。如果太“散”，配套跟不上，“散”就制约游客。在一个县域，要看完县域的所有景点花上三四天或更长，较少外地游客愿意体验此种旅游。

旅游是快餐，不是品红酒。由环境约束引发的恶性循环在一定程度上降低了游客的旅游体验，增加了旅游过程中的阻力因素，便利性的降低使得游客对于旅游景点以及当地风俗风貌的整体评价也相应下降。

(二)开发的经济价值低

在旅游开发中，对于投资者来说，旅游项目的资金经济、市场前景和投资量都是关键，特别是收回投入资金的时间以及投资回报。国家或地方政府的投入，只能够满足基础配套设施的建设需求，公共力量的投入并不能覆盖民族地区县域旅游发展过程中的全部环节、全部领域，其他的服务如餐饮、住宿等都还是需要社会资本的投入。与此同时，社会力量的智力资本以及新型技术的运用能够为当地旅游增添个性化色彩，发掘当地文旅资源的同时也能紧密贴近市场，洞察消费者需求，社会资本的经济投入、人力投入能够起到激发该地旅游的创造活力以及创新动力的作用。

而民族地区县域旅游，由于受景点散、偏、小的影响，投入成本增加，成本收回周期长，大范围的通过投资者开发民族地区县域旅游就显得举步维艰。民族地区的县域旅游开发往往面临着社会力量的参与积极性较低，经济效率降低，商业风险提高的问题。在这种情况下，民族地区县域旅游经济开发就需要地方财政的投入或者争取国家投入，此种困境进一步拉长了县域旅游开发的周期。

结果就出现这样一种现象，政府投资修了景点的路、厕所、观景台等基础设施，但是景点却没有人气，也就是游客来了自行游玩，没有配套的服务。如，仁布雍泽绿观相湖景点，有基础公共设施，但是一些必备的配套服务却极为匮乏。

(三)旅游发展的可持续性较小

旅游资源开发过程中的产品定位是吸引游客的首要考虑，通过扩大旅游资源的市场占有率，让游客成为旅游地点的“回头客”则是旅游后续过程中可持续发展的关键。民族地区县域旅游可持续性发展的内核为该地的文旅发展既能使个人得到充分发展，又能够保护该地的资源和生态环境，经济、环境以及社会三个方面都得到合理发展，跨际间发展成为可能，

虽然民族地区县域旅游发展的产品定位较为清晰，很容易与市场上其他的旅游产品相区分，差异化较大，较容易抢占消费者的心智资源；但是由于区位约束以及交通制约，外加旅游地的硬件设施和软件配套无法紧跟市场步伐，旅游地的可持续性发展的可能性较小。仁布县作为西藏极具民族特色的县域，对于外地游客具有天然吸引力，但是其脆弱、亟须切实性保护的生态也是我们需要重视的问题。

同时，我们不难发现，在自媒体平台爆炸式发展的今天，越来越多的具有民族特色的县域成为“网红打卡点”，旅游成为一次性用品，网红的背后是褒贬不一，很多游客反应旅游地实际情况并非如网上所言，在一定程度上也降低了民族地区县域旅游在长远时间规划内的吸引力。

三、发展民族地区县域旅游的对策

(一)因地制宜，合理规划，融入乡村振兴

在民族地区，旅游景区、景点都带有浓郁的民族特色。如西藏旅游景点就有两个重要的特点：宗教文化和清新的自然景观。带有藏传佛教宗教文化的旅游景点，在西藏随处可见。如何更好地把宗教文化融入旅游中，融合到清新的自然景观中就成为西藏旅游首先要考虑的问题。在开发民族地区县域旅游过程中，首先要考虑的就是将自然景观、人文景观以及地域文化有机的融合在一起。对景点、景区原生态的事物要减少人为干预甚至是不干预，采取保护性的开发，让新建的与原生的相得益彰。根据当地的本土条件进行市场化开发，尽可能保留当地特色，在分析当地旅游资源禀赋的基础上，考虑当地的社会条件，将其经济背景、社会保障条件以及管理水平考虑在内，更加重要的是考虑到当地的文化发展水平，以文化为魂，兼容并蓄地发展当地旅游业，让旅游资源进一步升华为可利用的旅游产品，丰富其内涵，衍生其外延。

在民族地区，很多的旅游景点、景区都是处在乡村，在开发这些旅游资源时，要借助乡村振兴，把乡村振兴规划融入旅游开发中，活用当地的人文资源以及劳动力，协调旅游开发中利益相关者的利益，处理好期间的利益牵涉，达到开发商与乡村共赢。

(二)重点打造优势明显的旅游景点

民族地区旅游景点散、偏、小这一普遍性，决定了民族地区县域旅游遍地开花结果是无法实现的。县域旅游要实现旅游产业发展，就必须重点打造区位优势明显的旅游景点。

这些旅游景点要具有三个特点：一是具有民族特色且可开发，民族特色是吸引游客的关键；二是交通较为便利，服务设施到位，酒好要走上好几里路才能喝上一口，这不是现代人追求的；三是能辐射带动周边，这是旅游产业做大、做强的关键。如，仁布县嘎布久嘎寺附近，有泽玉吉彩寺、火车站、开发区、雅鲁藏布江与门曲和交汇处、强钦寺、措拉嘎布等几个可供游客参观、游玩、休息的景点及配套设施。

加强旅游景点的项目开发优势，在充分进行可行性研究的基础上，对当地的客源市场以及环境影响进行分析，从而进一步确定民族地区旅游景点的发展目标以及形象定位、功能定位。在此过程中，当地政府必须要关注旅游的环境承载力，关注自然经济与社会环境的变化，以及旅游系统内部各要素之间的联系与变化，维持民族地区原本就较为脆弱的生态环境。

(三)加大宣传力度，打造民族特色旅游品牌

推动旅游业的发展，宣传是一个重要的途径。游客的口口相传，能提高旅游景点的知名度，但更多还要依靠各种媒体和旅游景点自身的实力来说话。针对不同的群体开展多样化的宣传，为景点营造宣传声势。针对性宣传主要需要利用线上平台以及线下活动等多种方式，采取线上线下联动的模式，根据民族地区县域内特有的文旅资源进行妥当的定位选择，并在此基础上开通能够反映当地一手旅游资讯的一些平台账号。

民族地区旅游吸引游客，也就是县域旅游的看点是区域性的民族特色，不论是在宣传还是旅游产品开发上，一定要保持这种民族特色，避免旅游产品的大众化，千万避免出现“俄罗斯套娃中国产”这种现象，民族的才是最真的原生态。在注重保持民族地区的民族性之外，旅游作为一种体验式活动，旅游品牌的打造并不仅仅是口头宣传，在择定宣传方式的框架内，我们更加需要重视其内在的填充，使旅游体系充实，能够真正满足消费者的需求，增强游客深入当地民族特色生活的旅游体验是品牌打造的核心。

(四)吸引本地区游客是推动县域旅游发展的重要途径

吸引外地游客，甚至是国外游客来旅游，对推动旅游业发展固然很重要。但，千万不能忽视本地区游客对旅游的推动作用。从国内这几年“五一”小长假游数据可以看出，国内很多旅游景点的游客绝大多数是旅游景区、景点周边的人，由于时间短，大家走太远不可能，在家门口旅游就成了小长假许多旅游爱好者的首选。县域旅游的发展，如若不能带动本地区的游客旅游，可以说县域旅游的一种失败。

吸引本地区游客的重点在于满足本地区游客的偶发性“新鲜感”，同时提升景区的便利性，提供便利的出行方式，以及针对本地游客提供如“套票”等常态化营销服务。加强本地区游客的短途旅游体验，有利于保证景区日常运营的活跃性，是民族地区旅游可持续性发展过程中需要重点关注的问题之一。

(五)协调各方力量，降低民间资本进入门槛

民族地区县域旅游的发展不能仅仅依靠地方政府的助力，协调以及利用好社会多方力量，寻求加强民间资本的入驻途径，加强政府政策的杠杆作用，利用政策吸引社会力量的

进入，同时降低民间资本的进入门槛，在尊重民族特性的基础上，简化民间资本入驻的审批程序，同时加强对于其风险承担的担保力度，增强社会力量对民族地区县域旅游发展的信心。

发挥当地群众的志愿者精神，组成具有自发性以及积极性的旅游景区志愿者队伍，在降低景区运行成本的同时，也能够让游客感受到当地的民风民俗，为当地的旅游服务团队增添新鲜可长久性换代利用的血液，增强景区自身的“造血”能力。

四、结语

作为提升民族地区经济发展，增强其文化魅力以及文化影响力的重要途径，旅游承担起了推进民族地区县域物质条件提升以及精神水平提升双重发展的角色，只有突破目前的发展困境，通过因地制宜，结合当地实际情况、发展需要以及目标规划，融合社会力量，发挥好政策的正外部效应，才能够从本质上为民族地区县域旅游的可持续性发展寻求新的提升路径；在此基础上，民族地区县域旅游的发展也为该地的扶贫扶智以及民族融合起到了积极的推动作用。

本文从以上几个层面进行剖析，为下一步的深入研究抛砖引玉，与同行共勉。如何做好民族地区县域旅游发展，破解民族地区县域旅游难题，寻找民族地区县域旅游发展对策，是一个综合性很强的课题。在今后的时间内，提升民族地区县域旅游的体验性，凸显其民族特色，加强其品牌效应、品牌声量依旧是我们需要重点关注的重要问题。

◎参考文献

[1]蒲柯竹. 西藏民族文化产业发展路径分析[J]. 企业科技与发展，2019(5)：251-252.

[2]罗香妹. 民族文化产业与少数民族乡村旅游协同发展的策略研究——以“壮族三月三，八桂嘉年华”文化旅游品牌为例[J]. 农业经济，2019(6)：79-81.

[3]聂晓茜. 从民族村寨服务质量谈民族文化旅游的发展[J]. 旅游纵览(下半月)，2020(1)：61-62.

鄂州市文旅融合过程中的特色文化品牌营造探析

江文洁①

摘要：鄂州市历史悠久、源远流长，史称“东鄂”，源于商周鄂侯之封地，公元221年孙权改“鄂县”为“武昌”沿用近1700年之久，“鄂”与“武昌”的知名度毋庸置疑，是鄂州市独具特色的文化名片，做大做强做实鄂文化、武昌文化，将会使鄂州市成为名副其实的湖北文化窗口。航空都市区的落成，鄂州市将成为世界的窗口，将成为湖北省乃至中国之名片。未来十年，鄂州旅游客源将成倍增长，迎来旅游客源的高峰。但湖北旅游资源的现状远远不能满足未来文化旅游的需求，城市改造、文化建设、旅游目的地打造、旅游配套设施、配套产业建设等迫在眉睫。因此本文将重点研究鄂州市文旅发展过程中的特色文化品牌营造方式，寻求利用品牌效应提高鄂文化、武昌文化声量的有效途径。

关键词：鄂文化　武昌文化　文化旅游产业　品牌营造

一、鄂州市部分旅游景区及现状

(一)现有旅游景区资源介绍

1. 西山

西山历史悠久，名胜古迹众多。慧远、岳飞、陶侃、庾亮、李白、苏轼、欧阳修、王安石、陆游、彭玉麟、张之洞等历史名人在这里讲经布道、习武修文、游猎宴饮、避暑隐居，留下诸多踪迹。中华人民共和国成立后，党和国家领导人董必武、王任重等同志曾多次来西山视察，1965年秋，陈毅元帅登上西山绝顶，感慨万千：“西山不亚于庐山呀！

随着旅游业的整体发展，西山的旅游设施建设跟不上步伐，目前变成了免费公园，外地游客甚少，慢慢淡出了外地游客的视线。

2. 莲花山

莲花山前身为“元极功”，20世纪90年代也是人声鼎鼎，后慢慢被人们遗忘，目前变

---

① 江文洁，鄂州市吴都文化研究所秘书长；鄂州市档案史志学会副秘书长。研究方向：地方史志、文献、鄂史。

成了以酒店、游乐园为主体。

3. 梁子岛

梁子岛生态旅游度假区为全国农业旅游示范点、省级旅游度假区、国家 AAAA 级景区、ISO14001 环境管理体系认证单位。

2017 年“湖北电视问政”曝光了梁子岛景区在旅游安全、经营管理、服务质量、市场秩序等方面的突出问题。切实保障广大游客的合法权益、保证游客的生命财产安全，梁子岛景区于 2017 年 10 月 31 日进行关停整顿。直到问题整改完毕并通过上级部门检查验收。梁子岛景区关停期间，除保留梁子岛居民上下岛的班船外，停止销售门票、船票，停止旅游航运及旅游活动，停止接待游客。

2019 年梁子岛重新开放，游客量已大不如往年。

4. 沼山森林公园

沼山森林公园，铁(山)贺(胜桥)公路从山脚穿境而过。沼山森林公园，物产丰富，野生动物 50 多种，植物种类 120 多种，茶油为荆楚优质品，松菇、毛栗、猕猴为沼山野生“三宝”。

由于开发力度不够，缺乏亮点等原因，至今仍极少游客问津。

5. 张裕钊文化园

张裕钊文化园内设张裕钊文史馆、张裕钊书法碑廊、张裕钊书法流派碑林、廉卿塔、民俗馆、生态园等景点。并于 2012 年 10 月 18 日举行盛大开园庆典，国内众多学者专家参加了开园庆典仪式并给予高度评价。但其针对少数人群，非大众旅游目的地。

6. 涂家垴镇、万秀村

万秀村是“鄂州最美生态旅游乡村”，它以一村一品，一湾一色；宜工则工，宜农则农，宜林则林；花卉苗木、香莲、水产、湿地公园、农家乐相结合打造着鄂州市地区的旅游名片。其缺点主要为缺乏特色、亮点、至今极少外地游客问津。

(二)鄂州市核心文化资源

1. 古今两鄂州上下武昌城

据《史记·楚世家》载，周夷王时，楚君熊渠自称楚王，并封三个儿子为王，其中二儿子熊挚红被封为鄂王，他的后代子孙遂以鄂为姓，称芈姓鄂。公元前 877 年熊渠卒，此时，他的长子熊毋康早逝，按西周王朝的制度立次子熊挚红继承楚君之位，但少子熊执疵却发动政变，弑次兄鄂王熊挚红代立为君，改名熊延。

东鄂本是鄂国或鄂国领地，东鄂之起始应于西周时期或更早。

三国分立时，孙权于魏黄初二年(221 年)取“以武而昌”之义，改鄂县为武昌县，这是此地称“武昌”的开始。隋开皇九年(589 年)改郢州为“鄂州”，州的治所设在夏口(今武汉市武昌区)，这是“鄂”字西移的开始。同年，撤武昌郡，并鄂、西陵入武昌县，隶属鄂州。唐元和元年(806年)，鄂州设立军事建制，称为武昌军，军的治所设在夏口(今武汉市武昌区)，这是“武昌”之名西移的开始。其时，本地仍为武昌县。此时，武昌军城、武昌县城同时存在。故唐代诗人刘长卿之诗有“上下武昌城”之句。

五代自后梁至周(907—960年)，武昌县先后隶属扬吴鄂州、南唐鄂州。南唐李煜七年(967年)，割武昌县三乡之地设大冶县(含今黄石市)，武昌县和大冶县同属于鄂州。武昌县领域，东到西塞山，南至大幕山，西至梁子湖，北至长江。

北宋开宝八年(975年)，武昌县隶属荆湖北路鄂州(湖北之名始此)。南宋嘉定十四年(1221年)，武昌县升为武昌军，因该名与鄂州的武昌军雷同，遂取“玉宝寿昌”之文，次年改名为寿昌军，领武昌县。这是此地称“寿昌”的开始。

端平元年(1234年)，废寿昌军，武昌县隶属鄂州(江夏郡)。嘉熙元年(1237年)，武昌县又升为寿昌军，直隶武昌军节度。元至元十四年(1277年)，寿昌军改名武昌散府，隶属鄂州路。元成宗大德五年(1301年)，鄂州路改称武昌路，治所设在夏口(今武汉市武昌区)，西移的“武昌”之名由军事建制名称变成了行政区划名称。此时，武昌县隶属于湖北道武昌路。元顺帝至正二十四年(1346年)，武昌路改为武昌府，武昌县隶属武昌府。明洪武元年(1368年)，武昌县属湖广布政司武昌府，西塞山划属大冶县。清康熙三年(1664年)，武昌县属湖北省武昌盐法道武昌府。

民国时的1913年，改江夏县为武昌县。1926年10月，国民革命军攻克北洋军阀统治的武昌城，废县建武昌市。1927年与汉口市合并称为武汉市。

1949年5月17日，武昌解放。5月24日，武汉市人民政府成立。同日，市政府发布第一号布告，宣布“划前汉口市、武昌市及汉阳城区所辖地区成立武汉市人民政府”，市府设在武昌区。武汉三镇由此得名。

民国二年(1913年)，为纪念辛亥革命废武昌府，改江夏县为武昌县，寓“因武而昌”之意。而武昌县改名为寿昌县，至此，在此地沿用1692年的“武昌”二字，被江夏取代了。次年(1914年)，因“寿昌”一名与浙江一县同名，寿昌县改名为鄂城县。这是此地称“鄂城”的开始，也是相隔1692年后“鄂”的回归。

1983年，经国务院批准，合并鄂城县、鄂城市和黄冈县的黄州镇，取鄂城的“鄂”字和黄州的“州”字，成立湖北省辖鄂州市。市名“鄂州”又与古代隋开皇九年(589年)设立的“鄂州”(治所设在武汉市武昌区)巧合。

2. 鄂与东鄂

“东鄂”之“鄂”只有两种可能：鄂侯封地、刀剑产地(“鄂”通“锷、“�”“鄂”刀刃)。“东鄂”与“鳄鱼”无关，西周时期“鄂”早已脱离原始狩猎数千年，是高度发达、地位显赫的族群。

《诗经・小雅・常棣》：“常棣之华，鄂不韡韡，凡今之人，莫如兄弟—”后以“鄂棣”“华鄂”“棣华”比喻兄弟。西周时期“鄂”姓与“华”姓尚存，其他姓氏贵族也不可能用外姓作诗，所以“华鄂”不可能只是本意“花”。此诗类似“藏头诗”，“凡今之人，莫如兄弟”应解释为“凡今之人，都不如我们‘棣’‘华’‘鄂’姓兄弟般团结友爱”更为贴切。

“棣”或为“帝”(疑为黄帝、殷商之姓，因周王忌讳)，诗文中描述的背景与西周时期政治局面相符。棣姓源于山东省滨州市无棣县，既然是棣姓望地为何称为“无棣”？或许跟箕子东渡朝鲜有关，从此华夏大地再无“帝”姓，需进一步考证。

“帝”“华”“咢”同为花图腾(“帝”通“蒂”，“咢”通“萼”)，同为中华文明始祖，形成于母系氏族社会红山文化时期，是最古老的姓氏、最古老的文字之一。

(出土于内蒙古赤峰市敖汉旗赵宝沟文化层的“咢”图腾，距今 7200—6400 年)

图 1

“咢”字原形应为四瓣花图腾，非鳄鱼，“鹗”“鳄”图腾产生于红山文化晚期、大汶口文化、龙山文化时期。

承华者曰鄂——汉·郑玄；鄂越同源，鄂蜀同源，鄂夏同源；鄂楚同源，鄂楚为继承关系，非敌对关系；“鄂”与“武昌”同义，是古代矿冶文化的代名词；“武昌文化”是“鄂文化”的延续；详见《鄂州市首届鄂楚文化研讨会资料汇编》《鄂之流源探微》。

3. 鄂与鄂邑(鄂王城、鄂县故城)

东鄂源于鄂邑，鄂邑因其地域丰富的矿产资源和独特的地理位置得以成为中国早期江南政治、文化、军事、商业中心之一，或为商、西周鄂侯江南之治所。是中原文化辐射至江南最早的城池之一。历经了数千年的变迁，成为今天的中国中部地标城市、湖北历史文化名城，铸就了湖北省简称“鄂”。“鄂”字，由“咢(咢)”+“邑”组成，鄂地最早的城池应为“咢邑”，“咢邑”不仅是“鄂”字之源，也是鄂州市之源、湖北省简称之源，鄂东南诸多城市之源。

2019 年鄂州市社科联应用课题项目《鄂邑遗址初探》，已初步探明鄂邑(鄂王城、鄂县故城)护城河、城墙、吴王西苑、安乐宫、吴大帝庙、武昌镇、瓜圻等古迹的大概位置。鄂州之“鄂邑”实至名归，意义重大，鄂邑的发现将进一步推动“鄂文化”研究进程，弥补诸多历史空白。详见《鄂州市首届鄂楚文化研讨会资料汇编》。

鄂邑遗址位于今鄂州市西山南麓鄂城钢铁厂内，与早期文献记载的“武昌县西南二里”、《水经注》记载的“鄂县北，江水右得樊口”位置吻合，该厂于 1958 年建设，厂内建设已将遗址原始地形完全破坏。此城毁于水患的可能性较大，地下可能还有大量重要文物遗存，建议鄂州市联合鄂城钢铁厂进行保护。另五里墩周边疑为安乐宫、吴王西苑遗址，应加以保护。

4. 武昌与武昌山

《湖北通志》记载：武昌山在县南一百五十里，(熊志，案山属灵溪乡《嘉庆志》《方舆胜览》《舆地纪胜》俱作一百九十里误，熊志图，山在谢埠之南)武昌以武昌山为名孙权所都，高百丈周八十里，孙权都鄂易名武昌，取以武而昌故因名山，土俗编以为今县名疑因山以得之，括地志云山以县名者武昌其一也。

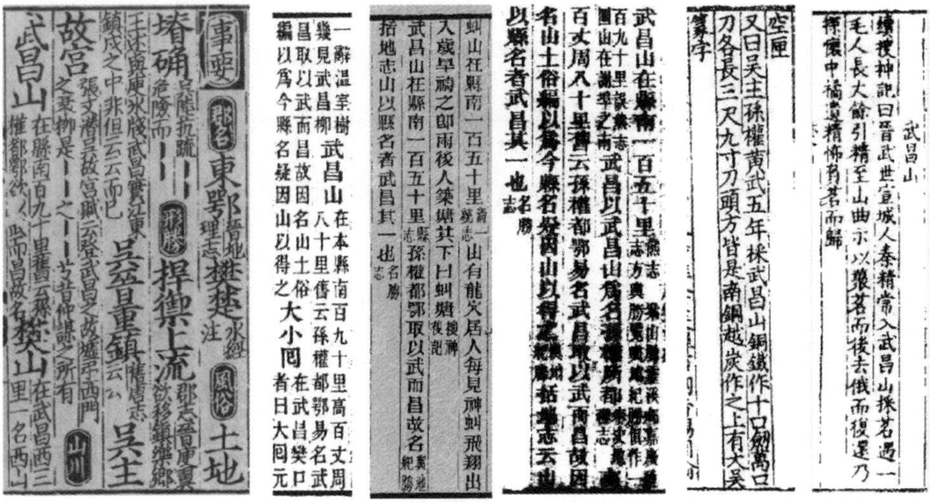
蚪山在縣南一百五十里山有龍穴居人每見神蚪飛翔出入歲旱禱之即雨後人築塘其下曰蚪塘
武昌山在縣南一百五十里孫權都鄂取以武而昌故名
括地志山以縣名者武昌其一也

又曰吳主孫權黃武五年採武昌山銅鐵作千口劍萬口刀各長三尺九寸刀頭方皆是南鋼越炭作之上有大吳篆字

武昌山
續搜神記曰晉武世宣城人秦精常入武昌山採茗遇一毛人長丈餘引精至山曲示以叢茗而後去俄而復還乃探懷中橘遺精怖負茗而歸

《武昌县志》 《舆地纪胜》 《湖北通志》 《武昌县志》 《太平御览》 《续搜神记》

图 2

武昌山位于今鄂州市梁子湖区太和镇谢埠村南，与大冶市交界。又名吴王寨、五王寨。

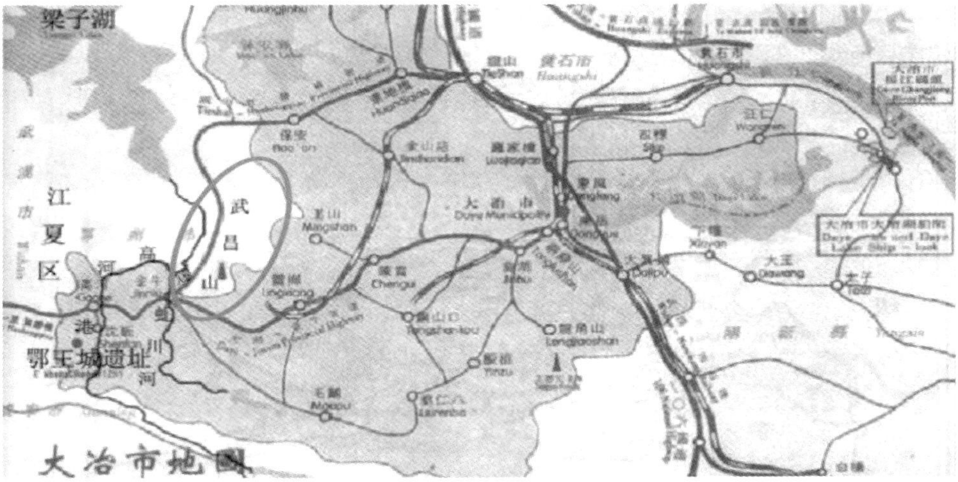

图 3 大冶市地图标注的武昌山在鄂州市境内

《太平御览》《刀剑录》记载："吴主孙权黄武五年采武昌山铜铁作十口剑万口刀，刀各长三尺九寸，刀头方，皆是南钢越炭作之，上有大吴篆字。"

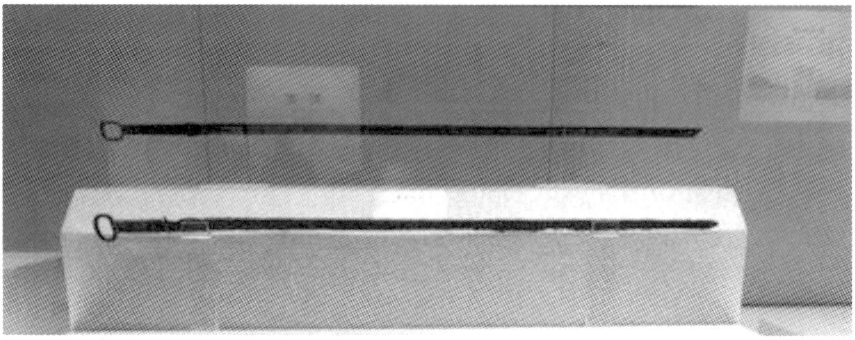

图4　鄂州市博物馆藏品三国环首刀

关于"武昌山"位置有两种不同的记载，及《方舆胜览》《舆地纪胜》《武昌县志》嘉庆志记载的"百九十里"与《湖北通志》《武昌县志》康熙志记载的"百五十里"，"百九十里"在今大冶市(古属武昌)，"百五十里"在今鄂州市，"武昌山"之争即将成为鄂州市与大冶市文化争论的下一个焦点，鄂州市应提前作出应对方案、进行深度研究和保护。

二、鄂州市文旅融合过程中存在的问题

(一)特色不鲜明、城市形象定位不准确

鄂州文化旅游业的停滞不前，问题归根于特色不鲜明、城市文化宣传定位不准确等。多年以来，鄂州市文化名片一直是以"吴楚文化""三国文化"为主导，然而，"吴楚文化"不是鄂州特有(吴头楚尾指江西、安徽)；"三国文化"历史名城众多，也代表不了鄂州历史，很难打造出特色，鄂州市城市文化形象一直是模糊概念，没有形成品牌效应和特色。相比之下，黄冈——苏东坡，蕲春——李时珍、英山——毕昇、天门——陆羽、襄阳——诸葛亮等，以上城市诸多已将文化形象延伸至第三产业，创造了不菲的经济价值。鄂州市的历史厚重不亚于省内任何一座城市，"鄂"是湖北省简称，湖北人文之根，按理说"鄂"应该是鄂州市、湖北省最有影响力的文化名片，"湖北简称鄂，鄂州欢迎您!"的城市旅游广告语也打出来多年，却不知道从何做起，苍白无力。目前的城市旅游宣传口号为"空港新城、田园鄂州"，缺乏特色，与本土文化关联程度低，与"湖北简称鄂"毫无关联，没有系统方案、缺失准确定位。

(二)文化资源挖掘深度不够

"鄂"——湖北省简称，鄂州市也是国内唯一以鄂为名的城市(内蒙古地区除外)，无疑"鄂"是当地历史最悠久、影响力最大的文化品牌、文化名片。但是，大众对于"鄂"的

了解知之甚少，“鄂”究竟是何意？源于何时何处？为何得以传承数千年之久？“鄂”有太多的疑问，需要当代研究者还原历史的真相。由于现今研究者对“鄂”的了解不够才有当今的“鄂楚之争”，湖北省亲“楚”避“鄂”是不清楚“鄂”的表现，也是无奈的选择。对鄂文化的深度研究成为重中之重。

“武昌”源于三国“吴都武昌”，孙权公元 221 年改“鄂县”为“武昌”，之后历经武昌郡、武昌府、武昌军、武昌路、武昌县、武昌区，沿用近 1700 年之久。然而大众对此知之甚少。武昌文化包含地名文化、三国文化、矿冶文化、军事文化、武昌鱼文化、武术等，挖掘空间巨大，是湖北特色文化之一。

(三)缺乏文化自信、文化认知水平不够

关于“鄂王城”的认知，“金牛鄂王城”已成为主流，然而“鄂王城”“鄂县故城”“鄂邑”的早期记载均为“武昌县西南二里”，多年来，鄂州市只有少数专家学者对此提出质疑。更多的是人云亦云，宣扬金牛鄂王城的信息在主流媒体、网络上比比皆是。反之，《黄石日报》在 2018 年 10 月 11 日刊登《楚早期历史与鄂王城遗址》文中指出：“大冶鄂王城遗址的年代晚于楚熊渠所处时代超过四个世纪以上，而商代就存在的鄂比楚熊渠就更早了。结论是：大冶鄂王城遗址与古鄂、熊渠完全风马牛不相及。”

2019 年鄂州市首界鄂文化研讨会上省内知名学者一致认为金牛鄂王城与西周鄂侯、鄂王熊红无关。新闻媒体上依然没有提及“鄂王城”的字眼。

(四)文化交流不通畅、缺乏言论自由

市内文化研究交流活动极少，某些文化知名人士、主管部门占据文化话语权。文化交流活动的不通畅不透明、“文化智囊团”的认知水平低下误导了政府和媒体，这让部分当地专家学者、市民失去了文化自信，造成的影响不可估量。

鄂州市至今还有很多悬而未决的历史谜案，未经交流研讨，直接“内定”，造成了一系列错愕，误导了广大民众，如：“鄂王城、鄂县故城”——“西南二里”是沿革，且与《水经注》中“鄂县北江之右岸得樊口”吻合，官方认定却是“金牛鄂王城”，将鄂州市特有的核心文化资源拱手予人，谬误；“庾楼”——晋庾亮之庾楼为“安乐宫之端门”，今庾楼(古楼洞)为明清武昌城范围，谬误；“樊山樊口地名起源”——樊口公园建设在急，“樊”之起源都没搞清楚。“樊国”源于宋代罗泌《路史・国名纪》“帝尧时有樊仲文，今武昌有樊山”不可信，“樊”应源于春秋时期“鄂渚樊楚”，官方却将“樊国”作为本地之起始，官网历史沿革、凤凰台等都应用此信息，谬误。

诸如此类的错误比比皆是，信息环境混乱。

(五)文化保护意识淡薄、相关部门不作为

虽然“金牛鄂王城”的性质存在争议，但目前“鄂王城”已经成为大冶市名片，金牛鄂王城生态文化园已建成营业，实现了文化到产业的跨越。

(六)缺乏鄂文化、武昌文化展示平台

由于鄂州市历年的城市文化建设定位为“三国文化”，鄂州市目前的文化信息基本都

是以三国文化为主，忽略了鄂与武昌。鄂与武昌才是鄂州市文化之根源。“湖北简称鄂，鄂州欢迎您!”目前只是一句空话。没有任何跟鄂与武昌相关的景区、公园、文化场所等，鄂州市急需“鄂文化”“武昌文化”的展示平台。

三、鄂文化、武昌文化的应用路径探析

“文化+”商业将成为21世纪的全球大趋势，正如中国经济学家林毅夫所言：“21世纪将是一个各种文化繁荣昌盛，发扬光大的世纪”。

在此过程中，社会整体需要重视文化资源保护，现在的城市发展，得到文化资源才有旅游发展优势。在一些界限模糊或者无法考证的领域，就有很多城市相互争执，都希望能够借助文化效应带动城市的旅游发展。一方面当今社会争夺文化旅游资源已是常态，如“赤壁”“古隆中”“黄帝陵”“白鹿原”“杏花村”等，文化之争不一定是坏事，另一方面，文化之争有助于文化的深度研究，有助于文化旅游产业的发展。

只有抛开地方主义、科学、严谨的深度研究才能还原历史真相，只有文化的复兴才能带动周边产业蓬勃发展，“鄂”与“武昌”是湖北文化之根，鄂州市任重道远；重视文化品牌保护，应鼓励当地相关企业对鄂州市本土特有文化品牌、文化符号加以保护，塑造特色地标产品，防止外地企业抢注，为市场竞争赢得先机。对保护本土文化保护的企业给予相应扶持。

(一)组织“鄂文化”“武昌文化”研究团队

竞争的关键是品牌、品牌的核心是特色、特色的保障是文化、文化的渊源是历史。鄂州市文化旅游业发展缓慢归结于文化交流不畅、文化认知不足、文化研究能力不足等原因，对鄂文化、武昌文化的起源、历史脉络、文化特征等进行科学系统研究是产业发展的源动力。

(二)设立文化创意中心

“文化+创意”，以文化为资源，以创意为手段，以产业为目的，发展文化创意产业，同时实现与其他产业的深度融合。

文化创意是从文化到产业的中转站，传承文化与创意灵感的结合将会助力鄂州市文旅产业发展，让悠久的鄂州本土文化成为各行各业蓬勃发展的动力源泉。

(三)产业发展应用

融入文化特征，推动旅游相关产业“吃、住、行、游、购、娱”全面发展，形成完整的旅游产业链。

1.“文化+旅游”

则是以文化内涵提升旅游项目、旅游产品、旅游节庆的吸引力，增加体验、休闲、养生、欣赏等旅游内容。

2.“文化+制造业”

突出传统文化与现代时尚融合，提升新产品外观功能设计和研究开发能力，不断创新管理经营、营销策划，增加消费品的文化内涵。规范生产管理、优化生产工艺、提高产量、提升品牌价值。

3.“文化+农业”

提高农业领域创意设计水平，拓展休闲观光农业发展空间，推进农产品文化宣传交流，强化农副产品品牌建设。

4.“文化+艺术”

深度挖掘鄂州本地手工艺：雕花剪纸、贝雕、油船、珍珠工艺、麦秆画、藤编、竹雕、根雕、铁艺等，创作特色旅游产品。

5.“文化+N”

“鄂”与“武昌”是独具特色的纯金名片，其想象空间是无限的，需举全市之力加以打造，创造无限可能，助力鄂州经济飞跃成长。

四、结语

据乡宁县文献记载，“鄂”早在夏朝已存在，“鄂”是有明确记载跨越夏、商、西周三朝的重要诸侯国，而且势力非常强大。纣王杀鄂侯后商朝灭亡，周厉王灭鄂国后引发国人暴动，从此走向衰败，惊人的相似，这不仅仅只是巧合。“鄂”也是已知唯一地域跨度最广的诸侯国、地名留存最多的诸侯、最接近黄帝时期的重要氏族，那么“鄂”应与“华夏文明”同步，见证了华夏文明的崛起，是中华文明先祖之一。鄂文化或是揭开史前文明历史、揭开中华文明上古之谜的金钥匙，含金量巨大。“鄂文化”是中华文明史上重要一支，创造了辉煌的史前文明，影响极其深远；“鄂文化”将是继“楚文化”“三国文化”之后又一文化金矿。“鄂”没有因为灭国而消亡，在楚、武昌、历代鄂王得以传承，“武昌”因“鄂”而生，“鄂”与“武昌”同义(“鄂”同“锷”“鄂”“剽”刀刃，“武昌”盛产兵器)，“鄂”在中国历史发展进程中都发挥着巨大的作用。“鄂”之精神从未间断，只是我们不知其意，“以武而昌”已成为一条重要的国脉，国之脊梁，有强大的军事力量作后盾，国家才能繁荣昌盛。

“鄂”与“武昌”是鄂州、武汉、湖北之文化基石。“鄂文化”“武昌文化”的深度挖掘和保护是所有鄂州人的共同责任！鄂文化、武昌文化的挖掘将为武鄂同城化、鄂州国际货运机场、文化旅游业、精神文明建设带来不可估量的价值。

青岛市文化馆危机应对常态化机制建设的探索与分析

陆　玲　贾宗娟①

摘要： 青岛市文化馆危机应急常态化建设融入日常工作中，从思想认识、政治觉悟、工作实践中逐渐探索出了一整套反应迅速、应对及时、效果突出的危机应对处理模式，体现出硬件保障水平、资源储备状况与数字服务能力的综合性和有效性。本文以青岛市文化馆在危机应对中的积极实践为依据，探寻文化馆危机应对常态化机制的建设路径，旨在为后疫情时期的文化馆提供可供借鉴的危机管理模式。

关键词： 文化馆　危机应急常态化　管理模式转变

在人类漫长的发展过程中，特别是当文明和进步成为人类社会的主题之后，危机发生的频率在增加，因为进步总是与风险携手而来，危机事件已然也必然地成为当今全球普遍存在的问题。

当下，全球化使世界各国之间的关系比以往任何时候都更密切。普天之下，没有"孤岛"。你中有我、我中有你，相互之间谁也离不开谁，这种连接不能切断，随着时代进步还将愈发紧密。

"牵一发而动全身"，无论哪个国家、地区出现问题，都会波及所在大洲甚至全世界。一个小事件经过不断发酵、演变，最后都可能影响深远。危机意识、危机思维，是现代社会治理的必备思维。例如，全球自然环境气候的变化，使任何一个国家都无法"独善其身""置身事外"。我们必须正视各种全球化危机对社会和生活带来的切实改变，"为预见而见"必须成为社会各行业的共识。只有未雨绸缪，才能做到危机来临时，有的放矢、忙而不乱、建而有树。

聚焦我国的公共文化服务，近年来，随着公共文化服务体系建设成熟度不断提升，青岛市文化馆的公共文化服务危机应对机制也提高到了一个新水平。如何进一步推动建立、健全危机应对常态化机制是摆在文化馆面前的一个重要课题。

近年来，青岛市文化馆已将忧患意识注入日常工作中，从思想认识、政治觉悟、工作实践中逐渐探索出了一整套反应迅速、应对及时、效果突出的危机应对处理模式，体现出硬件保障水平、资源储备状况与数字服务能力的综合性和有效性，强有力地体现出文化馆

---

① 陆玲，中国民盟盟员，青岛市拔尖人才，青岛市群众艺术馆馆长，研究馆员，研究方向为文艺创作、文化服务研究。贾宗娟，青岛市文化馆，副研究馆员，研究方向为公共文化服务领域创新研究。

在社会公共文化服务建设中公益性、精准性、引领性作用，广泛凝聚人民精神力量，彰显了以人为本的文化工作发展理念，是国家治理体系和治理现代化的深厚支撑。

一、青岛市文化馆危机应对常态化机制建设的必要性

公共危机包含的自然灾害(包括火灾、风暴、地震、洪水)、公共安全突发事故、恶性刑事案件、恐怖事件、疾病传播应对，(即公共卫生问题)是公共文化服务工作中不能忽视的非常态性的管理，如果在危机应对中陷入被动，则会对社会造成负面影响。中国传统历史文化的熏陶使我们养成了以不变应万变的集体性格特质，然而常制不可以待变化，一途不可以应万方。当前社会快速发展，如果危机意识不够强，将不能适应社会主义事业发展的需要。文化馆作为一个传统文化服务窗口单位，沿袭了几十年的"平安无事"在一定程度上削弱了我们的忧患意识。

2020年伊始，突如其来的新冠疫情，对社会的各行各业都造成了巨大冲击，是一次面向全社会的大考。全国各地市文化馆没有置身事外，在宣传抗疫、组织线上文化活动等工作中充分体现出公共文化服务不可替代的宣传引领作用。青岛市文化馆在这次疫情初始阶段，果断闭馆，对馆舍展开全面消杀，闭馆的同时不停工，继续为社会做好服务，积极组织力量进行抗疫文艺作品的创作、录制、推送，宣传抗疫知识，歌颂抗疫英雄，鼓舞民众的士气。随着疫情防控形势的变化，及时调整服务模式，以"线下暂停的线上开花"，开展"云欣赏、云展览"，"网上预约，限人进馆"等形式最大限度地、千方百计地为市民提供文化服务，保证公共文化不间断，不空缺。

在各种新情况、新问题不断显现的今天，文化馆作为社会公共服务中的重要组成部分，危机应对的常态化既是社会文明发展的必然要求，也是成熟社会公共服务建设的内在需要，是一项"标配"。应对危机，文化馆要做到心中有数、手中有招、有条不紊、从容有序，要经常检视，确保新问题及时发现，及早干预，及时处理。

二、青岛市文化馆在危机应对常态化机制建设中的实践分析

青岛市文化馆的公益开放从最初简单的"把门敞开"到今天管理日趋规范化、科学化，馆内的公共文化服务体系设施建设越来越成熟，对群众文化服务的质量和水平逐年提升。通过多年经验积累和探索，该馆针对四种危机情况：场馆内服务设施、消防设施安全性的建设改造程度；参与群文活动人员及活动实施中的复杂性和不确定性；人为和自然灾害避险等建立了一套危机应对机制，并在常态化建设中不断完善。

(一)将忧患意识置于首位，加强设施和制度建设

完善应急机制，做好危机应急演练，实施应急预警关口前移，强化干部群众的危机意识，意识决定工作模式，工作模式形成制度机制，直接决定文化馆公共文化服务的能力和质量。

1. 利用每周两次例会，宣讲相关知识

从思想认识和实践实施两个方面加大对馆干部群众的危机应急教育，使其逐步了解危机的特征、危机暴发的规律、危机的巨大危害性和应对危机的一般经验，结合各类安全实例不厌其烦地反复强调。将安全工作作为各项工作首先考量的基础性指标。在干部群众中树立莫让“忽微常积”，筑牢干部群众的安全危机意识和防范意识。

2. 充分认识危机应急预案的重要性和实施意义，不断修订完善安全规定和危机应急预案

2019 年，该馆对《青岛市文化馆应急反应预案》《青岛市文化馆市民文明参与活动规定》《青岛市文化馆教室管理规定》《青岛市安全管理制度》等十余个制度进行了全面修订和完善，针对火灾、地震、活动开展安全等有可能出现的各种危机都做了明确的规定和说明，近期，又针对新冠疫情进行了最新的修订补充，在全馆进行了普及和宣讲。

3. 推动场馆的安全科技型建设，打造科学有序的危机应急管理模式，实现应急反应提速

定期组织应急突发事件演练，使广大干部职工通过在实践中直接感受到危机的破坏力、应急预案在应对危机方面的重要性以及克服危机的应对方案等。通过实践所传导出的真实压力，进一步促使职工提高危机防范意识、防范能力、心理素质。

（二）设施建设，实现基础设施提档

青岛市文化馆在场馆基础建设维护中充分考虑抗隐患风险，提升危机应对能力。加强应急设备、设施的改造建设，有效满足监测、预警及危机发生后应急处理的需要，防范、减轻应急事件的损失。对电梯、开放的教室、排练厅、剧场、展馆等公共和办公区域的安全消防设施做好例检、巡检和维护保养，每月组织一次彻底的卫生清理和设备检修。在馆内安装高精度监控，加大对公共空间的安全监督，保证及时发现处理各类危机事件。疫情中，该馆更是把卫生消毒和防疫工作摆在工作之首。

（三）进一步提升公共文化服务应急处置能力

第一，进馆人员需微信扫码或实名登记。第二，针对来馆活动市民以高龄和低龄为主的情况，在演出活动和培训活动开展前宣讲安全事项，签署安全协议，对公众进行文化服务的同时也宣传安全危机知识。第三，活动中设置安全巡视员，加强现场的疏导和安全维护。这些措施有力保证了青岛市文化馆公益开放的安全性、高效性和规范性，特别是在这次疫情中该馆体现出应急的专业性和及时性。

（四）通过创建多元多维活动模式促进文化馆在危机常态应对中的任务转型

近年来，青岛市文化馆居安思危，逐步建立“事后处理”转向“事前预防”的危机常态化应对工作机制，通过数字文化馆建设，倡导业务人员树立未雨绸缪的创作理念，推动人

才队伍建设，创新文化服务模式，提升服务质量。

文化馆门类丰富的传统艺术服务模式在疫情期间也体现出公共文化模式的优势性和重要性。疫情危机中，聚集性的群众文化活动中断，但书画的创作、展览、服务以其自身艺术独特性发挥了积极作用。青岛援鄂医疗队回青后，文化馆积极组织馆内优秀的书画业务干部进行艺术创作，举办"抗疫英雄谱"的专题美术展览，并向医疗队赠送了多幅大型书画作品，扇子500多把，表达了青岛文化馆干部职工对援鄂战士的殷殷感恩之情，以及人民群众对医护人员伟大牺牲精神的歌颂和赞美。

在网络应用与文化融合日益加深的背景下，青岛市文化馆的数字化建设在稳步快速推进，文化馆抓住文化馆数字化建设的契机，在危机应对常态化中体现一线的战斗作用，着重凸显出其优势，其中包括：推出的书画教学展览、书场、音乐舞蹈作品展演等多门类数字文化产品，通过微信、网络平台、APP多元化推送，累计浏览量达到80多万人次，创作的一系列制作精良、内容丰富、寓教于乐的原创数字文艺作品，收获了大量粉丝和群众关注，在青岛市文化抗疫前线发挥了不可替代的重要作用。

(1)打造"云端文艺精品"——青岛群星书场。作为青岛市唯一的公益书场，经过两年多的锤炼打造，以其独特的艺术魅力，高度的专业性和文化内涵吸引了青岛各阶层、各地区的大量曲艺爱好者，在培养了一批固定观众的同时也培养了一批曲艺后备人才，成为青岛市文化馆一项固定的品牌服务项目。疫情原因导致书场的关闭让观众深感遗憾，为了避免培养的项目荒废，观众失望，青岛市文化馆干部职工积极利用数字网络平台使书场的演出得以继续。负责书场演出的主要业务干部刘宗琦发扬连续作战的精神，录制了《三蒸骨疑案》系列评书、《清明时节话清明》快板等曲艺节目，同时还将话民俗讲时节、防疫、消防安全教育等内容融入书场的录制中，在线上全面推出。在网络强大的传播力的助推下，极大增加了书场的社会影响力，在疫情文化活动匮乏的特殊时期，吸引了众多市民观看，取得了良好的社会反响，被青岛市纪委选用为"清廉课堂"在全市进行推广宣传，充分体现了文化馆的群众文化在社会文化公益性的主导地位。

(2)拓展新的培训方式。组织"云排练""云教学"，既增加数字文化储备粮，又丰富了数字化服务的内容，实现了远程教学，保证老年大学和各公益培训班闭馆期间的学习不中断，满足了广大市民、艺术爱好者的线上学习。在培训中青岛市文化馆牢牢抓住精准化服务思维，既要灵活更要扎实，杜绝形式主义。针对疫情期间，群众隔离在家的情况，该馆推出了"一静加一动"的主要培训内容，"静"即书画类知识的学习，"动"就是健身舞蹈类的培训。推出了李峰隶书、楷书两个系列教程，制作精美，意境雅致，内容充实；针对疫情活动场地受限，室内为主的特点，对舞蹈教学其及时调整了思路，由舞蹈干部杨成编创了小场地、个人活动为主的寓健身于教的舞蹈内容，节奏欢快，内容新颖，受到了学员的欢迎。虽然网络上存在大量类似教程，但大多是收费项目，艺术水平和教学水平参差不齐，鱼龙混杂，且以片段类内容居多，没有完整系统的理论性授课，专业性也不足。文化馆群文业务干部在艺术上的专业性，教学中的规范性都有着不可比拟的优势，今后还要继续把这种优势发扬光大。

(3)通过开展"云展厅""云端音乐朗诵欣赏"等形式弥补了疫情期间线下活动受限的短板。线上展览在充分融合线下展览资源的前提下，结合线上观展特点，以数字化方式提供展览新方式。此举不仅是渠道方式的创新，更是观众群体的拓展，有利于吸收年轻群体对于文化馆的关注。青岛市文化馆组织了“拥抱文旅的春天”非遗展览、百位劳模肖像画展，“最美的时节遇见你”抗疫人物展等5个展览，及时满足了书画爱好者对观看展览的需求。同时线上还推出了古筝欣赏、快板作品、美文朗诵、抗疫音乐作品等高质量的艺术作品，收看和收听率都很高。在推出作品的同时也推出该馆的专业干部，对馆内专业干部的作品和个人业务情况进行了具体而全面的推介，对业务干部的培养和人才队伍建设起到了巧力助推作用，实现了“双赢”。

三、关于青岛市文化馆建立常态化危机应对机制的模式探索

(一)文化馆业务干部要讲政治、抓学习，不断提升对危机事件的认识和应对能力，提升文艺创作的艺术敏感性和政治敏锐性

群文人应具备应对气候、地震、火灾、疫情等危机知识的筹备和应急反应能力，保证场馆和活动开展时能及时发现情况，沉着应对，准确有效。创作上不能等任务、听安排，作为公共文化服务行业，群文人应具备高度的政治素质和社会责任感，在相关文艺创作中具备敏锐的创作能力，牢牢把握创作的主旋律，充分体现文艺宣传战斗作用，在战斗中吹响文艺号角。在汶川地震、洪灾等危难之时，群文人都诞生过优秀的作品。这次疫情中，青岛市文化馆人隔离中不懈创作，成绩斐然，佳作频出，书画、曲艺、音乐、舞蹈各个门类都有新作推出。其中主要有荀范诗创作的水彩画作品《众志成城》、韩小东创作的水彩画作品《青岛战“疫”十二时辰》、卢明创作的国画作品《疫情防控者》、赵峰创作的油画《出征》、李峰创作的书法作品《众志成城、共克时艰》；张乃衡创作的歌曲《难忘的一年》；万宁、黄子昂创作的诗朗诵作品《又到追思时》；刘宗琦创作的快板快书联唱《同舟共济防“疫情”》等各门类有50余个优秀作品。这次创作虽然时间紧，任务重，但创作者勇于克服困难，艺术质量不打折，保证创精品、出佳作。

提高群文人的应急能力以及应急素养是文化馆应急能力提升的“活要素”，只有从人力的角度，加强全体干部职工的危机意识以及文化自觉性，才能进一步深化文化馆应急常态化的支撑。

(二)充分依托总分馆制，由市文化馆牵头组织，形成全市群文战线应对危机的协调统一

在这次疫情危机中，青岛市各区市文化馆站步调统一，闭馆后积极开展线上服务。青岛市文化馆作为市总馆，通过市级网站、微信、APP等推送各区市文化馆站抗疫专题、非遗专题、创作宣传专题，相继推送了云端抗疫日记之市南文化馆专场、市北区文化馆专场、李沧区文化馆专场、胶州文化馆专场、即墨文化馆专场等，“希望的田野”走进莱西、走进胶州……通过整合全市群文力量，利用专题板块对各区市的抗疫创作、特色文化、非遗文化进行宣传和推送，有力加强了各馆之间的联系和交流，增加了各馆业务干部、作品创作、节目录制、书画展览、数字技术等各方面的交流，突出体现出总分馆制下市级文化馆的引领和各分馆协同运行模式的优势。

在疫情防控常态时期，危机应急机制的建立需要多方共同助力，文化馆作为建设核心，应该联合社会多重力量，挖掘多种可利用资源，形成社会整体的应急战线。

四、结语

如何应对公共突发事件考验着文化馆由传统管理模式向科学化、现代公共性的管理模式转变，这是一个深刻的、严肃的、尤为重要的课题。在实际工作中，青岛市文化馆积累了良好的经验和可借鉴的工作方法，但仍然有较多需要改进的空间，如：场馆预警性、安全性建设的完善，数字化文化馆建设的推进和长远发展的具体架构、板块设置，群文工作模式多元多维化创新……

居安思危、治不忘乱。化危为机、转危为机、切实应对好各种各类危机的功课要时时放在心头。将危机应对常态长效机制建设纳入文化馆的日常管理体系中，最大限度地预防和减少国家和人民群众的损失，积极实践群众文化宣传战斗作用，这既是公共文化服务体系建设的重要前提，更是党以人为本，加强国家治理体系和治理能力建设的重要体现，也是伟大社会主义事业中为人民服务、服好务的根本要求。文化馆要以时不我待的精神、舍我其谁的魄力、常抓不懈的意识，不断加强危机应对意识、不断将危机应对机制的建设做好，为文化馆的日常工作保驾护航，谱写更加美好的未来新篇章。

图书馆在疫情期间中的应急管理服务与角色定位

——以湖北省图书馆为例

夏汉群①

摘要：2020 年春节前夕，新型冠状病毒感染的肺炎疫情暴发，全国各地各级图书馆相继闭馆，直到 3 月才陆续以预约形式开放。湖北特别是武汉地区图书馆 4 月才得以陆续复工至“五一”尚没有对外开放。面对突发公共卫生事件，公共图书馆应该如何应对，需要怎样的创新服务，功能如何实现，今后的服务工作面临怎样的挑战等都需要我们深刻反思，不断总结、研究，本文以受灾严重的武汉地区湖北省图书馆在疫情期间的应对进行总结和探讨，寻求图书馆的应急管理服务提升路径以及恰当的服务定位。

关键词：图书馆　应急管理服务　角色定位

一、新型冠状病毒感染的肺炎疫情对公共图书馆的影响

2020 年伊始，新型冠状病毒感染的肺炎疫情突如其来，全国人民春节期间走亲串友的计划搁置，进入全民防控新阶段。公共图书馆人员密集、空间相对封闭，为保障公共卫生安全，按照文化和旅游部办公厅、国家文物局办公室联合印发的《关于做好新型冠状病毒感染的肺炎疫情防控工作的通知》要求，全国各地图书馆相继闭馆，原计划的场馆春节系列活动按下了暂停键。不同于 2003 年“非典”时期的是，经过 17 年的发展，中国的数字化、信息化有了飞速发展，数字图书馆服务水平已经有了极大提高，闭馆期间，各级图书馆都充分利用互联网，采取居家办公形式，坚持“闭馆不打烊”，丰富的数字资源和线上活动为读者利用图书馆提供的海量文化资源充分反映了共建共享的新时代文化发展思想。

这场疫情是一场没有硝烟的战争。武汉的图书馆经历了一场史无前例的考验，图书馆闭馆、图书馆人员居家，除了线上文化服务的提供，图书馆的线下文化服务功能几乎被全线搁置。1 月 23 日，离汉通道暂时关闭，当地各级图书馆纷纷闭馆。4 月 8 日，武汉恢复离汉通道，但是图书馆却还不能对外开馆。在此期间图书馆的服务模式却发生了一系列积极变化，特殊时期的紧急应对模式打通了图书馆服务的新渠道，也让图书馆开始寻求自身的新角色定位。

---

① 夏汉群，湖北省图书馆副研究馆员。研究方向为公共图书馆资源建设。

二、公共图书馆应急管理和服务的意义

突发公共事件是指突然发生，造成或者可能造成重大人员伤亡、财产损失、生态环境破坏和严重社会危害，危及公共安全的紧急事件。这类事件大多关乎人命，或对人们生活和经济建设等方面造成重大影响。根据突发公共事件的发生过程、性质和机理，突发公共事件主要分为以下四类：自然灾害、事故灾害、公共卫生事件、社会安全事件。突发公共事件具有突然性、爆发性、重大危害性、人员伤亡性特征。如何应对突发的公共事件成为疫情时期以及后疫情时期我们需要着重考虑的要素。

公共图书馆人员相对密集，公共环境相对封闭，纸质文献、电脑、设备、桌椅等公共用品较多，存在安全隐患，在发生重大公共卫生突发事件时，需要针对硬件基础设施以及顶层设计应对进行相应的处理。应急管理服务对于保障读者和馆员生命安全，维护场馆环境卫生，保证图书馆稳定有序的文献信息服务有着重大意义。

首先是对于场馆整体的设备管控而言，适当的应急管理与服务能够在一定程度上起到维护设备的作用，其次，对于场馆的运营而言，在队伍整顿以及人才管理、规章制度完善上能够起到良好的维持作用。

三、湖北省图书馆应急管理措施和成效

2020年的新冠病毒感染肺炎疫情期间，湖北省图书馆积极响应党中央疫情防控工作重要指示精神，在疫情期间给广大市民提供了安全便捷的公共文化服务，图书馆界全国联动，实现了数字文化资源互通共享，拓宽了线上阅读推广活动领域，图书馆党员干部职工纷纷下沉社区疫情防控一线，全国图书馆驰援物资合理分配，在短时间内快速调动馆藏资源，凝聚社会力量，将人文关怀和文化力量注入疫情阻击战。

(一)成立应急专班，科学防控

疫情暴发伊始，在上级领导组织下，湖北省图书馆迅速成立新冠肺炎疫情防控指挥专班，研究制订了科学防控系列措施和计划。在疫情暴发第一时间购置了口罩等防护用品，发放给到馆读者和馆员，并且实行测体温戴口罩进馆。在发出闭馆通知当天，及时疏散馆内读者和部分馆员，确定留守值班人员，对场馆进行消杀。按照武汉市统一部署，暂时闭馆，及时阻断了病毒在图书馆传播的可能性，降低了风险，确保读者馆员文献场馆安全。在闭馆期间，一切工作以疫情防控为中心，居家办公打破部门职责界限，以项目小组形式组织馆员工作开展，形成高效协调合力的工作团队，并且号召全省图书馆共同抗疫。高效的管理和团队对于图书馆的安全和职能发挥起了至关重要的作用。

(二)馆员每日打卡报平安，动员党员同志下沉社区

自闭馆之日起，职工早晚在家自测体温，以部门为单位，在工作群中接龙打卡报平安，再汇总上报，及时掌握馆员和家属身体健康情况。居家办公期间密切关注省市防控疫

情指挥部文件精神，号召馆员自觉遵照执行，保障人员安全，有效应对和防控疫情。鉴于武汉市防控形势需要，在武汉抗击新冠肺炎疫情的攻坚阶段，动员党员同志们居家隔离期满后，自愿就近到所居住社区报到，志愿参与社区一线疫情防控工作。同时调动各方资源，将消毒洗手液、口罩、手套、雨衣等防护用品，配送支援一线下沉党员。党员同志们服从社区统一调度，与社区一道筑牢联防联控的防火墙，为打赢疫情防控攻坚战贡献了图书馆人的力量。其间，党员同志们还纷纷自愿捐款，助力抗疫，充分承担起了一线文化工作者应该具备的责任。

（三）创新服务模式，闭馆不打烊

面对突如其来的疫情，处于疫区中心的湖北省图书馆面对离汉通道暂时关闭，紧接着居民小区封闭管理，居民几乎禁足在家的情况，积极探索服务模式创新，不断推陈出新，充分发挥公共数字文化资源的作用，积极提供各类优质数字资源服务和线上阅读导读活动，以抚慰读者心灵，传递正能量为主线，多方位立体化满足读者疫情期间的精神文化需求，加强传染病防控知识的宣传，教育引导读者树立健康理念、提高文明素质和自我保护能力。在疫情闭馆 3 个月间，湖北省图书馆网站访问量达 20 余万次；微信公众号阅读点击 322 万次，阅读人数 36 万次；掌上鄂图 APP 点击量 525 万次，同比增长 21%。通过多种服务模式以及服务平台的打造，调动民间群众的积极性，发挥线上文化资源的哺育社会群文生活的作用。

（1）数字文化服务，阅读推广活动推陈出新

主导开发了“方舱数字文化之窗”（智海方舟），整合海量数字资源向公众提供文化服务。迄今总访问量突破 300 万次，为疫情防控起到了积极作用，保障了闭馆期间广大读者的信息需求，宅家足不出户畅享文献资源，安心学习和休闲。

随着方舱医院休舱，其内容渐渐向心理疗愈方面转型，继续引领书香服务。通过官网、官方微信微博腾讯 QQ，直播、视频等多个网络平台、应用程序开展阅读推广活动，实现线上线下共读。设计实施了诸多全新的阅读项目：长江读书节品牌联动全省阅读同盟，发起“相约乡读”系列活动；推出“在家阅读 · 书香战‘疫’”系列活动；开展“e 海阅读 · 宅家看书”“e 海阅读 · 资源推介”等连环画数字阅读、健康图书介绍、传统文化等 7 项活动；推出了居家电影课堂和多种形式的阅读竞赛活动；推出“书香战‘疫’——诗文楹联书法展”和“‘艺’起战‘疫’——优秀美术作品展”等主题展览，丰富多彩的数字文化服务和阅读活动集线上阅读、分享、交流、互动一体，以文化艺术之力为读者送去精神食粮，全国各地读者齐阅读共分享，在疫情期间营造出和谐共进的书香氛围。通过优秀传统文化的力量，彰显了全面战胜疫情的信念。

（2）医护病患特殊群体服务

在武汉市多个方舱医院、隔离点、援汉医疗队驻酒店等建立方舱书屋 14 座，共提供图书 2000 册，期刊 6000 册；为援鄂医疗队量身定制个性书单；向解放军医疗队赠送数字资源及物资等，为患者和医护人员提供纸质书刊和数字资源服务，送去精神食粮，免费享受电子图书阅读，线上资源欣赏分享，心理咨询，疫情防控知识咨询等特色服务，为他们提供尽可能文化服务保障，对于抗疫一线的文化支援，既舒缓了抗疫期间的紧张氛围，也

为抗疫群体以及病患提供了心灵上的补给，有助于增强其对抗病毒的信心。

(四)特色文献资源建设

收集整理疫情专题文献，记录历史，借鉴总结，开展新型冠状病毒感染的疫情专题文献特别是湖北地方文献收集工作，形成特色馆藏地方文献信息，以保存和传承地方文化，为研究疫情期间的政治经济文化内容，提供强有力的参考和依据。疫情防控过程中，湖北武汉地区各级政府，各界人士都付出了巨大的努力，产生了大量的文献资料，这些都将为湖北地方文献的组成部分和永久的湖北记忆，也将成为湖北省图书馆的特色馆藏，特色专业服务。

(五)参考咨询服务

充分利用馆内信息和技术资源，配合上级单位做好舆情防控收集工作，迄今报送《湖北文旅疫情防控舆情摘报》72 期，向省委宣传部报送信息 12 篇，文献传递电子图书 1 份，被中宣部《每日要情》选中信息 1 篇，撰写《“全国联动 支援湖北——疫情防控动态汇编”编印方案》，组建汇编小组跟踪收集媒体报道和文件 5729 篇。

参与社会协作，开辟了抗疫信息专家论坛，邀请黄如花等多位专家学者进行视频授课，心理咨询；开展抗疫科研动态监测服务，为科研人员提供最新研究线索；开辟疫情专栏，编制指南手册，进行科学普及；建立心理防“疫”健康咨询服务群，目前已开展活动 5 期，已吸纳 1000 人参与。多渠道充分发挥信息中心作用，提供信息服务，信息支持，解决疫情期间的信息不对称问题，让群众第一时间接触到一手的抗疫防疫信息。

(六)联动图书馆界共同抗疫

疫情期间，全国图书馆界和相关机构筹集捐赠了大量防护物资，口罩、手套、雨衣、鞋套、防护服、护目镜、消毒液、湿巾、洗手液、肥皂以及时蔬、慰问信函等。联络协调将全国各地的爱心对口支援发放到了我省各地市州图书馆，这是一项特殊时期的图书馆工作，充分发挥了业界协作平台作用，充分调动了图书馆人的抗疫积极性，极大地增强了图书馆界的高度凝聚力。疫情期间，与多家图书馆跨地域合作开展读者活动，全国联动，图书馆学会，高校图工委，图书馆联盟，图书馆专家，共享工程中心，合作公司等上下一盘棋，有利于加强图书馆的信息资源共建共享建设。

四、公共图书馆在突发公共卫生事件中的角色定位

(一)自身管理建设者

图书馆作为公共文化服务机构，应急管理工作应该常态化制度化，并且将突发事件应急管理纳入图书馆评估体系；制定相应制度和标准；建立应急保障机制，设立专项经费；制定图书馆行业应急预案；应急管理培训和演练日常化，提高馆员危机意识和应对能力，提高综合管理水平；储备应急设备和物资。全方位提升信息化建设和服务能力，在突发公

共卫生事件发生时，可以立即启动应急管理措施，进行科学防控、科学防护，将有可能造成的损失降到最低，保障自身安全运行和优质服务。

（二）信息素养社会教育者

进行社会教育是图书馆的一项重要功能，贯穿于图书馆各项服务的始终。新型冠状肺炎暴发以来，有关疫情的各种谣言、虚假信息层出不穷，公众无法判断辨别真伪，造成诸多不良社会影响，一度出现“信息疫情”—遏制谣言传播的根本途径是提高公众的信息素养，提高公众甄别信息的能力，并且不造谣、不信谣、不传谣。在疫情期间图书馆可以充分利用微信公众号网络平台增加信息素养教育内容的推送，发布相关活动通知，设置教育专栏以满足用户信息查找需求；可以整合利用 MOOC 资源，制作发布优质的信息素养 MOOC 课程教育资源等供公众免费学习使用，有效地提高公众信息素养，增强公众参与社会管理的能力。

（三）文献信息管理者

文献信息的保存和传递是图书馆的基本职能，是面对突发事件时图书馆责无旁贷的工作。搜集保存人类文化遗产，对图书的整序，是发挥文献信息潜在能量的先决条件，包括对实体和网络文献信息的收集、分类、编目、保管贮藏，编研，二次开发，向公众提供参考信息咨询等信息综合服务。在突发重大公共卫生时期，征集疫情相关资料，记录历史，借鉴总结，收藏特色专题文献具有重要的现实价值。

（四）阅读推广新技术应用实践者

阅读推广是图书馆教育职能的延伸，图书馆是阅读推广的重要力量。如何培养读者阅读兴趣和习惯，提升阅读能力，引导深化阅读是阅读推广实践中需要解决的问题。在公共卫生事件发生时，读者的阅读途径和阅读需求都发生了改变，图书馆的阅读推广除了新媒体技术，在物联网、大数据、云计算和人工智能技术方面都在探索和突破，以使阅读推广向着更加高效、精准和智慧的方面发展，使读者可以自由选择阅读内容、安排阅读进度、过滤无效信息、激发读者阅读兴趣。

（五）社区和弱势群体支援者

弱势群体大体分为生理性和社会性的，包括儿童、老人、伤残人士、低收入人群等，他们在突发事件中往往信息滞后，缺乏应对条件，也极易被忽视，所以更容易受到突发事件冲击。公共图书馆作为公共文化服务体系的重要一环，理应体现公共文化服务的均等性以及普惠性，公共图书馆在弱势群体服务中，应该依托社区，重视个人档案信息管理，加强他们的信息收集利用能力培训，提高信息素养，加强心理培训和援助，提高抗危险能力。社区，是守护健康的前沿阵地，是抗击突发公共卫生事件的坚强屏障，作为小群体的合集，在必要时刻需要能够通过应急体系发挥出强大的融合作用。图书馆的场馆、人员、文献资料都可以在应急需要时为附近社区提供必要的支持和帮助，与社区一同构筑群防群治群控的防线。危急时刻，图书馆场馆可以临时改造提供给需要的人们；文献资料电子资源可以提供给社区居民，以精神食粮助力防疫、战疫；馆员同志们可以作为志愿者，利用自己的职业优势，为社区居民积极宣讲疫情信息，引导居民以科学的态度面对疫情，减轻居民各种疑虑，帮助居民分忧解难，提高了小区管控和服务效能。

(六)图书馆应急管理网站建设与维护者

由专门机构或者合作单位负责危机网站建设与维护。搜集国内外突发事件应急管理资料，建立数据库，比如各项应急法律条文、管理制度；历史事件、理论前沿、实践案例、应急常识、应急方式等，提供紧急救助渠道；社会协作联动组织；应急指南、专家讲座培训；应急书目推荐；信息咨询；媒体评论；志愿者管理系统等。在互联网和信息化时代，加速网站建设是必然趋势，也是提升图书馆的管理能力和服务效能的方式。避免网站的粗制滥造，提高用户的使用体验度，首先既要丰富图书馆网站的文化资源，其次对于特殊时期的图书馆网站也应该加强其特定主题的打造力度，并以开放的姿态将网站打造成文化资源链接融合站点。

五、结语

诚如中国图书馆学会副理事长、澳门大学图书馆馆长吴建中先生最近在一次活动中的寄语：“在这次抗疫活动中，图书馆不仅没有缺席，而且焕发出了更强大的职业能量，停课不停学，闭馆不打烊，图书馆的网上服务，在经历了这次大考之后，变得更成熟，更深入人心。”随着社会信息化发展，随着公众精神文化需求的提高，公共图书馆在公共文化服务体系中的作用日益凸显。每一次突发公共卫生事件的发生，都必须要总结经验、吸取教训，进一步健全应急管理体系，完善应急机制和法律，提高处理急难险重任务能力，创新管理管理模式，加强数字化智能化智慧化建设，找准自身定位，不断提升图书馆在突发重大公共事件中的服务效能。

互联网环境下，传统手工技艺的传承与发展初探
——以十堰市传统手工技艺为例

王 平①

摘要：传统手工技艺是劳动人民共同创造的精神财富，它凝结着劳动人民智慧的结晶，体现了民族的价值观念、文化特征、精神内涵等。传统手工技艺的传承与发展有利于弘扬民族文化，丰富文化资源，增强文化自信。然而多年来，传承人老龄化、传统手工技艺缺乏创新、手工技艺产品销路难等问题，一直是困扰传统手工技艺传承和发展的主要难题。随着互联网时代的到来，传统手工技艺的传承和发展也正面临着机遇与挑战并存的形势。本文试以十堰市传统手工技艺为例，探讨如何借助互联网平台优势使传统手工技艺得到更好的传承与发展。

关键词：互联网　传统手工技艺　传承　发展

传统手工技艺是人们在长期的社会生产、生活实践中积累的经验和知识，是劳动人民共同创造的精神财富，它凝结着劳动人民智慧的结晶，蕴含着民族的文化审美价值，是非物质文化遗产的重要组成部分，它体现了民族的价值观念、文化特征、精神内涵等。传统手工技艺的传承与发展有利于弘扬民族文化，丰富文化资源，增强文化自信。然而，如今随着社会经济的高速发展，互联网时代的到来，传统手工技艺的传承和发展正面临着机遇与挑战并存的形势。传承人老龄化、传统手工技艺缺乏创新、手工技艺产品销路难等问题，一直是困扰传统手工技艺传承和发展的主要难题。本文试以十堰市传统手工技艺为例，探讨如何借助互联网平台优势使传统手工技艺得到更好的传承与发展。

一、目前十堰市传统手工技艺的现状和问题

近年来，随着国家对传统文化保护的高度重视，相继出台了《中国传统工艺振兴计划》《文化和旅游部办公厅关于大力振兴贫困地区传统工艺助力精准扶贫的通知》《文化和旅游部办公厅、国务院扶贫办综合司关于支持设立非遗扶贫就业工坊的通知》等系列文件，和相应的保护措施，加大对传统手工技艺的保护和扶持力度。十堰市传统手工技艺在政府的利好政策支持下，有些项目呈现健康良好的发展态势，有些手工技艺项目却因种种原因依然处于衰退趋势，并且陷入濒临失传的绝境。传统手工技艺主要涵盖传统美术、传

① 王平，十堰市群众艺术馆馆员，研究方向：群众文化与公共文化服务。

统技艺、传统医药类，有相关产品或作品的非遗项目。目前，十堰市共有116项市级以上非遗项目，其中涉及传统手工技艺类非遗项目有35项，占比30%。然而有12项传统手工技艺类非遗项目目前处于濒危状态，主要原因有以下几点：

(一)传承人老龄化问题

近年来，非遗传承人老龄化问题日益突显。年轻人大多外出务工，农村成了老人和孩子留守的“空心村”。掌握非遗技艺的传承人大多年事已高，因苦于找不到接班人，传承面临着青黄不接的窘境，有些传统手工技艺甚至陷入了人亡艺绝的绝境。比如十堰市蛋雕技艺传承人王成玺，2014年意外离世，享年65岁。因后继无人，该项传统手工技艺在当地已失传。目前，大多数传统手工技艺主要采取家族传承、师徒传承模式，传承范围有限。传承方式还停留在口传身授阶段，所以往往一个传承人的离世，也意味着其所继承的非物质文化遗产的消失。

(二)传统手工技艺创新问题

传统手工技艺大多诞生于农耕社会，是由劳动人民在长期的生产、生活劳作中积累下来的经验和知识，并世代相传留存至今的手艺，它与人们的生产、生活息息相关。传统手工技艺的保护、传承与发展离不开其原生土壤。然而，如今随着社会经济的高速发展，城镇化进程的加快，人类社会的发展早已从农耕社会过渡到工业社会，人们的生产、生活方式较过去有很大改变，娱乐消费审美理念也发生了很大变化。有些以实用为主的传统手工技艺因不能适应时代发展，已渐渐淡出人们的生活，呈现日益衰退趋势。比如陶器烧制技艺、皮纸制作技艺、木椅制作技艺、竹篾编织技艺等。如何传承与发展传统手工技艺，是当下亟须解决的问题。传承是基础，创新是出路。只有不断创新，使其适应现代生活，才能更好地生存发展，从而促进保护与传承。

(三)产品市场销路难问题

传统手工技艺大多为纯手工制作，取材为当地纯天然原材料，制作工艺繁杂，用时较长。由于原材料、人工成本高，售价自然比市场上同类产品要高。传承人文化程度不高，缺乏宣传意识，不懂产品营销和文化创意设计，使传统手工技艺产品不能与时俱进，不能满足现代人的生活需求和审美理念，从而导致传统手工技艺产品市场销路难问题。只有解决了传统手工技艺产品销路问题，才能使传统手工技艺在当下能够更好地传承与发展。

二、互联网环境下，传统手工技艺的传承与发展

如今，随着社会信息发展，高速互联网时代的到来，人们的生活发生了很大改变。传统手工技艺能不能适应当下社会发展，走进人们的生活，借助互联网平台走出困境，得到更好地保护、传承与发展？下面主要针对传统手工技艺所面临的问题，结合互联网予以探讨。

（一）利用互联网加大宣传力度，培养传承人

随着城镇化进程的加快，越来越多的农民进入城市生活，环境变迁和生活方式的改变，导致原有的文化空间已不复存在，那么一些依托特定的文化空间进行传承的传统手工技艺也随之消亡。传统手工技艺的生存问题，也是制约其发展的重要因素。过去靠手艺能养活一家人，而如今仅靠手艺很难糊口，年轻人出于生计，大多不愿意再继承父辈的手艺，导致传统手工技艺传承人老龄化问题越来越严重。在当今时代，传统手工技艺仅靠传统的家族传承、师徒传承模式还远远不够，只有开辟新的传承模式，才能适应时代发展需求。

在如今互联网时代，借助网络平台，传承方式也更加多元化。传承人可以将传统手工技艺的制作过程、历史背景、文化内涵、艺术价值等拍摄成小视频，利用微信、抖音、快手等自媒体平台进行广泛传播，也可以将原材料和详细的制作步骤拍摄成教学视频，采取线上教学的方式，组织广大群众观看，进一步扩大传承传播范围。从而使非遗传承不再受地域、环境和年龄限制，使所有喜欢传统手工技艺的人们都能随时随地学习，广泛传承传播传统手工技艺。

2019 年 4 月，抖音推出“非遗合伙人”计划，通过短视频和直播帮助非遗更好地传播与传承。截至 2020 年 5 月 31 日，抖音相关视频涵盖了 96%的国家级非遗项目，共涉及 1318 项。抖音开始让更多人了解非遗，爱上非遗。共计超过 4800 万个非遗视频被播放了 2000 亿次，获得点赞数近 65 亿。

十堰市郧阳区的郧阳凤凰灯舞为国家级非物质文化遗产项目，为了扩大宣传力度，让更多人了解凤凰灯、喜爱凤凰灯，加入传承、保护郧阳凤凰灯舞的队伍中来，积极组织传承人开展线上培训班活动。郧阳凤凰灯舞传承人主要从凤凰灯的扎制、表演、音乐伴奏三个部分，进行线上传承教学。各乡镇文化站、业余文化爱好者共 130 余人，通过网络平台进行了实时观看学习。十堰市的武当武术是国家级非物质文化遗产项目，自 2014 年开始利用微信公众号开展线上免费武术教学活动，通过线上直播、录播教学视频的方式，向广大武术爱好者、从业者传授武当武术习练方法，传承、传播武当武术，在社会上反响良好，受到广大武术爱好者的喜爱和欢迎。线上培训活动突破了地域限制和环境、交通等因素的影响，从而使传承范围更广，受益群众更多。另外，线上教学视频可以回放，人们对于感兴趣的内容，或想要学习的部分，可以通过反复观看进行学习模仿。相比线下教学的“学完就忘”来说，这是线上教学的优势。

（二）利用互联网激活产品创新，吸引消费者

随着互联网的高速发展，现代娱乐形式更加多元化，生活体验更加丰富，对产品的获取渠道更加便利，人们的审美消费理念也在不断更新。在这个市场瞬息万变、产品日新月异的时代，传统手工技艺如果不能跟上时代发展步伐，不能满足消费者的审美需求和实用需求，那么终将会被商品经济的浪潮所淹没。传统手工技艺缺乏创新，不能适应现代生活需求和审美理念，是制约传统手工技艺发展的瓶颈。

十堰市的竹篾编织技艺，在 20 世纪六七十年代，是农村日常生活中必不可少的生产

生活工具。然而，随着社会经济发展，人们生活水平的提高，生产生活方式的改变，市场产品多元化冲击等因素，导致篾器产品销售低迷，陷入困境。竹篾手艺人杜香元冷静分析市场，思索后决定产品转型，竹制品逐渐从生产、生活用品演变为工艺品，销售情况有所好转。然而，大部分传统手工技艺因传承人不懂创新产品，不能很好地迎合市场需求，导致产品销路难问题。

如今随着互联网的应用和大数据的普及，利用互联网大数据平台，可以汇聚各类传统手工技艺创新人才，扩充传统手工技艺创意产品，整合传统手工技艺资源，搜集消费者的需求，在产品与设计者、消费者之间进行交互，从而开发出适合市场需求、消费者喜爱的传统手工技艺产品。借助互联网平台，可以和高校合作，和国内优秀的文化创意公司合作，在全网范围内实现资源对接、优势互补，从而激活传统手工技艺的产品创新能力，使之重新焕发活力。

(三)利用互联网电商平台优势，拓宽产品销路

近年来，随着“互联网+”电子商务的快速发展，电商平台异军突起，十堰市有些传统手工技艺产品搭乘电商快车，取得了稳定而可观的销量，市场前景良好。十堰市郧阳榨油技艺采用传统木榨方式榨油，往年销量不错，然而今年因疫情影响线下销量降低 70%。后来，借助贫困地区农副产品网络销售平台很快恢复销量。目前，月销售额达 150 万元，产品发往北京、上海、天津等地，广受消费者喜爱。尤其是：木榨香油(500ML×2)、菜籽油(1.8L)、菜籽油(5L)，此三款爆品销量最好，供不应求。刘权兴奋地说：“我没想到电商平台销售前景这么好。如今好产品也要借助互联网才能让更多的人知道。”

竹山绿松石雕刻技艺传承人闻宜华在天猫平台开店，月直播带货达 50 次，月销售额达 5 万元。溢水豆瓣酱制作技艺采用传统古法工艺酿造，创立了“喻来福”品牌，在豆瓣酱基础上，开发出牛肉酱、香菇酱、拌面酱等多种产品，在淘宝网上销量不错，吸引了大量食客。另外，十堰市的剪纸非遗作品和面塑手工作品也在淘宝、快手、东家、拼多多等平台销售，有些作品很受大众欢迎，销量不错。

在新时代，借助互联网优势，利用快手、抖音、拼多多、阿里巴巴等直播带货平台，对传统手工技艺产品进行宣传推广，能够有效拓宽产品销路。

三、传统手工技艺可持续发展的几点思考

传统手工技艺在利用互联网进行传承与发展取得一定成效后，如何提高产品市场竞争力，实现可持续发展？在生产过程中如何保护传统工艺、把握核心理念，避免过度产业化、商业化对传统手工技艺的破坏？下面主要从以上问题出发，结合实际和理性思考，予以阐述。

(一)加大非遗价值宣传，提高产品市场竞争力

如今，随着媒体的广泛宣传，非物质文化遗产的社会关注度不断提高，传统手工技艺也越来越广泛地被人们所认知，有些产品虽然获得了一定销量，但是并未稳定占领市场，

消费者只是出于好奇心理购买，并没有真正圈粉，所以还未形成稳定客源。

传统手工技艺产品的主要特征是纯手工制作，艺人本着“匠心”精神，制作过程讲究“慢工出细活”，所以制作时间较长；另外，其取材多为当地就地取材、绿色纯天然的原材料。由于成本高，所以售价自然也比市场价高。不同于市场上同类商品，生产商家以追求利益最大化为目标，不断降低原材料成本，加之流水线生产，所以生产成本自然较低。相比传统手工产品来说，商业产品更加物美价廉，从而在市场竞争中更具优势。

在如今商品经济高速发展的今天，琳琅满目的商品让人目不暇接，人们的选择也更加多元化。在激烈的市场竞争下，同类产品中相比售价更低、设计更加新颖创意个性的产品，更容易受消费者青睐。除了价格因素以外，还有原因就是，消费者不了解非遗产品所蕴含的深层的文化内涵和价值。如今越来越多的年轻人崇尚自然，喜爱带有人文情怀的产品。如果能利用互联网加大非遗宣传，通过短视频的方式，让人们了解传统手工技艺所承载的历史文化艺术价值；利用互联网直播平台，将手艺人现场制作非遗产品的全过程展示给观众，这样不仅能宣传推广非遗文化，更能使人们直观、深刻地认识到非遗产品的价值，从而引导消费者的购买需求。

如今的市场是瞬息万变的，消费者需求也是在不断更新的，如何搭建起传统手工产品和消费者的桥梁呢？互联网大数据平台能够根据用户的历史搜索信息，分析出不同顾客的消费习惯偏好，为其推送喜爱的产品。传统手工技艺可以借助互联网大数据平台，时刻掌握不同年龄、层次、职业消费者的审美理念、习惯偏好、消费心理等，不断调整、创新产品，紧密贴合消费者需求，打造个性化传统手工技艺，从而提高手工技艺产品的市场竞争力。

（二）把握生产核心理念，避免过度产业化

传统手工技艺大多为纯手工制作，其历史发展有千百年，有着丰厚的文化底蕴和历史价值。手艺人高超精湛的手工技艺、执着的匠心精神，和传统手工技艺产品所承载的独特的文化内涵，使传统手工技艺产品比普通商品更具有人文情怀，也多了一丝温度。因为纯手工制作，每位手艺人的审美情趣、生活经历、爱好习惯不同，制作出来的产品也不同，这正是传统手工技艺产品的个性化特征。其不同于流水线产品，讲究标准化、规模化生产，要求所有出厂产品都要同等规格，在原材料和生产加工过程中，尽量降低成本，以追求利益最大化。

十堰市均州挂毯制作技艺兴起于20世纪80年代，采用当地桑蚕丝为原材料纯手工编织，一件三四十平方米的挂毯，少则8个月，多则一年多才能织完，而用机器编织能够缩短一大半工期。但是机器加工的挂毯色彩选择范围较小，无法根据作品图案的细微差别来调整用线，所以加工出来的挂毯成品色彩单调呆板，缺乏层次感。而人工编织的挂毯可以根据作品的艺术表现形式和细微层次，随时调整用线色彩和编织方法，一朵牡丹花可以采用几十种不同颜色、明暗度的丝线来编织，编织出的挂毯作品更加细腻丰富、生动逼真、富有层次感和艺术表现力。

团队在将传统手工技艺产品市场化的时候，要把握好传统手工技艺制作的核心理念，严把原材料、生产工具、生产流程、核心技艺这几道关卡，采取传统手工技艺操作，避免

急功近利，或追求利益的最大化而缩减原材料，或更换现代化机械加工方式，从而使传统手工技艺的保护与传承遭到破坏。

四、结语

传统手工技艺是非物质文化遗产的重要组成部分，传承和发展传统手工技艺有利于弘扬民族文化，增强文化自信。近年来，随着传承人老龄化、传统手工技艺缺乏创新、产品销路难等问题的日益突显，使传统手工技艺的传承与发展一度陷入困境。然而，随着互联网时代的到来，传统手工技艺的传承与发展正面临着新的机遇与挑战。利用互联网打破传统单一的传承模式、激活产品创新能力、拓宽产品销路等措施，能够有效传承与发展传统手工技艺。传统手工技艺在市场竞争中，要加大非遗价值宣传，不断创新产品，在生产过程中要把握核心理念，避免过度产业化，只有这样，才能保持市场竞争力，实现可持续发展。

◎参考文献

[1]抖音非遗大数据发布：非遗视频获赞超 64 亿次[EB/OL]. http://www.jjckb.cn/2020-06/12/c_139134224.htm,2020-06-12/2020-06-25.

浠水民歌传承现状、困境及对策研究

蔡　诚①

内容摘要：浠水民歌是浠水地区民间音乐最原始和最主要的流传方式，但伴随现代社会发展步伐的加快，浠水民歌面临着传承断层、艺人老化等多重问题。本文阐述了浠水民歌的发展与传承历程，针对浠水民歌当下迫切需要保护发展的问题，提出了相应的对策与建议，重点研究分析了如何加强浠水民歌传承人关怀保护机制，旨在赋予浠水民歌新的内在文化生命力以及外在社会影响力。

关键词：浠水民歌　发展现状　保护传承

浠水民歌的传承方式主要为口头传唱，最原始的浠水民歌是人们利用声音的高低、强弱等来表达自己的思想和感情。随着人们劳动的发展，逐渐产生了统一劳动节奏的号子和相互间传递信息的呼喊，这便是最原始的浠水民歌的雏形。浠水民歌之所以能流传至今，与社会发展的时代背景密切相关，也与民歌的内容、形式息息相关。浠水民歌包括山歌、哦呵腔、浠水小调等，来源于浠水人民的口头创作，最能够反映民众的社会生活以及理想愿望，这也是浠水民歌能够流传至今的原因。随着社会的发展，浠水民歌面临着传承的断层和艺人的老龄化等原因，因此如何进行抢救性保护以及传承性发展成为题中之义。

一、浠水民歌传承的生态环境

（一）特殊的地理条件和文化渊源，产生了浠水民歌

浠水县位于湖北省东南部，长江中游北岸，大别山南麓。自古以来，浠水是吴头楚尾，荆杨交界，也是我国南北气候分界。是湖北、安徽、江西三省交会之地，是七省通衢之要道，县城距省城武汉市仅 100 公里，至邻近省会城市合肥、南昌、长沙，均在 300 公里左右。境内有巴河、兰溪、散花三处深水码头，上可入川，下可通沪。京九铁路贯通全境，到北京、上海、广州朝发夕至。沪蓉高速、武黄高速和大广北高速纵横过境。

浠水县地势东高西低，由东北渐次向西倾斜。整个县境由高山、丘陵、平原和湖泊组成，素有“三山六丘一平原，田园水面在其间”之说，历来是农业生产大县，大米、菜油、

① 蔡诚，浠水县文化馆馆员，研究方向为群众文化服务。

鲜鱼享誉省内外。

巴水、浠水、蕲水三条河流，由东北向西南贯通长江，给浠水带来了交通运输及商业的繁荣，南京会馆、安徽会馆、江西会馆和福建会馆曾在浠城、巴河、兰溪等重镇多处设立，浠水的大米、菜油、鲜鱼、黄沙是主要出口物资。

除此之外，浠水还是宋代名医庞安时、明代宰相姚明恭、清代状元陈沆、近代民主斗士闻一多先生的故里，也是历来文人墨客云集之处，至今留下了许多传世之作。如苏东坡《游清泉寺》《绿杨桥》等诗词，王羲之的“汰笔池”，陆羽的“天下第三泉”等遗迹。这些文豪俊杰与本地文人学士相互交流、砥砺，促进了浠水文化的发展。

由于特殊的山水地形，便利的交通要道，先进的农业生产，促进了人们的生产生活的发展，思想和情感的交流，浠水农民和市民集体创造，产生了浠水民歌。

（二）移民促使本地与外地音乐融合，丰富了浠水民歌

可以说自有了浠水方言，就有了浠水民歌，因此浠水民歌至少有几千年的历史，只不过随着时代的变化，特别是各时期不同地的移民到来，如巴蜀移民、中原移民和吴越移民的进入，一些原居地音乐元素渗进浠水民歌之中，融入了“巴蜀文化”“荆楚文化”“中原文化”和“吴越文化”，以致浠水民歌的情调和歌词也随之有所变动。因此在浠水民歌的音调中常能发现四川音乐的某些元素，也有江西民间音乐的某些元素，浠水民歌是以本地民间音乐为基础，兼有外来音乐成分的综合体。

（三）不同的演唱环境，产生不同形式民歌

浠水属楚语区。《礼乐志》上说：“高祖乐楚声，故‘房中乐’楚声也。”从大的范围讲，浠水民歌亦在楚声之列，说明楚地民歌在久远年代就很活跃了。此外。苏东坡谪居黄州时，对鄂东地区特别是以蕲水腔有过形象的一笔。他在《笔记志林》中写道：“余来黄州，闻黄人二、三月，皆群居讴歌，其词故不可解，其音亦不中律吕。但婉转其声，往返高下，如鸡鸣尔”，这种如鸡鸣的声音就是哦呵山歌。因为浠水北为低山丘陵，南为江湖沼泽，促使人们在交流时声调高昂，音域宽广，产生山歌和田歌，演变成哦呵山歌，不仅声音像鸡鸣，而且发声时的颈项动作也像鸡鸣，这说明浠水乃至整个鄂东的哦呵腔民歌（蕲水调）的产生与复杂的地形分不开。

特别是浠水北部山区的洗马镇、绿杨乡地处英山和蕲春三县的交界地，这里山高林密，百姓的娱乐方式相对单调一些，所以唱山歌小调成了当地居民的主要娱乐活动，自古至今这里的浠水民歌最为丰厚，也是保留得较为完整的地方，代表性的是“哦呵山歌”和“鱼咬尾”山歌，成为“蕲水调”（哦呵腔）的发源地。“蕲水调”随着用发生在鄂东的人和事编成的剧目向四方流传，影响波及八个省份。浠水山歌泛称为《三百六十调》，《三百六十调》民歌覆盖整个鄂东和湖北黄孝及安徽岳西、金寨等部分地区，而中心则在浠、罗、英三县交界处。《三百六十调》无论是形式和内容都有较高的美学价值，它折射了整个鄂东先人们的生活情趣和历史风貌。

浠水的关口镇、团陂镇和白莲镇，位处丘陵，这些地方主要流行一些小调和灯歌。如

《八仙出洞门》《扇子花》《绣手巾》等。浠水最有代表性的民歌《团陂街》几乎在湖北全境和周边省份部分地区广为流传。

在县城，多官员富商，在室内和休息时产生了小调，这种叙事性较强的小调经过文人的加工，比较受小市民和文人的喜爱。在节庆日演唱时产生了灯歌等。

（四）战乱的影响，产生悲腔唱腔

民歌的音调是方言语调的延伸，由于喜怒哀乐情绪的变化，产生了表达不同情绪的民歌。如表示喜庆的采莲船调，表示悲哀的哭嫁歌，表示热闹场面的打哦歌等。

浠水民歌悲剧感情色彩因素十分突出，这与战乱频繁仍相关。浠水南面扼控长江，位置十分重要，自古是兵家必争之地。伍子胥伐楚，孙刘抗曹，刘骏伐逆，黄巢反唐，岳飞抗金，徐寿辉建都，太平军抗清，都发生在这里。历代战乱中形成的“蕲黄四十八寨”，仅蕲水(浠水)境内占有10余座，三国时期留下有城山寨(吴王行宫)、策湖(孙策训练水军之湖)、散花洲(孙权犒军散花洲)，唐代的黄巢起义军保存有造册桥、黄勉湖、免刀山，元代徐寿辉起义军的国都清泉寺等多处遗址遗迹。正是历代楚地战争频繁，长期处于战祸和天灾摧残之下的鄂东百姓形成了一种集体性悲剧性格，反映在音乐中形成了悲腔唱腔。

历史上有“楚人善哭”之说，唐朝诗人高适也曾诗云：东路方萧条，楚歌复悲愁。鄂东的哭腔十分发达，浠水民歌中的部分小调受到这种影响，也透出一种感伤和忧郁的情调。这对楚剧声腔和东路子花鼓的成型影响很大，其中楚剧声腔就是以大悲腔和小悲腔为主干。浠水哭腔中的《哭嫁歌》却由于它亦悲亦喜的双重色彩，形成特殊的小调，深受现代人的普遍喜爱。

（五）特殊的浠水方言，促使哦呵腔的产生

浠水方言的语调比较平，难已表达高涨的情绪。但在民歌中有很大的改造。农民在劳动中，特别是当阵雨要来临时，为了给抢收鼓劲，就用假声吼出一串串尖音，这就是“打哦呵”。浠水的“哦呵山歌”就是这个基础上产生的，“哦呵山歌”是浠水山歌中比较独特的一个歌种，之所以独特，是因为它创造了一种真假声相结合的混声发声方法。这种真假声相结合的混声发声方法随着“蕲水调”的传播，为中国部分地方戏剧声腔“板腔体”的成型作出了一定的贡献。在此基础上形成的劳动号子，主要有“龙船号子”“搬运号子”和“打哦号子”等，深受哦呵山歌影响，声音高昂，情绪饱满。

总之，浠水的独特地理条件，频繁的战乱生活，发达的农业生产，内外的文化交流，产生了享誉省内外的哦呵腔，用“哦呵山歌”唱故事，便形成了具有戏剧性的“蕲水调”(浠水原名蕲水)。唱腔亲切、流畅，助人劝说时如话家常，叙述悲痛往事如泣如诉，忧思寂寞时凄凉婉转，义愤争辩时又慷慨激昂。所以，用蕲水腔来表现复杂的戏剧情节，刻画不同人物形象，有它独到的长处。蕲水腔为湖北花鼓与采茶戏的主腔，发展成了“二黄腔”，进一步成熟后，向两个方向发展：留在黄冈本地传播的保持原生态，融入东路花鼓戏；走出黄冈，经武昌，到襄阳，定名“汉剧”，成为京剧源流之一，影响深远。

二、浠水民歌的传承现状

浠水历来将演唱民歌的群众组织称为“花车队”，这些演唱组织有称“唱花车”的，也有称玩“地故事”的。浠水至今还有数支这样的花车队活跃在农村，这些民间花车队推动了浠水民歌的发展和传承。

浠水人对浠水民歌的执着是具有连续性和持久性的。1949 年以来，先是有吴世华老先生和王伯诚老先生坚持对浠水民歌的收集和整理，吴世华还创作了被人广为传唱的新浠水民歌如《田畈里闪金光》和《营养钵儿溜溜园》等。华季新老先生挖掘整理的灯歌《扇子花》唱进了省城，演到了北京，并被武汉市歌舞团演到了蒙古人民共和国等六个国家。浠水县造纸厂下岗工人姜文珍、农民占成宗等几十年如一日，在极端贫困的情况下坚持收集浠水民歌。文化馆退休干部叶小青、副馆长周白、文艺部主任叶晗长期坚持探索浠水民歌新的传承方式，经他们用现代音乐元素适度包装的浠水民歌成功地争取了现代听众，在如何保护和传承民间音乐的问题上做了有益有效的尝试。

为保护和传承浠水民歌，浠水县连续举办了七届全县性大型的民歌民舞大演，这种群众性的民间艺术活动还会继续下去，它对浠水民歌的传承发展起到了有力的推动作用。

浠水县音乐工作者数十年来坚持浠水民歌的收集整理和创新利用工作，在与时代的结合上取得了成功经验。浠水彩车调《观灯路上》参加了湖北电视台乡音大荟；改编的民歌《这是红四军》在由共青团中央举办的第三届全国乡村歌手大赛中获三等奖；改编的山歌《山歌本是古人留》获黄冈市第十二届民歌会演金奖；《一把芝麻撒上天》获第五届鄂东民歌大赛二等奖，《叫声我的姐，叫声我的哥》参加鄂豫皖三省四市民歌大赛，荣获一等奖；《扇子花》荣获湖北省第六届黄梅戏艺术节民间文艺展演一等奖；《一进团陂》荣获第十五届鄂东群星奖展演活动二等奖。

2011 年，《浠水民歌》成功申报为湖北省非物质文化遗产保护名录，2020 年《浠水民歌》获得申报国家级非遗名录资格，浠水县文化馆为把握这次机会，投入资金 28. 8 万元，对省级非遗保护项目《浠水民歌》全面升级打造，申报国家级非遗保护项目，目前已经进入备选项目。

经过多年的努力，浠水民歌在浠水县已经成为活态艺术。中央电视台，湖北电视台、黄石电视台和黄冈电视台等新闻媒体多次采访报道了浠水民歌。

三、浠水民歌的传承困境

浠水民歌是浠水百姓的集体口头创造，口口相传，代代相承，每个人既是创造者，又是传播者。但由于受到市场经济中不良的“向钱看”的舆论导向的影响，整体社会呈现出重经济，轻文化的现象；同时由于影视的冲击，人们重视现代影视欣赏，轻民歌演唱欣赏。所以，浠水民歌非物质文化遗产在传承与保护中受到紧迫而重大的压力。面对社会变迁的急剧加速和现代化的逐步推进，浠水本土文化面临着外来文化的巨大冲击，浠水民歌在无声无息中逐渐消失。

(一)演唱浠水民歌的原有依托环境逐渐消失

集体耕种、兴修水利等集体劳作方式及生活环境在逐渐消失，如以前少则数十人多则数万人在一起兴修水利，筑公路，大家一边劳作一边讲故事，唱哦呵山歌，现在少有聚集在一起讲故事，唱山歌的场面了；原来一路出行、爬坡、挑担都有讲故事唱山歌，现在交通方便，摩托车甚至汽车已经成了农村里的交通工具。

至于纳凉式的人群聚集氛围现在已经消失。现代看到的“非遗”，大部分是农耕时代形成并在相对封闭落后的地方保存下来，能否在现代化的大潮中继续发挥作用、如何避免被现代性同化而发挥作用，是一个重要的课题。

(二)现代化科技和传媒技术的冲击

随着现代科技和现代融媒体技术的普及，严重冲击了浠水民歌的传承生态，这些现代化的融媒体使浠水民歌失去了传统的文化生态，从而导致浠水民歌的市场日渐缩小。而浠水民歌突出的是非物质的属性，有着不依赖于物质形态而存在的品质，保持民歌的非物质特征，也是传承浠水民歌的重大课题。

(三)青、壮年务工人群在传承链条中缺位

自改革开放以来，浠水地区出现了大量外出务工人员，逐渐形成了一个庞大的打工族群，这些青、壮年人口的大量出走，造成了他们在整个浠水民歌的传承中的缺位，会唱浠水民歌的越来越少，从而导致了整个文化传承链条的断裂。民歌依托于人本身而存在，以声音、形象和技艺为表现手段，并以身口相传作为文化链而得以延续，是“活”的文化及其传统中最脆弱的部分。而人的传承显得极为重要，如今人口的外流，脱离民众基础，民歌传承相当困难。

(四)现有艺人老化，传承人缺失

现在浠水民歌传承人年龄老化，姜文珍，男，1943 年出生，现年 77 岁；叶小青，男，1945 年出生，现年 75 岁；艾桂英，女，1943 年出生，现年 77 岁；周月波，女，1950 年出生，现年 70 岁；叶晗，男，1975 年出生，现年 45 岁。浠水民歌已经面临传承人断层的危险。

(五)浠水民歌相对于流行歌曲缺乏创新

流行歌曲有一大批词作者、曲作者、表演者、影视制作者，但民歌普遍缺乏这些，只有一些爱好者哼着老曲子，唱着老文辞，在民间清唱，很难与现代流行歌曲共同发展。

四、浠水民歌传承困境的应对策略

浠水县省级非物质文化遗产项目名录“浠水民歌”的保护工作虽然取得了可喜成绩，

但面对社会变迁和现代化生活方式的推进，“浠水民歌”面临着现代文化，包括外来文化的巨大冲击，以及浠水民歌所依托的集体劳动环境逐渐消失，加之年轻人也多到外地打工挣钱，会唱浠水民歌的人越来越少，会唱民歌的人年龄越来越大，搜集、整理、传承这些优秀的浠水民歌成为当务之急。

（一）培育社会“抢救民族文化遗产是对历史负责”的观念

树立保护与传承浠水民歌是一件功在当代，利在千秋的观念。其次从行动上要坚持“政府主导，全民动员，集体保护”的保护。要运用政府能量，采取影视宣传、民歌演唱竞赛等切实有效的措施，创造民歌集体和个人演唱相结合的环境，为浠水民歌的保护与传承创造有力的政策条件和舆论氛围。

（二）重点发挥年轻群体的传承作用

浠水民歌在传承发展上，不仅需要专业人员去秉持，更需要当地老百姓，特别是年轻人去传承、创新、弘扬。民族文化传承，要让年轻人唱主角。要将浠水民歌保护与传承纳入文化和教育等领域，让浠水民歌走向校园，走向社区、村组，甚至在外打工人群。让青少年从小熟悉、喜爱、传唱浠水民歌，成为他们走向成功、走向未来的精神食粮。

（三）加大对传承人的保护力度

浠水民歌传承人是浠水民歌的传承主体。浠水正是因为拥有一大批优秀的浠水民歌传承人，传唱浠水民歌的风气才十分旺盛。非遗保护需要良性循环的活态传承，对传承人的关怀与保护，是让浠水民歌能够传承与发展下去的关键。费孝通先生曾经说过，文化是人为的，也是为人的。要加大对浠水民歌传承人的保护与资助力度，切实从政策和资金等方面，给予相应的扶持，提高他们在社会中的地位，使他们衣食无忧，能在良好的环境中继续将浠水民歌传承下去，激励他们以多种方式主动地开展浠水民歌传承活动，改变过去完全依赖外部力量来推动的消极被动状态，并鼓励他们多收徒传授浠水民歌技艺，使浠水民歌传承后继有人。

（四）加大理论研究力度

加大理论大盘围绕力度从另一个角度看也是保护传承人，采录传承人的口述故事，浠水民歌演唱技巧，建立完整、科学、翔实的浠水民歌档案，对它进行理论研究，进一步编写和出版《浠水民歌集成》专著，请专家学者来撰文评述，让更多人知道和了解浠水民歌，扩大知名度，让浠水民歌能够有效地传承下去。

（五）加大利用影像方式对浠水民歌予以保护、传承的力度

要用录音、录像和数字化多媒体等手段，对浠水民歌进行真实、全面、系统地记录，并制作成光盘，建立完整的影像档案资料。同时，要不断充实浠水民歌数据库。非遗资源是我国重要的优秀文化，在文化传承和民族智慧的延续方面都有着不可估量的作用和价

值，因此，对其进行建档保护不是最终的目的，最终是要利用数字化文化馆、数字化非遗展示馆等现代化互联网对其进行广泛传播，将优秀的文化在我国以及世界范围得到共享和利用。

五、结语

总之，浠水民民歌既是历史发展的见证，又是珍贵的、具有重要价值的文化资源。对浠水民歌的保护是一项功在当代、利在千秋的伟大工程，需要各级政府、文化等相关部门及广大群众的共同努力，使浠水民歌在外来文化的碰撞中更具竞争力，能够更好地进行良好的活态地传承，永远成为浠水人民精神家园中的文化精品。

麻城红色革命歌谣历史贡献与价值研究

丁晓玲①

摘要：湖北麻城，是鄂豫皖边区革命的圣地。土地革命战争时期，历史悠久的麻城山歌民谣，发展至巅峰，彰显着鲜明的红色。红色革命歌谣是革命先进文化与麻城传统乡土文化融合的产物。在烽火岁月里，红色革命歌谣有着特殊的历史贡献：它是号角，是战鼓，是匕首，是刀枪；它浸满痛苦血泪，又饱含革命激情；它是带血的呼喊，又是胜利的欢唱。这些脍炙人口的革命歌谣激发了人们奋发向上的精神，鼓舞了人民的斗志，反映了麻城苏区儿女的斗争生活和思想感情，承载着强大的红色人文思潮，构成这一地区红色文化资源的重要组成部分，更是大别山革命精神的重要体现。本文主要研究这笔珍贵非物质文化遗产，促使其进一步发挥爱国主义教育、实现中国梦教材的现实作用。

关键词：麻城　革命歌谣　历史贡献　文献价值

湖北麻城，地处鄂豫皖三省交界的大别山中段南麓。在中国共产党的领导下，这里爆发了著名的黄麻起义，是鄂豫皖革命根据地的重要组成部分；诞生了中国工农红军第四方面军、红二十五军和红二十八军主力部队。在革命战争年代里，这块红土地上 30 年革命红旗不倒，武装斗争不断，与海南的琼崖并列为全国坚持武装斗争最长的地区，这在中国革命斗争史上具有特殊重要的地位。大革命时期，大量红色民歌应运而生，在传统民歌的基础上，孕育出别具一格的革命歌谣。从传统民歌到红色歌谣，麻城以及大别山民歌分汉的这支红流，继承了鄂东山歌民谣传统的刚柔一体、阴阳交融、旋律优美、一唱众帮的特点。并且，赋、比、兴的广泛应用，使这些歌谣富于哲理，启人智慧，清新自然，悠扬流畅，有着丰富的艺术感染力。流传在麻城地区的革命歌谣，大多是旧调配新词。鄂东山歌高亢、悠远，正适合表现红色苏区的火红生活。党组织和苏区群众唱歌助战，抱团共进、不胜不休。咏其声，歌其事，唱其情，成为苏区人民生活的重要内容。麻城红色革命歌谣，吟唱出无产者革命的最强音，“这些歌声已普遍於苏维埃区域田野，随时随处皆可听到。”那响亮粗犷的歌声在山间回旋激荡，使整个苏区弥漫着革命气息，数以万计的革命先辈唱着红歌走进革命队伍，唱着红歌冲向枪林弹雨，唱着红歌前仆后继、抛头颅洒热血。从农民大革命到新中国的成立，麻城有 142 000 多英雄的人民献出了宝贵的生命，有册烈士 13 251 人；有 76 000 多位优秀儿女参加红军，有 7260 多人参加举世闻名的长征，

① 丁晓玲，湖北省麻城市革命博物馆陈列宣教部主任，文博馆员，研究方向为公共文化服务与博物馆陈列研究。

新中国成立时幸存的只有200余人。枪林弹雨中，经受了生死的考验，这块红土地上走出了王树声、陈再道、许世友等45位共和国开国将军。麻城乘马岗镇成为全国将军第一乡，100多名省军级老红军从这里走向全国。

90年来，萦绕在大别山群山峻岭中的麻城红色革命歌谣，是英雄的先辈用生命和鲜血谱写的乐章，在那风起云涌、波澜壮阔的革命战争年代，有着特殊的历史贡献。蕴涵着大别山革命老区精神、优良传统，是不可再生的宝贵的红色资源，具有特殊的政治价值、历史价值、社会价值。

一、麻城红色革命歌谣形成的历史原因

麻城，自古就是歌舞之地。勤劳智慧的麻城人民历来爱唱歌，田野里，山冈上，哪里有人群，哪里就有歌声。这些民歌以体裁分类，有铿锵的号子、高亢的山歌、欢乐的灯歌、抒情的小调、风趣的风俗歌、天真的儿歌、原始的生活音调等七大类，以演唱的形式分类，有放牛歌、茶歌、叉灯、花挑、采莲船、打连湘、渔歌、撒帐歌以及扇子花、走马灯、打花鼓等十余种。明代冯梦龙在麻城曾经广泛收集民歌，他说："今虽季世，而但有假诗文，无假山歌。"他搜集、整理的《桂枝儿》《山歌》等民歌集里面就有大量的麻城民歌。[①]这些传统歌谣早期称"采茶戏"，民间俗称"哦呵腔"，原本是农民田间地头的劳动号子，是农人自娱自乐的最普遍形式。一般都是由一人领唱，众人帮和，锣鼓伴奏非常有气势。每逢喜庆佳节，迎神赛会，唱歌便成为民众不可缺少的自娱自乐活动。有一首麻城民歌唱道："山歌本是古人留，留给后人解忧愁。唱支山歌解忧愁，白云深处乐悠悠，胜似宫廷做王侯"。[②]

正是因为有了这样的文化土壤，在火与血的革命斗争过程中，麻城人民采用自己独特的方式——以吟唱歌谣的形式来记录革命斗争中的点点滴滴：对旧社会的憎恨、战斗的经过、庆祝胜利的喜悦、对新生活、共产党的热爱……几乎是事事有歌、天天有歌，积沙成塔，集腋成裘慢慢形成蔚然可观的具有鲜明时代特色、地方特色的麻城"革命歌谣"。

这些革命歌谣客观地反映了革命战争年代麻城党组织领导人民在军事、经济、政治、文化等各个领域的具体实践，蕴涵了丰富的老区革命精神、优良传统，因而更立体地映射出红色精神的丰富内涵。如果将麻城革命歌谣按时间顺序吟唱，就是一部风起云涌、情景再现的革命史。

二、麻城红色革命歌谣的历史作用

（一）控诉黑暗社会，吹响宣传鼓励农民运动的时代号角

大革命前，麻城属于纯粹的小农业经济，除了极少数的小手工业和小商业外，约有98%以上的人从事农业。[③]因此，这里的经济关系绝大部分是土地关系，而土地关系中又是占有和分配的关系。当时土地绝大部分集中在地主手中，地主就以土地出租为主要手段对农民进行残酷的剥削。许多的农民一贫如洗，房无一间，地无一块。他们用山歌民谣唱

出了生活的苦难。像《苦农友歌》里面唱道：

冷天无衣裳，热天一身光。
吃的野菜饭，喝的苦根汤。
麦黄望接谷，谷黄望插秧。
一年忙四季，都为别人忙。

除了交高额的地租外，农民还要承受高利贷和各种赋税的剥削。像《借债度家庭》中唱道：

托保人，借债度家庭，
纵然说得好，息钱要三分，
用过两三年，房子住不成。

生活在水深火热中的农民发出内心的呐喊《锄秧歌》：

"苦海深啊黑夜长，穷人血泪满山岗，
这吃人的活地狱，哪年哪月能天光?"

这些歌谣以通俗易懂的语言，朗朗上口的文字，把农民困苦的现状描写的入木三分，把老百姓的处境展现得淋漓尽致，是劳动人们对艰苦的生活状态和现实不满的一种宣泄和控诉黑暗旧社会的呐喊。大家在传唱的同时引起深深共鸣，让人明白目前这种痛苦生活的根源之所在。于是，从1923—1925年多次自发组织反抗地主阶级的斗争活动，但是这些斗争仍属于旧式农民斗争的延续，无法从根本上改变劳苦大众的命运。

党的"一大"后，麻城在武汉中学读书的进步学生，王幼安、蔡济璜、刘象明等，在董必武和陈潭秋的影响下，加入了中国共产党。他们回到家乡后，访贫问苦，宣传马列主义。很快一大批进步青年都加入了中国共产党，麻城各地先后建立党组织，宣传的队伍就壮大起来。由于当时普通老百姓长期挣扎在死亡线上，被剥夺了享受文化教育的权利，文化程度普遍低下，这就给宣传工作带来极大的阻碍。经过一段时间的摸索和尝试，发现老百姓在田间地角劳动之余喜欢用歌声来表达他们对黑暗社会的鞭笞，对劳动的热爱和对美好生活的向往。经常是一人唱来万人和，彼此起伏，如果再配上锣鼓喧天，场面更加壮观。早期共产党员们便把那些革命道理，按麻城民歌传统曲调，编成歌谣传唱，宣传革命道理。

这时所创作的革命歌谣，大多为启发群众觉悟，宣传革命思想，号召人民起来革命的发动歌。他们在做宣传工作时，往往是先教唱歌，把人们吸引过来，用歌声来感动人、用歌声召集人。因歌谣的语言通俗生动，感情强烈，朴实直白，大家在歌声中领悟了革命道理，融入革命浪潮中。1929年，湖北省委巡视员何玉林在大别山视察时，就曾经说过："从经验中，歌谣的宣传效力最大……"④

1926年，中共麻城县委委员、县农民协会会长刘象明发表在《湖北农民》上的《宝塔诗》：

哼
农民
好伤心
苦把田耕
养活世间人
看世上的人们
谁比得我们辛勤
热天里晒得黑汗淋
冷天里冻得战战兢兢
反转来要受人家的欺凌
请想想这该是怎样的不平
农友们赶快起来把团体结紧
结紧了团体好打到那土豪劣绅

该诗每下一句比上一句多一字，排列起来就像宝塔，故名《宝塔诗》。开头以强烈的情感倾诉农民的苦难，然后设问启发，“请想想这该是怎样的不平?”引发人们的思考。最后大声疾呼：

“农友们赶快起来把团体结紧，结紧了团体好打到那土豪劣绅”。

1925年《农民快快觉悟醒》：

农民快快觉悟醒，天天起五更，归家戴月星，热天冷天都是苦辛勤。

豪绅和地主，要稞逼人命。一年忙到头，还是干脱身。
可恨的田主人，不该这绝情。儿女一家人，个个怨薄命。
不聊生，托保人，借债度家庭。纵然说得好，息钱要三分。
用到两三年，屋也住不成。农友们想翻身，快快来革命。

这首歌谣前面以叙事的方式深入浅出的表现了广大农民深受地租，高利贷的压迫。最后一句“农友们想翻身，快快来革命”像一盏明灯把受剥削、受压迫的农民指引到正确的方向，让他们找到了改变命运的途径。

还有中共麻城县委委员徐其虚则将歌谣书写在他家祠堂的大门上：

穷莫忧愁富莫夸，哪有长贫久富贵。
土豪把我穷人压，不劳而获享荣华。

只要穷人团结紧，千年铁树也开花。

这些歌谣宛如平地一声雷，惊醒了受苦的农友们，让他们睁眼看世界，开始认知到痛苦生活的根源和新的斗争道路。

(二)拉开了农民运动的序幕，抒发了苏区人民敢于武装斗争的豪迈情怀

随着宣传活动的深入，在共产党的领导下，农民运动如疾风暴雨般展开。从1926年秋到1927年春，麻城有13个区，340个乡成立了农民协会，会员发展到12.4万人。农民协会成立后，农民第一次翻身做了主人，编唱《农会歌》《崭新世界我们开》庆祝农民当家作主。

《农会歌》

打起鼓来敲起锣，我来唱个农会歌，农友们多么快活。
农会兴得真火热，铲除压迫和剥削，穷人不再受折磨。
农会当家把主做，斗得豪绅把头磕，最坏的杀他脑壳。
减租减息又减稞，苛捐杂税都免却，细伢们还上了学。
不是共产党来掌舵，哪有这个好结果，农友们哪紧跟着。

《崭新世界我们开》

农民协会办起来，当年奴隶站起来。
黄麻来了共产党，劳苦大众把头抬。
一切权利归农会，土豪劣绅脚下踩。
快把铜锣敲起来，快把梭镖举起来。
千仇万恨化烈火，烧垮万恶旧世界。
永远跟着共产党，崭新世界我们开。

这些觉醒后的歌声，激情洋溢，对于那些持观望态度的农民而言，是有力的召唤。他们看到了摆脱目前穷苦生活的出路，只有拿起武器勇于斗争，才能摆脱官僚地主的压迫，打破旧世界，开创新生活。

1927年5月，《麻城惨案》发生后，毛泽东派“武昌中央农民运动讲习所”近300名学生军来麻城驰援战斗。5月底，学生军在农民敢死队和省政府警备营的配合下，全歼了麻城境内的土匪。当时的广大人民群众为了歌颂学生军编唱了这首《打麻城》：

太阳出来照山坡，听我唱个革命歌，农友们啦过细听着。
自从去年把党兴，打倒土豪和劣绅，众农友都很齐心。
……
天降神兵到麻城，直捣敌人大本营，把匪徒一网打尽。
感谢毛委员大恩人。敲锣打鼓送亲人，学生军凯旋会麻城。

1927 年 8 月，党的“八七”会议纠正了陈独秀右倾机会主义路线，确立了土地革命和武装反抗国民党屠杀政策的总方针。“八七会议”以后，黄、麻地区的革命形势走向了高潮。9 月，湖北省委派人到麻城邱家畈传达会议精神，决定黄、麻两县联合举行武装暴动。从九月暴动到黄麻起义，《暴动歌》响彻黄麻地区。

暴动、暴动！工农打先锋。
拿起刀和枪，一同去进攻。
暴动、暴动！天下归工农。
再不当牛马，要做主人翁。
暴动、暴动！哪怕白匪凶；
拼除一条命，勇敢向前冲！
暴动、暴动！跟着共产党，
前仆又后继，革命定成功！

这首歌谣，让人仿佛看到千万麻城英雄儿女扛着锄头、土铳，举着梭镖、竹矛，一路高歌，万人“哦呵”齐唱，浩浩荡荡奔向黄安城，与黄安农民自卫军一起同心协力，武装夺取黄安城，将胜利的红旗插在黄安城墙上迎风招展。这首歌谣展现了革命群众跟着共产党干革命，敢于斗争，不怕牺牲，赴汤蹈火争取革命胜利的豪迈情怀。

小小红安，真不简单，铜锣一响，
四十八万，男将打仗，女将送饭。

寥寥几句，使我们似乎听到那“镗镗”急响的铜锣声，似乎看到四十八万黄麻人民“男将打仗、女将送饭”的热火朝天的战斗景象。

作为黄麻起义主要领导人之一戴季英，1944 年在延安写出《鄂豫皖苏区红军历史》，其中对起义情景描述如下：“10 月 25 日夜 9 时行动，鸡鸣时开始打城，拂晓攻入，消灭敌人武装，占领县政府……攻击时的枪声、炸弹爆炸声和群众的厮杀声、‘打哦呵’声交织在一起，呈现翻天覆地、势不可遏的群众革命暴力”。⑤

歌声阵阵、炮轰枪鸣。黄麻起义取得了伟大的胜利，揭开了鄂豫皖地区武装斗争、土地革命和苏维埃政权建设的序幕，为创建鄂豫皖革命根据地和红四方面军起了先导作用，在中国革命史上写下了光辉的一页。

黄麻起义胜利后，商南起义和六霍起义也相继取得了胜利，中共中央决定建立鄂豫皖革命根据地，它是仅次于中央苏区的第二大革命根据地。麻城苏维埃政府在顺河柏树嘴成立，全县有七个区，四十多个乡建立了苏维埃政权。各级苏维埃政府成立后，苏区以村为单位按人数平均分配土地，并向农民颁发土地证，拥有田地的苏区人民用歌声抒发内心的欢喜。

《歌唱分配土地》

分田又分地，自种又自吃。
分了翻身米，个个都欢喜。

《政府给我分了田》

忙钉桩，快牵线，政府给我分了田；
年年望，日夜盼，总算到了这一天。

这些歌谣，我们仿佛看到渴望拥有土地的农民，如今在中国共产党的领导下终于翻身做了土地的主人，大家手捧着苏维埃政府颁发的盖有红印的土地证，纷纷在第一时间来到田间地角，打量一块块土地，抚摸着毛竹、杉木的粗细，情不自禁地唱出内心的喜悦……

《八月桂花遍地开》

八月桂花遍地开，鲜红的旗帜竖呀竖起来。
张灯又结彩，光辉灿烂闪出新世界。
亲爱的工友们，庆祝成立工农政府国际歌唱起来。
……

这首歌以轻快明朗的曲调，充满胜利自豪的歌词获得广大人民的喜爱。因此，此歌一经唱出，便立即为广大人民所接受，为各个革命区域派来观摩的代表所喜爱，他们纷纷记录传抄，把它带回自己干革命的地方，去鼓舞群众，团结群众，掀起新的革命高潮。

(三)是信念与力量，是坚持革命斗争最重要的精神武器

麻城革命歌谣不仅用它讴歌党和红军、赞美苏区生活、助力武装斗争，还用它向白军士兵做思想工作，启发他们阶级觉悟，成功地动员白军投诚参加红军。《兵变小唱》唱道：

……

兵唱：当兵还是当红军，红军为的是穷人，当白军我忘掉根本。

兵白：我要当红军，怎么做呢？

农唱：回到营盘去宣传，劝说弟兄齐心变，穷苦人血肉相连。

兵白：对！弟兄们都像我一样受苦，我一说准行，改天请你来。别看我穿的是军衣服，我的心已经是红军了。

(次日，四个红军化装成农民，带身武器又来到料棚。)

(白军士兵一齐动手，捆起了白军连长。)

兵唱：我们当兵被你诓，喝了军阀的迷魂汤。这就是你的下场！

农白：把他带走，送到我们司令部去！

合唱：工会武装闹革命，漫山遍野插红旗，这政权是我们的。

这首《兵变小唱》讲述的是一位赤卫军队员装扮成卖柴的农民打进驻料棚的敌营，白军哨兵过来主动与他拉家常，向他大倒苦水“因为在家受人欺，少柴无米愁坏人，没法子才当兵”。“卖柴农民”听出哨兵也是苦出身，被迫无奈才去当兵，在军营中受尽官兵的欺负“一到营盘把名报，一天要我三遍操，到夜晚睡觉盖稻草”“长官盖得狐皮毯，我们兄弟光眼看，外带着又把岗站。”“站岗的日子真难过，夏天太阳热似火，冬天雨雪如刀割”“卖柴农民”就因势利导，启发他的阶级觉悟，宣传红军是真正为老百姓革命的“红军是人民的子弟兵，官兵亲如一家人，打土豪保护穷人”“ 领导穷人把身翻，劳动生产有吃穿，内外敌人消灭完”—经过“卖柴农民”的宣传，哨兵决定投奔红军“准备拿枪杀长官，投入红军我心坚，革命就要努力干。当兵还是当红军，红军为的是穷人，当白军我忘掉根本”。几天后哨兵带着一个排捆绑了连长一起投诚当了红军。

1930 年在国民党对鄂豫皖苏区进行第一次大规模“围剿”时，红军围攻宋埠，广大士兵采取演唱《兵变小唱》为主的歌谣做宣传，并配合武装打击，迅速瓦解敌军，大获全胜。当时担任鄂豫皖特区党委书记曾中生向上级的报告中说：“广大的群众在饥饿中、在雪地上、在枪林弹雨中唱着革命歌与敌人击搏，使敌人的压迫和欺骗正无施展其伎俩。”⑦

1932 年红四方面军西征后，为了阻止国民党疯狂的屠杀，省委组建了红 28 军在鄂豫皖展开三年艰苦卓绝的游击战争。当时的红 28 军将士是天作被、地当床，吃的是野菜、住的是山洞，他们依靠淳朴的老区人民源源不断的支持一直坚持到底。1937 年“七七卢沟桥”事变，战日战争全面爆发，红 28 军改编为新四军第四支队进入到抗战前线。

像这首《一颗红心拿不去》：

深山野洼是我房，青枝绿叶是我床。
野菜葛根是我粮，共产党是亲爷娘。
哪怕白匪再猖狂，红军越打越坚强。
一颗红心拿不去，头断血流不投降。

从这首歌谣中我们看到的革命先辈当年所表现出来的崇高的革命理想，坚定的革命信念，顽强的战斗作风，崇高的思想品德和无私的奉献精神。

天当被来地当床，野菜红苕是我粮。
夜晚下山闹革命，白天上山来隐藏。

在最困难的三年游击战争中，这种激情和战斗精神表现为革命的乐观主义和浪漫主义，与一切无病呻吟、悲观感伤绝缘的革命歌谣，是革命的战斗武器，是时代的勇士壮歌。

革命歌谣在它产生的年代，是战斗的鼓角，是杀向敌阵的投枪，令敌胆寒。经历大半个世纪的沧桑，它仍然放射着奇异的光彩。它不仅是革命前辈精神境界的生动写照，更是一部辉煌的历史乐章。一首首歌谣就是一个个音符，排列起来便谱成了一支雄浑壮丽的土地革命战争进行曲。

(四)抒发了苏区儿女的坚定革命信念和铁骨柔情

革命歌谣这支时代的鼓角，曾召唤起千万个被压迫在社会最底层的劳动妇女加入革命斗争的行列。麻城乘马岗一位革命老妈妈曾自豪地讲到，当年参加"红军姊妹团"闹革命，就是歌谣《妇女要解放》宣传鼓动起来的。随着剪发放足，扩军拥军活动的开展，又产生了《放足歌》《妇女参军歌》《喜做拥军鞋》等歌谣。越来越多的劳动妇女冲破封建束缚，投身革命斗争。在苏区这个新天地，具有新思想新情感的妇女们，积极参加支持和鼓励革命。苏区儿女明白：只有革命的胜利，政权的建立，才是他们幸福生活的保障。革命歌谣中有一部分是留守家中妇女对参加红军丈夫的思念之情，但是它没有传统征夫思妇的那种哀怨情调，因此，双方对爱情的忠贞与对革命的坚定信念融为一体。

《送郎当红军歌》

早起开柴门，红日往上升。
今日送郎当红军，小妹我喜在心。
……
我郎志气强，血气正方刚。
参加红军真健壮，实是好儿郎。
结婚有几春，你我爱情深。
虽说我是女子们，革命认得清。
我郎投红军，人物要认清。
日常工作要加紧，勇敢杀敌人。
作战上火线，特别要勇敢。
向着敌人瞄准干，切莫心胆寒。
打倒反动派，我们掌政权。
革命成功来见面，夫妻再团圆。

在这首《送郎当红军歌》的歌声中，麻城的劳动妇女把亲人送上前线，自己挑起了生产、支前、保卫家乡的重担。并千叮咛，万嘱咐要听军令、守军纪、勇敢作战、积极参加学习。

《思郎歌》

七月里来七月七，红军远征音讯低。
今夜是七夕，牛郎和织女。
鹊桥相会度佳期，我的夫，我心中何曾不想你。
……
九月里来是重阳，夫当红军在外乡。
夜夜秋风凉，无衣又无粮。
坚持革命莫彷徨，我的夫，冲锋陷阵要敢上！

《十送情郎》

一送情郎当红军，向郎倾吐肺腑情。
你我都是同根生，革命路上结知音。
二送情郎当红军，小妹就是你家人。
二老有我来照应，隔山隔水不隔音。
……

《望郎归》

天天扳着指头算，睡梦之中见君还。
郎君走了七千天，醒来湿透枕边泪。
夜深人静望星月，死心塌地等百年。

这些情歌没有什么创作手法，一般都是就地取材，用质朴的乡土语言抒发内心的思念之情。它与一般的文学作品中卿卿我我，缠绵悱恻的儿女情长大相径庭，也绝无传统民歌的打情骂俏，它让我们了解到：苏区儿女不但有百折不挠的铮铮铁骨，也有一往情深的寸寸柔情，展现出麻城英雄儿女血肉丰满的形象。

三、麻城红色革命歌谣的历史内涵与价值

麻城红色革命歌谣是革命精神与传统文化相结合的产物，既有着一定历史条件下的特定内涵，又有极为重要的文化价值。麻城革命歌谣源于革命烽火年代，植根于人民心中，内涵丰富、种类多样。“红色歌谣万万千，一人唱过万人传”，是一部正面反映麻城土地革命战争时期的历史记录。若把麻城革命歌谣按创作年代的顺序排列起来吟唱，犹如漫步在麻城土地革命战争的时光隧道里——较全面地反映了麻城革命斗争的战斗生活和红军战士的革命乐观主义精神，在团结人民、教育人民、打击敌人的斗争中起到了重要的作用，是麻城波澜壮阔斗争历史画卷的真实写照。

两千多年前，刘邦用“四面楚歌”战胜了项羽，是用歌声瓦解其战斗意志，运用孙子兵法“攻心为上，攻城为下”的文武之道。而红色革命歌谣，是一种崇高的信念文化，大别山苏区人民用“歌谣”来宣传革命，凝聚力量，鼓舞斗志，唤起工农千百万，对革命的信仰的执着、革命的意志的坚定，取得了革命的胜利。麻城红色革命歌谣通过音乐手段来推广革命道理，传播了文化，歌颂了党、歌颂了红军和苏维埃政府以及农民运动，表达了麻城人民支持革命的思想感情，起到了发动和鼓舞民众，打击敌人的作用，这是其他形式所不能替代的。黄麻起义时革命歌谣活动的繁荣，是传统的歌谣活动形式与革命战争所激发出的人民强烈思想感情相结合的产物。革命战争给歌谣活动注入了崭新的时代内容，给歌谣活动带来了飞跃。革命歌谣的繁荣，对促进革命战争的发展，起到了不可估量的作用。革命歌谣在它产生的年代，是时代的鼓角，是杀向敌阵的刀枪，令敌胆寒。

在麻城红色革命歌谣里我们不仅闻到了浓浓的火药味，也看到了战斗场面，和劳动场景，明白了红军胜利的根源。它反映的是麻城革命斗争时期的以苦为乐的革命乐观主义和

革命英雄主义气概，蕴涵着革命老区精神、优良传统。

四、结语

麻城红色革命歌谣，是大别山红色文化的一种重要载体，在大别山这一特定的革命区域创作生成，并在广大人民群众中传唱。在战火纷飞的年代里，激发了大别山人民的革命斗争勇气，记录了大别山人民参加革命的心路历程，承载着大量的革命信息。是大别山人民参加革命、取得胜利曲折而光辉的一部鄂豫皖的革命斗争史，这在中国革命史和中国歌谣发展史上，具有特殊的历史贡献与价值。传承红色基因，坚定文化自信。传承和弘扬这笔珍贵的非物质文化遗产，具有重要的历史价值和时代意义。不忘初心牢记使命，让老区精神发扬光大，让英雄的业绩永远激励后人。这笔珍贵的非物质文化遗产，是进行爱国主义教育、党性教育、践行社会主义核心价值观、实现中华民族伟大复兴的生动教材。对研究大别山革命史、现代文学史和中国歌谣发展史，具有重要的文献价值。

◎参考文献

[1]邵德艾. 洪湖水浪打浪与麻城的故事[N]. 麻城日报，2011-4-5，(8).
[2]李敏、陈建宪. 麻城革命歌谣[M]. 华中师范大学出版社，2015：268.
[3]夏宇立、白开基. 乘马顺河革命史[M]. 北京：长征出版社，2003：7.
[4]李敏. 中共麻城党史[D]. 黄冈麻城：中共麻城市委党史办，2006.
[5]陈建宪. 黄麻起义与革命歌谣[M]. 华中师范大学出版社，2015：299.
[6]麻城市政协文史委员会：麻城文史[D]. 黄冈麻城：中共麻城市委政协文史委员会，1988.
[7]范江怀主编. 大将王树声[M]. 解放军文艺出版社，1998.

案 例 篇

供给侧改革推动下建设“公共文化服务直通网”的探索与思考
——以乐山市为例

张蓝尹　李嘉诚①

摘要：近年来，随着经济的快速发展和物质生活水平的提高，人们的精神文化需求日益增长，更迫切要求提供更好的公共文化产品和服务，保障人民的基本文化权益。供给侧结构性改革是“十三五”时期我国经济社会发展的主线，本文着重研究如何在文化服务设施网络初步实现全覆盖的基础上，着力提高公共文化产品供给质量，推进公共文化服务体系建设，其对改善文化民生和促进文化事业发展具有十分重要的意义。

关键词：供给侧改革　公共文化服务直通网　精准供给　文化需求

目前，我国进入经济高速发展快车道，社会主要矛盾出现新的转化，人民日益增长的美好生活需要和不平衡不充分的发展之间的矛盾较为凸显，老百姓的需求已经进入了精神消费的新时代，已经进入了品质消费的新时代。公共文化服务体系建设是改革开放以来特别是党的十六大以来中国特色社会主义文化建设理论创新、实践创新的重要成果。中共中央办公厅、国务院办公厅先后下发《关于加强公共文化服务体系建设的若干意见》《关于加快构建现代公共文化服务体系的意见》，对公共文化服务体系建设做出全面部署。在新形势下将由政府为主导推出满足现代社会发展和群众需求为主的公共文化产品与服务，以精神文化缓解日益突出社会矛盾。新时代，人民群众对美好生活的向往包含了更多文化期待。

一、乐山市公共文化服务现状和问题

乐山，古称嘉州，为国家历史文化名城，文化巨匠郭沫若的故乡，世界文化与自然遗产峨眉山—乐山大佛所在地，李琼久先生开创的“嘉州画派”所在地。辖 11 个县(市、区)，共有 149 个乡(镇)、2081 个行政村，全市总人口 356 万，其中以彝族为主的少数民族人口 15 万。

---

① 张蓝尹，乐山市文化馆，研究方向为公共文化服务创新；李嘉诚，乐山市文化广播电视和旅游局，研究方向为公共文化服务创新。

(一)公共文化服务体系建设取得长足进步

近年来，乐山市以“完善体系、创新服务、提升效能、促进均”为重点，以中共中央、国务院办公厅《关于加快构建现代公共文化服务体系的意见》(中办发〔2015〕2号)为指导，全面推进公共文化服务体系建设，取得了显著成效，以标准化、均等化、社会化、数字化为突出特点的乐山市公共文化服务体系已基本形成。

1. 加强基础设施建设，促进公共文化服务网络全域覆盖

近年来，乐山市市县乡村四级公共文化服务网络体系健全完善。现有文化馆12个、图书馆12个、美术馆2个。全市149个乡镇(街道)综合文化站单独设置率100%。全市2081个村统筹建有集党员教育、宣传文化、教育科技、体育健身、民政卫生为一体的村(社区)综合文化服务中心(见表1)。

表1　乐山市公共文化服务基础设施一览表

项目	文化馆	图书馆	美术馆	乡镇(街道)综合文化站	村(社区)文化中心
市级	1	1	1	—	—
市中区	1	1	—	16	223
沙湾区	1	1	—	13	143
五通桥区	1	1	—	8	172
金口河区	1	1	—	6	45
峨眉山市	1	1	—	13	264
犍为县	1	1	—	15	388
夹江县	1	1	—	9	124
沐川县	1	1	—	13	213
井研县	1	1	1	15	231
马边县	1	1	—	20	123
峨边县	1	1	—	19	131
高新区	—	—	—	2	24
合计	12	12	2	149	2081

2. 打造品牌活动，增强公共文化服务供给能力

打造“嘉州大庙会”“欢乐迎新年·文化进万家”等品牌文化活动；依托“三江讲坛”“沫若讲坛”走进学校、走进社区、走进基层百姓身边，开展“沫若杯”全民读书活动；将传统非遗技艺通过展示融入群众文化生活，进校园、进景区；打造非遗暨民间民俗文化活

态展示，如“嘉州大庙会”等特色文化活动。

3. 加强人才培养，为公共文化服务提供智力支撑

联合乐山师院成立全省首个“基层公共文化服务研究中心”，探索地方各级文化部门复合性人才培养机制，并针对在校大学生设置公共文化服务体系方向专业课程，同时根据相关课程内容结合全市实际向在校学生提供实践机会，有目的性地培育公共文化服务建设人才队伍新生力量。

4. 推进数字化建设，实现公共文化资源共享

以数字化平台建设为抓手，积极推进“互联网+文化”。新建“乐山文化通”数字平台，整合市文化馆、市图书馆、市博物馆网站、智慧旅游网站、微信公众号，集活动预约、竞赛互动、艺术鉴赏、智能搜索、数字阅读、名家公开课等多功能为一体，实现多终端访问、多通道发布。同时，新建公共图书馆数字网络综合服务平台，建成集移动（手机）图书馆、微信图书馆、数字图书馆、电子图书云阅读、公开课数字通、一卡通（通借通还）六大平台为一体的数字网络综合服务平台。

（二）公共文化服务体系建设现存问题

通过创建国家公共文化服务体系示范区，公共文化服务供给得以全覆盖，但缺乏精品文化产品。近年来，乐山市公共文化服务网络全域覆盖，从硬件建设上保障了大众的基本文化生活需求，但由于随着人们生活水平的提高，对公共文化的需求日渐呈现出差异化、多样化趋势，当前的公共文化服务供给存在一定程度的“供需错位”。同时，公共文化实际供给中也存在着各种设施不健全，公共文化服务供给不到位，城乡公共文化建设不均衡等问题。

1. 公共文化服务协调机制发挥作用不充分，缺乏长效的跨区域统筹，形成推进全市公共文化服务建设整体合力不够

各乡镇政府对文化工作的重视程度参差不齐，部分地方存在乡镇综合文化站被挪作他用，没有发挥应有的作用。乡镇文化专干未做到“县管乡用”，大多身兼数职，主要精力忙于完成中心和项目工作，对文化工作缺乏深入思考和工作创新。部分乡镇综合文化站活动内容较少，文化空间吸引力不够。

2. 公共文化供给产品单一，部分地方政府每年对文化活动开展投入的经费仍然不足

由政府统一配置和提供的公共文化服务产品相对单一，未能充分调动其他社会组织和百姓的积极性。政府统一配置的局限性和单一性，以及社会力量和百姓参与度较低。

3. 偏远及民族地区因财政收入薄弱，普遍存在活动经费稀少的问题

以马边为例，文图两馆每年仅20万元的免开经费，还要承担县内外各类重大文化活

动，经费入不敷出，难以维持。尤其是乡村文化事业投入少，仅靠免费开放经费支撑，导致活动开展较少。

4. 群众文化人才队伍建设情况依然薄弱，创作型人才匮乏致文艺精品力作创作不够。区县文化专业人才缺乏，人才队伍结构单一

以我市犍为县为例，县文化馆缺舞蹈专业人才，县文管所缺考古专业人才，县图书馆缺图书管理专业人才，县曲艺中心作为专业团队，人员严重老化，如此一来，难以适应新时代要求，更不能充分发挥文化引导和激励作用。同时，创作型人才稀缺，而现有创作人员中，文艺创新能力不足，创作题材和形式不够多样化，缺乏吸引力，紧跟时代步伐、反映群众心声的意识还不够强，以至于代表区域文化符号的文化精品还不多。

如要改变现状，就充分发挥供给侧力量，建立健全百姓公共文化需求机制，完善公共文化服务在供给过程中，公共组织与公共需求的交叉点，摸清群众文化需求，促进公共文化服务的均等化。

二、供给侧改革推动，探索公共文化服务新道路

推进供给侧结构性改革，是党中央治国理政的重要战略部署。习近平总书记指出，“要完善公共文化服务体系，深入实施文化惠民工程，丰富群众性文化活动，满足人民过上美好生活的新期待”。公共文化服务的供给侧结构性改革，就是要从提高供给质量出发，围绕创新型公共文化产品的生产与传播，找准群众的文化需求，不断完善人力供给、财力供给、资源供给、技术供给和制度供给来提高公共文化服务供需的匹配程度，推进结构调整，扩大有效供给，更好满足广大人民群众的需要，促进社会持续健康发展。

十八大中明确提出加快推进文化体制改革，完善公共文化服务体系、推动基本公共文化的标准化、均等化，习近平总书记多次指出，“要完善公共文化服务体系，深入实施文化惠民工程，丰富群众性文化活动，满足人民过上美好生活的新期待”。公共文化作为文化体制改革的重要组成部分，新形势下公共文化的供给侧改革迫在眉睫，从推出高质量供给出发，搭载新的载体，找准群众的文化需求，完善人力供给、财力供给、资源供给、技术供给和制度供给来促进公共文化服务供需的不均衡，推进结构调整，扩大有效供给，更好地满足广大人民群众的需要，促进社会持续健康良性发展。

(一)跨区域统筹，形成公共文化直通网

现代公共文化服务体系建设由原来的单一部门整合为跨区域、跨部门、跨行业，同时要求人力、财力、资源等供给要素将面临统筹和整合。近年来，乐山市公共文化服务网络全域覆盖，市县乡村四级公共文化服务网络体系健全完善，为更好地发挥公共文化服务阵地效能，充分发挥协调机制，长效跨区域统筹，形成推进全市公共文化服务建设整体合力。探索建设乐山市公共文化服务直通网，犹如铁路网的形式，由中心站、总站、分站及主干线、支线、环线六个部分组成。

1. 中心站、总站及分站

中心站1个，为乐山市，由市文广旅游局牵头，负责制定年度活动方向、活动路线，统筹协调、方案制定、经费保障等。总站11个，为乐山市各县(市、区)，由当地文体旅游局牵头，负责调研当地公共文化需求、配合中心站各项活动的开展。分站149个，为各乡镇，由乡镇综合文化站牵头，负责了解乡镇、村公共文化需求，配合总站各项活动的开展。

2. 主干线与支线

主干线11条，由中心站分别链接各总站，形成以乐山市为中心点辐射至各区县的公共文化直通网络(见图1)。支线若干条，以各分站为中心向乡镇、村下沉，延伸打造公共文化服务支线，最终形成互联互通的乐山市公共文化服务网。

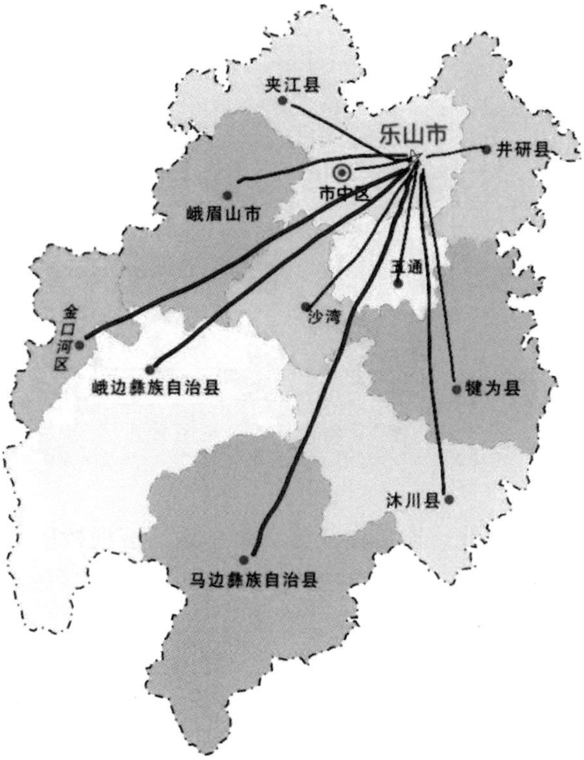

图1　主干线分布图

3. 特色环线

因地制宜，建设文旅融合公共文化服务体系建设，以凸显乐山文化特色促进文旅融合为目的打造三条特色文化环线，可有效扩大乐山市文化旅游纵深，对于乐山公共文化服务体系的健全具有重要意义，还可在很大程度上满足当地居民和游客对公共文化服务和文化与其他产业融合的需求(见图2)。

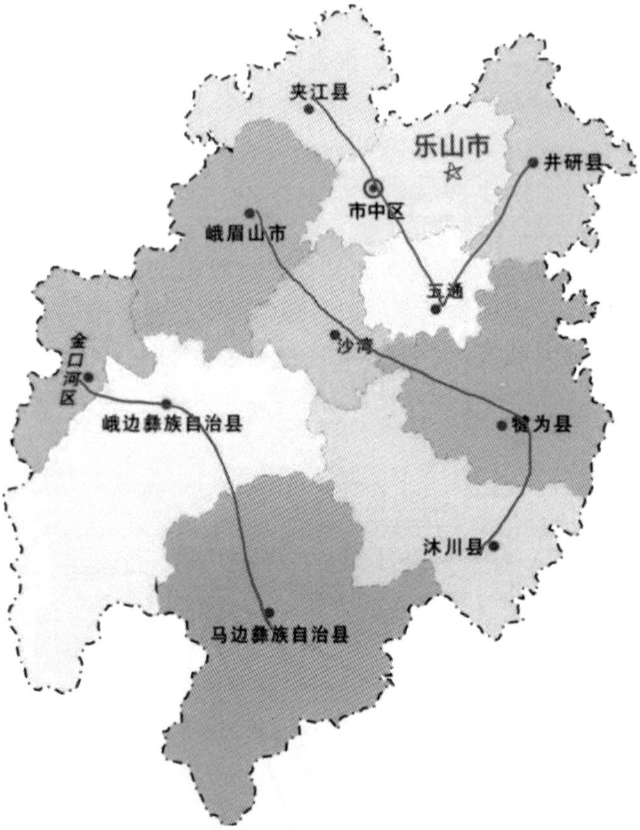

图2　特色环线分布图

(1)欢乐假日主题文化环线。连接夹江县、市中区、五通桥区、井研县。该环线区域拥有良好的群众文化活动基础，夹江县的年画与造纸、五通桥区的龙舟赛与根书、井研县的农民画、市中区的广场群众文化活动等已经深入人心。

(2)历史文化环线。连接峨眉山市、沙湾区、犍为县、沐川县。该区域拥有厚重的历史文化与丰富的自然资源，峨眉山为世界自然遗产，佛教文化更是自唐宋以来便久盛长隆，沙湾区的郭沫若故居、犍为县的嘉阳小火车与罗城古镇、国家级非物质文化遗产沐川草龙等均小有名气。

(3)小凉山彝族文化环线。连接金口河、峨边彝族自治县与马边彝族自治县。小凉山地区位于四川西南部川滇交界处，高山云集，这里居住的民族主要是羌人南下后定居在大渡河一带的彝族人民，也有部分汉族在这里杂居。彝族所独有的传统文化在这里得到传承，并于汉彝文化交叉融合时，形成了自己的特色。峨边彝族自治县打造的甘嫫阿妞文化品牌、马边彝族自治县打造的火把节、金口河区打造的山花节等均颇受好评。

(二)发挥协调机制，形成整体合力

地方政府要充分发挥主导作用，有序推动公共文化服务供给侧改革，由政府充当主力军，社会力量和群众积极参与，实现跨区域统筹，将方针政策和措施落到实处。同时建立互联互通，将市县乡村四级串联，促进各级有效对接，探索公共文化服务共同发展道路。

1. 打造公共文化服务专列

打造公共文化专列应强调政府抓好导向、做好管理与保障、履行主体责任。在制定好的线路上开展主题活动可视为开出一趟文化专列，每一趟文化专列由此次活动的主办方负责。市级行政主管部门在贯彻落实中央、省、市方针路线及指导思想的前提下结合乐山市实际与各站点需求制定全年活动线路，负责活动的具体实施、统筹协调、制定活动方案等。最终实现以中心站带动总站、总站带动分站，以主干线辐射支线，以特色环线带动周边支线，形成市县乡村四级相互影响、相互带动、相互促进的格局。

2. 明确人员分工

公共文化人才队伍建设是推进改革和确保改革取得实效的重要因素，在组建公共文化服务网络时，高质量的人才队伍是公共文化网络化搭建不可缺少的一部分。一是各站点人员分工，中心站由市文化广电旅游局负责，总站由各县(市、区)文体旅游局负责、分站由各乡镇综合文化站负责。每个站点配备站长、工作人员、网络员等，负责站点活动的组织协调、宣传推广、配合相关工作的开展。二是公共文化服务专列，每一趟文化专列配备列车长、乘务员、随车记者、信息员与志愿者，负责活动的具体实施。列车长负责本条线路活动的统筹协调；乘务员具体落实此线路各点位活动的开展；随车记者负责摄影摄像、网络直播等工作；信息员负责简报撰写、文化通及各平台信息上传等；志愿者协助各项工作的开展(见图3)。

×××主题文化专列

行驶路线：夹江县–市中区–井研县

人员配备：列车长、乘务员、随车记者、信息员、文化志愿者

图3　文化专列示意图

(三)强化“五个直通”，彰显公共文化服务价值

“公共文化服务网”的建立强化“五个直通”。一是直通百姓。以老百姓为服务对象，建立城乡群众基本文化需求反馈机制和互联互通机制。二是直通阵地。着力解决城乡、彝汉、社会各阶层之间的公共文化服务资源合理配置。三是直通历史。实施“一个县一乡一品牌”工程，让公共文化产品和服务突出历史文化特色。四是直通市场。实施内引外联，把公共文化服务的供给从文旅系统的“内循环”转变为市场的“大循环”。五是直通网络。实施公共文化数字化服务，开设网上培训、网上展厅、网络直播等，免费实现数字文化进入寻常百姓家。

三、精准供给，打造多元的公共文化服务

“十三五”规划和中共十九大报告中都提出，在新时代和经济新常态下，公共文化产品和服务的提供方式、内容、途径、渠道等都将发生深刻变化，必须以供给侧结构性改革为主线，努力扩大有效供给，大力向人民群众提供丰富多彩的精神文化食粮。实现公共文化服务的“精准供给”，作为文化主管部门理清社会主流导向、群众文化需求，改变以往部分供给的单一和不对称性。利用新兴媒体的力量，拓宽公共文化的传播途径和方式，引导群众主动参与，让服务内容更加贴近生活。通过改善供给质量、创新供给内容、丰富供给形态缩小群众文化需求之间的距离，实现公共文化服务的“精准供给”。

乐山市在各站点活动的制定上摒弃自上而下“送文化”和单纯移植文化的做法，因地制宜创新公共文化服务供给，采取“订单式、菜单式”模式，丰富公共文化服务产品供给，满足公众基本公共文化需求以及提高地区的文化软实力(见表2)。

表2 乐山市“公共文化服务直通网”需求订单(样表)

区县：　　　　填表人：　　　　填表日期：

<table>
<tr><th colspan="3">活动类型</th><th>举办/参与项目</th><th>理由</th><th>备注</th></tr>
<tr><td rowspan="4">群众文化活动类</td><td>群众文艺汇演</td><td>乐艺大舞台、百姓春晚、广场舞大赛等，其他请备注说明</td><td></td><td></td><td></td></tr>
<tr><td>传统文化活动</td><td>大庙会、龙舟赛、中秋诵读等，其他请备注说明</td><td></td><td></td><td></td></tr>
<tr><td>书画、摄影展览</td><td>主题书画展、书画联展、摄影展等，其他请备注说明</td><td></td><td></td><td></td></tr>
<tr><td>非遗与民俗展览体验</td><td>非遗展览、非遗节、非遗体验等，其他请备注说明</td><td></td><td></td><td></td></tr>
</table>

续表

活动类型			举办/参与项目	理由	备注
文艺精品打造类	精品文艺作品打造	舞蹈、合唱、器乐、剧目等作品，其他请备注说明			
	大型文旅赛事	群星奖、嘉州杯等，其他请备注说明			
阅读推广与讲座培训类	培训	艺术专业培训、行政能力培训、阅读推广能力培训、文创手工艺培训等，其他请备注说明。(线上/线下请备注)			
	讲座	音乐、舞蹈、书画、安全、政策思想讲座等，其他请备注说明。(线上/线下请备注)			
	阅读推广	进农村、进社区、进家庭、进学校、进机关等，其他请备注说明。			
文化产品类	低价惠民演出	演出剧目按实际情况定			
	文创产品、非遗与旅游商品推广	文创产品、非遗商品等，网络、微信、直播推广等			
	助推文旅融合	文化活动进景区			
其他需求					

中心站(市)提供公共文化产品供给，将文化活动“菜单”发放至各总站(区县)，总站在调研了解当地群众及分站(乡镇)需求后汇总上报“需求订单”，每次提交总站可选择2~3项需求，再由中心站依据相关政策方针及各站点实际特点，统筹规划制定行车线路与各站点具体活动。结合乐山市实际将公共文化产品分为以下四大类：

(一)群众文化活动类

群众文化，是指人们职业外，自我参与、自我娱乐、自我开发的社会性文化。是以人民群众活动为主体，以自娱自教为主导，以满足自身精神生活需要为目的，以文化娱乐活动为主要内容的社会历史现象。我们面向基层、面向老百姓着力打造各项公益性、群众性文化活动，以“政府倡导、社会支持、百姓参与、媒体互动”的运作方式，通过政府搭台、群众娱乐、网络宣传等手段，使基层群众文化活动从单一的广场、社区活动全面升级，形成长效机制，促进文化、旅游融合发展。一是群众文艺汇演，如“乐艺大舞台”“百姓春晚”“广场舞比赛”，打造群众文艺团队、收罗民间节目、增强参与性。二是传统文化活动，如“大庙会”“龙舟赛”，弘扬传统文化，坚定文化自信。三是书画、摄影展览，旨在挖掘优秀文化资源、发现文旅人才、满足各站点人民精神文化需求。四是非遗与民俗展览体验，以图文形式的静态展览、举办或组织参加非遗节、请非遗传承人活态展示、组织相关人员前往非遗传承基地参观体验等，做好非遗文化挖掘与保护传承工作。

(二)文艺精品打造类

习总书记在很多重要场合多次提高关于文化建设的内容，特别是针对文艺作品创造上提到“文艺创作有高原没有高峰”的问题。思想文化是一个民族一个国家的灵魂，要实现全面小康社会，文艺作品的创新创作将是一个重要参数，要不断推出讴歌党，讴歌祖国，讴歌人民，讴歌英雄的精品力作。这些讲话的本质是要提高文化的质量，在文艺精品供给端口，扎根生活、扎根人民的精品创作形成导向，打造高端公共文化产品。一是精品文艺作品打造，旨在帮助创编打造优秀作品，推送送参展、参赛等。二是大型文旅赛事，如“群星奖”“嘉州杯”，发现文旅人才，储备优秀力量。

(三)阅读推广与讲座培训类

阅读与学习，是人类不断进步、快速成长的重要手段。通过开展阅读推广、系列讲座、专项培训等，旨在有针对性地提高文化干部业务能力与素质，让广大群众参与进来，制定合理有效的培训计划，通过送出去、请进来、传帮带等多种方式为推动公共文化服务发展提供人才与智力支持。一是培训，开展如艺术专业培训、行政能力培训、阅读推广能力培训、文创手工艺培训等，线上与线下两种模式均可，培养公共文化服务人才，增强竞争力。二是讲座，如音乐、舞蹈、书画、安全、政策思想讲座等，也可采取线上、线下两种模式，提高文化干部素质增强群众参与性。三是阅读推广，进农村、进社区、进家庭、进学校、进机关、进企业、进军营等开展阅读推广活动，既提高文化工作者阅读推广能力，又全面提升大众读者阅读素养，对推进新时代“全民阅读”具有重要意义。

(四)文化产品类

高度重视科学技术的支撑作用。现代科技发展日新月、异百花齐放，新的手段将是打破公共文化服务供给侧落后格局的强有力方式。运用互联网、新型媒体等传播手段，大力探索“数字化”文化建设模式，适应新形势下的新发展，切实提高公共文化服务效能。现代文化的多元化发展，迫使不断丰富和完善公共文化供给，从而满足人民群众对美好文化生活的需要。一是低价惠民演出，引进剧目，制定扶持政策和措施，通过补贴剧场与文艺院团或者发放文化惠民卡等方式，让群众免费或低价欣赏到最新的文化产品等。二是文创产品、非遗与旅游商品推广，依托先进的科学技术生产出新的高质量的文化产品，再借助网络宣传与直播推广，增加关注度，促进文化产业的发展。三是助推文旅融合，如文化活动进景区，借助网络宣传推广，促进全民参与，立体多维构建文化传播。

公共文化服务体系建设是一项长期、复杂的系统工程，需要得到公众的广泛参与，在构建我市“公共文化服务直通网”的过程中，重点和难点在于满足公众多层次的文化需求，实现公共文化服务的供给和需求对等化。以供给侧结构性改革为主线，对应现代群众文化需求，扩宽有效供给链，大力为现代群众提供贴近生活的丰富多彩精神食粮。同时，不断完善公共文化服务供给打通与群众需求的最后一公里努力提高乐山市文化软实力。

◎参考文献

[1]任福民. 新形势下群众文化的建设与发展探析[J]. 戏剧之家，2016(7).
[2]沈化朗. 加快公共文化服务供给侧改革步伐[J]. 魅力中国，2018(9).
[3]毕绪龙. 公共文化领域供给侧结构性改革的三个基础[J]. 中国文化报，2017(7).
[4]张贺. 公共文化服务需要“精准供给”[N]. 人民日报，2019(8).
[5]邹庆国. 大力推进公共文化服务供给侧改革[J]. 中国社会科学报，2018(12).

博物馆文旅融合的路径探析

——以鄂州市博物馆为例

方　燕　余夏红①

摘要：博物馆是城市文化灵魂的重要载体，具有潜移默化的教育意义以及其他事物无法比拟的研究价值，发挥好博物馆在文旅融合过程中的桥梁作用，是促进当地文化传承推广的重中之重。本文通过浅析鄂州市博物馆旅游文化资源及发展现状，探讨了本馆为传承地方历史文化，打造旅游文化景观的策略与方法，并给予建议。

主题词：博物馆旅游　文化传承　文旅融合

博物馆作为一个城市的重要文化标志，在市场经济发展的今天，旅游功能愈发明显，特别是国家公益性博物馆进入“免费开放时代”，博物馆已成为一种特色的旅游产品，被广大旅游者接受和喜爱。鄂州市博物馆新馆在这个大环境下应运而重生，于 2008 年开始兴建，2013 年建成并对外开放，新建的博物馆人流涌动，各种类型人群聚集此地，有观光旅游、学术探讨、文化休闲的，博物馆以其深厚的人文积淀渐成为鄂州市城市文化的标识。本文就如何将博物馆与旅游文化有机结合，来分析博物馆目前存在的一些问题，并为打造博物馆成为传承文明、传播文化、传授知识的人文性景观作出理性探讨。

一、鄂州市博物馆旅游文化资源分析

(一) 建筑风格及地理位置

鄂州博物馆新馆位于风景秀丽的西山东麓，依山而建，外观造型吸取汉代建筑博大浓厚的气势，运用双阙高台、巨大斗拱、精美琉璃瓦等塑造出千古吴都王者气象。总体风格追求朴拙大气，又拙中藏巧。主楼采用高台重檐，完整稳重。其余两组建筑采用单檐组合，一方面烘托主体，另一方面通过屋面组合的流转，使壮美的建筑隐含一种优雅的气质，呈现出风景性和文化性建筑的特殊品味，提升了城市形象。地理位置上与沿江三国吴都风光带，西山风景区和观音阁公园融为一体，成为鄂州市吴楚文化示范区——三国文化

---

① 方燕，鄂州市博物馆副馆长，馆员，研究方向：博物馆社会教育，文物保护。余夏红，鄂州市博物馆馆员　研究方向：博物馆社会教育。

旅游线中，承载历史元素的一个最重要景观。并依托沿江大道，将观音阁、明清古武昌城、孙权广场、怡亭铭摩崖石刻、贺龙军部旧址、古楼、四眼井、吴王避暑宫、试剑石等历史文化景观串联起来，形成一条历史文化旅游黄金线路。

(二)陈列展览文化特色

鄂州历史悠久，人杰地灵。自春秋战国以来，始为东楚首府，继为鄂邑、鄂郡、鄂县，其间曾两度成为帝王的都城。在历史上，即是鄂东南的重要商埠，亦是这一地区的政治、经济文化中心。三国时期，东吴立国60年，鄂州作为其国都和陪都，先后达45年之久。两晋迄于宋辽，鄂州时为郡治，时为州府，始终是长江沿岸的政治和军事重镇。鄂州博物馆的基本陈列是基于地域性文化上展陈，与文化内涵相统一。文化分类有鄂楚历史文化、三国历史文化、铜镜文化、六朝青瓷文化等，几乎涵盖了各种文化形态，如民俗文化、宗教文化、建筑文化、艺术文化等，是含金量极高的文化旅游资源。基于以上这些文化，鄂州博物馆制作了五个基本陈列，五个基本陈列中有三个专题馆《铜镜文化陈列》《鄂州民俗文化陈列》《历代名人与鄂州》；两个综合馆《鄂楚历史文化陈列》《三国历史文化陈列》。通过这五个陈列，组成了一幅展示鄂州历史文化的画卷。旅游观众可以从不同的视角来了解此座城市历史演变与发展变迁。

(三)博物馆藏品及资源的独特性

鄂州博物馆的藏品种类繁多，时代跨度较大，从新石器时代起到近现代止，5000年左右。以考古发掘的出土文物为主，其中战国和六朝时期的文物居多，这是反映博物馆文化藏品的重点。有与陶弘景《古今刀剑录》中记述："吴王孙权黄武五年(公元226年)采武昌铜铁，作千口剑、万口刀，各长三尺九寸，刀头方，皆是南铜越炭作之"相呼应错金铭文环首铁刀；有反映官方作坊生产规模的"黄武元年铜罐"，肩上铭文为"黄武元年作三千四百卅八枚"十二字，腹部刻有"武昌""官"三字；有显示三国吴国的经济复苏以后的国富民强金银玉石器；有直接还原三国居家文化生活六朝青瓷；还有各种泛江贸易和对外贸易的生活器皿以及各类思潮文化在器物上的反应，共同诠释城市的文化底蕴，这是博物馆所独有物质资源，其中铜镜和六朝青瓷是博物馆藏品的最大特色。

二、鄂州博物馆旅游文化景观发展现状及存在问题

根据目前博物馆免费开放四年来的综合调查和向社会各界人士征集的意见与建议，通过系统地梳理剖析，博物馆作为旅游文化景观还存在以下问题：

(一)陈列展览的定位问题

陈列展览是博物馆的一种旅游文化产品，也是博物馆最基本的宣传形式。我馆目前的展览大概分为三类，第一类是挖掘博物馆自身藏品资源举办的基本陈列展览，从五个陈展形式来看，有学术性，娱乐性两种，目前基本上能彰显城市的精神，满足现阶段大多数人的需要，但展示不能一成不变，几年一个样，在展示方式上有待更新，展陈内容上有待调

整，否则博物馆门庭若市的时代又会返回；第二类是馆际交流展览需要加强，目前由于财务制度规定一般启用政府采购的形式，而博物馆文化交流，专业性很强，只是单一来源，优秀、高品质的大型展览受竞争招标方式的制约，所以文物陈展交流有些滞后。第三类是其他临时性展览，目前自办和引进的展览均以字画为主，展览类型以“本地多，外地少”，其展览类型和特色不够。

（二）与相关旅游部门互动较少

博物馆是外地旅游者了解当地的重要窗口，自从鄂州博物馆 2008 年免费对外开放以后，相关收费项目较少。一是大多数人认为作为非营利机构的博物馆不宜从事以盈利性为目的的旅游活动，发展旅游会影响其社会效益的发挥，从而对发展旅游缺乏动力；二是在导游员与博物员讲解员之间工作合作，缺乏沟通。博物馆是一个地区历史文化的缩影，它汇聚了当地长期积累的诸多先进文化成果，具有深邃的文化内涵。然而对于大众游客来说，它所包含的大量信息并不是馆内陈列的几张图片和几行文字所能表达的，需要靠专业人员的帮助来进行解释破译。但是鄂州市现存的导游人员一般难以具备全面系统的专业知识，提供的服务过于程序化，且普遍缺乏与游客互动的能力，无法很好地引导游客在博物馆氛围内去欣赏和感受。三是参观免费的博物馆，没有相关收费服务项目，旅行社的收益得不到保证，除非是游客指定要参观，否则旅行社一般都不愿带游客进入博物馆参观，从而形成了博物馆与旅游企业互不干扰的态势。从现阶段可以看到，地方综合性博物馆是非营利单位，仅靠国家拨款解决不了工作人员历史遗留问题和发展中遇到的诸多问题，因此适当的增加收益也是必要的。

（三）文化创意产品类型单一

文化创意产品是博物馆一个景点特色，对文物和文化深入的研究是博物馆开发文化休闲旅游产品得天独厚的优势。鄂州博物馆有一个文物复原复制研究所，以复制铜镜为主，生产少量的铜器。近年来，由于各种经济压缩，文物复原复制研究所制作的铜镜由于工艺使用传统的手工范铸法，制作时间长，人工消耗量大，产量低，从而导致铜镜价格走高，让普通大众接受不起，销售一直下滑。目前博物馆商店除出售复制铜镜外，其他的主要商品以外采购为主，没有鄂州博物馆研发的其他特色文化商品，因而很难激起游客的购买欲望，满足不了大众化消费心理。

（四）博物馆对外宣传包装不够

博物馆是一个公益性的文化服务机构，必须随时在社会上树立良好形象，不断发出声音，抓住每一个机会推销自我，才能保证拥有众多观众，获得各个方面的支持，从而达到可持续发展的长远目标，而鄂州市博物馆在这个方面存在一定的差距。一是重视宣传力度不够。比如“5・18 国际博物馆日”组织的活动，社会和收藏界的反响较好，由于宣传未到位，没有涉及全社会参与，最后成为博物馆单一开展的活动。二是宣传媒介太少，思想过于保守，只在传统电视台、党报党刊、微信上做文章，这种宣传模式有待改进。三是文化创意产品宣传包装力度也不够。如博物馆复制的铜镜不善于包装推销，没有得到很好的利用和传播，完全没有树立品牌意识，由此可见，博物馆应该走出传统经营管理的模式，在注重宣传社会效益的同时，注重营销自己，才能不断增加博物馆关注度和影响力，产生博物馆景观效应。

(五)博物馆专业人才短缺

鄂州市博物馆凸显专业人才缺乏，懂得管理善于经营的人更是凤毛麟角。虽然现在很多学校开设了文博旅游专业，培养这方面人才，但由于受人员编制及博物馆人员结构影响，一直没有合适人员担任此工作，影响了文博事业的发展。

三、鄂州市博物馆如何打造旅游文化景观的建议

鄂州博物馆凝聚了当地历史文化风俗，具有科学研究以及传承文化的作用，作为城市文化宣传的一张名片，除了要面向市场，积极改革之外，还要解放思想。如今博物馆已不再仅仅是“文化的守望者”，博物馆与旅游的联姻，打开了博物馆的院门，积极拓展博物馆文化，以取得经济效益和社会效益的双赢。本文提出如下建议：

(一)整合展览资源，丰富展览内容，提升展览质量

文化是鄂州旅游建设的灵魂，在“时代氛围中”建立历史联系，认真解读本地区古今历史文化，深度挖掘文物藏品的丰富内涵，从中提炼出最具地方特色的东西，把特点分析与特征体现统一起来，使展览更加个性化。鄂州博物馆将继续充分挖掘研究鄂州独特的文物资源和文化资源，如非物质文化遗产、武昌鱼文化乡土文化、根雕文化等丰富展览内容，提升展陈水平，让鄂州博物馆成为展示鄂州文化形象的重要窗口、人民群众文化生活的重要阵地和鄂州文化旅游的新亮点。以博物馆、纪念馆等形式打造文化节点，同时还引入贺龙军部旧址、彭楚藩烈士纪念馆、麻羊垴、鄂东南军事指挥部、吴兆麟将军纪念馆等红色文化资源，重点支持民间收藏博物馆建设博物馆群，以餐饮、纪念品、书店等业态为配套，融合成为城市文化综合体。

把鄂州博物馆打造成为文化旅游景观，展示鄂州独特的历史人文、地理资源和生态文明；展现鄂州的历史风采及其独特文化，不断提高鄂州博物馆的文化影响力。

(二)创新展览方式，增强参与性和娱乐性

目前我国多数博物馆给游客带来的只是表层体验，游客只能走马观花的欣赏，这与当前旅游业发展的潮流是背道而驰的。鄂州市博物馆提倡遵循以游客体验为中心的开发原则，积极开拓具有较强参与性、娱乐性和体验性的项目。例如铜镜馆，在尾厅制作一面三国时期四叶八凤镜道具，游客观众一照，可点击各个时段的自己，配以选择的服饰，道具屏幕上出现不同时段自己的影像，还可以打印出相片。穿越时空，把握历史，着眼现在，找回自己。让游客参与其中，体验铜镜照面饰容的魅力。此外，博物馆不定期举办有特色的临时展览和文化知识讲座，以满足各类游客和当地居民前来驻足参观，博物馆也可利用多种互动模式，如三国历史人物扮演、临时展览趣味问答等，在展陈更新以及声、光、电

和模拟电影、场景复原等方面实现内容和形式上的创新。

（三）树立营销意识，与旅游相关部门开展合作

博物馆是一个极具魅力的旅游吸引物、一种旅游资源。依托博物馆的特性与功能开发博物馆旅游，对旅游业的发展起到积极地提升和推动作用。博物馆要重视宣传和促销工作，主动利用各种新闻媒体和互联网进行广告宣传，其中以三国文化和鄂州铜镜文化为主，同时还应积极主动地与旅游部门合作，把自己将要展示的内容、特色展览等信息及时地传递给旅游业，并与各大省市旅行社联动，建立长期合作关系，利用网络推广、网上预票等方式，以热情、周到、优质的服务，赢得四方游客。博物馆加强与旅游产品联动，顺应市场需要，巧抓自身优势，让旅游与文化巧妙地整合资源，持续发力。一般采取促销形式，建立市场营销机制，利用旅游业的经营者为博物馆开拓具有本馆特色的旅游产品和旅游市场。在这个过程中博物馆运营主体还可以尝试博物馆以行业协会的会员身份加入旅游行业协会或者建立两者之间的协调机构，通过这种组织进行长期有效的合作。如整合开发全省馆藏文物资源，成立博物馆商店联盟，分器物区、画卷区、书籍区等观众可以在此参观买到全省各大博物馆特色产品。

（四）开拓承载特有文化理念的文化创意产品，树立多品牌

古为今用，日常为用，把文化带回家，是游客观众留下一个好记忆办法。与文化创意策划公司牵手运作，加强文化创意产品的开发环节，让文化与旅游产品融合。关注游客观众的生活需求，重视审美价值和收藏价值的结合，充分考虑生活的相关性和实用性，延续性地研发设计一系列高档化和大众化的消费品，既高雅，又精致。以反映鄂州地域历史文化特色的文物藏品为灵感，摄取文化信息元素，开发设计精美礼品、纺织品、玩具、家具饰品等文化产品；有意识地挑选珍贵藏品复制、销售，并出售博物馆藏品资源研究的成果和基本陈列特展文物图录的相关出版物及光碟；还可针对某一展览或活动特别开发，具有针对性、独特性的特展文化产品，给这些产品出书，讲述其开发缘由及背后的故事，让观众在购物的同时再一次学习。博物馆文化创意产品带有故事性或不同文化内涵，多品类、多价位的文化产品都是生活、智慧与美学的设计品，增强它们在文化旅游产业和消费体系中的竞争力，积极发挥博物馆旅游作用。博物馆开拓的承载特有文化理念的文化创意产品，传承地方历史文化，引领人们的生活。

（五）博物馆推介旅游体验

博物馆是一类特殊的游览地，作为鄂州市“青少年社会教育基地”，有着重要的教育资源，把博物馆附楼，设为社会教育活动中心和青少年体验中心，开展青少年体验式项目，更好地服务于社会。此体验中心分两层，建筑面积近 2000 平方米，一层分东、西两区，东区是配合体验区举办临时展览、讲座等，西区是阅览区、休闲区、购物区等；二层是实地体验区。体验区在旅游黄金段定期地开展各种体验式项目，从博物馆原有馆藏和各类展览形式出发，运用丰富手段，塑造青少年感官体验及思维认同，并为博物馆的展品找到新的存在价值和空间。以博物馆展品为基础道具，以展品所衍生的各式全感官的体验方

法作为舞台，使青少年充分地融入其中学有所获。体验方式有表演、多媒体、实体展示、青少年与家庭互动参与、亲身模拟体验等。如开展主题探索式学习体验，把博物馆三国历史文化陈列、鄂楚历史文化陈列、铜镜文化陈列及举办的临时展览分为不同区域主题，每个区域给孩子不同主题的挑战任务，将主题区关键知识点、兴趣点设计在任务中，让孩子们有目的地探索学习。如设置项目“博物馆寻宝”。开展模仿式深度体验，如不定期推出“鄂州历史文化体验之旅”，让古代工艺引领文化之旅，青少年可以报名参加铜镜研学活动，陶瓷器修复、铜镜及钱币拓片制作、陶瓷艺坊制作、再生纸制作等，使博物馆真正成为动态的文化旅游景观。

(六)培养文博旅游专业人才

实施激励机制引进高素质专业人才，组建精本职、通相关、懂邻近的文博经营人才队伍。以常态化的系统培训，夯实在职人员业务基础，在培训方法上采取理论引导专家示范，参观考察、在岗自学等形式，还可采取课题研究、项目合作方式进行能力培训。

博物馆旅游与文化互相促进、互相依存，具有独特的创意主题。发展鄂州博物馆旅游，实现博物馆文化传承功能，可为鄂州市博物馆的发展注入新的活力，更好地保存历史文化资源。

四、结语

鄂州市博物馆记录了鄂州当地的历史以及文化，文旅融合意在以文促旅、以旅彰文，多主体共同打造鄂州市博物馆文旅路径，不仅有助于鄂州市历史文化的传承以及推广，更有助于打通市场经济端，加强鄂州市博物馆的周边辐射作用，发挥博物馆的正外部效应，拉动当地经济发展。

通过整合内部资源，提升博物馆展览质量，加强品牌管理以及深入性体验，培育专业人才等方式，进一步探索鄂州市博物馆的文旅融合之路，让博物馆成为“活历史”。

互联网时代博物馆公共文化服务体系建设路径探析
——以山东博物馆文物数字化进程为例

高 震 李 思①

摘要：随着我国经济水平的快速提升和现代社会生活的快节奏及多元化，公众的业余文化生活呈现出个性化、碎片化等特征。博物馆作为收藏、保存、传播人类知识文明、促进社会发展进步的重要公共文化场所，如何在新的“互联网+”时代充分利用现代信息技术，发挥自身作为公共文化服务体系重要组成部分的价值和作用，更好地适应和满足人民群众尤其是年轻群体的精神文化需要，是当前面临的新问题。本文以山东博物馆为案例，积极探究利用互联网方式拓展提升公共文化服务方式和质效，以期为新时期的博物馆建设作出有益尝试。

关键词：博物馆　互联网　公共文化服务　数字化

文化遗产承载灿烂文明，传承历史文化，维系民族精神，是国家的“金色名片”。我国是拥有五千年文明的泱泱大国，据普查统计，我国现有不可移动文物 76.7 万处，可移动文物 1.08 亿件(套)。山东是文物资源大省，山东博物馆现有各类藏品 30 余万件，其中一级藏品 3401 件，三级以上珍贵文物藏品 48 895 件/套，藏品数量众多、体系完善，馆藏文物以及一级藏品数量均居全国前列。丰富的藏品能够发掘出大量的好内容、好故事，这是博物馆行业的优势所在。2014 年，习近平总书记提出“让收藏在禁宫里的文物、陈列在广阔大地上的遗产、书写在古籍里的文字都活起来”的口号，成为各级博物馆合理利用文物、宣传展示的工作指南。在机遇和挑战并存的互联网时代，为更好地贯彻“让文物活起来”的要求，博物馆行业必须转变传统思维，创新公共文化服务模式，加速自身发展，迎上时代潮流。

一、互联网时代背景下的博物馆概述

(一) 移动互联成为主流，年轻人是主体

信息社会的表征就是计算机技术的全球化普及。20 世纪后 30 年互联网的创造和发

---

① 高震，山东博物馆信息部副主任，副研究馆员，主要研究方向：博物馆信息管理、智慧博物馆。李思，山东博物馆助理馆员，主要研究方向：文物信息管理与研究。

展，形成了覆盖全球的数字化、网络化、泛在化、互联化的人类文明新形态和新方式，为信息文明书写了新的篇章。“互联网+”时代以人为本、万物互联，注重用开放共享、跨界融合、颠覆创新的互联网思维去谋划未来，让互联网与传统行业深度融合，创造新的发展动力。随着“互联网+”模式和移动互联技术的全方位推广，人们的日常生活更为便利，获取信息的方式也发生了深刻变化，时间碎片化和信息碎片化特征越来越显著。

据中国互联网网络信息中心2019年第44次《中国互联网发展状况统计报告》中指出，截至2019年6月，我国网民规模达8.54亿，互联网普及率达61.2%；我国手机网民规模达8.47亿，网民使用手机上网的比例达99.1%。截至2019年6月，10~39岁网民群体占网民整体的65.1%，其中20~29岁网民群体占比最高，达24.6%。年轻用户是互联网的主力军，也是互联网的原始居民，习惯于利用互联网获取和发布信息。因此，博物馆如何跟上时代潮流，如何吸引更多年轻人走进博物馆，自然成为下一步工作的重中之重。

（二）外来文化冲击

全球互联的背景之下，外来思想意识形态给本土文化带来很大冲击。服装、节日、饮食等日常生活的方方面面承载着各地文化不断涌入中国，并且几度掀起社会热潮。面对强大的外来文化冲击，年轻群体对传统文化的认知度和认可度不足，容易出现盲目追捧和文化断层。

《公共文化服务保障法》指出：“公共文化服务应当坚持社会主义先进文化前进方向，坚持以人民为中心，坚持以社会主义核心价值观为引领；应当按照‘百花齐放、百家争鸣’的方针，支持优秀公共文化产品的创作生产，丰富公共文化服务内容。”博物馆作为文化传播的主阵地，必须加强文化输出，确保将本土文化作为主流文化，占领年轻人的思想意识主阵地，在传承保护优秀传统文化、树立民族自信和文化自信的基础上，海纳百川，兼收并蓄。

（三）文化和旅游融合发展

随着近代博物馆对公众逐步开放，博物馆的社会服务功能得到长足发展。博物馆讲述着城市的过去，展示着城市的现在，勾勒着城市的未来，是了解城市历史文化的最佳场所。① 越来越多的游客选择博物馆作为游览一个城市的首选场所，由此带动着当地经济的发展。现在，各地的博物馆不断增加旅游配套业态，如餐饮店、纪念品商店甚至演出场所等，以满足旅游发展的客观需求。

国际博物馆协会（ICOM）也持续关注着博物馆与旅游的关系，1977年ICOM第12次大会第2号决议为“博物馆与世界旅游”，即开始关注博物馆旅游话题；1998年ICOM第18次大会通过了“博物馆与文化遗产旅游”决议，在博物馆旅游的可持续性和全面发展方面形成了新的共识；2009年，国际博物馆日主题为“博物馆与旅游”，标志着博物馆旅游的重要意义已经被社会公众认可和接受。现代博物馆在社会经济发展中扮演的角色已经比传

---

① 钱兆悦．文旅融合下的博物馆公众服务：新理念、新方法[J]．博物馆新论，2018(4)：90.

统意义上的博物馆更为丰富多彩。① 文旅融合模式一方面使游客获得了文化体验，提升了对当地文化的认知；另一方面获得了旅游增量和经济收益。

在这样的时代背景下，社会发展对博物馆行业提出了更高的标准和要求。博物馆不应仅仅满足于收藏、展示、宣传、教育等传统职能，必须及时转换思路，注重迭代升级，创新"互联网+博物馆"模式，承担起提升城市公共文化服务、传承弘扬优秀传统文化的使命和责任。

二、山东博物馆公共文化服务数字化路径探索方式

(一)搭建"互联网+中华文明"示范项目数字展示与云教育服务系统

2016 年 12 月，国家文物局、国家发展和改革委员会、科学技术部、工业和信息化部、财政部联合发布《"互联网+中华文明"三年行动计划》，旨在将互联网的创新成果与中华传统文化的传承、创新与发展深度融合，深入发掘和拓展文物蕴含的历史、艺术、科学价值和时代精神，丰富文化供给，促进文化消费，形成更广泛的以互联网为基础设施和创新要素的文物合理利用新形态，彰显中华文明的独特魅力。

为贯彻落实国务院《关于进一步加强文物工作的指导意见》和《关于积极推进"互联网+"行动的指导意见》，山东博物馆于 2018 年申报了"互联网+中华文明"示范项目，以山东博物馆得天独厚的资源优势，在 PC 端门户网站及移动端建设的基础上，依托云技术，通过现场智能展示终端，打造创新型数字展示与云教育服务系统，让公众通过该系统实现多端应用交互，有效获取、学习优质的齐鲁特色文化资源。项目亮点如下：

(1)创新展示的移动展示系统

文博一体机是共享思维下的现场智能触控设备，运用信息富媒体技术，通过模块化的轻应用组合，一体化集成山东博物馆的陈列展示、社教宣传等业务功能，同时通过一体机设备在校园、社区、机关等公共服务机构的投放，便捷实现对公众的 24 小时自助服务，能够全时段的发挥教育功能。文博一体机已成功当选第五届全国十佳文博技术产品。

(2)线上线下相结合的教育活动

"博学汇"是山东博物馆创新推出的一档共读共享、共同成长的系列学习活动，活动不定期邀请文博业内大咖与观众一起读好书，看好展，品好剧，为文博爱好者提供一个共同交流和学习的平台。2019 年至今，山东博物馆已举办《何以中国——倾听来自古文明的声音》《关于"穿"的那些事儿》《"六合同风——秦文化大展"的策展背后》三期讲座，分别邀请考古学专家许宏、服饰史青年学者董进以及资深策展人彭文与观众分享。除线下讲座外，山东博物馆还利用学习通 APP、官方抖音和微博等平台同步直播，有效扩大传播范围，方便各地文博爱好者聆听学习(见图 1)。

---

① 钱兆悦. 文旅融合下的博物馆公众服务：新理念、新方法[J]. 博物馆新论，2018(4)：90.

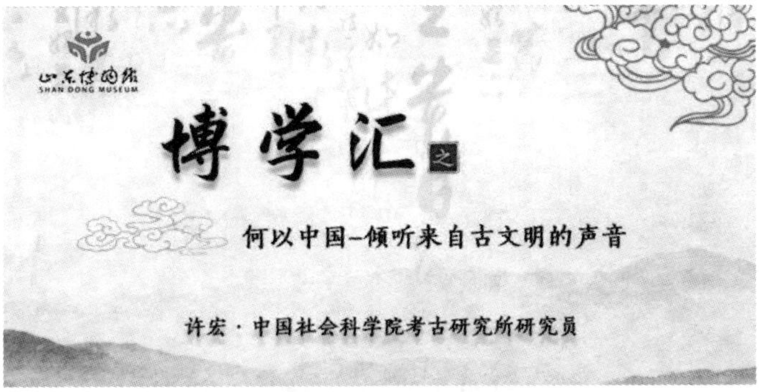

图1 山东博物馆博学汇《何以中国——倾听来自古文明的声音》

“齐鲁瑰宝耀中华——我是国宝守绘人”创意绘画大赛是由山东博物馆主办的文博探索类活动。活动联合山东工艺美术学院、山东艺术学院、山东师范大学、山东财经大学、山东大学艺术学院、济南职业学院等院校，通过学习通 APP“移动博物馆”向全国高校大学生线上征集馆藏文物手绘作品，用鲜活的艺术表现形式激发大众对中华文物的探索精神，拉近当代人尤其是年轻人与历史文物的距离。目前，“我是国宝手绘人”创意绘画大赛已成功举办两届，山东博物馆也借此与驻济高校形成了长期稳定的合作关系(见图2)。

图2 山东博物馆第二届“我是国宝手绘人”文物绘画创意大赛

(3)结合重点展览的慕课开发

随着《国家宝藏》《我在故宫修文物》等节目的热播，大众对于文物修复的兴趣日益增加。山东博物馆数字展示与云教育服务系统引入国际领先的慕课概念，利用大规模开放在线课程的优势和特点，推出《馆藏书画文物的保护与修复》课程，通过开放共享的慕课平台，形成公众自我学习的全流程教学闭环，实现学习过程的交流、互动及共享，打造可移动的公共文化教育平台。在时间碎片化和信息碎片化的当下，慕课将完整的内容变为“易于消化”的模块化内容，不仅制作传播成本低，还有助于学习者灵活获取信息，免受时间、地点等因素制约(见图3)。

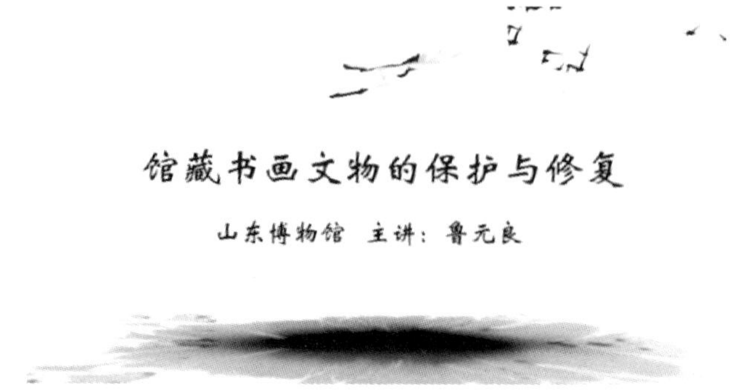

图3 山东博物馆慕课《馆藏书画文物和的保护与修复》

(二)以互联网为载体，创新数字展示与宣传渠道

博物馆处在不断变化的环境之中。根据16世纪的绘画和雕刻中的记载，当代博物馆起源于装古董的陈列柜，它比公众收藏品展早200多年。然而，直到19世纪中叶国家博物馆的出现，才使得贵族以外的普通公众访问博物馆成为可能。① 20世纪70年代，“新博物馆学”将博物馆逐渐变成一个“交流的空间”，在更广泛的社会和文化变革的引导下，博物馆成为更为复杂的、多层面、多样化的表达平台。

如今，以互联网为载体、依托新媒体和数字技术，山东博物馆的公共文化服务职能得到了全新发展：数字展示和宣传渠道大大增加，综合运用新媒体、数字展览、网络直播等多种形式，使大众的访问、参与、表达更加民主和便捷。山东博物馆根据自身展陈需要和文物特色，积极利用集声光电于一体的互动多媒体展示、二三维动画、增强现实、实景漫游、虚拟现实、全息幻影成像等新兴技术，诠释了对“活化”一词的独到理解。与此同时，山东博物馆也比以往更加注重文物信息和文物精神的挖掘、演绎及传播，文物展示和宣传以内容为主、形式为辅，更好地满足了观众参观时的知识性、趣味性、互动性、参与性需求。

1. 新媒体的灵活运用

新媒体是相对于传统媒体而言，是报刊、广播、电视等传统媒体以后发展起来的新的媒体形态，是利用数字技术、网络技术、移动技术，通过互联网、无线通信网、有线网络等渠道以及电脑、手机、数字电视机等终端，向用户提供信息和娱乐的传播形态和媒体形态。新媒体具有交互性与即时性、海量性与共享性、多媒体与超文本、个性化与社群化等特征，是当下最为流行的传播媒介，其传播途径便利、传播内容丰富、传播方式互动性

① Jenny Kidd. 新媒体环境中的博物馆：跨媒体、参与及伦理[M]. 胡芳，译. 上海：上海科技教育出版社，2017：7.

强，因而被大众广泛接受。如今，网络技术高速发展、传播平台日益增多，新媒体已经成为博物馆行业宣传教育的重要工具之一。

针对各大平台的特点、优势和用户画像分析，山东博物馆具体制定了不同的宣传内容与形式。例如，在微信、微博官方平台发布图文结合的馆内资讯和展览介绍等，并将文物与当下流行的影视剧或社会热点相结合，方便观众即时获取相关信息，吸引观众兴趣；在抖音上以系列短视频形式发布探馆内容，便于观众迅速浏览；与喜马拉雅合作，场馆内设置喜马拉雅声音展示区，观众可结合展览收听讲解，等等(见图4、图5、图6)。

年龄分布

性别	用户数
女	110052
男	85687
未知	68

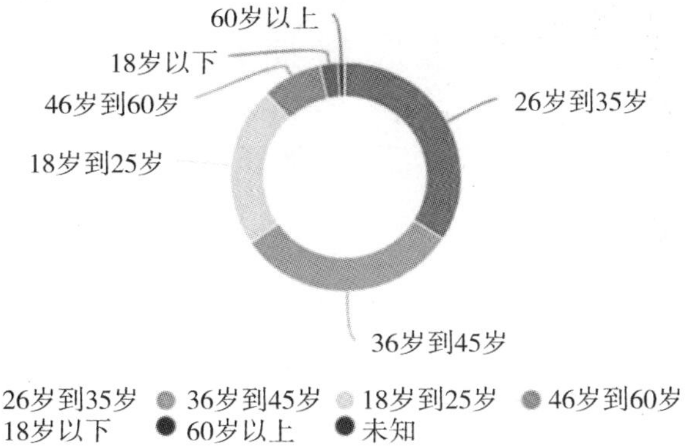

图4　山东博物馆微信用户年龄分析

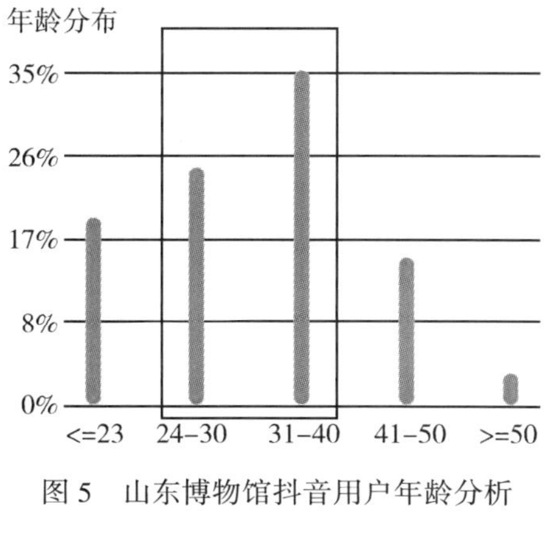

图5　山东博物馆抖音用户年龄分析

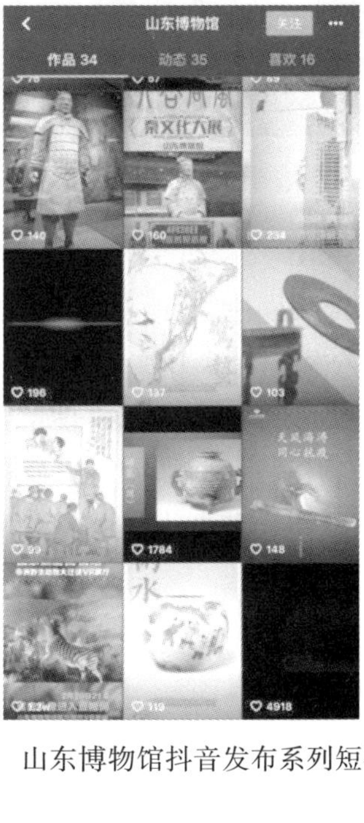

图6　山东博物馆抖音发布系列短视频

结合社会环境的变化，发布内容也应进行适当调整。以 2020 年疫情期间为例，山东博物馆在微信公众平台增加“海岱微讲堂”栏目，由馆内知名专家、青年学者撰文，向社会普及馆藏文物和自然标本等内容；利用官方微博参与“文物系荆楚 祝福颂祖国”海报接力活动，制作并发布文物防疫海报，传递共克时艰的精神力量。特殊时期，博物馆作为社会公共服务机构，必须承担起安抚人心、科普知识、传播文化的社会责任，为打赢疫情防控阻击战提供文化支撑(见图 7)。

图 7　山东博物馆“文物系荆楚 祝福颂祖国”文物防疫海报

2019 年，山东博物馆新媒体服务量达 2467.3 万人次，其中包含抖音 66.3 万人次，微信 70 万人次，微博 1800 万人次，喜马拉雅 531 万人次。新媒体平台粉丝数 23 万人，网站点击量 140 万人次。新媒体的灵活运用显现出强大的文化传播和公共服务效果，未来，山东博物馆将探索如何将自身独特的文化资源通过大众媒介实现内容的媒体化开发与生产，以期在更大范围内提供公共文化服务，弘扬优秀传统文化。

2. 依托官网的虚拟展厅建设

随着虚拟现实技术、三维展示技术的快速发展，将展览以虚拟实景形式展示并提供流畅的仿真交互操作已成为一种趋势。三维实景漫游技术是目前趋近成熟的一种视觉技术，其核心是利用基于高清图像构建的三维虚拟实景，通过计算机技术实现全方位互动观看的真实场景还原展示。虚拟展厅建设将博物馆的功能延伸到网络上，打破世界和空间限制，为世界各地的观众提供展示和互动服务(见图8)。

山东博物馆虚拟展厅依托官方网站，配合展览持续进行更新完善。近年来，山东博物馆先后推出“奋进的山东——庆祝中华人民共和国成立70周年成就展”“非洲野生动物大迁徙展”“铭记历史 珍爱和平——一战华工史料图片展”“书于竹帛——中国简帛文化展”等数字展览，采集了“山东历史文化展”等8个基本陈列、“她从画中来——女性主题年画展”“陈梗桥书法展”等临时陈列的全景虚拟展览，还上线了“香光馨远——董其昌书风数字人文展”。观众进入数字展厅，可以自主制定参观路线，通过移动和点击鼠标进行前进、后退，还可点击重点展品，通过嵌入的高清图片和音频视频来了解更多信息。这种虚拟展厅利用虚拟现实和三维影像技术，最大限度地复原了展厅环境，集趣味性、展示性、互动性为一体，带给观众视觉、听觉等全方位多角度的感官体验(见图9、图10)。

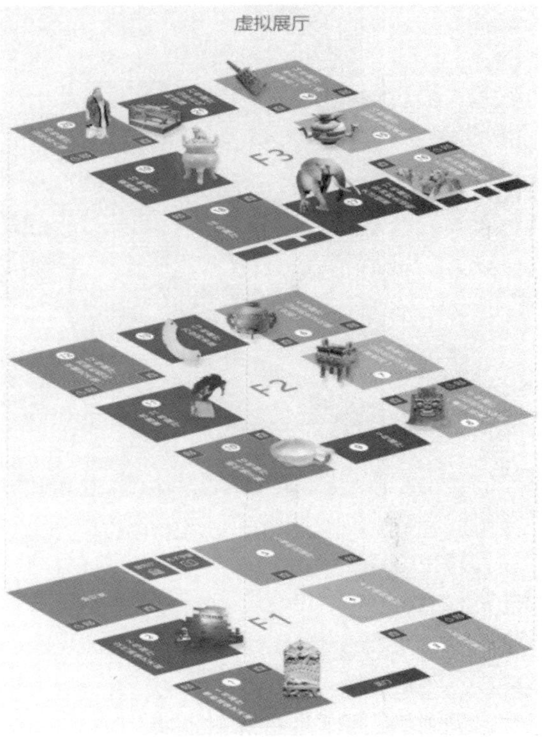

图8　山东博物馆虚拟展厅布局

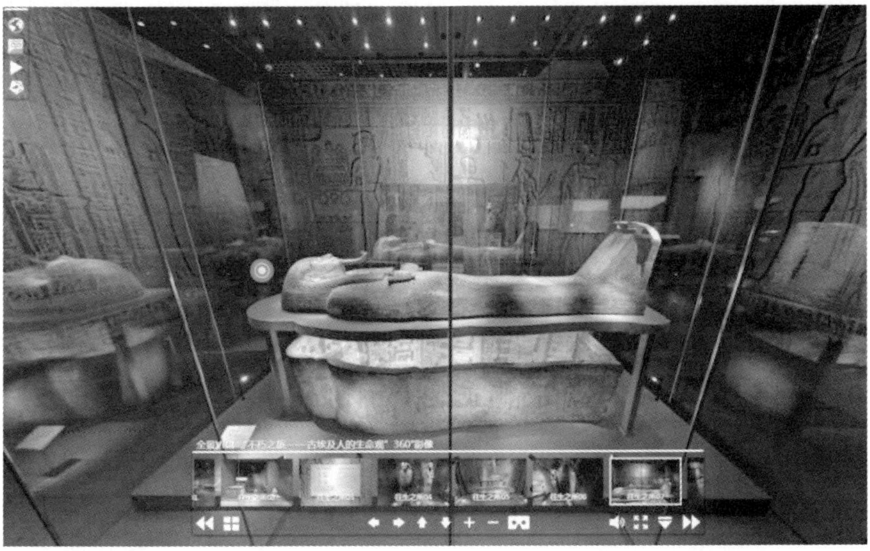

图9　山东博物馆《不朽之旅——古埃及人的生命观》虚拟展厅

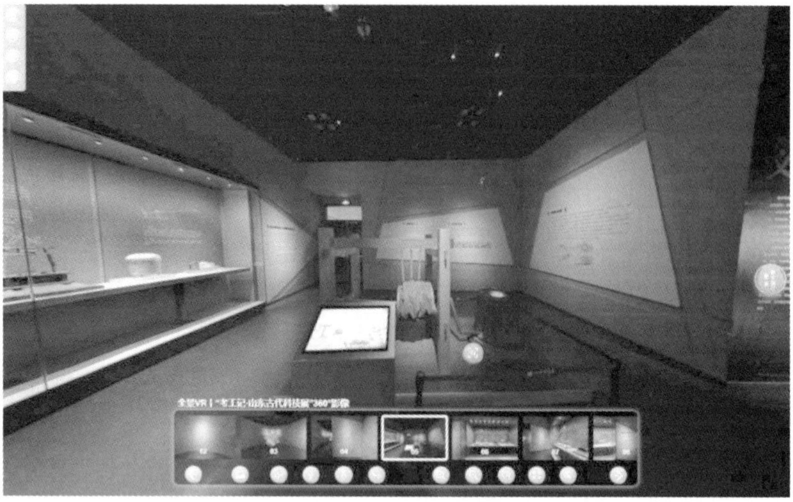

图 10 山东博物馆《考工记——山东古代科技展》虚拟展厅

3. 统一平台的网络直播联动

博物馆直播既是特殊时期集中涌现的现象，也是时代发展的必然要求。场馆暂停开放期间，馆内专家和工作人员纷纷变身“主播”，网络直播形式一时大热。虽然是特殊时期的产物，但从长远来看，也是博物馆实现以人为本、多渠道满足公众需求的必然选择，是互联网时代博物馆公共文化服务的发展趋势。借助网络直播，博物馆实现了从“窄播”到“广播”，从受到时空限制和文物保护需要的传统参观模式，转变为更加广泛的传播渠道和更为便捷的传播方式，同时也抓住了年轻群体的观看习惯，有效拉近了博物馆与年轻人之间的距离，让博物馆“近在咫尺”。

直播不仅要紧扣活动主题、定位目标群体，还要了解观众的沟通方式和关注重点，与观众互动，让观众在观看时产生情感共鸣。2019 年 11 月 17 日，山东博物馆联合湖北省博物馆，共同举办“5G 重构想象 跨时空协奏”活动，这是在全国博物馆中首次探索利用 5G 技术，将教育活动向社会公众展示的新突破。此次活动利用 5G 网络高速度、低延时的特性，将山东博物馆所藏“天风海涛琴”及其背后的古琴文化与湖北省博物馆所藏“曾侯乙编钟”相结合，为观众呈现一场跨时空的音乐盛典。2020 年疫情暴发后，2 月 20 日，由国家文物局指导，抖音联合中国国家博物馆、敦煌研究院、南京博物院、湖南省博物馆、山东博物馆、山西博物院、浙江省博物馆、辽宁省博物馆、广东省博物馆等 9 家博物馆推出“在家云游博物馆”直播活动。山东博物馆金牌讲解员带领观众观看《非洲野生动物大迁徙》线上 VR 展厅。3 月 2 日，黄河九省区博物馆联合腾讯公司推出“云探国宝”云平台直播活动，山东博物馆采用中英文双语讲解的方式，为观众展示了山东的史前文明。3 月 25 日至 29 日，山东博物馆推出“云博物馆”系列直播活动，精选 5 个精品展览，由馆内专家、策展人、金牌讲解员组成讲解团队，从考古发掘、文物研究、展览陈列等多个角度为观众直播讲解，全平台观看量突破千万人次。5 月 18 日国际博物馆日，在山东省文化和旅游厅的组织下，山东省内十家博物馆举办了一场“文物山东 · 岱海同天”直播联动活动，直播内容既有城市风貌、历史文化，也有文物古迹、自然标本，这不仅是一次全省博物馆的巡礼，也让更多观众在这个特别的日子里“走进”博物馆、感受博物馆，同时为各级博物馆提供了宣传和展示自身的平台（见图 11、图 12）。

图 11 “云博物馆”系列直播活动

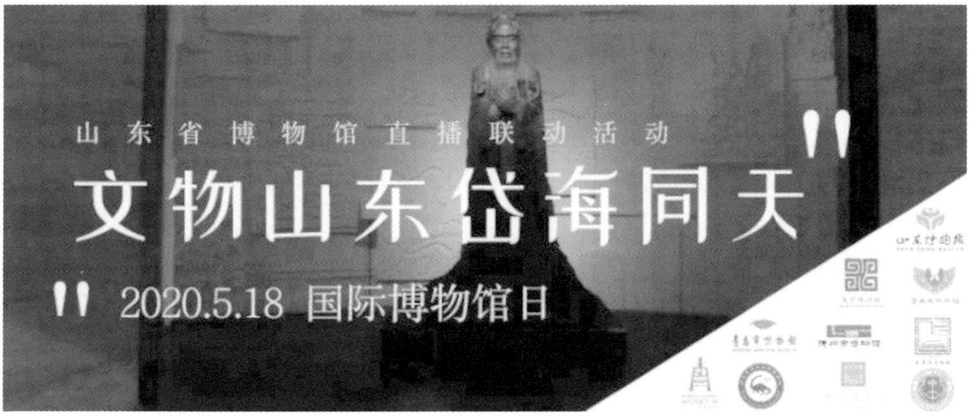

图 12 “文物山东 · 岱海同天”山东省博物馆直播联动活动

疫情过后，博物馆直播应走向常态化。这一形式被年轻群体广泛接受，能达到“带人、带货、造品牌”的效果，不仅扩大了博物馆的接待能力，还可以展示以往没有开放的区域或很少展出的珍贵文物，并为观众提供更为详细和深入的讲解。在统一平台上的直播联动活动更是让观众过足了瘾。可以预见，随着5G等网络技术的进一步发展，将会有越来越多的博物馆加入这一模式。

(三)注重文物数字化保护和利用

文物数字化保护和利用是以文物资源数字化为基础，利用计算机技术、影像数字技术、数码显微技术、三维虚拟技术等，以数字化应用信息系统建设为纽带，对文物和历史文化遗产加以数字化建模、虚拟修复、数字展示的一种文化遗产保护和利用方式。

2018年，中共中央办公厅、国务院办公厅印发《关于加强文物保护利用改革的若干意见》指出，保护文物功在当代、利在千秋。要加强科技支撑，将“文化遗产保护利用关键技术研究与示范”纳入国家重点研发计划。可以看出，在国家层面，文物保护和利用受到高度重视。文化和旅游部部长雒树刚说：“既要保护好文化遗产，又要让它们‘火’起来。”随着《我在故宫修文物》纪录片的热播，年轻群体对文物修复的关注度直线上升，片中传达出的敬业、精益、专注、创新的“大国工匠精神”成为各行各业追捧的文化潮流。现在，越来越多的科技公司也把视野转向博物馆，希望用现代科技参与文物保护和利用，例如将无人机用于文物检查、保护以及大体量文物数据采集。无论是传统工艺还是前沿技术，年轻群体对文物保护的兴趣与日俱增，这一趋势与国家政策不谋而合。

文物数字化保护和利用势在必行。据普查统计，我国现有不可移动文物76.7万处，可移动文物1.08亿件(套)。尽管我们十分重视安防问题，文物和博物馆仍然面临着诸多威胁和隐患。2018年9月，巴西国家博物馆的大火令世界痛心；2019年4月，巴黎圣母院同样遭此不幸。火灾中损失的大量文物和建筑是全人类宝贵的文化遗产，承载着千百年的人类文明。所幸，从2016年开始，Google Arts & Culture项目与巴西国家博物馆合作，通过高分辨率摄影、3D扫描、VR等技术将博物馆建筑和部分珍贵藏品变成数字资源，还配有导览和展品解说，世界各地的用户都可在线参观。前些年也有机构曾对巴黎圣母院进行过数字化重建工作，比如旨在研究哥特式建筑而设立的Mapping Gothic France项目，在Mapping Gothic France网站上可以看到巴黎圣母院不同角度的全景和细节图片。可见，博物馆必须未雨绸缪，在妥善保存文物本体的基础上，尽最大努力利用数字化技术将本体承载的信息全部留存下来，打造一艘永不消失的“数字方舟”。

近年来，山东博物馆文物数字化保护和利用工作已取得阶段性成果，主要内容如下：

(1)基于一普的文物数字化采集

在第一次全国可移动文物普查中，山东博物馆完成了清库建档、登录上传和信息审核工作，共采集登录文物14万件/套，实际数量36万件。依托山东省文物局开展的山东省数字化博物馆项目，已选取近2000件珍贵文物开展数字化采集处理，部分实现在线浏览(山东省数字化博物馆网站、APP及文物山东网站和微信公众号)。

(2)集内部管理和外部服务为一体的应用系统建设

基于采集到的文物数字化资源，进一步构建应用系统，以便更好地向社会提供公共文化服务。2016—2017 年，山东博物馆先后完成了馆藏文物管理系统和智能化藏品协同利用平台的建设，投入资金 150 万元，基本构建了围绕藏品的内部信息管理体系。外部服务方面，建设山东博物馆网站、微信公众号、票务自助化管理系统等，初步形成涵盖博物馆官网、微信、票务、讲解导览等在内的公众服务体系，为山东博物馆文物资源的宣传提供了渠道。另外，对举办的部分重要展览开展了三维扫描，并在官方网站和“文物山东”平台公布，积极探索利用数字化手段记录和展示博物馆展陈(见图 13)。

图 13 “文物山东”山东省博物馆网上展览服务平台

(3)启动新阶段馆藏文物数字化保护利用项目

2019 年，山东博物馆申报馆藏文物数字化保护利用项目，结合 2020 年展览计划，选取馆藏珍贵服饰、家具、书画以及其他品类文物进行三维数字化采集建模，最终建设包括藏品管理、数字资源管理、项目管理、藏品协同管理、文物数据展示、文物 AR 交互、VR 文物体验等模块在内的文物资源管理与利用系统。该项目综合应用数字化信息采集处理的新理念、新方法、新技术，以山东博物馆馆藏文物收藏、研究、保护、展示、传播等各业务层面需求为驱动，以现有数字化基础设施、业务系统、数据资源等建设成果集成为依托，以统一化、集中化、标准化的思路，重新梳理和构建山东博物馆馆藏文物、展厅展览、数字化资源、学术研究成果等各要素，建设一个遵循国家智慧博物馆建设标准、以信息安全为基础、以文物数据资源为核心、实现充分互通互联、具备高可扩展和可用性的一站式文物数字化保护利用体系，优化山东博物馆原有的文物保护模式和业务流程，构建起适应信息社会发展的现代化文物工作和模式，培育文化科技融合发展新业态(见图 14)。

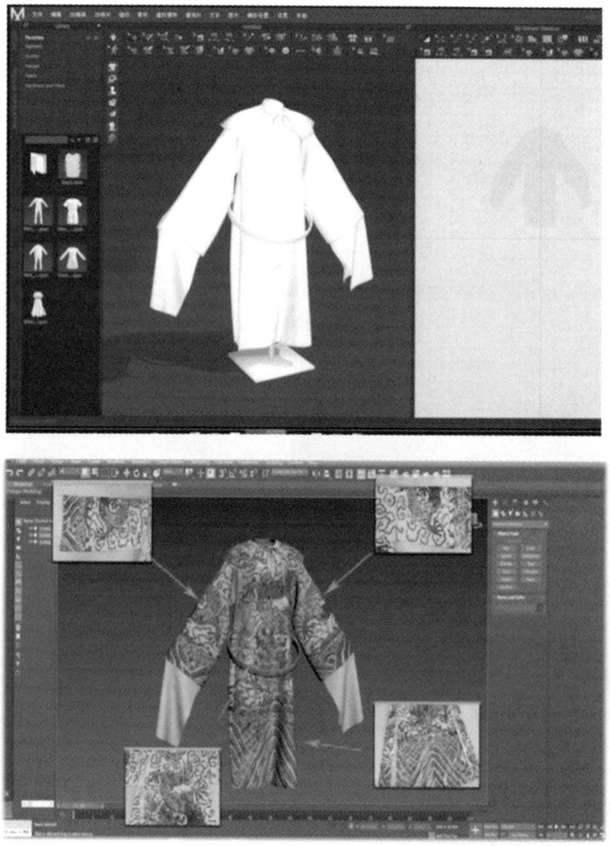

图 14　服饰文物模型制作及纹理映射示例

山东博物馆申报馆藏文物数字化保护利用项目的成功实施，不仅能够提高博物馆自身的数字化保护管理水平和数字化科技创新能力，实现文化遗产知识传播新理论指导下的应用创新，更能进一步带动全省文博单位在文物数字化保护和新兴业态的发展和应用推广，促使在内容制作、技术支撑、生态建设以及运行管理等方面实现智慧化发展，形成创新的博物馆数字化保护体系和管理模式。

三、结语

互联网时代，技术的变革为我们带来了更广阔的平台，博物馆得以突破许多原有的界限，进入人和人、人和物的互动当中。博物馆的身份和理念发生着深刻变化，正从以往“我献宝你瞧好儿”的展示者转变为深入浅出的解读者，丰富的宣传与展示形式帮助博物馆走进更多年轻人的生活，促使博物馆更好地发挥在文物保护、展示、教育等方面的职能，引导社会树立正确价值观、文化认同和民族认同，培养爱国主义和审美志趣。

2020年，第44个国际博物馆日的主题为“致力于平等的博物馆：多元和包容”。在以人为本的理念指导下，未来的博物馆若能随时随地从不同范围、不同角度、不同方式、不同需求出发，以自身特色文化为主题，以观众为中心，开展多种多样的展览和活动，为不同年龄、不同性别、不同国籍、不同文化层次的观众提供到位的服务，应该是互联网时代博物馆发展的美好愿景。

试论文旅融合发展背景下的文化馆服务
——以重庆市群众艺术馆实践为例

潘志明①

摘要：按照党中央、国务院批准的《重庆市机构改革方案》，2018 年重庆市新组建了文化和旅游发展委员会，标志着重庆市文化旅游体制改革迈出实质性、关键性的第一步。重庆市群众艺术馆是重庆市文化旅游委的直属单位，肩负着提供公共文化服务和推动文化和旅游高质量发展的职责和使命，本文以重庆市群众艺术馆实践为案例，探究怎样实现文旅融合发展，实现文旅比翼齐飞，进而扩大和提升文化馆服务。

关键词：文旅融合　发展　文化馆服务

重庆市群众艺术馆是重庆市文化和旅游发展委员会的直属单位，是重庆市政府设立的公益性文化事业机构，担负着组织指导群众文化活动、辅导促进群众文艺创作、生产配送群众文艺产品、集结培训群众文艺骨干、探索研究群众文化理论、收集整理民间文化艺术、宣传党的政策方针的职能，是全市群众文化的组织、指导、示范中心和开展公共文化服务的重要场所，是保障广大群众基本文化权益的重要阵地。

重庆市群众艺术馆在开展全市群众文化活动中，历来注重地方传统文化特别是地方旅游文化和文化产业的融合发展，在这方面有着悠久的传统和大量的实践，取得了丰硕的成果，累积了许多丰富的案例。在文化和旅游合为一体之后，这种融合发展更加频繁紧密。文化和旅游的全面融合为群众艺术馆的公共文化服务拓展了更加广阔的工作视野，提供了更大更宽广的活动天地，增加了更加丰富多彩的文化内容，添加了群众艺术馆事业更加风驰电掣的动力引擎。本文将结合近年来的群众文化活动实践，谈谈文旅融合发展背景下的群众艺术馆服务。

一、重庆市群众艺术馆推动文旅融合的现状探究

(一)发挥市级文化品牌影响力，结合区县地方旅游项目和资源，在开展群艺馆服务中助推文旅融合发展

在多年开展公共文化服务实施全民艺术普及的全市群众文化活动中，重庆市群众艺术

① 潘志明，重庆市群众艺术馆调研编辑部副主任，副研究馆员。研究方向为群众文化理论研究，大型文化活动策划。

馆结合重庆实际创立了属于自己地方特色、有着广大深厚文化土壤的文化品牌活动，这就是重庆市乡村文艺会演，重庆市戏剧曲艺大赛，重庆市社区艺术节，重庆市美术书法展览，重庆市群星奖作品展演等群众耳熟能详的地方群众文化活动。这些活动结合全市地方传统年节和旅游专项主题活动同台展示，每年在全市 38 个区县中选择一个区县联合进行。

近几年来，重庆市群众艺术馆在开展各项群众文化活动时，注重结合地方旅游文化载体开展活动。如 2016 年和 2018 年分别在历史文化名城诗城奉节县、中国优秀旅游城区渝北区举行的重庆市第五届、第六届戏剧曲艺大赛，在全国优秀旅游城市“中国神曲之乡”丰都县开展的丰都庙会(入选国家级非物质文化遗产名录)迎宾晚会暨第七届重庆市乡村文艺会演，2019 年在重庆主城核心区有着“重庆外滩”美誉的南滨路举行的“我爱你中国”——“欢跃四季·舞动巴渝”2019 重庆市广场舞展演，在边城秀山县举行的“我和我的祖国”第十九届重庆市美术书法摄影联展，2019 年 10 月在刘伯承故乡西部水城开州区庆祝中华人民共和国成立七十周年汉丰水上欢乐季，以及巴渝民歌大会时期同时举办的全市“群星奖”获奖作品基层展演等。

这些活动因为坚持多年所以家喻户晓，具有很好的社会影响力和较强的社会美誉度，在广大人民群众中拥有良好口碑。如在以“文旅盛会、百姓节日”为宗旨长达一个星期的丰都庙会期间，在露天体育场同步举行的第七届重庆市乡村文艺会演(包括舞蹈、音乐专场)，全市有 38 个区县 89 件作品参赛，全市有 600 多名乡村群众演员参演，现场有 12 万人次观众观看了历时 3 天的精彩赛事，这次活动不仅用文艺的形式向广大人民群众传递了巴渝新农村巨大变化的讯息，也展示了文化的力量和魅力。特别是在会演中每个节目完成后的评委评分环节，舞台大屏幕上同时出现评委的评分，现场观众互动，评委现场评点作品，切实做到公平公正公开，接受群众监督，同时，评委在评点参赛作品时要求同步普及文艺作品的基本常识，有效地进行了一次次全民艺术普及的现场万人超级讲座，生动直观，规模宏大，寓教于乐，收效很好。

与此同时，同步进行的庙会“街头巡游、万人牛肉宴、非遗展演”等涵盖文化、旅游、商贸等各类活精彩纷呈，文旅相互渗透，并蒂花开，相映成趣，相得益彰。同时，通过这些瑰丽多彩的文旅盛会，让广大群众特别是中外游客无间隙的感受领略了浓郁的巴渝地方民俗风情，感受了中华文化的宏大与灿烂。

(二)通过建立基层散点式文艺培训基地，开展全民艺术普及服务，通过文旅渗透融合推进乡村振兴

重庆綦江区是中国农民版画之乡，农民版画有着广泛的民众基础，版画明清发轫由有着悠久的历史，这些手工制作的作品色彩艳丽、构图明快，取材于广大农民群众具体的生产生活和实践，具有浓郁的民族民间风情，散发出鲜活的生活气息。綦江区有个古剑山，是新重庆“巴渝十二景”之一，位于重庆市綦江城郊西南，海拔高度 1200 米左右。古剑山山势雄伟，奇峰突兀，层峦叠翠，郁郁葱葱。古剑山上有个艺术村(重庆文艺家创作基地)，还有个行政上厂村，就位于这险峻陡峭的古剑山上。全村有 7 个村民小组，人口 1400 人，其中建卡贫困户就有 20 多户，持证残疾人有 38 名。上厂村虽然风光奇秀，但地理环境不佳，坡陡地薄，交通不便，赶个乡场来回都要爬山路 5、6 个小时。村里的年

轻人长年外出打工，全村留守老人较多，形成一个个“空巢”。

为实现全民艺术普及服务进社区进乡村，实现文化旅游的繁荣兴盛，2016 年元月，在重庆市群众艺术馆等单位的倡导鼓励和大力支持下，上厂村留守村民纷纷开始了学习版画技艺和创作，重庆市群众艺术馆美术干部召集村里的村民到艺术村各艺术场馆和展室现场参观学习，一下打开了村民们的视野，激发了他们对艺术的热爱以及对版画艺术创作的体验和参与欲望，经过短期的启蒙和学习，上厂村集合了一批自愿学习创作版画的留守村民。

2017 年 4 月，上厂村正式成立了“农民版画合作社”，重庆市群众艺术馆专门把上厂村作为全民艺术普及基层群众文化活动基地，特地在 2018 年全市美术书法摄影的培训班开班仪式上，举行了上厂村“重庆市群众文化活动示范基地”授牌仪式，重庆市群众艺术馆美术干部还被聘为上厂村农民画创作活动辅导员。古剑山是国家 AAAA 级旅游风景区，具有丰富的旅游资源。重庆市群众艺术馆也正是看准了这优势，合理地利用了文化旅游的职能和资源，帮助上厂村村民开拓乡村振兴的新路。

近年来，重庆市群众艺术馆还专门把全市 38 个区县文化馆业务骨干(美术、书法、摄影)培训安排到古剑山，同时邀请上厂村学习版画的村民参加，在系统培训全市文化馆美术业务骨干的同时，也极大地丰富了上厂村广大村民的文化生活，扩大了他们的艺术视野，提升了他们的审美水平。为了接待各地络绎不绝的游客，向大家推介上厂村农民版画，重庆市群众艺术馆在指导上厂村版画合作社在旅游方面发挥了四个功能作用：(1)景点作用，艺术村不可多得的有地域特色和农耕文化的景点展示；(2)展览宣传作用，游客参观了解农民版画，现场观看农民版画创作过程，不仅增加了版画艺术知识，也扩大了农民版画知名度；(3)体验功能，版画合作社帮助游客自己拓印版画，有的还画草图上板刻印，自己创作，感受版画制作过程的奇妙；(4)现场和线上销售，有特色有品位的农民版画是游客青睐的“土特产”和旅游产品，所到游客慷慨解囊，竞相购买，增加了村民的收入，改善了村民的物质生活，上厂村农民版画合作社已经接待全国各地游客一万多人次。密集的人流也助推了农民版画艺术的辐射和传播。

两年多来，版画合作社的版画创作已经初见成效，截至 2019 年不完全统计，迄今有上百幅作品参加綦江区、重庆市级展览，60 幅作品参加四川美术学院研究生比较展，已有 8 件作品分获二等奖和三等奖，市级文艺园地发表 20 多件，中国三峡博物馆收藏 2 件，重庆美术馆收藏 10 件，《人民日报》，重庆电视台、《重庆日报》都有上厂村农民版画合作社的专题报道。值得一提的是，新华社以《山村里的“毕加索”》为题专门刊发了专访文章，中国文艺志愿者协会把上厂村农民版画合作社列为支持项目。

(三)创新群艺馆服务，利用文化艺术资源优势整合地方旅游资源，打造美丽之地文化旅游品牌

重庆市群众艺术馆作为省级业务指导馆的最大优势，就是汇聚了大量的具有文艺专业技能的人才和发挥文艺功能的资源，以及可延伸辐射覆盖全市 38 个区县(包括 26 区、8 县、4 个自治县)文化馆，以及 1025 个乡镇、街道综合文化中心的网络组织机构。这是群众艺术馆开展公共文化服务实施全民艺术普及的基本载体和必要条件，也是群众艺术馆得心应手的职能优势。传承发展优秀传统文化，打造地方文旅品牌创新公共文化服务，满足人民群众对美好生活的向往，这是群众艺术馆新时代的职能和使命。

近年来，重庆群众艺术馆主动出击，深入基层，创新公共文化服务方式，延伸扩大了公共群众文化路径，收到了很好的效果。如以“世界的长江·壮丽的三峡”为主题举行的长江国际旅游节开幕式文艺演出《壮丽三峡》，以陕、蜀、渝三省市交界的大巴山彩叶为符号，以宣传红色革命老区为主旨度身定做的重庆市城口县彩叶文化艺术节，在被誉为“西南佛教禅宗祖庭”的双桂堂的梁平区举行的彰显和谐理念，弘扬爱国爱教、促进团结进步专门打造的梁平区《佛光双桂》祈福盛典专场文艺演出等。

这些为配合地方重大文化经济主题活动，宣传地方特色文化打造的文旅项目，不仅凸显了巴渝文化的悠久深厚和多彩多姿，还通过省级群众艺术馆的龙头作用和指导职能，有效的带动起了全市各大片区文化馆联盟，如 2019 年全市 38 个区县文化馆参与的全市“晒文化·晒风景”大型文旅推介活动，在彭水县土家族苗族自治县文化馆在中国最大的苗城——蚩尤九黎城实施的万人同唱娇阿依，万人共舞踩花山充满苗族风情的大型民俗风情艺术节，巴南区文化馆展示的国家非物质文化遗产接龙吹打、木洞山歌，还有铜梁区文化馆的“铜梁看灯”，云阳县的万里长江，天生云阳；南川区的金佛山，福南川；长寿区的寿山寿水寿文化；秀山县的边城秀山，秀色可餐；璧山区来了就是璧山人等一系列具有巴渝地域特色的文旅经贸活动，充分地发挥了群艺馆(文化馆)公共文化的独特作用。

二、文化馆文旅融合背景下的服务提升路径探究

(一)市县联合，形成系统性文化馆网络体系

文化馆网络体系的系统化在一定程度上能够发挥市级文化馆的统领力量，形成整体文化资源、旅游资源框架，从组织结构上稳定文化服务的提供，多种贴近民间群众基本生活的群文活动成为网络体系可持续性发展的重要力量源泉；而县级文化馆丰富的文化资源补充，则可以从实际内里上为体系网络增加内容，赋予其民俗生活以及艺术色彩上的意义。

(二)动员群众，发挥社会多方力量

群众作为文化建设的主体力量，文化馆通过有组织统筹安排群众以及民间组织的力量可以发挥超出预期的挤入效应，带动社会整体的群众参与文化的积极性，培训基地以及群文培训等在起到教育作用的同时，也能潜移默化地改变社会的整体氛围，形成社会学习风潮。

除此之外，对于一些非物质文化遗产能够起到良好的传承以及发展作用，对于乡村的一些民俗文化进行不同形式的传承，联合社会力量打造文化基地，开展培训活动，充分发挥了乡村群众的创造力，在一定程度上有利于提升群众素质，直接提升群众文化资本以及进行群众文化的再创造。

(三)主题打造，塑造文旅特色品牌

文化旅游不仅仅是一系列有意识的组织活动，更需要体现地方特色，形成差异化的品

牌，主题性以及季节性活动在充分宣传地方文化的同时，也能够带动当地的经济发展，活化当地旅游以及人文资源。

三、结语

文化和旅游的珠联璧合是高屋建瓴的重大文化举措，是着眼于提高国家文化软实力和中华文化影响力的国家战略。

文旅融合发展是新时代推动文化旅游高质量发展的重大现实需要，文化和旅游的携手偎依，将会使更多的文化资源、文化要素转化为旅游产品，用文化的养分滋养旅游，丰富旅游的内涵、拓展旅游的空间，也促进文化事业、文化产业和旅游业创新发展，同时也将会催生群艺馆(文化馆)更多的创新创造，促进更加活跃的群众文艺创作，产生更多人民群众喜闻乐见的优秀文艺作品，诞生更多的公共文化项目，提供更多更好的公共文化服务，让群众艺术馆(文化馆)更加富有生命力，文化事业更加繁荣兴盛。

“疫情”时期文化馆数字服务的困境与优化路径
——以青岛市市北第一文化馆“线上”服务为例

郭 芳 纪君尚①

摘要：2019年国家发改委、文化和旅游部等部门联合印发《关于促进“互联网+社会服务”发展的意见》，意见明确提出要推进各类型社会服务主体的信息化建设。全国各地市文化馆“数字服务”的推广，在一定程度上拓宽了群文工作方式，实现了文化馆多元文化艺术培训服务。但在2020年“疫情防控”的特殊时期，文化馆闭馆，公共文化服务“线下”活动暂停，“线上”服务全面启动，文化馆数字服务水平在这个时期得到了全面检验，各区域文化馆数字服务的短板凸显出来。本文将以青岛市市北第一文化馆创建学习型社群开展“线上”服务为例，结合实际对数字服务模式及管理的智慧化应用进行探讨，以期发现文化馆数字服务优化路径的可行性方案。

关键词：数字服务 学习型社群 优化路径

2020年，一场突如其来的“疫情”，打乱了全国人民的生活节奏，疫情期间，文化工作者通过创新创造开始了“文化自救”运动，在这场没有硝烟的“战场”上，文化馆人秉持以艺战“疫”的情怀和担当，在“机遇与挑战并存”的特殊时期，奏响了“众志成城，攻克时坚”的华美乐章。本文从“如何更好地开展线上服务？”“如何提升线上培训能力？”为切入点进行研究，结合区域实际对现阶段文化馆数字服务困境进行了简要分析，融合当下时代发展趋势，对“互联网+公共文化服务”的文化馆路径进行探索，根据工作实践经验，逐步总结出了一套：依托文化馆总分馆制架构优势，以街道经济文化服务中心为“点”，各个社区为“面”，以“点”连“面”创建学习型社群，精准、高效为群众提供数字服务的全新路径。

一、疫情防控期间文化馆数字服务困境分析

（一）文化馆数字资源总量配备不足、质量有待提升

由于当前政府对于文化馆数字服务经费投入不够，文化馆人数字服务意识有待增强，

① 郭芳，青岛市市北第一文化馆专业干部，研究方向为公共文化服务创新研究。纪君尚，青岛市市北第一文化馆专业干部，研究方向为公共文化服务创新研究。

使得文化馆群文工作者并没有完全建立互联网思维，各地区文化馆数字服务及新媒体运营人员较少，文化馆数字运营水平较低。现阶段文化馆数字资源大都来源于类似“超星”“iartschool 爱艺术+”等平台的服务购买。尽管疫情期间，全国各大网络平台均面向民众开放，电子书、电子期刊、艺术课程、文化教育等资源，但设备数量仍然不足，涉及规模以及范围较小。尤其文化馆、图书馆这些公共文化服务机构自己能够提供的数字资源储备更为稀缺，其所提供的服务较多还是取自先前的线下服务内容，线上模式的针对性服务较少，与群众日益增长的多元文化需求匹配度不够，平台打造水平较低、程序的稳定程度较低，服务精细度不足，质量水平有待提升。

(二)文化馆数字化技术服务适用性不良

文化馆在具体执行数字资源分享的过程里，由于对互联网、新媒体 APP 操作方式缺乏了解，技术水平较低，也不能很好的把握互联网用户的使用习惯及喜好，使得文化馆的服务方式、服务成效难以得到群众的认可，产生一系列适用性不良的问题，急待解决。

(三)文化馆数字服务社会影响力不强

疫情期间，文化馆在数字服务内容、活动策划、推广等方面花费了较多精力，也推出了大量群众喜爱的线上项目。但受到线上文娱服务业的影响，文化馆数字服务的资源吸引力极为不足，覆盖面有限，完全发挥不出文化馆在“大众艺术普及”工作中的引领作用。文化馆的线上服务没有选择“点菜式”，而是有什么便提供什么，缺乏以人为本的服务理念，提供的内容与受众的选择偏好背道而驰；线上服务和线下服务的内容大同小异，线上服务相较于线下服务，其体验感不足，观众的实际获得感和满足感也较低。加上推广运营能力不足，对吸引受众群体缺少有效方式，社会影响力远低于其他行业，文化馆品牌效应不强，对社会的影响力也相应较为低下。

(四)文化馆数字服务精准度不够

众所周知，区域内文化馆服务对象主要还是面向所属辖区内的群众。互联网虽然加速了数字文化服务的推广，让文化艺术在疫情时期能够“触手可及”，使部分具有互联网思维和现代服务意识的文化馆人能够更好地施展专业才能。然而很多文化馆虽然创建了自己的网站、抖音号、微信公众号，但却一直面对粉丝数量较少，存在与服务对象链接不深，民众参与线上培训及活动人数有限等问题，推广平台的定位不精确，对于受众的吸引力不足，受众黏性较低。在信息资源爆炸的时代内，文化馆存在数字资源协同能力较低，平台资源分享程度不够的现实障碍，如何加快抢占受众的心智资源的速度成为重中之重。因此文化馆线上服务的受众不统一，主流人群覆盖面也不全，精准化服务有待提高。

二、疫情防控时期青岛市市北第一文化馆数字化服务开展情况

市北第一文化馆位于青岛市市北区顺兴路 26 号，是一座集文化活动、演出、艺术培训、辅导讲座、非遗物质遗产展示为一体的综合性、开放式的文化场馆。近年来，始终秉

承“守正创新”的服务理念，深入实施“文化惠民”工程，持续打造品牌群文活动项目。曾先后被评为国家一级文化馆、青岛市精神文明先进单位、青岛市文明服务示范窗口、青岛市青少年法制教育示范点等荣誉称号。

疫情时期，青岛市市北第一文化馆快速调整群文服务理念，转换服务意识，积极探索大众艺术普及数字化服务的有效方式。在闭馆期间，坚持线上服务以艺战“疫”，打造“市北文化 Live 艺术云课堂”，使用爱淘客直播平台、斗鱼直播平台等新媒体持续向市民提供美术、声乐、舞蹈、茶艺、瑜伽、健身、心理健康、食疗养生等文化艺术类课程，截至目前，已开展“直播课”三十余期。并将“拼搏在春光里”2020 年青岛市庆五一劳动者之歌等大型“线下”文艺演出和“Hot 音乐微演艺”搬上“云端”，服务群众达万余人。

本文通过对疫情防控期间文化馆数字服务困境进行的简要分析，并针对这一时期市北第一文化馆在线上服务工作开展过程中，遇到的“痛点”问题，梳理、归纳出以下解决方案。

(一)创建学习型社群

青岛市北第一文化馆于 2020 年 3 月以即墨路街道办事处经济文化服务中心为试点，创建即墨路文化艺术生活社群，开设第一期线上“声乐”培训。用一天的时间，在微信群创建了 200 人左右的社群，并在该群以短视频发布及抖音直播等方式，面向群内及社会招募参与者，并逐步针对群众需求，开展“线上”公益培训。通过打造有价值的社交关系网，联络不同层次的受众，以共同的价值诉求为连接点，增强文化馆培训内容的影响力。

基于该试点，原市北区 10 个街道，分别创建以艺术骨干为主力的学习型社群(每个社群 200 人，10×200=2200 人，每 1 位艺术骨干，分别创建“特色艺术”社群，每群 100 人，2200×100=220 000 人)。这种方式，将区级文化馆和区域街道文化站及社区网格文化点纵向链接，打通了线上服务的渠道。使“云端”演出及培训，更为精准的面向区域内群众，弥补了文化馆数字服务覆盖面不全等问题，全面提升了文化馆线上服务效力，为文化馆数字服务建立了“落脚点”，形成可视化的平台架构。

(二)整合辖区优质人力资源及数字资源

青岛市市北第一文化馆充分发挥文化馆总分馆制架构优势，依托“市北文化 Live 艺术云课堂”，以各个街道为“中心”面向社会招募“合伙人”，整合社会文化艺术教育资源，提倡辖区内文化艺术服务自给自足，根据各区域群众需求和现有资源缺失的部分，再以政府采购的方式进行资源匹配。通过与社会资源进行协同合作，该文化馆充分发挥了资源调动作用，为疫情时期的应急力量最大化。在疫情防控时期，长远规划线上、线下双向驱动式服务，使“线上”服务在“疫情”结束之后可以持续开展，能够对线上服务做出及时补充，形成双向驱动的互补模式，有效解决文化馆数字服务储备不足等困境，提升了文化馆数字服务的品质，直接“聚焦”辖区内“群众满意度”提升。

(三)提供多种模式的数字服务

青岛市市北第一文化馆为了在区域内全面实现数字服务的有效开展，持续对试点项目进行调研分析，以线上微调研及线下访谈等方式，摸排出以“微信短视频”“抖音、斗鱼、花椒平台”直播等多种形式的数字服务有效方式。依托青岛市市北区文化和旅游局综合宣传服务平台、大众网及人民网等媒体资源，展开线上“音乐会”及线下“微演绎”直播，并发挥社群能够链接群内民众等优势，增强馆内业务干部与学员的“粘性”，实现文化馆线上服务，能够与群众面对面互动，增强群众参与感、体验感、获得感、满足感，极大地提高了文化馆数字服务的社会影响力。多平台多渠道的数字服务既能满足不同年龄层次以及有选择偏好的用户的需求，在一定程度上也有助于形成文化馆的品牌传播矩阵，多个平台联合发力，增强品牌声量。

（四）引导社群裂变与自治，有效提升群文工作者的服务效力

党的十九届四中全会提出现代治理体系和治理能力的现代化方式，其中对公共文化服务提出效能改革意见。青岛市北第一文化馆联合青岛市北区 10 个街道办事处，以街道经济文化服务中心为“点”，各个社区为“面”，以“点”连“面”，“点”“面”结合，创建学习型社群。学习型社群主要是依托社群群体共同的兴趣爱好与价值追求，由此依托社群着重培养艺术骨干的领导力、提升其服务力，发挥社群核心人员的带动作用，提高社群参与者的分享积极性以及互动积极性，引导社群裂变和自治，真正实现社群的“去中心化”，有效提升了群文工作者的服务效力。

三、文化馆数字服务优化路径可行性探索

文化生活建设在不同的时期有不同定位，文化馆应该成为辖区民众的终身学校，始终为提升整个辖区居民的文化素养服务。目前“党建引领”网格化基层治理，在区域内积极推进，各个部门结合自身特色，委派干部下沉社区服务基层。2020 年 4 月 20 日，该馆带着新的使命下沉基层，以崭新的视角再次践行馆内线上服务方式，利用圈层划分，以价值点进行聚集，吸引群众进行参与。“互联网+社群+文化”成为该文化馆在疫情期间的主要选择，在社群关系之内，运营主体与受众之间的关系为双向性，文化馆与受众充分沟通，受众之间沟通也更加便利，文化馆公共文化服务的提供速度以及信息的反馈效率都有所提升，隔绝距离却不隔绝沟通，以下为关于如何在基层创建“学习型社群”以助力文化馆数字服务的具体步骤：

（一）明确社群定位

创建社群的目标是什么？旨在通过何种方式来实现目标？是创建社群需要清晰化的关键步骤。社群定位决定社群组织运营的方向以及内容，是社群创建的先决要素，明晰创建社群的初衷，对接不同圈层的用户需求，满足受众结交朋友的需求，疫情期间线上社群成为不少受众结交高质量朋友，拓展自己人脉的渠道之一，更加重要的是学习和增长有关的文化知识，通过社群获取知识，提升自我，与此同时，学习型社群的打造也能够满足文化馆的品牌宣传目的。下四方社区文化艺术生活社群，主要针对下四方社区对文化艺术生活有需求的群众展开线上服务。也有很多社群可针对小众需求（如疫情期间希望得到心理咨

询的人群)来创建，后续不论在“线上”还是“线下”，群文服务均会紧紧围绕社群定位来进行资源匹配。

(二)设定社群规则

没有规矩不成方圆，互联网思维要将线下与线上服务视为相同，需要建立群规则，做好社群运营的制度建设，通过给社群适当的命名，发布相应的任务、明确参与者的言行规范、以及违反规范后要面临的相应的惩罚等方式，设定简单但有效的社群规则。群规不仅体现社群文化，也方便进群居民第一时间了解群规定，并定期在群内进行互动话题的讨论，营造良好、轻松的社群氛围，有助于提升进群居民的使用体验。选好管理人员，做好不同形式的内容输出，也方便安排有领导力的居民，对该群进行管理。

(三)确立服务形式及内容

创建社群是为了探索文化馆数字服务模式及效果，增强社群成员之间的连接度，这就要求社群运营者提供与此相关的服务内容。结合线上及线下微调研，分析下四方社区居民的年龄构成、需求偏好等，有针对性地提供社群服务。同线下服务一样，社群线上服务同样需要按照实景调研、设计方案、匹配资源、接受反馈、更改计划等流程去统筹和开展，积极增进和提升数字服务品质，更好地满足群众需求。

(四)增进与社群内居民在线上及线下的互动

社群创建依托辖区艺术骨干及网格楼组长的带动。群内居民有些互相熟识，也有些彼此陌生，社群运营者要通过活动或话题分享、互动游戏等方式，增强群内居民间的互动，实现居民的参与感，除去 PGC(专家生产内容)内容，激励用户生产 UGC(用户生产内容)内容，激发社群成员的参与性和互动性，提高社群的活跃度。发现有才艺有领导力的社群管理者，并为其创建新的社群，培养社区文化艺术活动的发起者，提升社群居民共建和自治意识，引导社群裂变，拓展社工及群文工作者的工作职能。

(五)整合资源，建立优质服务团队

要实现学习型社群的服务，离不开服务团队的建设。充分发挥文化馆数字服务优势极为必要。这必然不是一位社工或者一位群文干部力所能及的。因此，整合辖区文化艺术资源，寻找和建立一支优秀的文化志愿者服务团队，参与辖区内社群的服务，利用好疫情期间的志愿者资源，在发挥群众积极性的同时，也提升了团队整体的凝聚力以及服务水平。文化馆依托社区文化艺术生活社群的创建，利用社区公众号打造“楽”在云上数字服务品牌项目，有计划、有针对性为辖区居民“定制”课程，积极引导辖区居民参加线上公益课程的分享与学习。并借力青岛市北第一文化馆、青岛市文化馆、北京艺象教育咨询有限公司等线上数字资源，先后邀请中国著名男中音歌唱家李鳌、旅法女中音歌唱家李颖为辖区居民开设声乐公益“微”课，邀请山东卫视支持人薛猛为辖区居民开设诗歌朗读公益“微”课等，充分满足了辖区居民多元文化艺术需求。因此可证，青岛市市北第一文化馆在疫情期间的数字服务方式能够有效复制，并可以全面推广。

四、结语

“疫情”是危机，同时也是契机。利用社群思维、产品思维进行文化馆线上运营，既能够保证疫情期间的人际安全，也能够开拓文化馆拥抱互联网的新路径，文化馆的互联网思维不仅仅应该体现在借助线上平台进行展览或者简单的线上活动中，互联网思维的本质即为共创共享，互动性是“互联网+文化”的重要属性，学习型社群让文化学习更加具有联动性，契合了受众对于文化的分享欲望，使得其从个人的文化学习转化成一种社交货币。与此同时，社群成员裂变所耗费的人力、物力也要远低于线下活动的实际成本，单项活动的执行难度也有所降低。学习型社群虽然是市北第一文化馆在疫情期间采取的应急措施，但是其模式具有一定的可复制性以及可持续性，能够为“后疫情时代”文化馆的公共文化服务提供新思路。

综上所述，提升互联网思维，转变服务理念，创建学习型社群，是疫情期间数字文化馆优化路径的有效方式，做好社群运营也将成为未来群文工作者成长的方向。

◎参考文献

[1]刘希琼著. 城乡公共文化服务满意度影响因素分析[D]. 湖南师范大学，2019.

[2]彭蔼莹. 浅谈文化馆数字化建设与应用[J]. 群文在线，2018.

[3]赵晖，李桂霞. 公共数字文化服务社会教育功能的实现困境及发展路径研究[J]. 图书馆研究，2019(6).

[4]方崴. 文化馆自建数字资源建设初探[J]. 文化创新比较研究，2019(9).

[5]黄晓丽. 智慧、品牌、社群[EB/OL]. [2020-04-13]. https://mp.weixin.qq.com/s/SoWaw4jGLUh-phkiBI07sg.

[6]王全吉. 疫情当前，文化馆数字文化服务还有哪些提升的空间[EB/OL]. [2020-02-14]. https://mp.weixin.qq.com/s/7yuGXsd2-dPrvYMjan58Lg.

基层数字文化馆建设中存在的问题及解决对策探究

——以十堰市群众艺术馆数字文化馆建设为例

蔚光耀①

摘要：近年来，随着“大数据”“互联网+”的快速发展，以大众文化需求为导向的数字文化馆建设应运而生，发展进程也日益加快。但在具体的建设过程中难免出现种种问题和阻力，如何正视问题、解决困难，对数字文化馆建设提出优化建议，是当下亟待解决的事情。本文以十堰市群众艺术馆数字文化馆的建设为案例，探求基层数字文化馆中存在问题的解决方法，旨在为数字文化馆的后续完善提供可借鉴模式。

关键词：数字文化馆　建设困难　解决对策

21世纪是信息化和数字化的时代，移动互联网、云计算、大数据的快速发展改变了社会的生活和生产方式，随着计算机技术和信息技术的迅猛发展，科学技术与公共文化服务的融合已成为新的趋势。在此形势下，如何借助大数据和信息交流的各种媒介，与时俱进的推进数字文化馆建设，用新一代信息技术建立服务网络，以此全面地提高文化馆的文化承载力和文化软实力，不断提升服务效能，更好地满足群众需求、保障群众基本文化权益，是文化馆当前和未来发展的重要内容。

一、数字文化馆的概念

数字文化馆，是运用现代信息技术处理群众文化资源、提供全民艺术普及服务、管理文化馆业务的数字化服务系统和互动体验空间。它以全面艺术普及为重点，与文化馆职能深度融合，通过资源建设、数字化服务、平台搭建和线下体验等形式，开展群众文化艺术培训、活动、创作和远程辅导。数字文化馆建设相较于数字图书馆建设起步较晚，目前正处于试验、探索阶段。近些年，在全国公共文化发展中心的领导下，实行部分省市先试点再全面铺开的建设模式。目前，数字文化馆建设主要有枢纽型数字文化馆、资源型数字文化馆、特色型数字文化馆、服务型数字文化馆、文化云型数字文化馆等几个类型。

2019年，文化和旅游部全国公共文化发展中心，确定了34家文化馆为2019年度数字文化馆建设承担单位，并给予国家专项资金支持。十堰市群众艺术馆经过湖北省群众艺术馆、省文旅厅推荐，被列为此次数字化建设试点单位，为湖北省唯一入选单位。根据全

① 蔚光耀，十堰市群众艺术馆馆员，研究方向为数字文化资源建设。

国公共文化发展中心要求，此次数字文化馆建设中需要涉及总分馆建设、形成特色资源亮点等内容。因此，结合十堰馆实际情况，此次数字文化馆建设将以枢纽型数字文化馆为主要，形成“1 个总馆+X 个分馆+N 个群众”的服务体系、网络。同时，还需将辖区内的特色文化资源、非遗资源进行数字化加工，打造本土文化品牌，形成资源亮点，并通过直录播等手段，积极开展线上培训、慕课建设等内容。因此，在此次建设中，还涉及资源型数字文化馆、服务型数字文化馆等建设内容。

二、数字文化馆建设的必要性

现今社会，随着云时代的来临，大数据已经遍布日常的各个角落，成为人们生活中不可或缺的一部分，在人们的工作、学习、生活等诸多方面发挥着重要的作用。在这种网络化、数字化的背景下，文化馆依照传统的服务方式已经无法满足广大群众的需求，文化馆的服务方式势必要从传统的群众文化服务转变为网络数字化信息服务，让广大人民群众更好地享受简单、快捷、多样、高效的“互联网+”群众文化生活和服务，而数字文化馆则是实现这一目的的有效途径和载体。

数字化文化馆建设能利用网络对文化资源进行更全面的整合和输出，并且突破了时空的限制，可以实现资源的无限次使用。同时，它也大大拓宽了文化馆的服务渠道，提高了公共文化服务的便利性，人们可以随时随地通过各种网络渠道，快捷、直观、有效地在电脑、有线电视以及手机等新兴媒体终端获得服务。并且，在大数据时代下的数字化文化馆，可以利用互联网针对个人提供精准的个性化服务，从而实现广泛的文化覆盖与个体的文化享受兼具的服务体系。这种服务体系对文化馆职能发挥将起到积极的加持作用。比如在此次新冠肺炎疫情期间，文化场馆闭馆，对于很多没有开展数字化服务的文化馆而言，职能发挥受到了很大影响，而数字化服务开展较好的文化馆，职能发挥则并没有受到太多影响，做到了闭馆不“打烊”，受到了广大群众的欢迎。

因此，数字文化馆的这些特质，有效涵盖了文化馆职能的服务内容甚至外延，进一步拓展了公共文化服务能力、服务方式和传播范围，达到公共文化服务内容对受众体的最大覆盖，这对提高全民族文明素质，保障群众基本公共文化权益具有重要意义。目前，数字文化馆不仅成为基层文化活动的新平台，进行群众文化宣传活动的新形式，也是群众文化活动的新阵地和文化信息传播的新途径。《文化部、财政部关于进一步加强公共数字文化建设的指导意见》明确指出，要广泛动员各方面力量，带动数字文化馆建设，提高公共文化服务水平，完善公共文化服务体系。因而，数字文化馆建设已是适应时代发展的必然趋势。

三、数字文化馆建设存在的问题

近年来，数字文化馆建设蓬勃发展，线上平台服务效果和线下体验区建设初显成效，利用数字化手段提升全民艺术普及服务效能凸显，切实推动了公共文化服务提质增效，开创了公共文化服务建设发展新局面。数字文化馆建设在取得一定成效的同时，也存在着一些问题，结合十堰市群众艺术馆数字文化馆建设的具体实践，主要表现如下：

(一)专业人才缺乏

国以才立，政以才治，业以才兴。任何一项事业的发展，都离不开人才队伍。拥有怎样的人才资源，决定着事业的未来发展。当前，在数字文化馆建设过程中，急需解决的一个最根本性的问题就是数字化建设专业人才紧缺问题，具体而言，体现在以下几个方面：

1. 缺乏具备互联网思维的人才队伍

在互联网时代、数字化大背景下，文化馆开展公共文化的数字化服务，必须要求工作人员具备互联网思维，要在工作方案制定、活动策划、具体实施等过程中，用互联网思维和数字化意识进行统筹安排。但是在具体的工作中，文化馆依然普遍存在以获奖为主要工作导向、以组织大型文艺活动为主要工作内容、以小众服务为主要工作模式等情形，其思维观念和工作意识并没有转换到数字资源建设、线上平台搭建、线上线下融合发展等涉及文化馆数字化、智慧化发展等内容上来，这与新形势下文化馆的发展趋势和发展要求显得有些格格不入。思路决定出路，工作理念更新不及时，必然导致文化馆的数字化建设推进滞后甚至是停滞不前。因此，在进行数字文化馆建设时，最关键的问题就是人的问题，是缺乏一批具有互联网思维的专业的人才队伍。

2. 缺乏数字资源建设人才队伍

数字化时代，资源为王，确保公共文化数字化服务取得实效，最重要的基础和前提条件就是要有优质的丰富的公共文化数字资源可以源源不断地提供给广大群众，满足广大群众多样化的文化需求。文旅部全国公共文化发展中心对数字文化馆建设试点单位在数字资源加载量、每月资源更新数量等方面进行了量化，提出了明确要求(见表1)。但是由于数字文化馆建设启动推广时间相对较短，大多数文化馆在数字资源建设专业人才队伍方面存在储备不足、人才缺乏的现状，导致文化馆在对公共文化服务资源进行数字化采集建设时，缺乏有力的人才支撑，使得数字化资源采集建设质量不高，现有的数字资源转化缓慢，开发利用率较低等，远远不能满足公众需求，这在一定程度上从源头上影响了公共文化数字化服务质量，甚至会造成公共文化数字化服务成为“无源之水”“无本之木”。

表1　数字文化馆资源建设量化指标

分级场馆	资源加载量	每月更新活动	每月可预约活动	每月更新数字资源	每月更新音频资源	每月网络互动培训
副省级以上文化馆	500GB	不少于8场	不少于4场	不少于20条	不少于10条	不少于8场
地市级文化馆	250GB	不少于4场	不少于2场	不少于10条	不少于5条	不少于4场

3. 缺乏运维管理人才队伍

在开展数字文化馆建设时，完成线上数字化平台和线下情景体验区建设，只是第一步，接下来更重要的是后期的运维和管理，其中，线上数字化平台的运维管理更是重中之重，这是决定数字化服务取得实效的关键一步，其主要内容包括平台的宣传推广、信息的更新推送、后台的技术维护、平台用户数据的汇总统计分析反馈等内容。但是在数字文化馆具体建设过程中，普遍存在缺乏专业的运维管理人才队伍的现象，造成数字文化馆建成后运行不畅，效能发挥不够，有的线上平台由于内容更新不及时，数字化产品内容不够丰富，服务形式单一等原因，使群众的参与度、活跃度不高，从最开始的“门庭若市”到最后变成“无人无津”，导致建设数字文化馆丰富群众精神文化生活的根本目的难以实现。

（二）宣传推广不力

文化馆数字化平台建设完成后，如何通过多种方式进行积极有效的宣传推广，让广大群众知晓平台，并成为平台的忠实用户、活跃用户，是确保文化馆数字化建设取得实效的根本保障。但在具体建设过程中，却普遍存在数字化平台搭建容易、宣传推广效果不理想的情况，造成建成的资源网站、APP、微信公众号、小程序等平台，“养在深闺人未识”，在群众中知晓率不高，很多群众并不知道身边有数字文化馆的存在，有些网站每月的点击率、浏览率屈指可数，有的线下数字体验区“门可罗雀”，这致使投入资金建设的数字文化馆效能不高、职能空转，资源浪费、闲置现象严重，没有达到数字文化馆建设的预期目的。

（三）建设规划不明晰

一是贪大求全。在制定建设规划时没有充分考虑到资金投入等实际情况，线上平台建设和线下数字体验区建设都想大干快上，齐头并进，导致在具体建设过程中容易形成“烂尾工程”。二是缺乏长远建设规划。只是着眼于建设当前内容，没有做到当前建设与长远规划的有机结合，没有为数字文化馆将来的升级完善、更新换代留出“余地”和“空间”。三是功能设计不明晰。文旅部全国公共文化发展中心在数字文化馆建设指导意见中明确提出，要以全民艺术普及为重点，以线上服务平台建设、线下数字体验区建设、数字资源库建设和项目应用推广为核心。但是在具体建设过程中，存在功能设计不全的情况，有些线上服务平台在具体的功能架构和操作流程设计上过于烦琐，不够简便清晰明了，不便于实际操作，增加了使用难度，降低了用户体验。

（四）存在信息孤岛

在数字文化馆建设过程中，信息孤岛现象也普遍存在。以十堰市数字文化馆建设为例，在具体的建设过程中，建设方案的制定、建设内容的确定、数字化平台的搭建、数字资源的采集等工作，主要围绕市群艺馆及各县市区文化馆具体工作实际情况确定，由于体制机制等原因，在建设过程中与图书馆、博物馆、美术馆以及旅游机构等存在信息和资源割裂现象，难以实现融合，从而发挥资源的最大效能。这种不成网络体系、各自为政、成果不能共享的情况在数字文化馆建设过程中也较为普遍。

四、解决问题的措施

(一)加强文化馆技术团队建设

数字化文化馆是依靠互联网技术构建起来的，与信息时代结合紧密的，因此，也相应地需要配备专业的技术团队。目前主要有以下几个途径加强文化馆的技术团队建设：一是外部引入。及时调整人力资源构成，招入更多的具备信息知识和技术的现代化人才，以更好的实施和推广数字式文化服务，同时也给文化馆注入新鲜的血液。二是内部挖潜。对职工中具备一定互联网知识、数字化思维，懂得计算机技术的人员进行有效整合，并加以培训，搭建骨干队伍。三是引入社会力量参与。加强与第三方的合作，引入专业的社会力量参与到建设过程中，在这个过程中，要组织单位从事数字化建设的人员进行全程学习培训，尽可能多地掌握相关专业技术。此外，可以通过招募文化志愿者(特别是文艺骨干)的方式，培养建设一支现代化信息技术、计算机人才队伍。四是积极参加学习培训。主动邀请数字文化馆建设的专家学者举办专题培训班，对市群艺馆及各县市区从事数字化建设的专业人员进行培训，整体提升数字化理论素养和实际操作能力。同时，要主动走出去，向数字化发展较快、成效较好的同行学习。他山之石可以攻玉，通过学习他人长处，不断涵养、积极树立“互联网+”思维。

(二)重视宣传推广

数字文化馆建设完成后，要确保能够真正发挥作用，切实为群众享受公共文化服务提供便利，必须要加大宣传推广力度，要让广大群众对数字文化馆能够知晓、了解、参与、接受、使用。如何有效宣传推广，具体可以从以下几点入手(见表2)。一是保障宣传推广经费。在数字文化馆建设整体经费预算中要留出一定的比例用以保障宣传推广活动的顺利开展，以十堰市数字文化馆建设为例，用于宣传推广的经费占整体经费预算的比例超过了10%。二是采取多种宣传推广形式。可以通过活动推广、培训推广、品牌推广等多种形式打造数字文化馆的品牌形象。尤其是要借助自媒体、短信、邮件、论坛、SNS、友情链接等渠道开展常态化宣传，要增强宣传推广的互动性，吸引群众的关注，从而提高影响力。三是丰富宣传推广内容。从文化供给侧发力，创新服务内容，将街舞、嘻哈、网红歌曲等中青年喜好的新元素列入宣传推广的内容之中，增强群众文化引领潮流的属性，在增强宣传推广实效性的同时，也将中青年纳入服务主力对象，有利于改变文化馆现有受众对象主要是老年和少年儿童的现象。

表2　十堰市数字文化馆宣传推广计划

经费预算占项目建设总预算比重	网络互动培训推广	线下文化活动推广	线下培训推广	线下培训人次
12%	不少于4场	不少于10场	不少于2场	40人次

（三）明晰功能布局

在开展数字文化馆建设时一定要依据现有的具体条件（人员、经费、场地、硬件、软件等）来明确数字文化馆功能定位，确定建设的侧重点，不能一味不顾实际情况贪大求全。十堰市数字文化馆在制定建设方案时，考虑到场地面积限制及地方配套资金暂时无法到位等情况，将建设重点放在了线上服务平台的建设、数字资源建设及宣传推广等方面（见表3），作为必须要建设的线下体验区部分，只是根据实际工作需要进行了基本的必要的配置，没有贪多求新。同时，在制定建设方案时设立了阶段性建设目标和长期建设目标，预留了软硬件更新空间，为将来的“更新换代”留有了余地。

表3　十堰市数字文化馆主要建设内容

建设内容	线上平台建设	线下数字设备和体验区	数字资源库建设	宣传推广	云服务租赁	平台运维
占建设项目总预算比重	36%	26%	10%	12%	10%	6%

在线上服务平台建设中，根据建设要求，设立了文化资源、文化活动、场馆预约、文化直播、文化慕课等功能板块，在设计各板块操作流程时，尽可能简便明了，便于平台用户尤其是中老年人使用。此外，随着手机等移动终端平台的日益普及，十堰市数字文化馆在制定建设方案时特意突出了手机端的功能使用。平台网页前端能够根据用户的移动终端设备实时响应不同的屏幕分辨率，以实现最大程度上的用户体验优化，便于群众使用数文化平台享受公共文化服务。

（四）重视融合发展

为有效缓解数字文化馆建设中存在的信息孤岛现象，十堰市数字文化馆在制定建设方案时，特地设定了文化地图功能板块，旨在将图书馆、博物馆、美术馆等本地优秀文化点通过地图的方式集中呈现在一个定制化的地图上，主要展示基本情况介绍、场馆地图标识、交通导航（包括地址、公交路线、开车路线等）等内容，并在平台展示端（手机等移动端、PC端）进行导览服务。同时，预留接入端口，待时机成熟，接入整合本地区图书馆、博物馆、美术馆和旅游等资源，形成集文化服务、文化共享和文化事业、旅游产业于一体的公共数字文旅资源共享平台和服务平台。

五、结语

建立和完善数字化文化馆是大数据时代下应运而生的大势所趋，也是提升公共文化服务水平、保障公民文化权益的一个必然选择，作为群众文化工作者，必须要抢抓发展机遇，积极主动解决数字文化馆建设中遇到的困难和问题，让文化馆变得更开放、更即时、更先进、更包容，能给人们提供更加便捷的文化服务和更加丰富的文化产品，从而更好地增强广大群众的文化获得感、幸福感。

关于湖北黄梅戏的发展与嬗变的思考与建议
——以湖北省黄梅戏剧院为例

郑　斌　高焕香　李　智①

摘要： 湖北省黄梅戏剧院从成立到今天，经历过很多的曲折和艰辛，湖北黄梅戏是一代又一代的黄梅戏艺术工作者辛勤耕耘和千辛万苦摸索与创新才发展到今天欣欣向荣的局面。黄梅戏是国家非物质文化遗产，具有重要的历史价值和文化价值。本文以湖北省黄梅戏剧院为例，对湖北黄梅戏的发展与嬗变进行了分析和阐释，并对未来湖北黄梅戏的发展和走向进行了展望。如何立足传统文化，保持黄梅戏的精髓，又要发展与创新，是摆在每一个黄梅戏工作者面前的难题，本文就通过湖北黄梅戏剧院的实际经验和现状分析，提出一些思考和建议。

关键词： 黄梅戏剧院　非物质文化遗产　发展　嬗变

黄梅戏是全国五大剧种之一，吸收民间茶歌、渔歌、樵歌等花腔小调而发展成熟，旋律轻快优美。代表剧目有《天仙配》《女驸马》等。因主要曲调起源于湖北省黄梅县而得名。黄梅戏已成为深受全国观众喜爱的著名剧种。

一、湖北黄梅戏概述

(一)黄梅戏的起源与传承

黄梅戏是全国五大剧种之一，吸收民间茶歌、渔歌、樵歌等花腔小调而发展成熟，旋律轻快优美。代表剧目有《天仙配》《女驸马》等。因主要曲调起源于湖北省黄梅县而得名。黄梅戏已成为深受全国观众喜爱的著名剧种，它已有三百多年的历史，早期叫黄梅调，是"自唱自乐"的民间艺术②。黄梅戏的起源最早可追溯到唐代。据史料记载，早于唐代时期，黄梅采茶歌就很盛行，经宋代民歌的发展、元代杂剧的影响，逐渐形成民间戏曲雏形。至明清，黄梅县戏风更盛。明崇祯年间，黄梅知县曾维伦在《黄梅风教论》中就有"十月为乡戏"的记述。清道光九年，在别霁林的《问花水榭诗集》中，一首竹枝词的描述就更

① 郑斌，湖北省黄梅戏剧院党委副书记；高焕香，湖北省黄梅戏剧院办公室负责人，高级工艺美术师，研究方向为黄梅戏文化；李智，湖北省黄梅戏剧院财务科科长，研究方向为黄梅戏文化。

② 黄晶. 黄梅戏文献整理与研究[J]. 图书馆杂志，2014，33(7)：108-112.

为生动：多云山上稻荪多，太白湖中渔出波。相约今年酬社主，村村齐唱采茶歌①。

约从清乾隆末期到辛亥革命前后为黄梅戏发展的早期。黄梅戏原名“黄梅调”或“采茶戏”，是18世纪后期在皖、鄂、赣三省毗邻地区形成的一种民间小戏。其中一支逐渐东移到安徽省怀宁县为中心的安庆地区，与当地民间艺术相结合，用当地语言歌唱、说白，形成了自己的特点，被称为“怀腔”或“怀调”。这就是今日黄梅戏的前身。黄梅戏从起源到发展经历了独角戏、三小戏、三打七唱、管弦乐伴奏4个历史阶段。前3个阶段均在湖北黄梅完成，为黄梅戏大剧种的最后形成提供了充分的先决条件。从清康熙、乾隆到光绪年间，是“三打七唱”形成和发展的重要历史阶段。这个阶段全面实践了传统剧目、唱腔、表演艺术积累和剧种的广泛传播，其间传统剧目非常丰富，艺人能演出的本戏、小戏有200多本，俗称“大本三十六、小曲七十二”②。其中，不少是取材于黄梅的真人真事，如《告经承》《告坝费》《小辞店》《过界岭》等。在剧目方面，号称“大戏三十六本，小戏七十二折”。大戏主要表现的是当时人民对阶级压迫、贫富悬殊的现实不满和对自由美好生活的向往，如《荞麦记》《告粮官》《天仙配》等；小戏大都表现的是农村劳动者的生活片段，如《点大麦》《纺棉纱》《卖斗箩》等。

（二）湖北黄梅戏的发展

黄梅戏创始人邢绣娘（1793—1858）出生于黄梅县孔垅镇邢家大墩演唱世家，从小与兄嫂一起出门卖唱，因扮相俊俏，唱腔甜美，出道不久便赢得了“不要钱，不要家，要听绣娘唱采茶”的美誉。绣娘因丈夫死于水灾，再次回到娘家与兄嫂搭班唱戏，又相继获得“北方梆子有二，黄梅调子无双”和“不接京城大戏王，愿请黄梅邢绣娘”③等美誉，再加上黄梅县“一去二三里，村村都有戏”④和黄梅县几乎人人都是戏迷的地域氛围，从而为邢绣娘最后完成黄梅采茶戏的创建，提供了必要条件，也为黄梅戏扎根鄂东，流传于鄂、赣、皖三省周边地区奠定了广泛的社会基础。

作为黄梅戏的故乡，在黄梅戏的传承与发展上，湖北省黄冈市做过大量有益的探索，并取得了丰硕成果。黄冈市有深厚的戏曲文化底蕴和丰富的戏曲人文资源，京戏、汉戏、楚戏、黄梅戏“四戏同源”。但黄冈地方戏曲主要以黄梅戏为主。黄梅戏于2006年被列入第一批国家非物质文化遗产保护名录，全市共有黄梅戏专业艺术院团7家，每年演出场次达1500余场。为了提高湖北黄梅戏的整体艺术水平，湖北省文化厅与黄冈市政府决定每三年举办一次黄梅戏艺术节。自1990年举办第一届艺术节至今，已经不间断举办了九届。经过艺术节的推动与磨砺，创作出了60余部优秀剧目，培养出了一大批湖北黄梅戏接班人。

经过多年的实践和经验积累，黄冈市形成了以湖北省黄梅戏剧院为龙头，以县级艺术

---

① 陈继华. 黄梅戏传播形态研究[D]. 山西师范大学，2016.

② 邵敏. 黄梅戏的生成繁衍与文化生态[J]. 江淮论坛，2013(1)：179-183.

③ 王夔，丁亚琼. 黄梅戏民间班社发展现状调查分析及对策[J]. 民族艺术研究，2011，24(4)：29-35.

④ 王长安. 黄梅戏历史与现状之思考[J]. 戏曲研究，2008(2)：277-290.

院团为骨干，以民间剧团为补充的传承发展黄梅戏事业的模式。各院团主攻方向、主要职责各不相同，各有侧重，充分保证了黄冈地方戏曲有传承、有创新，有发展。根据黄冈市委、市政府戏曲发展规划，湖北省黄梅戏剧院以创作艺术精品、培养高端艺术人才、拓展高端演出市场、开展文化交流为主责，县级黄梅戏院团以配合中心工作、排练演出优秀传统剧目、开展惠民演出、辅导培养社会戏曲爱好者为主责，民间剧团以演出传统剧目、丰富基层群众文化生活为主责。现在来到黄冈，既可以欣赏到有高度、有温度、有深度的舞台艺术精品，又可以看到小家碧玉、清新悦目的经典传统剧目。近几年，湖北省黄梅戏剧院既在自己的黄梅戏大剧院坐场演出，又与保利院线合作，赴湖南、河南、江西、河北等地演出精品剧目，还多次赴新加坡、台湾地区开展东坡文化、李时珍医药文化交流演出，获得空前成功。黄冈市已经成为湖北省戏曲大市、戏曲强市。

（三）湖北黄梅戏的特色

湖北黄梅戏在探索和发展中逐步显现出鲜明的时代风格特征，具体表现在：一是扩大黄梅戏的题材范围。在生产新剧目时，题材范围扩大，注重以湖北的历史人物和当代英雄人物为原形，并有了以男性人物为主的剧目。一改黄梅戏只演才子佳人的爱情戏，并以女性人物命运为主的剧种个性，使黄梅戏表现社会的功能扩大了，生命力也增强了①；注重当代题材与地方题材。让黄梅戏直接宣传当地的知名人物，大致了提高区域的知名度，达到了为地方为经济建设服务的目的；最后，注重黄梅戏艺术表现手法的创新。在生产新剧目时，对剧本结构、导演手法，及声腔、表演等方面进行了新的探索，从而使湖北的黄梅戏以一个清新秀美，充满时代气质的面貌展现在戏曲舞台之上。二是戏剧结构手法的创新，二是接近现实生活的表演，三是创建具有湖北特色的黄梅戏声腔，四是在继承中发展戏曲舞美，使之不仅娓娓动听令人赏心，而且让人十分悦目，觉得好看。湖北黄梅戏的“新三篇”《双下山》《未了情》《和氏璧》，除了融汇多种艺术形式外，在音乐、舞蹈、表演、舞台美术、灯光、音响等舞台艺术的多个环节，构成了一个完整的艺术整体，不仅演员的表演、演唱将人们深深吸引，而且每个环节都绽放出耀眼的光芒。同时还善于运用声、光、电等现代技术手段，创造出色彩斑斓的舞台效果。2009年创作的现代黄梅戏《李四光》更是开创了黄梅戏以男角为主演、用本土戏曲形式演绎本土科技伟人的先河，主演张辉表现出了与众不同的唱腔和表演风格，部分经典唱段至今仍在戏迷当中传唱。李四光是黄冈的名人，通过张辉的传神表演，使全国的黄梅戏观众对湖北黄梅戏产生了深刻的印象。在全国第五届黄梅戏艺术节上，引起了轰动，专业人士纷纷点评，现场的观众非常震撼，更让安徽的黄梅戏艺术工作者感觉到了危机。2010年又精心打造了剧目《东坡》，用黄梅戏演绎黄冈历史文化名人，剧中巧妙的推介黄冈的地方风味小吃、农家特产、风景名胜等等，这些颇具地方特色的艺术表演，使得黄梅戏这一传统戏曲形式焕发出新的生命活力，得到了戏曲界的广泛关注和广大戏迷的一致好评，让观众认识黄冈、了解黄冈，对地方经济起到了积极的推进作用。

三十年来，湖北黄梅戏艺术工作者坚持以人民为中心的创作导向，把创作优秀作品作

---

① 吴春平. 黄梅戏改革路在何方[J]. 文艺争鸣，2009(1)：147-150.

为中心工作，创作上演了黄梅戏《双下山》《和氏璧》《李四光》《东坡》《李时珍》《活字毕昇》等多部黄梅戏精品剧目，与安徽的安庆、合肥形成了三足鼎立的发展态势，并逐渐形成“鄂派”黄梅戏典型的艺术风格。

二、湖北黄梅戏剧院现状概述

（一）黄梅戏回娘家

1958 年 4 月 5 日晚，黄梅县黄梅戏剧团在武汉的洪山礼堂为毛泽东、刘少奇、周恩来、朱德等中央领导同志演出了黄梅戏《过界岭》，毛泽东看了戏后，对黄梅戏进行了评价，并加以称赞。1983 年湖北省委、省政府提出了“把黄梅戏请回娘家”的文化发展战略。1989 年 10 月在古城黄州成立了湖北省黄梅戏剧院。剧院成立之初，通过引进优秀的黄梅戏演员、改楚剧团、汉剧团为黄梅戏剧团、成立了黄冈艺校门为黄梅戏培养后备人才等手段，迅速开创了湖北黄梅戏振兴新局面。

湖北省黄梅戏剧院成立之初，省文化厅为湖北省黄梅戏的发展制定了“学习、继承、借鉴、革新、创造”①的十字方针。湖北省黄梅戏剧院从学习、继承起步，编排、演出了黄梅戏的经典剧目《天仙配》，在导演、音乐、表演上大胆创新，给观众、专家留下了深刻印象，随之又拍摄六集黄梅戏电视剧《貂蝉》，获得第十一届全国电视剧“飞天奖”，接着又拍摄了黄梅戏电影故事片《血泪恩仇录》。这两部作品在全国播放后，引起了国内外观众对湖北黄梅戏的关注。湖北黄梅戏不仅有深厚的戏剧舞台，还有广阔的影视前景，现代戏剧艺术的光辉，折射出湖北黄梅戏求新、求高、求精的勃勃生机。

（二）良好的基础设施

建院之初，湖北省黄梅戏剧院“蜗居”于老城区青云街一隅，占地面积只有 5.4 亩，建筑面积 3050 平方米。剧院设施设备陈旧、老化，不能满足日常演出和剧院发展的需求。

黄冈是一座文化厚重的城市。为着力提升城市文化软实力和城市品位，2009 年，黄冈黄梅戏大剧院建设项目被列为黄冈市区社会发展五大重点建设项目之一。2015 年 9 月，历时 5 年建设，总投资 3.5 亿元，群众翘首以盼，气势恢宏，外观壮美，外形设计为梅花状，与中国戏曲最高奖梅花奖及黄梅戏之“梅”字相呼应的黄梅戏大剧院落成，古城黄州新添一座文化地标性建筑。从空中俯瞰剧院，犹如一朵盛开的梅花。

大剧院占地 120 亩、建筑面积 2.8 万平方米。钢网架、大空间剧场，是国内最为先进和现代的剧场之一。主体工程分大剧场、小剧场和商务区，配套建设有省黄梅戏剧院办公、排练场所和书城，可容纳 1000 余名观众。舞台、音响、灯光等设施设备均达到国家一类剧院水平，能满足戏曲、歌舞、话剧、音乐会及大型综艺晚会等各类演出和大型会议需要，是广大市民进行文化消费和文化享受的场所。

① 张婉钰，苏涛. 新媒体语境下传统文化的继承与推广模式研究——以黄梅戏为例[J]. 电脑知识与技术，2020，16(10)：227-228，230.

而今，黄梅戏大剧院已经形成了一个以黄梅戏艺术为中心的文化艺术圈，成为每一个来黄冈参观、访问、旅游的人观赏黄梅戏，欣赏高端艺术不可或缺的场所，也成为黄冈人日常不可或缺的文化生活和文化消费场所。

(三)优良的精品剧目

剧目的生产关系到剧种与剧院的兴衰，一个剧种的兴旺，需要源源不断地生产出观众喜爱的剧目，培养出一批又一批优秀人才。剧院成立30年来，积极组织打造新剧目，相继创作出了《双下山》《未了情》《和氏璧》《风花雪月》《李四光》《东坡》《活字毕昇》《李时珍》等大型原创黄梅戏剧目，这些精品剧目的生产大力地推动了黄梅戏的改革与创新，为黄梅戏艺术带来了一股清新的力量和风向。

20世纪五六十年代，安徽省黄梅戏剧院创作了《天仙配》《女驸马》《罗帕记》等人称“老三篇”的精品剧目，使得黄梅戏誉满中国。湖北要“把黄梅戏请回娘家 ”，也要推出自己的拳头产品。为此，湖北省黄梅戏剧院倾力打造出了湖北黄梅戏的“新三篇”，为湖北黄梅戏的发展奠定了基础。《双下山》初露锋芒。该剧通过小僧、小尼的邂逅相识、相知、相慕、相恋，直到勇敢下山追求幸福生活的过程，细致入微地刻画出他们为了爱情和幸福，敢于冲破封建樊笼的果敢性格。该剧幽默机智、妙语连珠、妙趣横生，时而令人捧腹、时而令人啼笑皆非。1992年，该剧在湖北省专业戏曲戏剧比赛中，受到专家和观众的一致好评，荣获此次比赛的唯一的一个最佳演出奖，主演杨俊、张辉获表演一等奖。《未了情》享誉华夏，该剧创作于国内推崇“五讲、四美、三热爱”的年代，叙说了青年女教师陆云身患绝症，在刚刚扬起生命的风帆，却要走尽人生旅途的最后时刻，想起了一串串尚未了却的依依情怀：兄妹情、姊妹情、师生情和恋人情，书写了一曲自有真情在的颂歌，有很强的现实意义和教育意义。该剧于1995年10月在由文化部、中央电视台、安徽省政府举办的第二届中国黄梅戏艺术节演出引起轰动，震惊了安徽黄梅戏界；1997年在全国第五届艺术节上，获得了文华新剧目奖(第一名)及文华导演奖、文华音乐创作奖、文华表演奖①。《和氏璧》再振雄风。2000年大型历史古装黄梅戏《和氏璧》，被列为湖北省精品剧目。该剧表现的是春秋时期，楚民卞和为了楚国强盛，冒死采得稀世珍璞，历经磨难、诚守信念，经过五十年的孤独守护，琢璞理玉，历经楚国厉王、武王，艰辛磨砺，终将宝玉献与了楚文王，使这一稀世珍宝成为正在崛起的楚国的镇国之宝②。2007年该剧荣获了湖北省首届舞台艺术精品工程奖。

为了赶超安徽黄梅戏，湖北省黄梅戏剧院大胆创新，孜孜追求，在艺术上勇于改革。一是扩大黄梅戏的题材范围。在生产新剧目时，题材范围扩大，注重以湖北的历史人物和当代英雄人物为原形，并有了以男性人物为主的剧目。一改黄梅戏只演爱情戏，并以女性人物命运为主的剧种个性，使黄梅戏表现社会的功能扩大了，生命力也增强了；二是注重当代题材与地方题材。让黄梅戏直接宣传当地的知名人物，大致了提高区域的知名度，达

① 张巧珍. 基于文献计量的黄梅戏研究综述[J]. 安庆师范大学学报(社会科学版)，2019，38(2)：73-77.

② 赵章伟. 新媒体时代黄梅戏的传承与发展探究[J]. 大众文艺，2019(8)：134-135.

到了为地方为经济建设服务的目的；三是注重黄梅戏艺术表现手法的创新。在生产新剧目时，对剧本结构、导演手法，及声腔、表演等方面进行了新的探索，从而使湖北的黄梅戏以一个清新秀美，充满时代气质的面貌展现在戏曲舞台之上。

《李四光》剧照

《东坡》剧照，张辉和谢思琴

(四)人才辈出的艺术队伍

湖北省黄梅戏剧院经过短短三十年的发展，已经由当初的单枪匹马、势单力薄的寒碜局面变成了今天拥有专业艺术人才一百多人的大型专业院团，这与剧院领导班子所实施的用人机制是分不开的，剧院要发展，就必须大力引进人才，有人才才能够发展壮大，成就梦想。

“戏因人传”，湖北黄梅戏的发展繁荣，离不开人才队伍的发展和壮大。为培养本地的黄梅戏人才，我市“招兵买马”引进演员，把黄冈地区的大部分楚剧、汉剧团改组为黄梅戏剧团；成立黄冈艺术学校，坚持从娃娃抓起，与各县级剧团联合开办黄梅戏表演班，培养了一大批优秀青年演员。1989 年，张辉和杨俊应湖北省委省政府、黄冈市委市政府的邀请来到了湖北，挑起“把黄梅戏请回娘家，发展湖北黄梅戏”的重任。并先后获得了中国戏剧最高奖——梅花奖。

为了使黄梅戏永远焕发青春，湖北省黄梅戏剧院把黄梅戏专业人才的培养当成剧院发展的基石。经过 30 年的发展，先后走出了张辉、杨俊两名中国戏剧最高奖“梅花奖”获得者；国家一级演员、湖北省黄梅戏剧院院长张辉，黄梅戏非遗传承人，连续 13 年参加中央电视台春节戏曲晚会，2018 年当选第十三届全国人民代表大会代表，入选第二届“湖北文化名家”；现有正高职称 8 人，副高职称 15 人；有 10 名演员获得“湖北戏剧牡丹花大奖”“湖北戏剧牡丹花奖”；有 8 名演员在全国黄梅戏青年演员电视大赛中获得“黄梅之星”称号；演职人员共 248 人次获得国家级、省级奖项。

在专业院校精心挑选一批成绩优秀、表演基础出色的黄梅戏表演专业毕业生进入剧院，为剧院黄梅戏发展补给后备力量。不断加以学习和革新，大胆启用新人，培养了一批以谢思琴、付群琼、丁格为主的新生力量，为剧院的发展起到了不可估量的作用。2019年，黄冈市委、市政府为了进一步推进湖北黄梅戏的传承与发展，增加事业编制30名，用于招收五年制黄梅戏学员，已经全面完成了新学员招考入学工作，委托黄冈艺术学校进行培训。

近年来剧院还不断招聘各方面的优秀人才，优秀的营销公关人才，优秀的演艺人才，优秀的灯光、音乐人才。优厚的工作待遇、灵活的用人机制引得很多人才关注，由以前的穷单位变成了现在人人羡慕的好单位。

(五)顺畅的内部机制

为了加快湖北黄梅戏的发展步伐，省黄梅戏剧院在黄冈市委市政府的大力支持下，不断进行内部机制改革与创新，激发剧院活力和生产力。

引入激励竞争机制。深化剧院内部各项改革，实行全员聘用制，拉开分配档次，对“台柱子”演员制订特殊优惠政策，鼓励多演多得，演员收入与演出场次、演出质量挂钩，鼓励出新品、精品、出新人。扶持开发重点剧目，重奖获奖剧目，加快从市内外引进优秀人才。逐步形成人员能进能出、职务能上能下、待遇能升能降，工作上实现由“大锅饭”向“工作量量化”转变①，机制上由“终身制”向“聘任制”转变，最终达到人才结构合理、优秀人才脱颖而出的人事管理机制，

不断加强内部管理，完善各项规章制度，用制度管人、管事，体制的更新激活了人才的积极性，创新发展提高了市场的竞争力。

剧院理顺了《剧院内设机构管理职能》，一是明晰科室部团的工作职责，为全面履职尽责提供了保障；二是制定《行政人员履职尽责考核办法》《专业技术人员履职尽责考核办法》《聘用人员履职尽责考核办法》等考核办法，对我院干部职工年度德才表现和工作实绩进行科学有效地评价，考评结果作为奖励性绩效工资发放的重要依据。按照人事管理相关规定，对所有干部职工进行了目标考核，并将考核结果运用到奖励性绩效工资发放。三是制订出台了《省黄梅戏剧院内部机构改革和岗位职责管理实施方案》，严格执行国家相关政策，确保职称评聘、职务晋升、人员招考公开透明。

三、湖北黄梅戏和剧院的发展新趋势

中央深改委第十四次会议强调，国有文艺院团是繁荣发展社会主义文艺的中坚力量，要以社会主义核心价值观为引领，围绕举旗帜、聚民心、育新人、兴文化、展形象的使命任务，突出问题导向，坚持分类指导，以演出为中心环节，激发国有文艺院团生机活力，创作生产思想精深、艺术精湛、制作精良的舞台艺术佳作，满足人民向往美好生活的精神文化需求。湖北黄梅戏要发展与繁荣，必须以习近平新时代中国特色社会主义思想为指导，坚持以人民为中心的创作方向，必须依托黄梅戏剧院这个舞台，湖北的黄梅戏和湖北

① 王凤娟. 黄梅戏的生存现状研究[J]. 理论界，2017(10)：93-100.

的黄梅戏剧院必须相互依托，相辅相成。

(一)坚持精品生产

在信息日益丰富的当代社会，为什么发展传统戏曲难，一个重要的原因就是往往“老戏老演，老演老戏”①，拉大了同观众之间的距离。针对这一问题，我们必须在剧目生产上有所创新。当面向中老年观众时，我们可以演出诸如《女驸马》《五女拜寿》《和氏璧》等优秀传统剧目，满足老年人观赏艺术的需求。

面对中青年人的现代意识和审美情趣，创作团队要创作演出应适合中青年的要求的思想性、艺术性、观赏性统一的优秀作品，力求使黄梅戏通过艺术表演手法焕发新的魅力，使之更贴近时代，更便于现代人观赏，在不断探索中逐渐形成“老戏新演，老演新戏”的艺术生产方式②。在此基础上，近期湖北省黄梅戏剧院将陆续推出原创大型黄梅戏《江流有声》《陈潭秋》。

市场的需求是艺术生产的方向，艺术生产关键在于创新，创新是艺术的灵魂，创新可以不断推动艺术的发展。创作主体将面向黄梅戏的演出市场，立足戏剧题材、表现形式、艺术手法上的创新，力求演出的剧目适应时代发展的新要求，适应市场经济发展的新变化，适应人民群众对精神生活的新期望和新需求，创作演出小剧场剧目《美人》等。

(二)坚持人才培养

新时代人才是第一要素和第一生产力。坚持实施人才强市战略，牢固树立人才资源是第一资源的观念，用事业凝聚人才、用实践造就人才、用机制激励人才、用法制保障人才，为年轻人才脱颖而出、施展才干提供了更大的舞台和更多的机会，培养造就了一批高素质人才队伍。制定培养人才、吸引人才、留住人才的政策措施，加大地方戏曲后备人才培养力度，采取举办黄梅戏专业人才培训班、委托戏曲院校培训、名师收徒传艺等多种方式，加强编剧、导演、音乐、舞台美术和表演等方面专业人才的培养，为湖北黄梅戏保护发展增添后劲。

2020年，湖北省黄梅戏剧院充分发挥剧院高级职称人员传帮带作用，采取师傅带徒弟、口传心授的方法，加强剧院后备人才培养。采取“1+1+2”模式，按照行当相对划分，双向选择，适时举办集体拜师仪式，即1名正高级职称人员、1~2名副高职称人员形成教练团队共同带2~3个徒弟，负责指导基本功训练、剧目编排，每年传授剧节目1~2个，年终结项验收；符合条件的，剧院组织申报“湖北省戏曲人才培养项目”传承专项资金；剧院每年组织成果展演，评出优秀剧目2~3个，对剧目获奖师傅、徒弟进行奖励。

培养名家名角，努力打造名牌院团。开办黄梅戏专栏提高演员们的积极性，使演员们有了展示的舞台，让大部分剧目的经典唱段在民间流行。由于电视普及率高，通过现场表演展示，优秀的演员会脱颖而出，这样有利于培养名演员，提升湖北黄梅戏剧院的实力。

---

① 宋瑾. 论黄梅戏在新时期发展中面临的问题与对策[J]. 戏剧文学，2015(4)：102-105.

② 刘翠，陆天平. 谈谈黄梅戏产业化发展[J]. 黄梅戏艺术，2009(1)：3-7.

（三）坚持科学管理

深化院团体制改革，加强艺术管理，增强自身活力。建立健全有利于激发活力的用人机制、分配机制、市场营销机制、科学的管理体制，特别是艺术生产成本核算管理。管理出艺术生产力，争取社会效益的双丰收。

（四）坚持政策引导

黄冈是黄梅戏的故乡，黄梅戏是国家级非遗保护项目，是湖北重点建设的主要地方戏曲剧种。振兴发展湖北黄梅戏，对传统文化艺术薪火相传，彰显价值追求，培植精神家园，满足人民群众精神文化需求，具有不可替代的重要作用。因此我们要深入学习贯彻习近平总书记在文艺工作座谈会上的重要讲话精神，坚决落实《国务院关于支持戏曲传承发展的若干政策》《国务院关于实施中华优秀传统文化传承发展工程的意见》《湖北省人民政府办公厅关于支持湖北戏曲传承发展的实施意见》等文件精神，加快发展湖北黄梅戏事业振兴发展，实现黄冈市委市政府提出的“双强双兴”战略。

四、结语

中国是一个多戏曲的国家，单是地方剧种就有360多个，由于时代的变更，使一些戏曲剧种消减甚至灭绝，也使一些剧种不断新生、壮大。近半个世纪以来，流传最广泛，观众最多的有五个剧种，即京剧、越剧、黄梅戏、评剧、豫剧。黄梅戏是在新中国成立后，迅速从流行于田间地头的民间小调演变成为全国“五大剧种”之一。本文以湖北省黄梅戏剧院的为例，对湖北黄梅戏的发展与嬗变进行了分析和阐释，并对未来湖北黄梅戏的发展和走向进行了展望。如何立足传统文化，保持黄梅戏的精髓，又要发展与创新，是摆在每一个黄梅戏工作者面前的难题，本文就通过黄梅戏剧院的实际经验和现状分析，进行了深入的分析与探讨。要之，黄梅戏是受广大群众欢迎的剧种，保护、发展和传承中国的传统戏曲艺术乃至把它推向一个新的高峰是黄梅戏创作主体共同的责任和义务。

◎参考文献

[1]夏玢. 黄梅戏文化地理研究[D]. 安徽师范大学，2006.
[2]何昆达. 戏曲电影研究[D]. 湖南师范大学，2013.
[3]陈继华. 黄梅戏传播形态研究[D]. 山西师范大学，2016.
[4]沈嘉达，沈思涵. “一带一路”视域下的黄梅戏传播研究[J]. 黄冈师范学院学报，2018，38(4).
[5]胡岳，孙亮. 解构、编码、重构：黄梅戏跨文化传播的三个面向[J]. 怀化学院学报，2018，37(6).
[6]王凤娟. 黄梅戏的地域符号空间生产过程探讨[J]. 戏剧艺术，2017(3).
[7]曹文龙. 黄梅戏发展现状及对策研究[J]. 艺术百家，2015，31(S2).
[8]李玉勇. 黄梅戏传承中的困境与发展策略[J]. 黑河学院学报，2019，10(4).

[9]张璨. 论新传媒背景下黄梅戏的传播和发展[J]. 黄冈职业技术学院学报, 2015, 17(6).
[10]邵敏. 论文化空间视界下的黄梅戏传承与保护[J]. 江淮论坛, 2015(3).
[11]黄晶. 黄梅戏文献整理与研究[J]. 图书馆杂志, 2014, 33(7).
[12]邵敏. 黄梅戏的生态形式与媒介形式[J]. 当代文坛, 2014(2).
[13]储著炎, 徐冉. 地方戏曲艺术教育的历史沿革及发展态势论略——以黄梅戏艺术教育与人才培养为例[J]. 信阳师范学院学报(哲学社会科学版), 2013, 33(5).
[14]周倩. 浅谈黄梅戏的时代回归[J]. 鄂州大学学报, 2019, 26(2).
[15]邵敏. 黄梅戏的生成繁衍与文化生态[J]. 江淮论坛, 2013(1).
[16]李峰. 论非物质文化遗产中戏曲艺术的动态性传承——以黄梅戏艺术的传承和发展为例[J]. 星海音乐学院学报, 2012(4).
[17]王长安. 黄梅戏的昨天与今天[J]. 黄梅戏艺术, 2012(2).
[18]胡建国, 张鹏顺. 黄梅戏市场价值挖掘及可持续发展的思考与对策[J]. 红河学院学报, 2011, 9(6).
[19]陈继华, 甘琴. 大众传媒背景下黄梅戏的传播与发展[J]. 民族艺术研究, 2011, 24(4).
[20]汪超. 论黄梅戏影视事业的产业化发展[J]. 江淮论坛, 2011(3).
[21]王平, 时新中. 黄梅戏“梅开三度”相关问题探讨[J]. 安庆师范学院学报(社会科学版), 2011, 30(5).
[22]赵晓和. 黄梅戏及其产业发展调研[J]. 安庆师范学院学报(社会科学版), 2010, 29(11).
[23]陈海波, 许春晓, 李纯. 戏剧引致旅游的市场开发研究——以黄梅戏为例[J]. 云南地理环境研究, 2009, 21(5).
[24]王夔. 黄梅戏现状的调查分析及对策[J]. 中华艺术论丛, 2006(00).
[25]秦东丽, 丁正山, 沈一忱, 陈屹德. 黄梅戏文化群体空间结构及变迁机制[J]. 资源开发与市场, 2019, 35(5).
[26]夏玢. 地理环境对黄梅戏影响的初步研究[J]. 云南地理环境研究, 2006(2).

论民间戏曲的保护与传承

——以保定清苑哈哈腔为例

代梦环①

摘要：哈哈腔是河北清苑一带的地戏曲，被列入为我国的非文化遗产，哈哈腔作为人们文化和生活的智慧凝结，具有不朽的艺术价值以及研究价值。在飞速发展的当今社会，人们对于戏剧的了解远远不够，甚至一问三不知，而作为历史和文化传承体现的哈哈腔只停留在某些地方老一辈人的记忆里。因此本文主要研究了哈哈腔音乐的特点，揭示了以哈哈腔音乐为例的地方戏剧的生存困境，并且对哈哈腔伴奏音乐的保护和传承提出相应的建议，以此寻求我国民间戏曲合理发展新路径。

关键词：哈哈腔　伴奏音乐　民间戏曲　保护传承

中国传统文化有着悠久的历史。在中国丰富多彩的传统文化中，地方小戏也是中国文化的一个具有代表性的分支。哈哈腔是河北省保定市的一种古老的地方戏曲。经过长期的发展和变化，最终形成了以弦乐和弦乐调“柳子”为调的小调。在不同地方方言和民间艺术的影响下，哈哈调逐渐形成了不同艺术风格的音乐特征。“哈哈腔”作为一种地方戏，具有非常重要的艺术研究价值，应该予以重视和保护，使哈哈调得以传承，使更多的人能够理解和热爱哈哈调，使各种地方戏曲能够得到更好的传承与发展。

自古以来，哈哈腔等地方小戏发展到现在，它融合了文学、音乐、舞蹈、美术等文学艺术的精髓，成为中国传统文化的杰出代表。哈哈腔曾经是保定清苑地区最受欢迎的娱乐形式，也是中国最受欢迎的地方小戏。然而，在过去的100年里，由于社会政治，经济和文化的变化，以及人们生活方式和娱乐风格的多样化，哈哈腔的发展经历了挫折并逐渐衰落。在中国传统戏曲生活的广大农村地区，过去坚持农村土地的年轻人纷纷外出工作，包括当地歌剧的主要演员和表演者，从而打破了中国戏曲的传承纽带。由于小的生活空间和较少的传承人，哈哈腔等地方小戏比那些具有强大生命力的歌剧更脆弱。灾难发生后，许多小剧迅速消失或存在于名中，哈哈腔等地方小戏处于困境，同时，也受到了很大的影响。

陈海燕在《百年小戏——哈哈腔》②中描写道，哈哈腔的曲调婉转，念白唱词通俗易懂，剧目题材大多是描写家庭生活故事。哈哈腔与京剧、黄梅戏、越剧等较大规模的剧种

---

① 代梦环，浠水县文化馆馆员，研究方向为戏曲文化。

② 陈海燕．“百年小戏”哈哈腔[J]．山东档案，2018(4)：29-30.

不同，哈哈腔最大的特点就是“草根”，与主要流行在农村地区有关，在表演方面，有生、旦、净、丑行当齐全，表演者善于通过艺术手段表现日常生活中的点点滴滴。田屹的《论宁津哈哈腔的音乐特征》①中介绍到哈哈腔唱腔明朗活泼，通俗亲切，叙述性，说唱性强，板腔体的唱腔，旋律动听朴素健朗，音阶跳跃幅度大，与方言融为一体，具有冀鲁民歌和民间音乐的特点，节奏欢快，跳跃，极富多边性等。李萱《浅析非遗类电视专——以哈哈腔为例》②中写道，哈哈腔作为一种具有几百年历史的古代戏曲艺术被列入非物质文化遗产名录，使得哈哈腔无论在表演上、唱腔、伴奏等乐器上都有了一定的提升与保护。

杨硕在《哈哈腔的现状与未来》③一文中也谈到了西路哈哈腔的生存困境，同时分析了原因，并提出了建议。以上这些资料，为论文的开展奠定了良好的基础。总体上，西路哈哈腔研究成果相对丰富，中路哈哈腔研究成果寥寥，正是我们所要着力的地方。

刘芳在其硕士学位论文《透过哈河北大学艺术学确上学位论文哈哈腔等地方戏曲的衰落看目物质文化遗产保护》④中详细介绍了西路哈哈腔的由来、历史演变、艺术特色、生有现状，深刻阐述了以西路哈哈胆为代表的地方戏曲走向农落的原因，从国家立法、建立良好机制、加人定传教育、收集整理资料，这儿完善资料数据库，对保护目物质文化遗产优秀传承人方面提出了对西路哈哈整进行有效保护的措施。杨硕在《哈哈腔的现状与未来》一文中也谈到了西路哈哈腔的生存困境，同时分析了原因，并提出了建议。以上这些资料，为论文的开展奠定了良好的基础。总体上，西路哈哈腔研究成果相对丰富，中路哈哈腔研究成果寥寥，正是我们所要着力的地方。

一、地方小戏哈哈腔的基本概况

哈哈腔是河北省保定市最具影响力的地方戏曲。它形成于明初，由民间秧歌发展而来。从 19 世纪到 20 世纪中叶，其扩散区覆盖了保定，沧州，清远，石家庄，廊坊，惠民和河北省德州。目前，它主要流行于河北省保定，沧州，清苑，石家庄等地。清苑县位于河北平原东部。最初在城市和乡村的庙会上演出，在 20 世纪初进入平津和其他大城市的茶馆和剧院。哈哈腔一直是清苑县最具影响力的民间艺术。它不仅是清苑县艺术欣赏的主要对象，也渗透着人们的生活。由于历史的继承，清苑人民尊重文化，所以哈哈曲调已经传承至今。作为一部具有浓厚地方特色和高艺术价值的独特剧集，哈哈腔已被河北地方戏届的认可。

中华人民共和国成立后，清苑县人民政府高度重视对哈哈腔艺术的救助和保护。哈哈腔和中国戏曲以及许多清苑文化艺术史的水平，凝聚了几代艺术家和知识分子的智慧，以及创作能力，以独特的艺术形式记录近，现代社会变迁，充分体现了人文精神现代清苑社会，艺术品格，生活条件和社会环境，是一种不可替代的文化艺术。清朝宫廷的历史变

① 田屹. 论宁津哈哈腔的音乐特征[J]. 北方音乐，2017，37(18)：17-18.

② 李萱. 浅析“非遗类”电视专题片[D]. 河北大学，2016.

③ 杨硕. 哈哈腔的现状与发展方向[J]. 大舞台，2010(10)：84.

④ 刘芳. 透过哈哈腔等地方戏曲的衰落看非物质文化遗产保护[D]. 河北师范大学，2010.

迁，民俗风俗，例如，在传统哈哈腔中有不同程度的体现，在清元社会变迁发生的所有重大历史事件，如县长官权审查，冉庄隧道战，几乎无一例外都被移到哈哈腔的舞台上。作为传统文化精神和社会历史变迁的艺术见证，哈哈曲目从未被打断过。哈哈腔是清苑传统文化艺术中最杰出的代表。文学，历史，社会学和艺术所包含的清远文化的丰富内涵在综合性，系统性，完整性，形象性和生动性方面具有独特性。在过去的50年里，在清苑县与其他省市的文化交流中，哈哈曲多次作为当地文化的代表。

哈哈腔是清苑传统文化艺术中最杰出的代表。文学，历史，社会学和艺术所包含的清远文化的丰富内涵在综合性，系统性，完整性，形象性和生动性方面具有独特性。在过去的50年里，在清远县与其他省市的文化交流中，哈哈曲多次作为当地文化的代表。哈哈腔唱歌通俗易懂，简洁生动；伴奏音乐活泼大胆，具有浓郁的乡土气息。在语言内容方面，它与艺术和人们生活意义上的历史接近。因此，它深受人们的喜爱，对北京，天津，山东及河北中南部的传统文化产生了非常重要的影响。另外，哈哈曲调相当丰富，曲调悠扬，音乐跳跃。表演简洁幽默，具有强大的表现力和吸引力。可以说它以艺术的形式有自己的特点：它结合了两种表演艺术，语言演唱、动作表演，即我们经常说唱、背诵、做、玩等形式的表演；其目的是“玩故事”，即真实、生动、准确地呈现故事，带动观众，与观众产生共鸣；戏剧本身没有任何意义。它需要一座桥梁来连接戏剧的内容和观众。作为桥梁，演员需要扮演戏剧的角色，用真实的形象再现来诠释故事。

二、地方小戏哈哈腔伴奏音乐

谈到哈哈腔音乐必不可少要讲到它的伴奏音乐，任何戏剧都离不开乐器的伴奏，伴奏是整体的画龙点睛之处，是情感表达的最好渲染。而哈哈腔伴奏音乐积累了几代人的智慧结晶，它的伴奏音乐独树一帜，特点鲜明。哈哈腔的伴奏乐器有很多，文场武场使用的各不相同。

(一)地方小戏哈哈腔伴奏乐器介绍

哈哈腔伴奏音乐分为文场、武场，使用的乐器各不相同。文场的主要乐器“三大件”为笙、板胡、竹笛；武场有四种基本乐器，分别是板鼓、大锣、京钹、小锣。共同点为都是在基本乐器组合上加花变化来展示不同的效果，下面将从文场、武场两方面来具体研究。

1. 文场

在早期的文场中，主要是使用的四胡、长颈月琴等。到了乾隆末期，收到外来文化梆子声腔剧种的感染，加用了板胡，由于板胡的效果更佳，便由板胡取代了四胡。到了同治年间，有个民间艺人，用竹笛进行哈哈腔伴奏，得到了一致好评，竹笛便成了哈哈腔中最具有特色的主奏乐器。在哈哈腔伴奏的不断更替创新中，最终形成了以板胡、笙和竹笛为主的基本组合形式。逐渐形成了三层叠置的织体。于配器上的基本原则，是“拙笙、巧弦、浪荡笛”。

(1)笙：笙的音色优美动人，以其传统和弦(五度和音)，演奏与唱腔基本相同的旋律，能起着托腔保调、调和音色、稳定音准、稳定节奏的重要作用，是“三大件”中的基本声部(见图1)。

图1　笙

(2)板胡：凭借其清晰而强烈的音色，它在笙旋律周围增添鲜花，引起间隔和节奏的局部变化，并经常进行装饰即兴，成为“三大件”中的加花声部(见图2)。

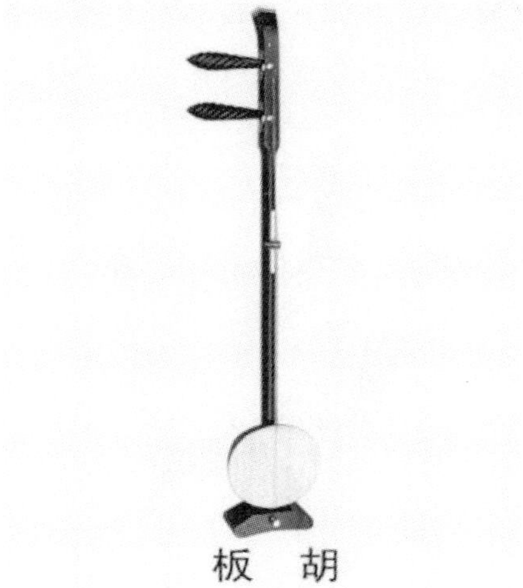

图2　板胡

(3)竹笛：音色明快的竹笛，常采用“抹、滑、飞、颤、剁”等河北民间吹歌演奏技法，在板胡旋律的基础上灵活自如，是“三大作品”的色彩声部(见图3)。

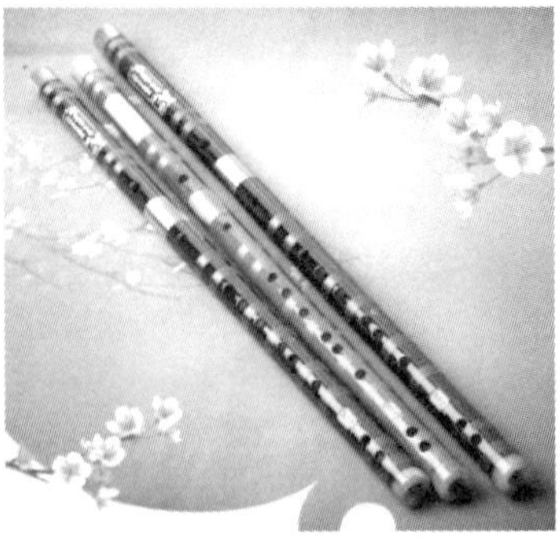

图 3 竹笛

2. 武场

明武场有唱腔之分，唱腔类别分别有高腔和秦腔。

明末清初，高腔在北方盛行一时。清朝建朝后，京都盛演高腔的情况热烈而位于畿辅之南的保定一带，高腔在民间也广为流传。早期哈哈腔的打击乐，曾受到高腔大戏的熏陶和影响。使用的乐器搬用过高腔的大铙，大钹，大鼓，大箭，小镲和指挥用的板鼓。经常使用的锣鼓点是：人物的上下场使用“且登……”唱腔的开头，节奏自由的用“且且令且”；有板有眼的用“且且且令一个令且”。

乾隆末期，在京都极盛一时的秦腔，由于安徽班入京及其二簧调的兴起，转向京畿各县活动。

(1)板鼓：声音稳固而清脆，是演奏上最重要的乐器。它采用“花板花鼓”的演奏技巧，可以敲击各种错综复杂的节奏，具有指挥效果(见图 4)。

图 4 板鼓

(2)大锣：发音响亮，强劲有力，多用于重拍演奏，具有稳定性和终结感。它是四个主要部件中的半个指挥(见图 5)。

图5　大锣

(3)京钹：发音非常清晰，演奏时灵活活泼。它可以在整体中起到锦上添花的作用，使其变得“恼人”(见图6)。

图6　京钹

(4)小锣：发音清脆清晰，节奏明快，常采用“画龙点睛”打击乐手法，使合奏音响效果清新明亮(见图7)。

图7　小锣

(二)地方小戏哈哈腔音乐特点介绍

哈哈腔的主要伴奏乐器包括武术(打击乐)，文场(丝，管，弹，拨)。哈哈腔伴奏乐器以四胡，长颈月琴，同时与二胡，板胡，月琴组合。在伴奏下“与腔”，“反复”，“花”等拖动形式。打击乐(武术)，是表演艺术哈哈腔的“骨干”。它将声音和节奏两个元素与其他艺术手段相结合，共同完成典型环境中典型人物的塑造，当地戏曲的审美理想。打击乐器有自己的系统，由两部分组成，即演唱打击乐器和演奏打击乐器。这些音乐结构主要是对生活中各种人物的各种内部

节奏(情绪变化)和外部节奏(运动的变化)的概括和完善；鼓，板，钹，钹，钹等各种乐器。不同声音的塑造特征是通过强化，音乐化和回火形成的。军事领域的表现要求一直强调“十几个节奏，二十几种情感”。传统的锣鼓种类繁多，表演也千变万化。

1. 节奏丰富，灵活多变

哈哈腔音乐节奏的构成与人类昼夜节律(心跳节奏，稳定呼吸)的节奏相协调，不同的节奏刺激。于节奏形态上哈哈腔上的板的声音相对简单。

平均类型：四点节奏，二十八节奏，四十六节奏。

剪裁类型：大切节奏，小切节奏。

长度和长度：十六节奏后的前八位，前点节奏。

短而长型：前十六后节奏，后点节奏。

节奏的时间长短，与它的速度密切相关。变换节奏进行的速度，使其时间长短具有多种不同的形式，从而加强或减弱节奏对人情绪上的感染。长与短，快与慢，总是相对而言，所以节奏的影响力还与对比有关。时间的长短、力量的强弱，都要通过对比才得以显现。故而，在一般情况下，用四拍子来唱的头板、二板速度徐缓，用二拍子来唱的流水板速度适中，紧三板有板无眼，散板节奏自由，拨子是紧打慢唱的尺寸。

2. 句式对称，落音有规律

下例主要为竹笛演奏的旋律(见图8)。

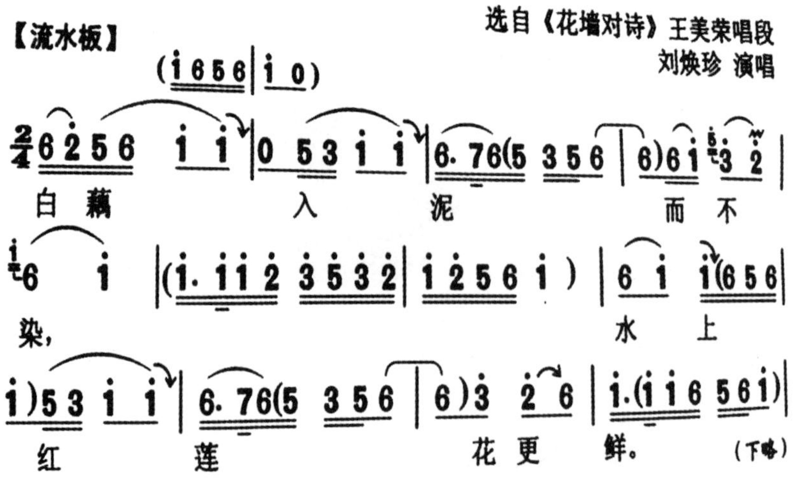

图 8

句式形成自然间歇与停顿。一般是以七，十言上下对偶句为其基本单位。句幅长短适中，句型整齐对称。当地人们朗读起来，很自然会形成二、二、三或三、三、四的句读。此外，上、下句的尾字，通常还是同辙不同声，多为上仄下平。这种动静咸宜的语言节奏规律，就成为乐句赖以形成的基础。有时候也会采用长短句式，上下句尾音均落在“1”音，上句落于眼上，下句落于板上。

上面的谱例，清楚地告诉观众：唱腔中的每一乐句，大体由三个分句构成。在每个分句与上下句式之间，器乐还时常补充以大小不同的过门。推动旋律展开下句板起板落，于节奏上造成一种稳定感，使之有所归属，在略长的乐段里，有时一二分句相连，形成四、三或六、四格律的变化，那也是由于语调较为连贯的缘故。

1. 形式多样，变化多彩

和唱腔形影相随的跟腔式，于唱腔旋律的基础上，增添音符、丰富装饰的加花式；于唱腔在同一时值内，采用同音反复，来加强唱腔力度和感染力的反复式；在唱腔的间隙处，稍加音符，补充乐思，发挥其伴奏音乐相对表现特点的填空式；为加强唱腔的特定含义，有意空出地位，不演奏，而让演唱突出的让裆式；增加音乐的新素材，与唱腔在节奏、旋律、调性等方面形成一定的对比，使之更为生动鲜明的对比式等，严密和谐地衬腔托声，使歌唱更为丰满。

从图 9 的例子可以看出：在“三大件”的伴奏中，笙的行进节奏音型，加强着唱腔旋律的节奏感，巧妙地烘托了赵美蓉随同丫鬟步逛花园的抒情意境。

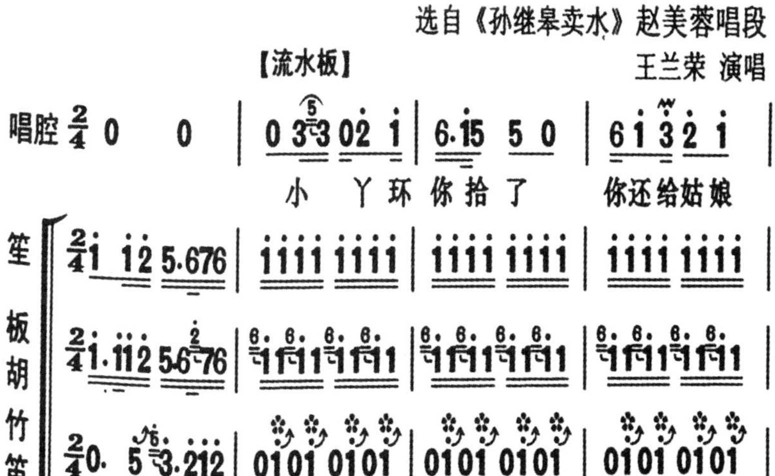

图 9

板胡、竹笛则以同音区节奏交替音型，使得伴奏音乐热烈、活泼，着力表达了主仆二人观花时欢快的心情。最后两小节，变换节奏音型，使之更富有生气。

乐队全力齐奏其音响效果比较丰富。哈哈腔老艺人把这种伴奏方法，称作“小抬杠”。

它多用在二板或流水板的上句，借以加强音乐的推动性。依据表现功能的需要，紧三板于传统伴奏上全部使用音型化的伴奏织体，即不管唱腔音调做怎样的重复、变化，器乐在节奏上始终保持一种急促的单板进行的节奏型。

(X. X X XX)；旋律上始终重复以主、属、主进行为骨架的固定单一音型(1. 15 56)。

2. 曲牌丰富，韵味浓厚

哈哈腔为板腔体剧目，分为头版，二版，流水版，安版，起版，尖版等十几种形式，各种板式以流水版为基础，经过节奏，旋律等变化而得来。同时，根据不同演唱内容，各种板式又含有多种变化形式。

以板胡为主奏乐器(见表1)：

表1 以板胡为主奏乐器的曲牌

曲牌	适用场景
满堂红、万年欢、大吹车	都由民间乐曲演变而成，常用于渲染喜庆欢乐的舞台气氛，有时亦配合舞蹈
小寄生草、洞房赞、喜房赞	吸收于河北梆子，适合配合于温情爱慕诙谐的表演
梦景、句句双、哭天皇	多用于祭奠场面，配合剧中人物沉思，思念的情感，烘托悲剧的气氛
豆叶黄、上天梯	多用于配合剧中人物行走、说话、收拾东西采摘花草，步入洞房等场景下
柳摇金	用于迎宾、赏花、饮酒或用于小生书房内读书等场合

以唢呐为主奏乐器：哈哈腔的唢呐曲牌，均由两个人用同调门的唢呐齐奏，于发兵，饮宴，庆典等场面烘托渲染气氛。

常用的调名和指法如表2：

表2 常用的调名和指法

调名	指法
小工调(D调)	简音 re
凡字调(降E调)	简音 do
乙字调(A调)	简音 sol

其中以凡字调的乐曲为最多，乙字调、小工调次之，其他调很少使用。

哈哈腔的文场，不专设唢呐演奏者。需用唢呐吹奏曲牌时，常由琴师、笛师兼任。唢呐曲牌，有所谓清、混之分：清曲牌(吹打曲牌)、混曲牌(锣鼓曲牌)在吹奏进行中，基本不加固定的、相应成套的锣鼓点子。一般均是堂鼓领奏，并加用水钹作为拍板。加打的大锣，乐器是独的(见表3)。

表3　哈哈腔文场

主奏乐器	曲牌	适用场景
清曲牌(吹打曲牌)	水龙吟、合头	多用于渲染主帅升帐、忠臣升堂的庄严宏大场面
	节节高、傍妆台	多用于剧中设宴、拜堂、朝拜、庆功等场面
	梆子吹打、拜场、万年欢	既可用于文臣武将升堂坐帐渲染威武雄壮的气势，又可用于摆宴烘托热闹的气氛
	柳青娘、将军令	常用语武打场面，用于据中摆阵，操演等场景配合剧中舞蹈动作
混曲牌(锣鼓曲牌)	女点降、粉蝶儿、新水令	用于女性元帅或山寨主升堂坐帐
	哭相思、急三枪	分别重逢场景，常体现剧中人物束手无策和痛苦悲伤
	唢呐批	主要用于人物祭祀灵堂，法场时，渲染肃穆，悲哀的气氛
	香柳娘、紧中慢	配合人物行路过场，走圆场

二、地方小戏哈哈腔音乐面临的困境

哈哈腔音乐是清苑地区一种非常重要的民间艺术文化，在哈哈腔大方向下，伴奏音乐在哈哈腔中起到了很重要的作用，而当今社会下，地方戏曲清苑哈哈腔存在着人才断层，市场萎缩，法源缺失，政府保护设施少，本文将从以下几个方面具体分析。

(一)传承人才断层

哈哈腔是属于地方戏曲，好的戏曲需要专业演奏者和能欣赏观众才能发挥最完美的效果，但是自从哈哈腔的艺人纷纷转行之后，哈哈腔再难有真正能将它独特的韵味表现出来的“老师傅”了。在媒体如此发达的社会，“90后”乃至“00后”都有了属于他们年代的文化潮流，哈哈腔音乐的艺人举步维艰，根本没法通过表演来维持生活，只能是当作兴趣爱好来培养，所以很难有对哈哈腔伴奏音乐充分理解和表达的艺人了。久而久之，虽然剧场还在，但只有零零散散的一些人，很难将哈哈腔音乐的那种独特艺术表现出来。长期的研究必须有坚实的基础。演出过程十分辛苦，时间跨度为从早到晚，每一次演出也需要带着浓浓的装饰，挨骂也是常有的情况，大部分时间都在练习，学习者没有个人自由。报名学习戏剧的人越来越少，在今天的经济浪潮中，越来越多的演员追逐名利，他们渴望快速成功和即时的利润。一些有表演天赋的孩子，有一点外表去报告夸影视电路，父母和孩子可以认为，现在戏曲是一个不受欢迎的艺术，不利于成名，仍然需要努力练习基本技巧。事实上，与其他专业相比，戏剧一直是一个比较苦的行业。清苑的哈哈腔音乐也不例外。

(二) 受众市场萎缩

没有了人才的支持，表扬的效果自然大打折扣。再加上新事物的不断冲击，哈哈腔音乐的发展处于停滞状态，观众也多是一些怀旧的中老年人，很难得到青少年的青睐。这也源于哈哈腔是由"草根文化"发展而来，更多的代表地方特色，本来流动范围就有限，随着文化的更新换代，生活水平的改善，哈哈腔伴奏音乐在众多戏剧伴奏音乐中不再具有优势。流行音乐都只能流行一段时间，何况是观众受限的哈哈腔音乐。自 2006 年哈哈腔被批准为国家级非物质文化遗产以来，国家层面的资金问题相对解决。然而，它仍然"缺钱"，目前没有一个专门的团队来负责宣传工作，培训人才，调研市场，哈哈腔名虽在，意已远。想要哈哈腔重拾辉煌不是一朝一夕可以做到的，需要结合社会发展现状，进行长期的规划，详细的措施，更需要有特定的政府部门来实现，抓住机遇，脚踏实地的培养人才，通过各种措施，形成合力，逐步扩大市场，形成适合哈哈腔生存的土壤和空间，这是当务之急。

(三) 法律保护缺失

在非物质文化遗产方面来看，虽然国家的法律层面已经有所确立，但是仅仅确定是不够的，对地方戏曲的保护和传承上面还没有相关的政策给予扶持，哈哈腔属于地方特色戏剧，远没有京剧、豫剧等那么广为人知，所以在各方面还有很多阻碍，比如政府的财力支持远远不够，对各地地方戏曲的文化建设不够重视，长此以往，各地地方戏曲就会淡出人们的视线，走向灭亡。

三、对地方小戏哈哈腔音乐的保护与传承措施

通过对地方戏曲哈哈腔存在的人才断层，市场萎缩，法源缺失，政府投入少的问题，本文探究出一些相应的措施，分别是培养新人，改善艺人的生存环境，维护文化市场，基于"国家非物质文化遗产"名录的机遇，用足政策。本研究将从以下三方面来进行具体说明。

(一) 培养新人，改善艺人生存环境

地方戏曲一旦失去了它的继承者，就失去了它的生命力。目前，清苑哈哈腔伴奏音乐面临着传承人年龄问题。老艺术家越来越少了，他们中的大多数人是上了年纪的。我们已经失去了拯救地方戏剧和民间艺术家的最佳时机。我们必须抓住最后一个机会。有机会学习老艺术家的表演艺术，整理他们记忆中的珍贵资料和舞台上表演的目录。否则，许多珍贵的材料留在老艺术家的记忆和他们高超的表演艺术将来自于此这个世界消失了，变成了一个"不可修复的存在"。在古老的歌剧艺术家中，大多数比普通人更穷。凭借对当地歌剧的热爱和坚持，他们一生都在学习和教学，但几乎没有收入。也许他们已经习惯了，不

期望通过唱歌获得优惠待遇。但我们必须看到，如果我们不能改变我们的想法并改善，就很难吸引年轻的接班人。

(二)维护文化市场

地方戏曲，一百多年来一直坚持在小范围内继承和表现，坚持不懈，永无止境。然而，在市场经济主导的现代环境中，他们也遇到了不可持续发展的各种问题。毫无疑问，优秀的民族文化让他们自己死亡是不负责任的。如果盲目改变生活环境，其文化生态的平衡就会被破坏。在清远哈哈哈伴奏音乐的长期发展中，它与当地的民俗，宗教信仰，民间艺术，欣赏习惯等形成了有机的统一。只有依靠当地的文化环境才能生存。因此，只有实现有机，整体和相互关联的组成部分的统一，才能保证清远哈哈哈旋律的继承制度的发展和完善。政府可以出资进行地方戏曲的巡演，让哈哈腔音乐走出地方，让更多人了解到地方戏曲的文化价值和艺术特色。

(三)抓住政策机遇

哈哈腔为首批国家级非物质文化遗产保护项目。它还为在濒危环境中促进和保护当地歌剧物种提供了难得的机会。从建立有效的保护机制开始，确保艺术家的生计和技能的继承。清苑市文化局，出版物和信息技术局以及泉尼博物馆可以充分支持和保护濒临灭绝的传统技能，识别重要的接班人，并迅速启动救助奖励措施。具体从整合教育研究和宣传的具体措施。如何传统文化进入校园，如何得到政府、教育部门和文化部门的认可，将促进校园文化素养，加深青少年对当地传统文化的认识。传统文化素养是师生积极参与这种文化艺术创作和表演的最佳选择，在专业教师的指导和认真教学下，使参与其中的学生逐渐提高兴趣。这是一个很好的方法，但问题是它是否具有普遍性。由于地方传统文化易于获取，可以全面，有效和可持续地实施，因此需要全面而有力的政策支持。首先，应该有一套合理有效的教育教学体系。教师应通过教学标准进入校园，教授专业教师，鼓励学生积极参与，并邀请著名的讲座。同时，鼓励学生爱好者和潜在学生在校园内建立当地文化协会，鼓励更多学生参与传统文化活动的推广。

四、结语

一百多年过去了，旧景已不复存在。时代变了，人们的审美趣味变了，变得更加多样化。在各种艺术娱乐形式中，中国传统戏曲不再是独树一帜、独领风骚的，这是不争的事实。特别是清苑的观众是当地的一个小圈子。单纯依靠原始的节日、婚丧嫁娶、小团体的娱乐，已经不能适应信息时代的快速发展。歌剧也可以利用媒体的传播优势来创造品牌效应，让更多的观众接受和喜欢它。

在传播的时代，任何传播行为都不是单一的，品牌的影响力日益凸显其地位和价值。戏剧艺术也有自己的品牌。如今，在市场经济时代，戏剧的受众也是这种文化艺术产品的消费者。如果观众喜欢一件作品或一个演员，他们会愿意买票去剧院。如果观众对工作和演员不感兴趣，恐怕不会投他们的票。观众有选择的自由，看哪一部作品，看哪位演员，这是观众心目中的标准。影响观众选择的标准是作品或创作者的声誉。一部作品的质量，奖杯证书也不能证明，最终，它取决于观众的选择。因此，加强演员的内部工作，创造高质量的戏剧是提高戏剧影响力的关键。提高戏剧影响力，加快其走出国门的步伐，我国传统戏剧艺术的自身价值才能进一步得到全面、客观的证明。

◎参考文献

[1]陈海燕．“百年小戏”哈哈腔[J]．山东档案，2018(4)：29-30.

[2]田屹．论宁津哈哈腔的音乐特征[J]．北方音乐，2017，37(18)：17-18.

[3]黄雪月．巴渝蜀川上的脆鸣之四川清音——浅析四川清音中“哈哈腔”的艺术特点[J]．艺术品鉴，2017(8)：112.

[4]陈珍珍．保定市清苑县哈哈腔剧团发展现状调查[J]．北方音乐，2017，37(5)：176.

[5]王瑞蕾．保定俗曲哈哈腔考略[J]．保定学院学报，2016，29(5)：127-131.

[6]韩托．燕赵梨园传遗韵——哈哈腔的起源与传承[J]．档案天地，2016(7)：59-62+37.

[7]李萱．浅析“非遗类”电视专题片[D]．河北大学，2016.

[8]张小冬．四川清音“哈哈腔”与美声“花腔”比较研究[D]．西南交通大学，2016.

[9]慕瑞．衡水中路哈哈腔的研究[D]．河北大学，2014.

[10]张洁敏．哈哈腔调查[J]．中国戏剧，2014(3)：70-72.

[11]杨善超．德州市非物质文化遗产“哈哈腔”的现状与保护[J]．音乐大观，2013(5)：125-126.

[12]殷冲．清苑哈哈腔[J]．当代人，2013(1)：18-21.

[13]郝兴月．清苑哈哈腔，三百年传唱不衰的稀特剧种[J]．乡音，2012(12)：46+48.

[14]郭晨曦．哈哈腔[J]．文化月刊，2012(3)：42-47.

[15]孟海燕．探讨有效的戏曲教学方法——走进家乡戏[J]．学周刊，2012(4)：139.

[16]杨硕．哈哈腔的现状与发展方向[J]．大舞台，2010(10)：84.

[17]廖红梅．“哈哈腔”与“花腔”不同的艺术生命力论析[J]．四川戏剧，2010(1)：75-77.

[18]于南．四川扬琴德派唱腔中“哈哈腔”的艺术表现特色[J]．四川戏剧，2009(5)：61-63.

[19]刘芳．透过哈哈腔等地方戏曲的衰落看非物质文化遗产保护[D]．河北师范大学，2010.

文化发展方式助力乡村振兴的路径探究
——以潜江市浩口镇庄场村为例

潘世茂　郑国华　杨代林①

摘要： 乡村振兴战略是党的十九大提出的一项重大战略举措。在中国特色社会主义新时代背景下，实施乡村振兴战略是决胜全面建成小康社会的必然选择，而乡村文化振兴居于核心地位，贯穿于乡村振兴的各领域、全过程，为乡村振兴提供持续的精神动力。潜江市浩口镇庄场村在地方党政部门的大力支持下，积极探究文化助力乡村振兴的路径，取得了一些较为可喜的尝试。本文基于庄场实践的路径分析，围绕乡村文化振兴这一课题，从乡村振兴的人才智力支持、政策激励保障、基础设施建设、特色产业兴村、文化活动开展、乡村旅游开发等方面，探究可供借鉴的助力乡村振兴的文化发展方式。

关键词： 乡村振兴　文化支撑　路径探究

文化是一个民族的灵魂，是人民的精神家园。习近平总书记在党的十九大报告中指出："文化是一个国家、一个民族的灵魂。文化兴国运兴，文化强民族强。"乡村振兴是党的十九大提出的一项重大战略，指出农业农村农民问题是关系国计民生的根本性问题，明确提出要建设"产业兴旺、生态宜居、乡风文明、治理有效、生活富裕"的新乡村。现代人都有一种浓浓的文化乡愁，"乡愁"，是"魂"之所系、"魄"之所归、心之所向之地。乡村振兴，文化先行。在中国特色社会主义新时代背景下，实施乡村振兴战略，乡村文化的建设首当其冲，文化建设不仅能为乡村振兴提供坚实保障和智力支持，作为中华传统文明的精神传承，更能为经济全球化的现代人群提供道德滋养。实施乡村振兴战略是全面建成小康社会的关键环节，而文化作为一种更基本、更深沉、更持久的力量，利好于当下培育文明乡风、良好家风、淳朴民风，改善农民精神风貌，为新农村建设凝心聚魂，具有十分重要的战略意义。

一、乡村振兴对建设全面小康的战略意义

我国是一个农业大国，农村人口占全国总人口的70%，农村农业问题关系到国民素

① 潘世茂，湖北省潜江市浩口镇综合文化站站长，浩口庄场村支部书记，工艺美术师，书法协会会员，国家级社会体育指导员；郑国华，潜江市税务局驻浩口镇庄场村工作队队长，庄场村第一书记，作协、摄影家协会会员，曾与华中科技大学教授刘华合著《潜江产业结构与经济发展战略研究》一书；杨代林，潜江市文旅局戏工室主任、非遗科科长，省作协会员，副研究馆员。

质、经济发展，关系到社会稳定、国家富强，解决好“三农”问题也就成为党和国家的大事。20 世纪 90 年代以来，中国农村经历了一场激烈的变革，广大农村青壮年劳动力向城市转移，农业产业经济出现明显衰退，尤其在西部地区，出现了不少空巢村、老人村、留守儿童村和贫困村。我国目前正在冲刺全面建成小康社会，农村应是我们冲刺的主战场，因为没有农村的稳定与全面进步，就没有社会的稳定与全面进步。因此，要实现全面建成小康社会的目标，关键在农村，重点在农村，难点也在农村。党中央提出乡村振兴战略，就是要从根本上解决目前我国农业不发达、农村不兴旺、农民不富裕的“三农”问题，并最终解决城乡发展不均衡的问题，解决农村人口流失、农产品供需、农业供给质量、农村基础设施、农村环境、农村党建弱化等一系列相关问题，真正实现农业发展、农村变样、农民受惠，早日建成“看得见山、望得见水、记得住乡愁”、留得住人的美丽乡村、美丽中国。

全面建成小康社会，是中华民族的千年梦想。十九大报告明确提出：要坚持农业农村优先发展，按照产业兴旺、生态宜居、乡风文明、治理有效、生活富裕的总要求，建立健全城乡融合发展体制机制和政策体系，加快推进农业农村现代化。实施乡村振兴战略，是党对乡村地位和作用的充分肯定，是实现全面建成小康社会、实现伟大复兴的中国梦的重要组成部分。因此，“乡村振兴战略”是决胜全面建成小康社会、开启全面建设社会主义现代化国家新征程的必然选择。

二、庄场村历史及现状研究

潜江市浩口镇庄场村毗邻浩口集镇，辖 7 个小组，耕地面积 4549.79 亩，农户 468 户，总人口 1942 人。很长时期以来，庄场村作为一个自然村落，民风淳朴，农业生产以种植业为主，全村百姓依靠江汉平原肥沃的土地，埋首耕种，勤劳度日，经历了与其他乡村同样的劳作与贫困。村居零散，村路不整，村民们的生产生活贫穷落后，许多青壮年劳力纷纷外出打工谋生，导致田园凋敝，传统文化逐渐消失，一度是江汉平原农村的缩影。

近年来，借助乡村振兴计划的逐步实施，通过农村供给侧结构性改革和产业结构调整，庄场 村发生了翻天覆地的变化，美丽新农村景象正日益绽放异彩。如今的庄场村村容整洁，民居清一色白墙红瓦小洋楼，如街道般排列，大道通畅，绿树红花，妆点恬静聚落。每至夜幕降临，华灯齐放，广场上载歌载舞，音乐飞扬，路灯点亮村庄夜生活。随着城镇化进程，庄场村已与浩口集镇融为一体，迈出了城乡并轨发展的步伐。宜黄高速公路，郑万高铁穿村而过，村民们的生活仿佛跨上了千里马，一日千里。刚刚落成的党员群众服务中心高大气派，窗明几净，图书室、老人之家、妇女中心、儿童乐园、休闲文体广场等文化活动场所设施一应俱全，是浩口镇基层党建工作示范基地。

在社会主义新农村建设的伟大进程中，庄场村大力调整产业结构，推广虾稻共作，发展特色种养殖经济，鼓励村民办农家乐，开发乡村旅游资源，提出“玩在返湾湖，吃在庄场村”的乡村旅游思路，加快村民致富步伐。在农业产业现代化建设方面，全村依托地理环境优势，变传统农耕模式为虾稻共作模式，全村虾稻共作面积现已占耕地总面积 80%。兴建现代水利工程，疏通全村大小排灌沟渠 8 条，总长约 16 千米，营建独立的排灌系统，总装机 150 千瓦，农业生产基本上实现了机械化。为振兴乡村经济，庄场村两委带领村民探索“文化+经济”的路子，开展种养殖业包装、电商培训，指导农民通过网络售卖特色农产品，挖掘乡村美食办农家乐。在美丽新农村建设方面，庄场村深挖地方民俗文化资源，大力弘扬社会主义核心价值，将非遗文化融入乡村生产生活，借鉴外地美丽乡村建设经验融入本地发展，借助铁路沿线整治建设美丽民居，搭建乡村大舞台活跃村民精神文化生活，组建乡村歌舞队走村串户演出。致力于乡村文化的挖掘与释放，让每一面墙有看点，让农业产出有包装，让乡村美食有内涵，让村民生活有韵律，庄场村村民的幸福指数不断攀升，村民精神面貌焕然一新，正在向小康村的目标阔步迈进。

三、庄场实践：文化助力乡村振兴的路径探索

按照国家乡村振兴总体要求，庄场村不断加快推进农业农村现代化步伐，努力由“生产发展”升级为“产业兴旺”，“生活宽裕”升级为“生活富裕”，“村容整洁”升级为“生态宜居”，“民主管理”升级为“治理有效”的转变，尤其以文化助力美丽乡村建设为突破口，大兴文化科技兴农举措，为农业农村现代化发展提质增效，为农民生活富裕增收，取得了一系列阶段性成果。

(一)引进文化人才助力乡村振兴

实施乡村振兴战略，要围绕乡村组织、乡村人才、乡村文化、乡村产业、乡村生态环境等做文章，说到底离不开知识和人才。近年来，潜江市浩口镇以着力建设名村、小康村为切入点，选派全国先进文化站站长潘世茂任住村党支部书记，又选派市税务局对接扶贫驻村工作队文化能人郑国华任第一书记，镇委政府这样布局的用意是，引进文化人才树立村庄治理的示范点，通过强强联合形成新一届村委班子，以文化力量助力乡村振兴事业，同襄盛举，共谋发展。通过引入文化能人主持村委工作，积极探索寻求文化引领乡村、设计改变乡村、艺术修复乡村、产业振兴乡村的路径。

(二)加强政治引领突显服务效能

政府选派支部书记以公仆身份服务乡村，务求以社会主义核心价值观为统领，坚持依法治村和以德治村统一，以利好村庄为根本为民服务为前提。首先是推动村民自治，经民主选出村主任、财务主任、农业主任、妇女主任等，构成了村“两委”班子基本框架。其二是注重党建工作，以党员群众服务中心为阵地，挖掘党建文化因素，建立起支部+基地+农户的阵地武装与对口负责模式，把党建工作纳入扶贫全过程，以守正创新、登高望远、快速发展为工作目标，通过党员群众面对面交流，以正能量化解积年矛盾，树立村民新时代政治信仰与文化信仰。其三是创新管理制度，推行村“两委”值班制度，促进工作作风转变。其四是推行政务公开，设立宣传橱窗和公示栏，除对各级各项政策及时公示，还对关系村民利益的种养植特色补贴、农村医疗保险、贫困户危房改造等进行全面公示，确保村民的知情权、参与权和监督权。庄场村在新“两委”班子的带领下，突显服务为民效能，工作成效显著，成为全市农村基层党组织示范点。

(三)改善基础设施建设美丽乡村

建设美丽乡村首当其冲是改善农村基础设施，完善农村生产生活服务功能。庄场村新一届领导班子审时度势，根据本村区位优势特点，以文化为引领制定村容村貌治理发展规划，引资借力推进基础项目建设，推动村庄主动融入浩口城镇化发展框架。一是改造陈旧村委阵地。集资109万元建成服务功能齐全的党员群众服务中心，包括便民服务窗口、老人之家、妇女中心、儿童乐园、农家书屋、儿童四点半课堂、休闲文体广场等等配套服务设施，成为全市农村党建服务示范窗口。二是推进农村小康路、小康电、小康水建设工程。实施路面硬化工程，村主干道由3.5米拓宽到5.5米，实现全村人行便道“院院通”，解决群众出行难问题。安装运营11台变压器，确保全村安全高效、稳定可靠的供电服务全覆盖。与浩口水厂接洽，完成全村水改任务；装配农村小型水利灌溉泵站，每年进行沟渠清理，消除农村黑臭水体，农村生产生活生态用水条件得到全面改善。三是实施村容村貌亮化美化工程。借力政府支持，投资260万元对铁路沿线村居环境进行优化，建设成片红瓦白墙整齐村居，展现庄场村独特壮观美丽乡村景观。实施主干道亮化美化工程，安装路灯通村组，道路全面绿植美化，从根本改善庄场村人居环境。

(四)优化产业结构带动村民致富

全力培植现代农业新业态。庄场村地处水乡，有条件依托潜江龙虾产业资源优势，高质量发展高效农业，聚焦农村产业革命，实施乡村振兴战略。近年来，庄场村科学规划布局优化产业结构，一是帮助村民进行土地流转，改变传统种作模式，大力推广虾稻共作，实现了虾稻共作面积占耕地总面积80%的转变，有效提高了村民的收入；二是改造全村现存700多亩鱼池，由镇经管站发包给村民承包，增加了集体收入30余万元；三是将1000亩生产用地纳入国家土地平整范畴，为发展高效农业奠定基础；四是以市场为导向，探索经济+文化路子，组织对村民进行电商培训，充分用好农超对接、农社对接、农企对接等形式，谋划发展包装农业、订单农业，包括本土出产龙虾、虾稻和其他种养殖品等产品，实现新型农业生产经营的精准产销对接，振兴地方经济，带领全体村民奔致富路。

(五)活跃文化阵地满足精神需求

引进文化能人服务乡村，丰富乡村文化活动，满足农民精神文化需求，正是近年来庄场村的突出特色。驻村书记着眼于文化注入、文化引领，充分挖掘地方资源，积极营造乡村文化氛围，建设宜居宜乐美丽新农村，成效明显。一是以党群服务中心为阵地，以培育文明乡风、良好家风、淳朴民风为抓手，组织开展党员好家风、十星级农户、十佳好村民、好媳妇、好公公、好婆婆等评选活动，倡导新时代新风尚，拓展培育现代乡风文明渠道，建设庄场幸福家园。二是搭建乡村大舞台、举办乡村春晚，活跃村民精神文化生活。从镇文化站调集文艺骨干，指导组建乡村歌舞队，开展走村串户演出活动，利用村文体广场和村民院落，鼓励群众广泛参与，释放乡村文化活力。三是抓好庄场村“幸福家园”建设，关爱“三留守”人员。经驻村干部牵线，在市慈善总会和市义工联的大力支持下，庄场村“幸福家园”关爱“三留守”人员公益项目得到省慈善总会审批，成为其“幸福家园”试点单位，形成了村委筑基、义工服务、社会共建的运作模式。主要亮点活动有：引入市义工联组织庄场村50名留守儿童赴潜江开展“爱祖国、爱家乡快乐暑期一日游”活动、向贫困户和“三留守”人员捐赠口罩防疫抗疫；引入省市摄影家协会会员进村免费为100名留守儿童和孤寡老人拍照，向留守儿童赠送学习用具；引入壹基金进村，为留守儿童发放温暖包；利用新建党群服务中心，设立妇女儿童之家、阳光阅读室、老人康乐中心，为幸福家园建设提供活动场所，打造庄场村服务品牌，服务村民、温暖弱势，受到了市领导的肯定和群众的欢迎。丰富多彩的精神文化活动广泛开展，庄场“幸福家园”日渐显现，农民精神面貌大为改观，村民幸福生活指数不断提升。

（六）挖掘传统文化开发乡村旅游

传承弘扬优秀传统文化是乡村振兴的重要内容，推动乡村文化振兴，要紧紧依托乡土文化资源，深入挖掘优秀传统农耕文化及其蕴含的思想观念、人文精神、道德规范，培育新时代社会主义乡风文明。浩口镇是潜江市非遗资源大镇，是“中国民间文化艺术之乡”，庄场村在镇文化站精心指导下，依托区位优势，深入挖掘乡土文化内涵，探索开发乡村旅游，讲好庄场故事，已有一些积极的尝试。一是发挥本土资源优势，引导农民开展民间手工技艺和民俗表演传承活动。通过挖掘乡村历史、农耕文化、引领农民传习民间技艺，建设美丽家园；利用乡村大舞台和乡村春晚，组织农民传唱乡土民歌，传承、展示农村民俗生活，培植文化乡土、乡景、乡情、乡音、乡德，唤起优秀传统文化回归。二是打餐饮文化牌，释放乡村生活味道。深入挖掘乡村美食和地方酒文化，兴办庄场农家乐和家庭农场，培育农业产业新业态，以“遇见庄场”为噱头，以特色农家宴为吸引，以采摘、观光、农事体验为拓展项目，招徕四方客人，拉动乡村消费，为农民创收。三是借助铁路沿线整治，建设美丽村居环境，让绿树掩映、白墙红瓦的庄场民居成为庄场村的吸睛看点。四是链接附近旅游资源，打造庄场民宿休闲驿站。庄场村南邻龙湾“天下第一台”——章华台，东接返湾湖国家湿地公园，北望借粮湖湿地保护区，可以农家特色餐饮和休闲民宿为主打发展配套旅游服务。基于庄场独特的地理区位优势，庄场人提出了“玩在返湾湖，吃在庄场村”的口号，正着手规划开通东南连返湾湖和章华台、北接借粮湖的旅游通道，开启庄场村乡村旅游发展崭新局面。

四、庄场实践的启示与思考

中国文化本质上是乡土文化，中华文化的根脉延伸在幅员辽阔的乡村大地，实施乡村振兴战略，既是重构中国乡土文化的重大举措，也是弘扬中华优秀传统文化的重大战略。近年来，潜江市浩口镇庄场村在引进文化干部担任支部书记，创建全市基层党组织示范点，创新打造农村党群服务中心窗口阵地的同时，积极谋划探索文化融入乡村振兴战略，整合乡土资源，通过置入“非遗+”“旅游+”“活动+”等形式，以文化助力美丽乡村建设，迈出了一些较为可喜的尝试步伐。考察分析文化助力乡村振兴的“庄场实践”之路径与经验，本文从以下几方面谈几点启示与思考：

(一)乡村振兴的关键是文化振兴

中国广袤的大地是一片数千年历史积淀的厚重文化乡土，历经岁月长河冲刷、民族生活风云际会和沧海桑田的变迁，呈现给我们多姿多彩的自然风貌与人文景象。拿任何一个自然形成的村落来说，每一个自然村村名的背后，都有它们独特的渊源故事；村庄的建筑格局，是千百年择优而居的生存状态；聚落的形态，来源于一个望族或一段历史；村庄风水，包含着先祖生存的智慧。在经济全球化的现代社会，那些曾经与我们如此贴近的历史文化与人文精神正日渐被剥离、被埋没，远离我们而去。因此我们要说，乡村振兴的关键是文化振兴。文化作用于人的灵魂塑造，文化对于乡村历史与人文的重构，对于优秀传统礼俗与民俗生活的复兴，对于乡村生态治理与绿色发展、科技教育兴农与产业革命，都具有十分重要的战略意义。乡村振兴，文化要先行，其蕴含既指向文化力量的深度参与，也指向对乡村的文化挖掘、文化发现、文化振兴。

(二)乡村振兴需要人才智力支撑

如果说乡村振兴的关键是文化振兴，那么乡村振兴离不开人才智力支撑。乡村振兴，关键在人，核心是人才，人是起决定作用的因素。实施乡村振兴战略，无论是治理乡村、乡风文明建设、传统文化复兴、科技改变乡村等等，都离不开文化力量的参与。一是要选拔文化干部、大学生村官等参与乡村治理与服务，为乡村振兴提供人才智力支持。二是要培育造就一支爱农村、懂农民的“三农”文化工作志愿者队伍，利用基层文化站培养一批文化活动组织员、文艺指导员、文化设施管理员、政策宣传员等，让他们融入乡村，服务乡村，用文化改变乡村。三是要着力提升农民素质，包括思想道德素质、科技文化素质等等，让广大农民群众成为能适应新时代发展的有文化、懂技术、会经营的新型农民。要重视培育扶持具有文艺特长的乡村文化力量，尤其对农村青年文艺人才，要重点加以培养，让他们以主人翁姿态参与乡村振兴。四是要发挥农村乡贤、乡土文化能人、非物质文化遗产传承人的作用，通过项目补贴、活动资助等方式调动民间艺人热心参与乡土文化挖掘整理，热心投身公益文化活动，为乡村振兴建言献策，发挥余热。五是要扶持乡村建立各类文艺、非遗、农业科技等文化协会，指导各类协会组织开展好群众文化活动，营造乡土文化的浓厚氛围，丰富农村群众精神文化生活，不断提高广大农民的文化生活质量，树立起现代农民的文化自信。

(三)夯实基础是乡村振兴的前提

改善农村基础设施、建设美丽乡村是乡村振兴前提，是衡量乡村事业发展的物质条件。要以党建为引领，不断完善农村公共服务设施尤其是文化设施建设，要加强党群服务窗口、便民服务窗口和文化活动舞台的阵地建设，通过清洁家园和美化家园行动，实施对农村住居、道路、田园环境的根本治理并提档升级，营造农民生产生活幸福家园。要融入文化内蕴，从民居建筑整齐美化、乡路通达实用化、田园规划科学化、文体活动休闲化等方面着力，大到田园村居丛林，小到一堵村文化墙，一个宣传橱窗，一道健身路径，都要有美的释放，都要展现生机与活力，让村民宜居宜乐宜作宜行。要建好农民活动中心和农家书屋，办好服务窗口，为农民提供丰富的精神食粮，用科技教育引领农民有书读、爱读书，通过读书获取知识，开阔眼界，提高素养，增长技能。通过基础设施的建设，用文化浸润、扮靓美丽新农村，用文化熏陶新时代新农民，实现农业农村农民生产生活的创造性转化、创新性发展。

(四)政策引领是乡村振兴的保障

党的十九大报告把乡村振兴作为国家战略提出来，充分表明党和国家对乡村振兴的高度重视。各级政府尤其是基层党政组织和部门应提高政治占位，高度认识乡村振兴战略的重要意义，认识到它是关系全局性、长远性、前瞻性的国家总布局，要读懂弄通、深刻领会国家关于乡村振兴的一系列政策措施。从我国农业农村发展的现状来看，乡村振兴正是关系到我国是否能从根本上解决城乡差别、乡村发展不平衡、不充分的问题，也关系到中国整体发展是否均衡，是否能实现城乡统筹、农业一体的可持续发展的问题。农村基层党政部门要坚持从绿色发展出发，以政策引领筑牢政治基础和政治保障。要认真贯彻执行2019年中央一号文件指示精神，发挥好农民的主体作用，加强制度建设、政策激励、教育引导，把发动群众、组织群众、服务群众贯穿乡村振兴全过程，充分尊重农民意愿，弘扬自力更生、艰苦奋斗精神，激发和调动农民群众的积极性主动性。县、镇、村可成立乡村振兴工作领导小组或指挥部，抓好组织建设，加强责任督办。要通过文化引领、资金引入抓项目建设，科学谋划乡村综合发展。要让政策、举措真正落地生根，建名村特色村也好，打造一村一品也好，应依托地方资源优势，因地制宜，科学规划实施，让广大农民群众拥有更多的获得感和幸福感。

(五)农民富裕是乡村振兴的根本

中央制定实施乡村振兴战略，是要从根本上解决目前我国农业不发达、农村不兴旺、农民不富裕的“三农”问题。一个村子没有稳固的产业，村民没有稳定的收入，振兴就无从谈起。产业兴，百业兴，产业兴旺是乡村振兴的重点。习近平总书记已为我们规划设计好了农业农村发展蓝图，通过牢固树立创新、协调、绿色、开放、共享“五大”发展理念，达到生产、生活、生态三者协调，促进农业、加工业、现代服务业融合发展，真正实现农业发展、农村变样、农民受惠，最终建成“看得见山、望得见水、记得住乡愁”、留得住人的美丽乡村、美丽中国。

产业兴旺，生态宜居，乡风文明，治理有效，生活富裕。这20字振兴战略纲领，排在第一位的就是产业兴旺。实现乡村产业兴旺，农业是重点、是基础。农村基层部门要结合本地特点，充分利用地方资源，深层推进农村一二三产业融合发展，精准施策构建现代农业产业体系和经营体系，提高农业整体竞争力，在强基础、建体系、增效益、快富裕上做文章，依托农村资源优势和科技创新，发展乡村绿色环保产业，让环境可承受、让产业可持续、让农民奔小康。

(六)精神需求是乡村振兴的核心

满足农村群众精神文化需求是乡村振兴要解决的核心问题，也就是说，要把精神文明建设作为乡村振兴战略的支点，其切入点是要引导农民践行社会主义核心价值观，巩固党在农村的思想阵地。要坚持党对农村工作的领导，发挥基层党组织和党员先锋模范作用，用先进文化占领农村阵地，提高乡村社会的文明程度。乡村振兴离不开文明乡风的重构与培育，可以以挖掘农村传统道德文化资源为抓手，以培育优良家风为出发点，传播慈孝齐家、尊祖尚礼、勤俭持家、邻里和睦等价值观念，弘扬守望相助、患难与共、德业相劝、过失相规等传统美德，以及儒家文化所倡导的讲仁爱、重民本、守诚信、崇正义、尚和合、求大同等观念，滋养乡村，唤醒人民群众继承发扬优秀传统文化精神。可通过持续开展“最美家庭”、好媳妇、好公婆等评选活动，以良好的家风带动乡风民风；基层党组织要发挥战斗堡垒作用，完善村规民约，组织党员干部帮助、带动农民主动摆脱陋习，共同参与到村庄和家庭环境整治，培育文明新风。要利用好农家书屋、文化服务中心、文体广场等公共文化服务平台，结合地方民俗、传统节日等，开展主题鲜明、形式多样的文化活动，让农村文化阵地真正“活”起来、“动”起来，以扎实有效的文化惠民活动，创新文化传播形式，推动农村文化繁荣，满足现代农民精神文化需求。乡村振兴，不仅需要产业来支撑，更需要精神文明建设来指引方向，只有释放农村精神文明的活力，才能激活乡村振兴内生动力，全面推动乡村振兴战略落地生根。

(七)文旅融合绽放乡村生命活力

文化振兴是乡村振兴的精神基础，贯穿于乡村振兴的各领域、全过程，为乡村振兴提供持续的精神动力。要通过文化融入、文化提炼，挖掘弘扬农村优秀传统文化，夯实文化根基，开发打造乡村特色旅游品牌。乡村旅游是以具有乡村性的自然和人文客体为旅游吸引物，依托农村区域的优美景观、自然环境、建筑和文化等资源，在传统农村休闲游和农业体验游的基础上，拓展开发田园度假、民俗体验、乡村民宿、休闲娱乐等项目的新兴旅游方式。要研究把地方田园风味作为乡村旅游的中心和独特的卖点，发展乡村手工艺、乡村文化创意等产业，整合地域文化节庆资源，形成具有地域文化风情的旅游精品，依托绿水青山、田园风光，大力发展休闲农业、观光农业，让游客兴致参与农事体验、民俗体验、生态采撷等乡村休闲游憩活动，充分满足游客对乡土文化的精神向往。

五、结语

实施乡村振兴，要牢固树立文化为魂的理念，以“记得住乡愁”“留得住文脉”为原则，深入挖掘乡村自然和历史资源的文化价值内涵，做好乡土历史文化资源的调查与规划工作，摸清乡土文化禀赋与特质，把好建设项目的文化关，无论是村容村貌整治，还是乡村旅游项目建设，通过文旅融合发展，让现代美丽新农村绽放持久的生命活力。